# 郭秉文教育文集

A Collection of Kuo Pingwen's Papers on Education

郭秉文 著 耿有权 编

东南大学出版社
SOUTHEAST UNIVERSITY PRESS
·南京·

图书在版编目(CIP)数据

郭秉文教育文集 / 郭秉文著；耿有权编. —南京：东南大学出版社,2018.7
 ISBN 978 - 7 - 5641 - 7816 - 1

Ⅰ. ①郭… Ⅱ. ①郭…②耿… Ⅲ. ①教育-文集 Ⅳ. ①G4-53

中国版本图书馆 CIP 数据核字(2018)第 132247 号

### 郭秉文教育文集

郭秉文　著　　耿有权　编

| | |
|---|---|
| 出版发行 | 东南大学出版社 |
| 社　　址 | 南京市四牌楼2号　邮编:210096 |
| 出 版 人 | 江建中 |
| 责任编辑 | 陈　淑 |
| 编辑邮箱 | 535407650@qq.com |
| 网　　址 | http://www.seupress.com |
| 电子邮箱 | press@seupress.com |
| 经　　销 | 全国各地新华书店 |
| 印　　刷 | 南京工大印务有限公司 |
| 版　　次 | 2018年7月第1版 |
| 印　　次 | 2018年7月第1次印刷 |
| 开　　本 | 700 mm×1 000 mm　1/16 |
| 印　　张 | 22.5 |
| 字　　数 | 405千字 |
| 书　　号 | ISBN 978-7-5641-7816-1 |
| 定　　价 | 98.00元 |

本社图书若有印装质量问题，请直接与营销部联系。电话(传真):025-83791830

郭秉文(1880—1969),南京高等师范学校校长
国立东南大学校长兼上海商科大学校长

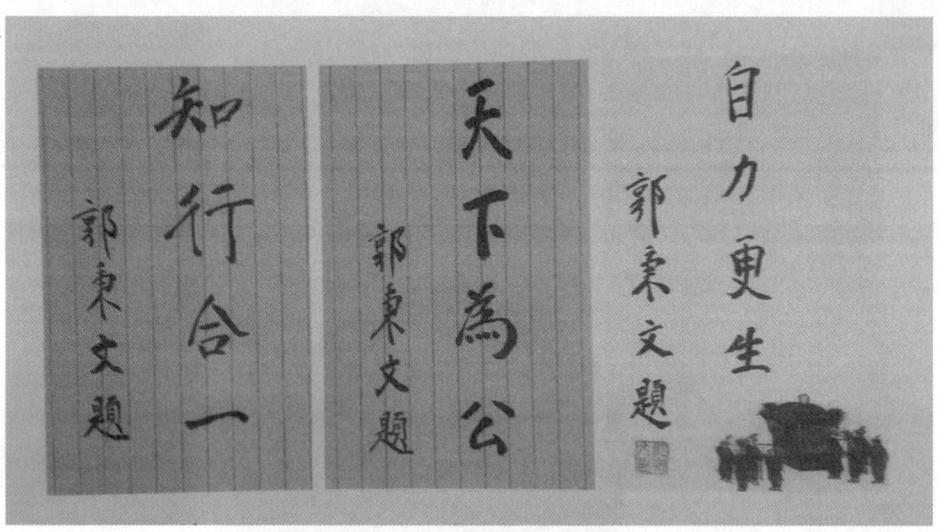

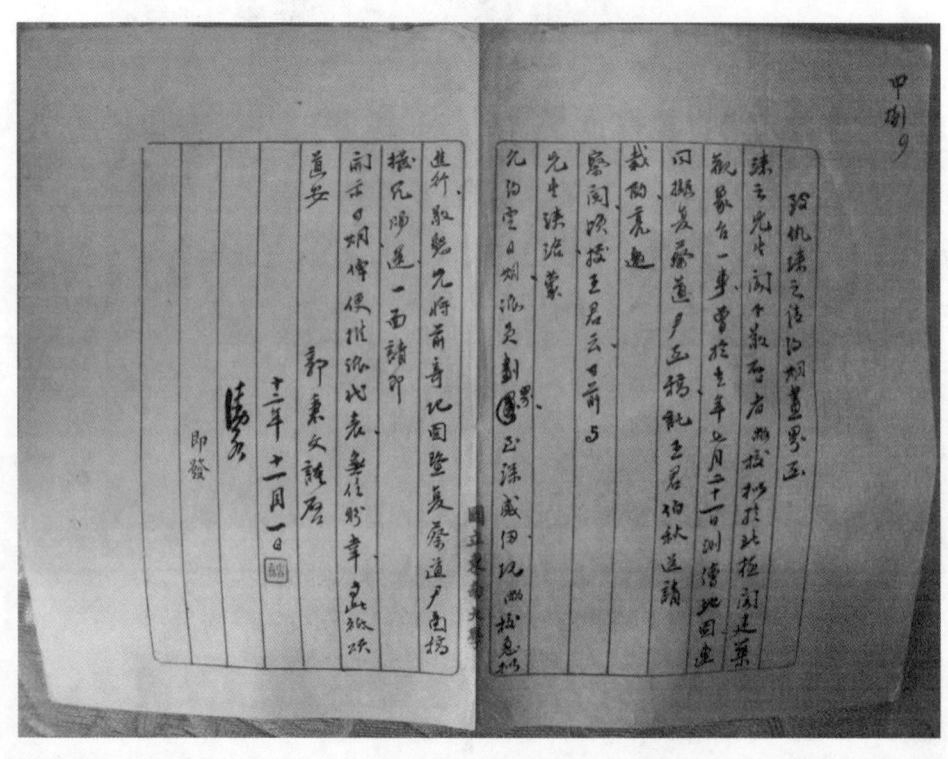

郭秉文手迹

校训

诚

南京高等师范学校校训:诚

止於至善

国立东南大学校训:止于至善

国立东南大学校门

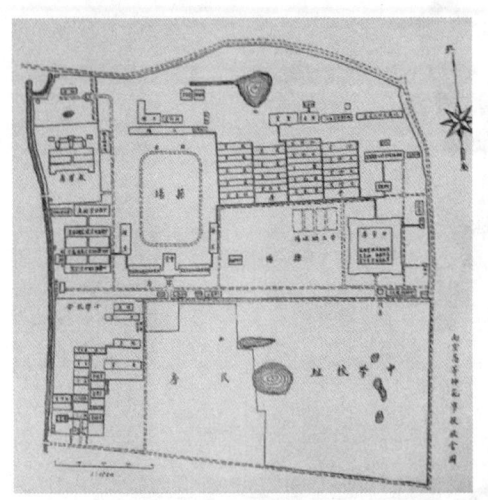
南京高等师范学校校舍平面图

南京高等师范学校一字房(1909年落成)

东南大学体育馆(1923年落成)

国立东南大学图书馆(1923年落成)

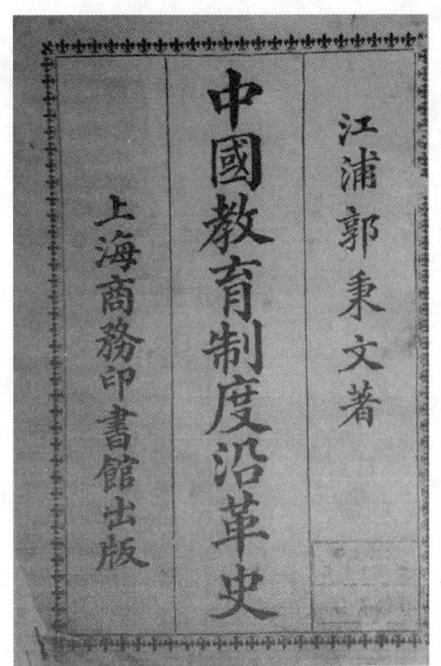 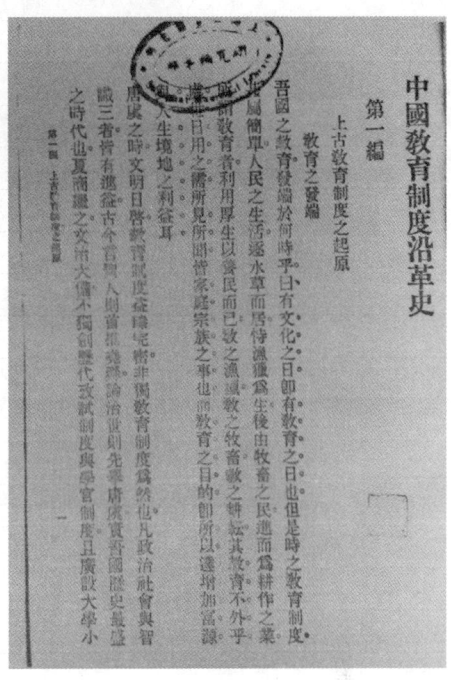

郭秉文博士论文《中国教育制度沿革史》中文版（1916年上海商务印书馆出版）

 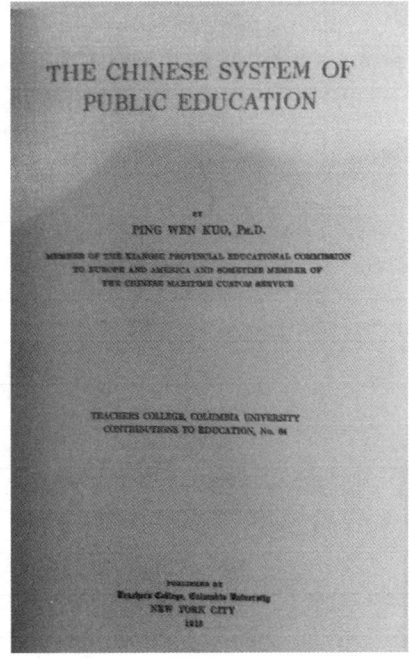

《中国教育制度沿革史》英文版（1915年美国哥伦比亚大学出版社出版）

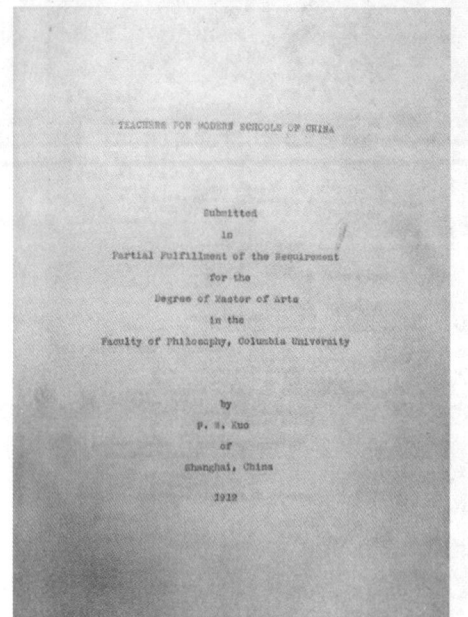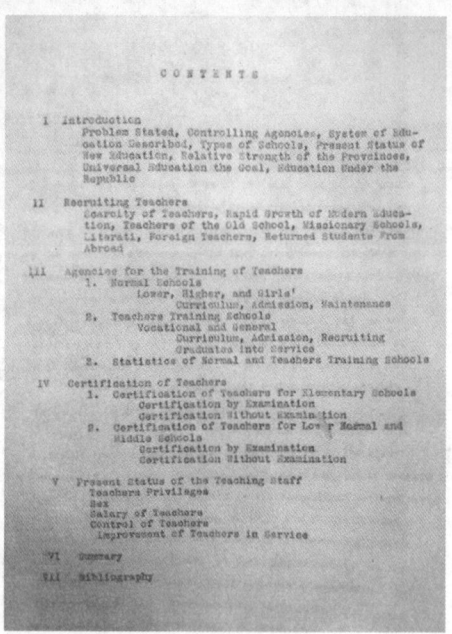

郭秉文硕士论文(收藏于哥伦比亚大学档案馆)

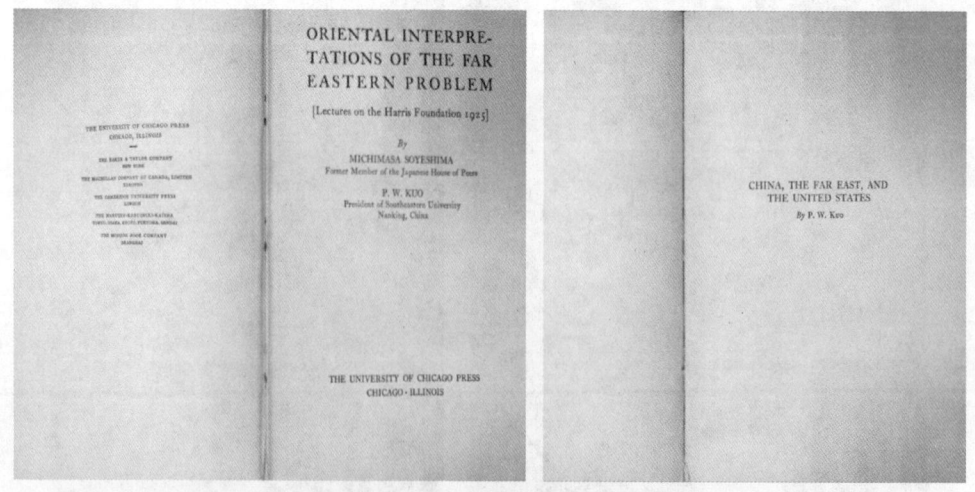

郭秉文在芝加哥大学哈里斯基金会的演讲文稿
收录于《东方人心目中之远东问题》(Oriental Interpretations of the Far Eastern Problem)一书(1925年芝加哥大学出版社出版)

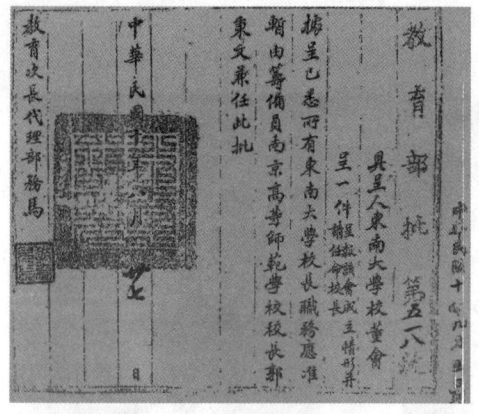 

教育部任命郭秉文为东南大学校长令(1921年)　　教育部为合设上海商科大学会请核批文(1921年)

国立东南大学毕业证书

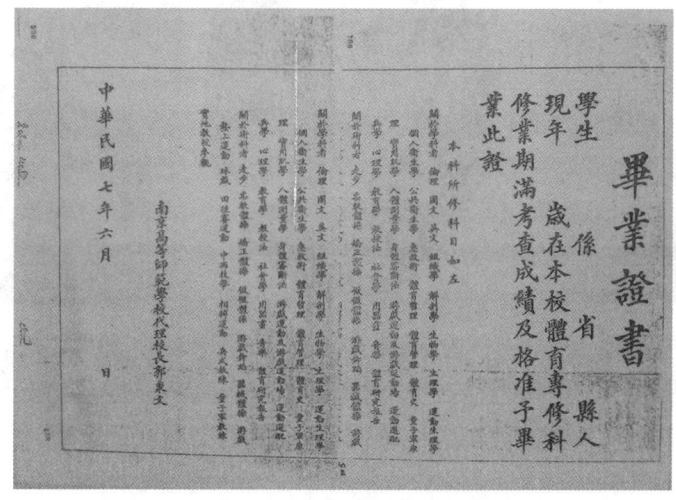

教育部核准的南京高等师范学校毕业证书样本

南京高等师范学校教务主任　陶行知　　南京高等师范学校副校长兼本科主任　刘伯明　　南京高等师范学校商业专修科主任　杨杏佛

国立东南大学地学系主任　竺可桢　　国立东南大学工科主任　茅以升　　南高东大名师　柳诒徵

南京高等师范学校日刊

国立东南大学日刊

国立东南大学第一届校董一览(部分)

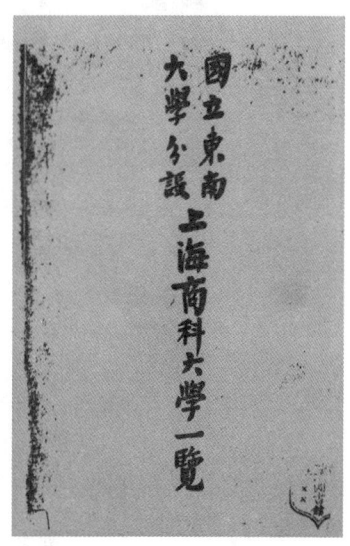

国立东南大学分设上海商科
大学一览

郭秉文雕像　摄于东南大学九龙湖校区纪忠楼旁

郭秉文与家人团聚（1896年）

在美国哥伦比亚大学师范学院求学时期的郭秉文（前排左一）

郭秉文与夫人郭夏瑜

郭秉文(左二)与孟禄(右二)合影

# III 國外之部

## ▲世界教育會之經過

中國郭秉文復當選副會長

世界教育會於本年七月二十八日至八月二日，在美國考羅拉度州勝佛市開第四次大會，茲據該會報告，此次大會參加者，計二十九國，代表有三千八百餘人，議決案件甚多，重要者為（一）發展衛生教育，（二）發表改進鄉村教育，（三）培養合於時代之師資，（四）以教育方法促進國際之了解，（五）互謀普及教育減少不識字之人數，（六）充分利用電影及無線電話，以助教育之進展，（七）建議各國政府於各大公使館股置教育參贊等等，又改選職員，美國孟祿博士當選為正會長，英國漢海生君當選為歐洲部副會長，如余大國卻華士會長。

郭秉文复当选世界教育会副会长（1931年）

南京高等师范学校开学典礼仪式

南京高等师范学校体育专修科毕业生合影

国立东南大学首开"女禁"女生合影

# 编辑说明

一、本书收录郭秉文原著,包括《中国教育制度沿革史》《中国现代学校的教师》和《学校管理法》以及相关教育论文若干篇。《中国教育制度沿革史》《中国现代学校的教师》分别是郭秉文在美国哥伦比亚大学师范学院留学时的博士毕业论文、硕士毕业论文;《学校管理法》是郭秉文回国后在江苏省教育会的三天演讲(原载于《教育杂志》1916年第6卷第12号、第7卷第1号和第2号,著作单行本由商务印书馆1916年出版)。相关教育论文中的一部分为新辑录出版的文章。

二、《中国现代学校的教师》(Teachers for Modern School of China)是郭秉文家族代表徐芝韵(Carolyn Hsu)女士从哥伦比亚大学档案馆搜集来的第一手文献。本次收入时将英文翻译为中文。

三、本书编辑时参考了国内外出版的相关著作,包括福建教育出版社出版的《中国教育制度沿革史》和上海财经大学档案馆编辑的校史资料等。相关参考资料均在书中注明。

四、本书编辑过程中,得到了多位专家学者的帮助,在此一并表示感谢!由于水平有限,错漏之处在所难免,责任由编者承担。

# 目 录

序一　　　　　　　　　　　　　　　　　　i
序二　　　　　　　　　　　　　　　　　　iv

**第一辑**　　　　　　　　　　　　　　　001
　中国教育制度沿革史　　　　　　　　　002
　中国现代学校的教师　　　　　　　　　091
　学校管理法　　　　　　　　　　　　　129

**第二辑**　　　　　　　　　　　　　　　139
　中国现今教育问题之一：职业之引导　　141
　五十年来中国之高等教育　　　　　　　144
　十年度之高等教育　　　　　　　　　　158
　十年之教育调查　　　　　　　　　　　160
　中国之高等教育　　　　　　　　　　　162
　对于孟禄中国教育讨论之感想　　　　　167
　韦氏大学字典序　　　　　　　　　　　169
　民国十一年之高等教育　　　　　　　　170
　中国的商科教育　　　　　　　　　　　172
　刘伯明先生事略　　　　　　　　　　　175
　吾国教育行政之缺点　　　　　　　　　178
　郭秉文的办学方针　　　　　　　　　　179
　郭秉文先生演讲学校与社会　　　　　　181
　郭秉文记实际教育调查社　　　　　　　184
　《南京高等师范日刊》发刊词　　　　　185
　孟芳图书馆记　　　　　　　　　　　　186

第三辑 187
　　太平洋国家的大学如何促进国际间了解与友谊 189
　　战后欧美教育近况 193
　　记欧美教育家谈话 206
　　郭秉文博士报告调查战后欧美教育 214
　　郭秉文陶履恭调查日本教育报告 217
　　郭秉文博士之演说 219
　　万国教育会议之我见 222
　　美国费城博览会中国教育展览第三次报告 225
　　郭秉文先生演讲德美设施职业教育之方法 227

附录 231
郭秉文学术年谱 326
参考文献 330
后记 331

# 序 一

收到耿有权教授寄来的《郭秉文教育文集》，翻开目录，我即发现这是一本近几年中美教育研究领域的诚心之作。文集收录了郭秉文学术成长过程中发表的重要论文，也收录了其家族代表徐芝韵女士从哥伦比亚大学档案馆搜集来的一手文献，全面地呈现了郭秉文不同时期的教育理念与教育思想，是国内第一本郭秉文文集。耿有权教授主编的文集的出版，正是填补了对于这一重要教育人士研究的文献空白，实乃学界喜事。

郭秉文的名字我早就听说过，特别是我20世纪80年代在哥伦比亚大学读博士时就得知他是从哥大获得博士学位的第一位中国学生。我们当年在哥大读书时中国学生还不太多，莫不以郭秉文作为我们的杰出校友和楷模而感到骄傲。但我真正把郭秉文跟我自己联系起来还是在20世纪末我去设在纽约曼哈顿的华美协进社（China Institute）担任语言部主任的时候。华美协进社是美国第一个和中国文化、教育有关系的组织。成立近92年来，它已从一个中国留学生的海外之家演变为一个主要向美国民众介绍中国文化的机构。我赴任时社里的工作人员，特别是主要负责人，大都是美国人。当时的社长向我介绍说华美协进社是由胡适和杜威（J. Deway）创立的。我工作一段时间后对华美协进社的历史做了一些调查和研究，发现此话不完全对。创立华美协进社的其实是四位人士，两位是中国人，两位是美国人。有意思的是没有提到的那一位中国人和那一位美国人当时名气都比胡适和杜威大。那位美国人是哥大师范学院的孟禄（Paul Monroe）教授。他当时是哥大师范学院教育系系主任，而那一位中国人则是郭秉文。郭秉文1914年从哥大获得博士学位时，胡适刚刚进哥大。

郭秉文是1908年29岁时来的美国。当时他已经做过职员、教师，虽薪酬丰厚，但他却一直在等待开眼看世界、强己救国家的机会。因此，当伍斯特学院（The College of Wooster）录取他时，他尤其珍视这样的学习机会。四年后，当获得理学学士学位后，他改变了立志学习法律的初衷，改而对教育学产生了浓厚的兴趣，并于

1911年进入哥伦比亚大学师范学院攻读教育学博士学位。

彼时的哥大师院,杜威、孟禄、克伯屈(W. H. Kilpatrick)、桑代克(Thorndike)等学术明星集结,是美国教育理论发展和教育运动的重镇。在哥大求学的三年时间中,郭秉文师从教育行政学家斯特耶(G. D. Strayer,其为桑代克的学生),在学术上可谓师承正统。他与教育史专家孟禄交往甚多,充分认同其教育史观,即教育思想在历史的发展过程中具有进步意义,既有着历史的承袭,也有着后续的影响。郭秉文认为变革中国教育需先从认识中国教育开始,因此,他选择了中国公立教育制度的变迁作为梳理对象,运用了历史研究方法进行研究,并于1914年完成博士毕业论文《中国教育制度沿革史》,并由此成为哥大历史上中国留学生获得教育学博士学位的第一人。

另一方面,郭秉文的教育理念、思维方式、实践主张的形成也深受当时轰轰烈烈的美国进步主义教育运动的影响。他相信学校是社会系统之一,最好的学习发生在真实的生活当中。因此,他在哥大也并不只是一个埋首书卷的学者,他在丰富的社交活动中也不断发挥着自己的组织和领导才能。他担任了中国留美学生联合会主席,主编会刊,结交优秀的年轻学子,并与蒋梦麟、胡适、张彭春、陶行知等中国留学生构建了一个紧密的交往圈。

1915年,在完成哥大的学业后,他立刻接受了南京高等师范学校的诚邀,参与南高师的筹建,以"热诚、博爱与公心以赴之",急切地为自己的所学所获寻找到一块教育试验场。他初任教务长、代理校长,后任该校校长。1921年,学校改建为国立东南大学,郭秉文出任首任校长。他充分借鉴美国的先进教育理念和管理体制,对学校进行了系统设计。他推崇哥大"寓师范于大学"的模式,将师范学校并入大学,希望培养具有宽广学术基础的教师;他引入学校董事会机制,利用社会力量解决学校办学经费的欠缺;他认为学生才是学习的中心,因此积极实施"选课制",使学习满足学生个性化的需求;他积极鼓励学生组织各种自治会,参与到学校的管理事务中来,并实现了男女同校;他也密切关注哥大师院在教育学科方面的新进展,试验各种新式教学模式,注重科学实证的研究方法,并首次在中国运用了智力测验法;他积极延揽优秀留学生进入东南大学各个学科工作,其中教育学科1923年的13名教授,清一色都是哥伦比亚大学师范学院的学生,这样的师资阵容即使在今天也难以望其项背。同时,郭秉文凭借自己在哥大时期构建的学术网络,邀请和引荐知名教授前来中国授课、讲学和考察。其中最为知名的即是他亲赴日本,面邀杜威来访中国,促成了杜威的中国之行,从而使杜威的学术思想深深影响了中国教育理论与实践的发展。

在时代转型的巨变之时,年轻的郭秉文在哥伦比亚大学师范学院汲取养分,试图寻求教育改革实现强国之路。学成归国后,他踌躇满志,大刀阔斧以哥大为模板建设国立东南大学,建设中国早期的现代化高等教育。重回美国后,他联络哥大故友旧交,创设华美协进社,为在美学子提供联络与协助。在之后的时间里,郭秉文不断变换着自己的身份,在行政界、经济界、外交界继续热诚工作,始终不变的,是他建设国家的满腔热忱与不懈努力。

《郭秉文教育文集》所收录的文章内容包括了教育制度、教师教育、学校管理等诸多教育领域的研究,为今日研究郭秉文以及同样教育问题的研究者与实践者提供了翔实的资料、深刻的思考和解决问题的路径。我谨祝各位读者在其间尽享阅读之乐趣、思考之欢愉。

何勇　于纽约
华美人文学会共同主席
联合国前中文组组长
2018 年 1 月 12 日

# 序 二

I write this foreword from the standpoint of both a staunch admirer of Kuo Pingwen and as one of his descendants—Kuo is my maternal great grand uncle. I write in praise of his devotion to China, of his vision and his deep understanding of the problems China faced in the early days of the Republican period-Problems that have been addressed but not perfectly solved.

Kuo Pingwen thought about how to provide a well-rounded education that benefits both the mind and the soul, one that is intellectual yet practical. By wrestling with this conundrum, he was able to develop and champion educational curriculum that took these issues into account.

Recent years we have seen a surging interest in the Republican era and in taking a fresh look at the figures who set the base that the new China has built upon. Among this group is great grand uncle Kuo Pingwen. It was my great fortune to have had the opportunity to spend some time with him while he lived in the United States. Though I was a small child, I got to know him through his kindness and consideration and the windup toys he kept for me on top of his large desk were a source of endless fascination.

He was a man with a sense of mission and with a core of moral wellbeing. He believed in filial piety and selfless duty to others and to the country of his birth, China. His entire life was devoted to working towards a strong China that would stand shoulder to shoulder with other world powers on the international stage. Great grand uncle was short in stature, but in personality and intelligence he was larger than life. As I learned more about him, I came to realize that not only was he a brilliant forward-thinking person, but also that he was a true Confucian gentleman. He practiced on a daily basis the morals and beliefs he had been taught in his youth and which he himself preached.

When China's modern education began in the late Qing dynasty, higher education was supported by the government as a way to secure trained candidates to man the mechanisms of government and industry. This echoed the imperial exam system (begun in the Han dynasty) used to select able officers to serve the empire. However, Kuo Pingwen noted that both systems were simply a means to an end—once an adequate supply of trained candidates was secured, the education of the general public ceased to be of great importance to the government. There was not much thought given to the idea of the pursuit of knowledge as a means of making oneself more cultivated.

This way of thinking about education flows from the top down, from the government to the people. People viewed education not as an intellectual pursuit but simply as a means of preparing for what one needs for daily living or public recognition. As Kuo Pingwen realized that an intellectual and educated population was the key to strengthening the country, he considered how to implement this approach in the country's educational system.

Kuo Pingwen believed that the idea of a comprehensive education reached back to the ancient Chou dynasty which advocated developing oneself into a virtuous and cultured individual with the ability to be a positive influence on others. In fact, the knotty problem Kuo Pingwen struggled with in the early $20^{th}$ century was how to transform classical Chinese learning into a more practical form of education and yet retain its morality as an integral part of the educational system.

Kuo Pingwen advocated the building of character as part of the modern curriculum, by incorporating and championing the traditional concepts of loyalty, faith, steadfastness and loyalty. Kuo Pingwen sought to combine the practical aspects of a modern curriculum (including math, science and social sciences) with Chinese classics and history. This approach he believed was the way to fuse the best of Western-influenced modern education and traditional Chinese education.

This path of study was the key to China's progress. He further believed that the timeless principle of an ethical education was the basis for success not only for a nation but also for its people.

Carolyn Hsu

我谨以郭秉文先生的敬仰者和他后人的名义撰写这篇序言。郭秉文先生是我的太舅公,我太公的二哥。我非常崇拜郭秉文先生。他的拳拳爱国之心、远大视野以及他对民国早期种种问题的洞见,让人钦佩不已。

民国初期,中国局势十分混乱,千年以来的皇权统治,接踵而来的帝国主义侵略者压迫,军阀混战,使得全国陷入动荡不安。虽然孙中山先生领导的辛亥革命取得了成功,但国家仍然存在许多亟待解决的问题。郭秉文先生经过深思熟虑,努力探究出一种对国民身心有利、智力与实用兼备的完美教育方案。为此,郭秉文先生成功地将道德教育融入国民教育课程体系之中。

近年来,国内掀起一股研究民国历史人物的潮流。学者们以崭新的视角去分析为中国教育发展做出杰出贡献的历史人物。我的太舅公郭秉文先生也顺理成章地成为重要的研究对象。

在孩提时代,我很幸运地在美国和太舅公相处过一段美好时光:我清晰地记得他的书桌上总是摆着许多为我准备的新奇玩具,这些玩具深深吸引着我的眼睛,令我着迷。太舅公的关怀和用心,让我时刻铭记他对我寄予的厚望!

郭秉文先生有着伟大的使命感和责任感。他与生俱来的博爱无私精神、舍己为人的情怀、笃信中华民族必将屹立于世界民族之林的信念,激励着他一生追求卓越。太舅公虽然没有伟岸的身躯,却始终志存高远。他胸怀伟大,高瞻远瞩,终身奉行孝道,是儒家所称道的"君子"。

郭秉文认为:追溯到周朝乃至春秋战国时代,教育是国泰民安的保障的思想已经初步萌发,同时提倡培养贤德之辈。20世纪初,郭秉文先生认为:如能将古典教育理念融入现代教育课程,建立良好的品格,发扬传统的忠孝和诚信的美德,那样才是教育救国之本。

自汉朝以来,中国历来通过科举制度选拔人才。民国后,现代高等教育在一定意义上仍然沿袭科学考试的传统模式。郭秉文先生一贯主张,教育应当是全民教育,只有提升国民的知识和道德,国家才能富强文明。

中国历史悠久的科举制度如果和西方现代教育制度相比则存在若干弊端。故郭秉文先生主张,汲取西方现代教育包括数学、科学、社会学等的精华,纳入中国传统伦理教育中,这样的教育改革才是富民强国永恒不变的重要基石。

徐芝韵(Carolyn Hsu)

SERIES I

第一辑

# 中國教育制度沿革史

The Chinese System of Public Education

# 第一辑
中国教育制度沿革史

# 目 录

序一 / 005
序二 / 007
绪言 / 008

## 第一编　上古教育制度之起源 / 011
一　教育之发端 / 011
二　创设考试制度 / 011
三　建立学官 / 011
四　最初之大小学校 / 012
五　学校之课程 / 012
六　上古之教育法 / 013
七　上古之教育宗旨 / 013

## 第二编　上古教育制度及其退化 / 014
一　名称、地位及学校之性质 / 014
二　学校之课程 / 015
三　男子准则 / 015
四　女子准则 / 015
五　教育法 / 016
六　入学考试、学业考试及升学之法 / 016
七　入学年龄、学期及学年 / 017
八　教育官 / 017
九　学校数 / 018
十　教育行政法 / 018
十一　选举 / 018
十二　上古教育制度衰颓期及其变迁期 / 019

## 第三编　汉以后各朝教育之沿革 / 021
一　汉朝教育之状况 / 021
二　汉唐间教育之状况 / 022
三　唐朝教育之状况 / 023
四　宋朝教育之状况 / 024
五　元朝教育之状况 / 027
六　明朝教育之状况 / 027
七　清朝教育之状况 / 029

## 第四编　新旧教育之过渡时代 / 032
一　近世学校之发轫 / 032
二　初变科举制度 / 033
三　派赴西洋游学 / 033
四　中日战争之影响于新教育 / 034
五　张之洞之《劝学篇》与其兴学议 / 035

六　戊戌变政及其反动力 / 035
七　拳匪变乱与日俄战争之促进新教育进步 / 035
八　给新学毕业生以科举功名 / 036
九　革新旧式学校 / 036
十　对于留学生之新计划 / 037
十一　第一次所颁布之新学校制度 / 037
十二　废除科举 / 042

### 第五编　新教育制度之设立 / 043

一　京师教育官制 / 043
二　宣布教育宗旨 / 044
三　颁行教育官制章程及法令 / 044
四　调查全国教育状况 / 044
五　预备立宪时代学部之分年筹备教育单 / 045
六　视学官章程 / 045
七　第一次中央教育会 / 045
八　地方教育官制 / 046
九　派遣留学生监督 / 047
十　分文官考试与教育考试为二途 / 047
十一　学校组织之变迁及其进步 / 048
十二　管理教科书 / 051
十三　清末教育之状况 / 051

### 第六编　民国时代所建之新教育 / 054

一　辛亥革命之影响及于教育 / 054
二　临时政府之暂行教育政策 / 054
三　设立临时教育会议 / 055
四　教育新宗旨之公布 / 055
五　重订教育官制 / 056
六　民国各种学校组织法 / 057
七　新学校课程 / 061
八　新规程之公布 / 064

### 第七编　现今国民教育之重要问题 / 067

一　教会教育与公共教育制度之关系 / 067
二　教育与道德之养成 / 069
三　学校训练与行政 / 070
四　教育制度中之财政问题 / 071
五　普及教育 / 072
六　教员之养成 / 073
七　教育之关系生活 / 080

### 第八编　撮要与结论 / 081

一　教育与国民之进步 / 081
二　教育与政治生涯 / 081
三　中央集权与地方分权 / 082
四　学校课程 / 082
五　教育法 / 083
六　女子之教育 / 083
七　教员之养成 / 084
八　教育之概观 / 084

**附录** / 086

# 第一辑
## 中国教育制度沿革史

# 序 一

郭子鸿声示我所著《中国教育制度沿革史》，受而读之，盖空前之作也。因发余积感，杂书诸端。

中国富于史事而贫于史书。二十四姓之家乘[1]，匪可云史。夫人能道之，坐是欲窥见古代教育之真精神，非从无字句处求之不可。求之不得，率焉诋为无教育。沟犹之徒，又谓时代益古，文化益隆，不胜其低徊慨叹。可云两失！夫至教育精神，须索之于无字句处，则见仁见智。一视乎其人自为。而秉笔者之事业与责任，将匪仅述焉而止。读其书、不知其人，可乎？余之重是书，以是书固郭子之书也。

是古非今，此习盖有由致。人群事物，由质而日趋于文，文胜之极，本意浸失，从而矫之。不觉神之辄与古会。子舆[2]氏曰："后稷教民嫁穑，树艺五谷，五谷熟而民人育。饱食暖衣、逸居而无教。圣人有忧之。使契为司徒，教以人伦……"[3]。由前之说，生活教育之谓也；由后之说，道德教育之谓也。一部大历史，其始生活而已。演进之不已，乃有道德、宗教、政治等等。今卑视生产，不先教之善能自养，徒凭迂执之理想，枯燥之方法，欲以进民德，且日责詈民之不进德，洎乎争存益烈，情见势绌，转觉古代教育之犹近人情，而相与尊之矣。此其一例也。

今之谋改良教育者，其所揭橥，亦复时与古合。古之时初生弧矢，春夏干戈，非今所谓尚武主义乎？道而弗牵，强而弗抑，开而弗达，非今所谓启发主义、自然主义乎？六艺射驭，小子洒扫，诵诗专对，读易寡过，何一非与今之实用主义相印者。然则进化论之壁垒，不见摧于复古说乎？曰"无虑"。譬之美术家、文学家崇尚自然，竞取资于原人之制作，童竖之歌谣，谓其天性未漓，真趣独永。而究之画圣针神，不传于草昧。拜伦、荷马，不属于孩提。况我国近二千年进化所由滞，一误为政策之愚民，再误于交通之梗塞，其事特殊。一部大历史，岂目光沾沾数千年间，而可与论文化进退者哉。教育之所为教，与宗教之所为教，有以异乎？无以异也。天命之谓性，率性之谓道，修道之谓教。道无二，教安得有二？所异者，教有宗耳。耶稣之后不能

---

[1]［特编注］春秋时晋国的史书叫"乘"（shèng），后来通称一般史书。
[2]［特编注］曾参，字子舆，鲁人。孔子弟子中的后辈，以孝行著称。他继承孔子思想中的唯心的方面，后来发展为思孟学派。
[3]［特编注］出自《孟子·滕文公》上。

复有耶稣，穆罕默德之后不能复有穆罕默德，遂疑孔子之后不能复有孔子。尊之乎，小人耳。圣人之道，虽万古江河，可以不废，君子有过，如日月之食，人皆见之。人伦不可无模范，而不必纳之一式；百家不禁其腾跃，而不必强定一尊，教人不当如是耶！

　　郭子谓吾国人民富于平等精神，其于教育制度亦然。非如英德法之有为缙绅立学者。此亦有故。盖吾国行君主政体数千年间，初未尝有良好完密坚强整饬之政治，足以促国家与社会之进步。即论教育官制，自秦以来，盖亦疏矣。任吾民之自为谋，于是文化之进甚迟，固未免受政府不良之害。而阶级之风不烈，亦未始非受政治甚疏之赐。虽然，就世界全部大历史言，二千年间，彼此长短优劣、进退迟速，区区旦夕间事，有不足较絜者矣。

　　吾国凡百制度之完密统一，以周为最，史每称之。然其时辖地，视今中部一隅而未足。以今之幅员，而欲一切画一之，吾知难矣。画一主义者，今创立一切制度所受之通病，而教育与居一焉。夫法有必一者，亦有不必一者。既未周知四国之为，而欲立适于四国之法，古云"削足适履"。今纳天下足于一履，使彼诚一俛察天下足之匪一其度者，亦将哑然自笑其过当。而惜乎其梦梦焉方曰憎人之不我适，而自谓削之不获已也。望治方新，成事不说，前车之覆，其后车之戒也夫！

中华民国五年（1916）六月<br>
黄炎培

# 序 二

东之聪睿者,亦深明西学之需要而研究之矣。然东方之学问、理想、精神、功业,西人尚未有竭诚以求之者也。斯书为郭博士所著。专述东方一大民族最近之急于探考西学,而又以中国历来进化之迹,与教育制度之沿革,表显于世。西人获此,庶几于东方情形,略窥一斑乎。

是书微意,凡久与中国人相处之西人,深表同情。谓东西人之不同,在观察,在方法,而不在智慧。固无程度高下之足言也。若人种学家,若社会学家,无不服膺斯说。证明西方之所以异于东方者,其物质也,其知识也。谓其才能则何别焉?盖华人之生活观念,既不同于西人。故于物质之发达,科学之昌明,瞠乎人后。兹已知病症之所在,而返然易辙,则将来必有根本变迁之一日,毫无疑义。

抑知进步由智慧而生者也,而智慧则由智力才能而生者也。是犹物理力系体积与动量之合也。中国民族,实一大体积,所缺者动量耳。设中国人原有之智质中,灌输以科学知识,则所得之结果,必为西人所难能而可贵者也。

最近日本之于军备、商务、科学以及其他事业,得著成效,岂非一证欤?或者今世纪所视为重要之事,自中国人视之,未尝驾乎其历来道德及各种社会动作之上也。然而西人之所贵者,中国人已渐贵之。

中国之以平和政策,维持其群众,已三千余年于斯矣。地广人众,民物殷富,而西方之精华,几发泄无余矣。即以创作论,有火药,有印刷术,有罗盘针,此外又有各种艺术、货殖力,靡不有其独到之处。果能参以西法,则其前途岂有涯哉?况中国之军事、政治、农、工、商诸业,规模备具。若加以科学、知识及振刷其民之道德精神,必可以划除西人之歧视偏私,而生其仰慕之心也。

郭博士之著是书,不独表扬己国之事绩,且俾西人恍然有悟于中邦维新之变革。是变革也,利之所及,端在西方。吾馨香祝焉。

孟禄　序于哥伦比亚大学师范科

# 绪　言

何为而作教育制度沿革史？吾知研究历史、政治与教育者，必乐闻斯言也。盖欲考见吾国开化独早之由来，与夫数百兆人民结集之故，则不得不读此沿革史。欲寻求吾国操何治术，俾政体巩固，与夫人民得安居乐业，则不得不读此沿革史。夫一国之有教育制度，即所以助其国陶淑人民之性情，令日趋于坚凝与齐一，巍然并立乎于天地间者也。迨乎今日，吾国教育家既诸斯义矣，则殚精竭虑，思合近世之趋势，应最新之需要，故其教育制度沿革史，与他国同，亦既深饶趣味，且可多所借鉴。正言之，为模范，为指南；反言之，则亦前车之覆辙也。

有为吾国教育沿革全史者，则必举吾国历代人民之知识道德之沿革，记载靡遗；或撮其文学、科学、宗教与政治诸灿烂之事实，所以造成国民性与一切教育制度者，搜讨其复杂之原因焉，而是书非其伦也。盖仅为吾国公共教育制度沿革之概观。自上古以至今日之激进过渡时代，作一评论。所谓公共教育制度者，乃指国家所维持与管理之学校，所以为人民教育者。由狭义的言之，则不能括登庸考试制度。惟其与历来教育有密切之关系，且互相消长，故连带及之。且由公共教育制度名词之性质言之，即私人创设之学校，亦不宜旁及。惟其影响及于吾国教育者甚大，故亦不得不略述。然则是书之研究，又不嫌其不精密乎？曰："否"。是书之性质乃涯略的而非特殊的，广大的而非专意的，盖兹所急需者，为吾国教育史之概要，而非专考吾国教育沿革一部分之事实故也。

读教育史者，当知欧美各国教育所受最大之影响，莫宗教与政治若也。是二物之影响及于吾国教育，与欧美同。在昔之孔教（孔子是否宗教家尚属一问题，但孔教之称相沿已久，姑从之）、佛教、道教及今日耶教[1]，皆直接或间接大有造于吾国之教育。其中尤以政治占大势力。盖自古然也。国家治乱，皆视政府之能尽心于教育与否。是故吾国之教育制度，不得不归诸政治之组织。政府所恃以启迪与发达人民之国家观念，期致国家安如磐石者，教育之功也。学校譬之一机器然，政府即其管理者。欲造成适宜何种国家之国民，惟其意之所欲。立宪国以养成自治力为要；尚武国以为锻炼军人为主；而一国普通男女教育，亦当养成一种男女之模范人格也。

---

[1] [特编注]即基督教。

# 第一辑
## 中国教育制度沿革史

自宗教、政治而外,尚有一物,大影响于吾国之教育者,曰"好古心"是也。吾国人之特性,尊重过去之一切事物,追溯既往之文明,而忽将来之进步。考其所以成今日之现状者,其原因有二焉。一曰昧于进化之公理。数千年来,人民之理想,以为时代愈古,则文明愈甚,古果能复,则事物莫不克臻尽善之域。二曰崇拜古之圣贤。其一言一动,后生所矜式而唯恐不及,故宗教、政治以及好古之心,时为吾国教育进步之助,或亦时为其障碍。然无论如何,其所以造成吾国教育之力颇大,岂可等闲视之哉。

吾国教育制度,表现吾国特性者也。而吾国特性,即亦造成吾国教育制度者也。互相为因,互相为果。夫吾国人民,实富于平等精神者也,其于教育制度亦然。古制自天子以至庶人,皆受同等之教育。由匹夫而为卿相,秦汉以来,世世有之。时至近世,学制虽变,而平等精神仍存。无论官立、私立学校,自小学至大学,各种社会之子弟,均可入学焉。非若英、德、法诸国,有专为缙绅而设之学校。是不亦吾国教育制度上之一优点欤?

次则吾国人民与英、德同,富于保守之性。其教育制度,亦多保守之现象。若登庸考试,若国子监,若其他诸教育组织,皆历数千年而不变,是其明证。然而吾国人之保守性,非无限制而不知变者也。即以登庸考试论,其变革不知凡几,盖一见有不得不变之势,即无所吝而速改。穷则变,变以渐,一旦了悟真理,实效表显,则行根本之改良,艰难与阻碍皆非其所畏。读是书者,当知吾人保守性质以及改革激进之精神,皆有胜于人者在也。

教育制度既以平等为主义,而改革又富于激进之精神,然则可与欧美各国一比其优劣乎?曰:"乌乎可?"盖国情有不同,时事有变迁。善于彼者,或不善于此。宜于古者,或不宜于今。故教育制度,无绝对善者,无绝对不善者。要以合乎境地,审乎政治社会之现象为主。若以理想制度施于己国,必难获良好之结果,适足成其理想制度而已。况吾国采用教育新制度,为时未久,其不能达于完美之域,与他国一比较,乃时间使之。若以公平正确眼光考察之,则吾国在世界教育史中,未尝有逊色也。

以两国采用教育新制度,时间有长短者,势不能比较其优劣。即两国教育之宗旨亦有不同。以教育宗旨不同之两国,而欲比较其制度之优劣,其可得乎?霍斯氏有言曰:"吾人可以两国教育统计表,比较其校舍,比较其教职员之薪金,比较两国个人所担负之教育费,比较两国儿童个人之教育费,以及比较其他之种种,若夫欲比较两国教育制度之精神,仍不在其教育统计表也。"故欲问何种教育制度能造成最善良之国民,必先有一前提:为何国欲造成最善良之国民。能造成德国最善良国民之教育制度,未必能造成法国最善良之国民。故一国欲养成己国最善良之国民,必先详察国家之需要,然后立一教养国民之宗旨。各国皆然,吾国亦无不然。

或问吾国何以采用教育新制在各国之后乎?曰:"昔之时势,无须乎此也。"数百年前,吾国以高山峻岭之阻,大海荒漠之隔,闭关自守,鲜与人通。无电报电话也,故交通梗塞,难通问闻,且生活简单,教育制度不过致国于太平,与人民各安其业已耳。其后海禁渐开,泰西使臣,络绎于道,而机器、汽船、铁道等新发明,挟以俱来。吾人始知生活改良之不容缓,而教育制度不得不有以应之也。抑更有进者,西人东渡,吾人不得不与之相见。屡受外侮,刺激甚深,加以国家主义之发达,于是社会、政治、教育各制度,势非改革不足以对外言竞争,对内致安宁也。

世界各国之采新教育制度,不独吾国为时未久,即欧美诸国之从事国民教育,屈指亦甚暂也。而其发达乃在19世纪之间耳。前此雅不如今日之发达与完备也。若云提倡之者,则早有其人。路德、瑞克斯、马尔卡斯特诸教育家,皆谆谆言之者也。吾国与欧美各国又有相同之点,则在采用新教育制度之趋势虽缓,而教育家对于此制度之热心,勤勤恳恳,以趋赴之。况其好学之精神,历久不衰。所学虽不同,而其好学之精神则一也。昔日好文学及经学中之伦理,今日则推而及于西学之实验,以及致用之道矣。盖国民主义与爱国主义之发展,不得不然之势也。

教育学博士 郭秉文 原著<br>周 槃 译述

# 第一编　上古教育制度之起源

## 一　教育之发端

吾国之教育,发端于何时乎?曰:"有文化之日,即有教育之日也。"但是时之教育制度,甚属简单。人民之生活,逐水草而居,恃渔猎为生。后由牧畜之民,进而为耕作之业。所谓教育制度者,利用厚生以养民而已。教之渔猎,教之牧畜,教之耕耘。其教育不外乎处世日用之需,所见所闻,皆家庭宗族之事也。而教育之目的,即所以达增加富源与人生境地之利益耳。

唐虞之时,文明日启,教育制度益臻完密。非独教育制度为然也,凡政治、社会与知识三者,皆有进益。古今言圣人,则首推尧舜,论治世则先举唐虞,实吾国历史最盛之时代也。夏商继之,文治大备,不独创历代考试制度与学官制度,且广设大学小学,以教育士民,而其学制之完美,亦为吾教育史中所罕观。

## 二　创设考试制度

吾国上古之考试制度,大抵限于从政者也。自有史以来,即有此种考试制度,所以举贤任能,以图治理。《书·尧典》曰:"三载考绩,三考黜陟幽明。"[1]所考者为何?因当时文字发明未久,记载不详,难以考究焉。然师其遗意者,至今未尝绝也。

## 三　建立学官

帝舜有虞氏设九官,中有三官掌教育之职者。命契为司徒,敬敷五教在宽。君臣有义,父子有亲,夫妇有别,长幼有序,朋友有信,皆人伦之道也。《舜典》曰:"咨四岳,有能典朕三礼?"佥曰:"伯夷。"遂命伯夷作秩宗之官。又曰:"夔,命汝典乐。"是夔为典乐之官也。此学官之制,建立于尧舜之时,而夏商两代,沿之不替。非独建都之地,设有学官,即诸侯封域,亦间有之。可知吾国之学官,上古时代即已设立之,且

---

[1]［特编注］误。出处应为《尚书·舜典》

为政府之职务,其建立之早,远在世界各国之前也。

## 四　最初之大小学校

唐虞之时,在王宫左右,有两种学校焉,曰上庠,曰下庠。上庠即太学也;下庠即小学也。上庠在西,下庠在东。此两种学校,亦见于夏商两朝,惟其名不同耳。夏则曰东序、曰西序,皆以方向名之。商则曰右学、曰左学:右学在王宫之西,左学在王宫之东,其位置与夏时适相反者也。此等学校,为王子、贵族与人民子弟之优秀者而设。《礼记·王制篇》曰:有虞氏养国老于上庠,养庶老于下庠;夏后氏养国老于东序,养庶老于西序;殷人养国老于右学,养庶老于左学。是三代大小学制度,亦所以敬老也。国君时幸其处,会国老而咨询政治,于是有相见之礼,而礼乐兴焉。

以上所述之学校,皆设立于建都之地,大抵为贵族者也。此外,国内尚有校、序、乡学与瞽宗各种学校。校之义,则教也。此学校为人民修业之地,了无疑义。以习射事则曰序。商时之学校,亦以序名也。乡学则侯国四乡设之。瞽宗之名,始见于商时。瞽意目盲也,指乐师而言;宗则致敬之意,以乐祖在焉,故曰瞽宗。在王宫之左近,教礼乐之处也。

## 五　学校之课程

上古学官之所掌,与教育之宗旨,可赅括于礼、乐与五伦之道三者而已。"礼"则天地人三才,盖信天地祖先能降福于人,故敬礼惟勤。凡宗教社会之惯例与礼貌风俗等,皆属于礼者也。凡《周礼》《仪礼》《礼记》三书,皆言礼者也。礼之意义,不以表于外为界,盖于礼貌与礼仪之大原,亦三致意焉。政府之政策、家族之组织、社会之信条,皆以礼为本。观爱姆开劳莱之言,可以知礼之重要矣。其言曰:"礼也者,为中国人所不可须臾离者也,而《礼记》为述礼最完备之书。人之七情,以礼而得其平;人事以礼而尽其职。其善恶则取鉴于礼。人与人之关系,亦载于礼。一言以蔽之,曰:其国人民之于家国、社会、道德、宗教,皆以礼系之也。"

次于礼者则为乐。乐则包诗歌、舞象与乐器也。《诗经》所载,自大禹迄春秋,为作乐最盛之时代。乐器之最著者有八音:金、石、丝、竹、匏、土、革、木。金如钟,石如磬,丝如琴瑟,竹如箫管,匏如笙,土如埙,革如鼓,木如敔,皆作乐之乐器也。诗之别有四:(一)民俗歌谣之诗,诸侯采之,以贡于天子;(二)天子廷宴时所歌之诗;(三)诸侯会盟时所歌之诗;(四)赞美献祭之诗。此外则战争诗、夫妇离别诗、耕耘行猎诗与婚嫁燕飨之诗。若怀怨与发幽情之诗，乃诗之别格也。《礼记》载舞有四种，即干、戈、羽、龠是也。其舞名之不同，视其手中所执舞器而有别也。

乐也者，和其性、平其气，而与人神共安者也。《舜典》："帝曰：'夔，命汝典乐，教胄子。直而温，宽而栗，刚而无虐，简而无傲'。"又作乐之概念曰："诗言志，歌咏言，声依咏，律和声。八音克谐，无相夺伦，神人以和。"

五伦所以立人我之五种关系，前既言之矣。所谓五伦者，父子也，君臣也，夫妇也，兄弟也，朋友也。孟子曰：父子有亲，君臣有义，夫妇有别，长幼有序，朋友有信，乃五伦之道也。其意以为人能行五伦之道，则人我无争，而国家平矣。

考唐虞夏商时之教育，其性质大抵属于道德与宗教，为人与人之关系，以及人与神之间关系。学校之有名曰"序"者，于其中教习弓矢，实为体育与军事养成之所。若其文字教育，则因印刷术未发明，无甚可观。然其时之上庠，学生已从事于竹书之研读矣。

## 六　上古之教育法

吾国上古之教育法，与其他诸国略同，甚为简单。盖知识与著作皆未发达，故教育宗旨亦不闻于世。虽有竹书之记载，然以制成竹书之不易，故仅见于上庠。道德之成与礼乐之教，不出二端。一曰口述；一曰作法。《礼记·内则篇》：教子弟以礼乐，师作之，弟子从之。史曰上古之君，作之君，作之师，其治民化民也，非特其教而以其德。由此观之，上古之教育，专重作法，而古人教育之成，不得不归于能效君师之作法。古人以经验与观察之所得，作心理原则之解说曰：人之生也，效其所善。故人之德行礼貌，常胜于告令。盖已身之作法，俾人知所当为，或使人乐为之。是则非文字语言之力所能及也。

## 七　上古之教育宗旨

吾国文化初启之时，其教育之宗旨，即审察境地而以发达实利为事。经唐虞夏商，进化甚速。于是教育亦日趋完备。以人我相亲、国家安宁为达教育宗旨之道。修己治人，为吾国教育不刊之经。盖五伦者，修己之道；礼乐者，治人之道也。申言之，以德行道艺修于己，养成才能以治人。后世数百年之教育皆不外乎此。

# 第二编　上古教育制度及其退化

周监于二代,礼教大兴,郁郁乎其文哉。文王、武王、周公圣人辈出,制礼作乐,凡社会上、政治上,皆大显进步,实周室极盛之秋,而上古文明最发达之时也。说者谓希腊之伯里克利时代(Periclean age),不过是也。是时,教育制度大备,高等教育与平民教育,俱为注意,教育制度之美,为三代冠,为后世所称道。兹先述其最完美之时,次及其变迁,终则及其退化也。

## 一　名称、地位及学校之性质

周时之学校,大别为二种。一在王城与诸侯之首邑,或诸侯封邑之大进,其名称有五:上庠、东序、瞽宗、成均、辟雍是也。上庠之名,初见于舜时,为教授高等教育之地;周时则在王宫之西,王宫在都城之北,乃一种初等学校,教授书读者。上庠亦曰米廪,盖即学以藏粢,自其孝养之心而发之,为天子养庶老之处。东序,夏朝高等学校也;周亦名为东胶,在都城之东,王宫之右,又曰太学。于此学干戈羽龠,九年而业成。国老于此养焉。瞽宗亦始于商,学歌唱,使弄乐器,以成礼也。以其成其亏,均其过不及,则曰成均,此学校为前代所无,在王城之南。周代都城学校有五,而居中者则为辟雍。若论其性质,则殊难一定。有时为大射行礼之处;有时又为天子朝会群臣之处。礼书[1]曰辟雍即成均也。观《文王世子》[2]篇,知周先有成均以施高等教育、后有辟雍,与成均相同,而成均之名遂因以消灭。此成均与辟雍之又一说也。但为周代授高等学问之地则无疑。虽然,古书言成均、辟雍为二种学校者居多,殿版《礼记》有图,以明周代各学校之地位者。中央一部,称之为辟雍;东区称东序;西区称瞽宗;南区称成均;北区称上庠。在天子郊曰辟雍,而侯国亦立当代之学,惟损其制曰泮宫。

地方学校,在闾曰塾;在党曰庠或序;在州曰序;在侯国之乡曰庠。村中街门之旁有两室,即闾塾也。周时每值春初,村中人民,无论男女老幼,自早即往学校听讲,

---

〔1〕［特编注］即《礼记》。
〔2〕［特编注］即《礼记·文王世子》

至晚方归。主持讲坛者，大抵七十而致仕老于乡里之大夫也。此学校曰庠或序，其名皆自前朝而来。州学之名曰序，亦取自夏时，盖夏时教射事之学校也。在侯国乡之学校曰庠，舜时即有此名，为授高等教育地也。

## 二 学校之课程

王都与侯国都邑诸学校所授之课程，可分别为：上庠使学书；东序使学干戈羽龠；瞽宗使学礼；成均使学乐。凡王太子、王子、群后之太子、卿大夫元士之嫡子皆造焉。当时之学生，皆教以经义、道德、诗歌以及算舞御各种技艺，以应时势之需要。周官大司徒以乡三物教万民而宾兴之。一曰六德：知、仁、圣、义、忠、和；二曰六行：孝、友、睦、姻、任、恤；三曰六艺：礼、乐、射、御、书、数。其普通教育，则有五礼、六乐、五射、五驭、六书、九数。以近世教育眼光评论此种学校之课程，实包德、智、体三育，于人生有密切之关系。此教育即所以为人能竞争于生活界之预备。盖周时教育之宗旨，于发达心身，均无偏废，兼有雅典、斯巴达教育之美，以练成智、德、体三育及军事之技能为主也。

《礼记·内则篇》中，载上古男女之教育颇详，不独言其教育之性质，且于教育男女之法，亦有一定之标准。兹分别述之如下。

## 三 男子准则

六年教之数与方名；七年男女不同席，不共食；八年出入门户及即席饮食，必后长者，始教之让；九年教之数日；十年出就外傅，居宿于外，学书计，衣不帛襦裤，礼帅初，朝夕学幼仪，请肄简谅；十有三年，学乐，诵诗，舞勺。成童，舞象，学射御；二十而冠，始学礼，可以衣裘帛，舞大夏，惇行孝悌，博学不教，内而不出；三十而有室，始理男事，博学无方，逊友视志；四十始仕，方物出谋发虑，道合则服从，不可则去；五十命为大夫，服官政；七十致仕。

## 四 女子准则

女子十年不出，母教婉娩听从，执麻枲，治丝茧，织纴组紃，学女事以共衣服。观于祭祀，纳酒浆笾豆菹醢，礼相助奠。十有五年而笄，二十而嫁。有故，二十三年而嫁，聘则为妻，奔则为妾。

据《礼记·内则》而观,男子自 6 岁,即受教育,10 岁而就外傅;女子则足不出户,学操家务,以贞静为主,书算皆非所习;男子至 10 岁,则学之。吾国古时女子教育,虽似不甚重要,而一按其实际,又不然也。盖因女子为一家为主,其所学应以家务为限。夫女子之教育,德容是也。《周礼》载:贵族女子有公宫宗室之教,其科目为德、容、言、功四者。故周时之女子,实吾国历代女子之模范也,其教育女子之宗旨,后世相沿勿衰。而女子之得于社会、家庭占有重要位置,岂非以妇德之故乎?

## 五　教育法

《礼记》中《学记》《内则》两篇,于当代教育法,言之颇详,极端排斥谙记法,与近世教育法,多有吻合。一本人生天然之理,以开发其天性为主,谓学仅为得一种知识不可也,必也心得,始谓之无负所学乎。其教育之法,自易至难,自粗至精,学以渐不以骤,积小成大,一时学一事,不可泛求,必使彼自然奋发,而尽其才能也。

除《礼记》之外,述古时教育之法者,要以孔子之言为主矣。其言曰:"学而不思则罔,思而不学则殆。"又曰:"不愤不启,不悱不发,举一隅不以三隅反,则不复也。"是当时教育法,颇合于自动主义,且当时教育,一准心意发达之次序,自易至难。颜渊道孔子教育之法,曰:"夫子循循然善诱人。"则当代教育之法,不期而合乎教育原理矣。

战国时有孟子,服膺孔子之道者也,于教育之法,亦颇有所称道。其言曰:"君子之所以教者五:有如时雨化之者,有成德者,有达材者,有答问者,有私淑艾者。此五者君子之所以教也。"申言之,孟子之教育法,专注学者之个性,顺其性而陶冶之。有如时雨化之者,谓学者天资聪颖,有闻必悟,教者因势而利导,犹如及时而雨之,则其化速矣。有成德者,谓学者好谈道义,则纳之于成德之正轨。有达材者,谓学者富于理想,或治事之能力,各因其所长而达之。有答问者,谓就所问而答之也。所私淑艾者,谓人或不能及门受业,但闻君子之道于人,而窃以善治其身,是亦君子教诲之所及。综观孟子五者之教,皆因材而施,或小成,或大成,无弃材,无废人,教育普及之道,其在斯乎。

## 六　入学考试、学业考试及升学之法

读《礼记》知当时之入国学与泮宫者,不独太子、王子、王公之冢子,而卿大夫元士之嫡子及国之俊选皆造焉。惟入学必经考试也。所试者为德行、言语与治事之才能。选于小学者,则升于成均,而天子于其处,亲授杯酒,以为荣宠。反之,考试不及格者,则留读以待下次之考试。然苟学者,于德行、言语、治才三者,有一擅长,亦可升入大学。

据《学记》云:比年入学,中年考校。一年视离经辨志;三年视敬业乐群;五年视博习亲师;七年视论学取友;谓之小成。九年知类通达,强立而不反,谓之大成。此大学之道也。

周时升学之制,亦颇完备。选于党庠者,升于州序;选于州序者,升于乡庠;选于乡庠者,升于诸侯之泮宫;而其中之超群者,则升于国学。凡学者自此学而升入彼学,乃尊荣之事也。士之秀者,司马论定其材,使之任官,或王都,或侯邑,而后与之爵禄。

## 七　入学年龄、学期及学年

周时入学年龄,诸说不一。据《大戴礼·保傅传》及《白虎通》之说,王太子自 8 岁入小学,15 入大学。据《尚书·大传》之说,公卿、大夫、元士之嫡子,为 13 入小学,20 入大学。是入学之迟早,以贵贱而分也。王太子所以较卿大夫之长子为早者,盖信其智能较聪慧也。然而世之从《白虎通》之说者较多,即人生 8 岁入小学,及其十有五年,而入大学也。

是时学期学年之长短,后世莫详焉。但一年中之四季,为四个学期,则颇有说以证明之。且四学期中之每一学期,所教之事,各有不同。大抵春夏学干戈与羽龠于东序,诵歌于瞽宗;秋会于瞽宗而学礼;冬读书于上庠,此其教育之大概也。但人民之务农者,不得终岁受教。然为普及教育计,亦不得不有以为之备。故古者耕稼毕,男子未有室者,咸入学听讲。冬至,复之田亩,备农事。期 45 日,化民成俗,意志善,法至美也。

## 八　教育官

周代教育之官,读《周礼》可知也。职掌学校一切事宜,学礼舞,属于乐官;学诵记,属于学官。同时乐官亦掌王国教育事及会集学子事,与夫施教于成均也。故学官与其属官,不独教乐而已,凡德行、书、舞诸学科,亦为其分内事。余则庶士教儿童,知道与善行。保氏教人以六艺。尚有一甚关重要之教育官,名胄子者,以时聚学子,教舞,作进退、疾徐、疏数之节,且教以孝悌之道,故此教育官之对于学子,不独教之,且有以监察之。此外则乡师、父师、少师诸教官,大抵致仕于乡,专教乡、州、党各学校者也。

## 九 学校数

上古教育统计之不全,夫人而知之。然册籍俱在,亦有可得而考者。据周官所载,王畿方千里,有6乡、30州、150党、3 000闾,闾有塾,党有庠,州有序,国有学;诸侯之国,公方500里,侯方400里,伯方300里,子方200里,男方100里,依次递推,所得学校之总数,自必可观。但诸侯国数究有若干,传说不一。据马端临《封建考》序,禹涂山之会,号称万国;汤受命时,凡3 000国;周定五等之封,凡1 773国;至春秋之时,见于经传者,仅165国,而蛮夷戎狄亦在其中。国数既由多而寡,学校数亦必随之而减。观郑人之游乡校以论执政,当时之学校,平日必已虚无人矣。

## 十 教育行政法

周时教育行政,中央设专官以治理之。一曰"天官",二曰"地官",三曰"春官",四曰"夏官",五曰"秋官",六曰"冬官"。各官之长者曰"卿"。地官卿曰大司徒,除掌教化万民,凡贸易耕植与人民之治安皆属焉。地官与其他四官,皆受天官大冢宰之节制。地官掌体国经野,设官分职,不独颁职事,待政令,且以乡八刑,纠万民。地官之属官、州长党正,以时各属其民而读法,并考其德行道艺,选其民之秀者而升学焉。

## 十一 选举

周代教育制度之完备,前既言之矣,而其举贤任能之选举法,亦可与其教育制度媲美。其选举考试法,不仅士之在乡者而已,即在朝者,亦所不能免。每逢三年,中央六官与老而致仕在乡者,考其属或士之在乡者之德行道艺,以为任职之预备。每官之下,大夫举贤者、能者以升于大司徒,大司徒论定之,以升入乡学或国学。秀于一乡者曰秀士,升之大司徒。秀于国学者曰俊士,则于王、国、侯、卿、大夫、士处求职焉,但须受乐官之管辖也。其官级则定于大司马,以射艺为准。然无论如何,各种选举考试,皆受成于王。盖于一定时期,各考官以德行才能之士书于王也。

若已为吏者,则按时有举吏之法。长官献贤能之士书于王,王则凭诸人之说,然后察之。察之果贤,乃选其官。故当时选举法之手续有三:(一)选于州,或选于乡;

(二)选于卿大夫;(三)则受成于王。据云,周时诸侯每三年献属下之能者,列于王朝;大国3人,中国2人,小国1人。

兹将周代举贤任官制度之四优点而述之:(一)纯以平等主义。上自卿大夫,下及庶人,无贵贱,无贫富,一以德行才能为本。(二)教育制度与各行政同,皆取中央集权主义。此为周之特色。抑更有进者,取士以德行为首,才能次之,而不若后世之斤斤于词章。此其三也。其四,则官吏虽多出于学校之一途,然学校非专为造就官吏之地。有此四端,是周代之教育制度,所以为后世所不可及欤。

## 十二　上古教育制度衰颓期及其变迁期

去今2 700年前,王室渐微,诸侯争霸,王命不行于诸侯,学制荡然。且各种高官之位,多为世袭。昔日之选举法,已无复用之者。与欧洲中世纪黑暗时代相同。幸是时有孔子出,以恢复礼教为己任,收集信史,考古代之制度文物,删定《诗》《书》《易》《礼》,作《春秋》《孝经》。其弟子以其言著《论语》,后世之道德、历史与学艺皆宗之。惟当时之阻力颇多,志不能达。身后七十子之徒,遨游于诸侯,稍能传其道焉。后百年有孟子,继往开来,说人君以兴学。后以其道不行于诸侯,退而与万章之徒,作《孟子》七篇。孟子生于战国,强凌弱,众暴寡,弃仁义如敝屣,不用于当时宜也。然其教人之法,未几即大昌明。师其意者,实繁有徒。虽争乱相寻,学者仍能持孔孟之道于不坠。秦始皇既灭六国,统一天下,崇尚刑法。时儒生敢挟经术以讽始皇,皆上承孔孟教化之力也。始皇见儒生非议朝政,怒下禁止之议;继采李斯献策,搜天下非秦记之书籍,皆焚之。有敢偶语诗书者弃市。儒生犯禁者四百六十余人,皆坑之咸阳。中国之教育,至此受一大挫折。

自春秋而战国而嬴秦,虽学制已废,然不能谓天下无一学校。国家虽不注重学校,而民间教育家辈兴。孔子、孟子,其最著者也。传者谓孔子幼聪颖,十七即致用于世,晚年归而讲学于洙泗,弟子三千人,身通六艺者七十二人。孟子之母,择邻而处,迁其家与学校为邻。后孟子之得为亚圣,其母之力居多。盖孔孟之时,学校几尽属私人之事,王室诸侯不与焉。故孟子说诸侯,谨庠序之教,申之以孝悌之义,期王道行于天下也。

夫所谓教育衰颓期者,亦即教育大变迁期也。何以言之?盖孔子与其徒皆好古,敏以求之,遂开后世好文学以及求学必于六经之门。再古之教育,乃朝廷之职,今则一变为私家之事。然因学制废弛,功令束缚渐少,哲学家辈出。思想自由,诸子横议,极一时之盛。若孔子、墨子、老子、杨子、荀子、鬼谷子,皆一时佼佼者也。而孔子之道靡不赅,其德靡不备,非诸子所及。谓之曰哲学家,毋宁谓之曰道德家与政治家;谓之曰道德家与政治家,毋宁谓之曰教育家也。孔孟之教,极注意开发心性,深合近世所谓自然教育法。而其书之有关道德社会国家者,于吾国历代考试法及教育大有关系。

吾人所执之笔,为何人所制乎?因其大有关于吾国之文化,所不可不知者也。秦始皇时,有大将蒙恬造笔,遂弃竹简而不用。凡书必以布或绢,其臣李斯发明一种较易之书法,名曰小篆,交换知识之道日以广。若秦始皇时,无焚书坑儒以愚黔首之举,则于吾国教育史上亦一重要之时代也。

后世目秦火之灾,谓当时教育之生机,已被摧灭无存。是又不然。盖秦始皇所恶者,系一种教育,而其所兴者,又一种教育也。不观秦始皇之臣吕不韦乎?搜集古籍颇多,著有《吕氏春秋》行世。再京师设有博士馆,古籍皆归博士所掌。其所焚之书,乃民间之藏书,固非举古之图籍,悉沦亡无孑遗也、且凡医药、卜筮、种树之书,特予保存。然而既经秦火之劫,学制遭其挫折,大小学校,荡焉无存。所幸秦只二世。未几汉有天下,教育复兴。汉时之文化,不独关系吾国而已,即于世界史上,亦颇有研究之价值。

# 第三编　汉以后各朝教育之沿革

周代教育之完备，前既言之矣。虽然以周代之教育与历朝相比较，未必即为极端之优也。特周代教育之所长，为重实验而与当时生活相接近。虽其教育制度有一部分为养成官吏之预备，然普通人之教育，自初等以至高等，皆秩然有序。炎汉继之，损益周制。汉以后各朝教育制度，皆代有变迁，所以成今日之教育者，岂偶然哉！是以不得不分别而叙述之也。

## 一　汉朝教育之状况

汉高祖既平秦乱，见廷臣争功，至拔剑击柱，于是思优礼儒生，以挽末俗，实春秋以来教育之一大转机。其子惠帝，除秦始皇挟书之律，惜乎后五六十年间，惟知稽古而不遑谋新，访残经于遗老，求断简于壁中，得孔子经籍，因年代湮远，遂诏诸博士为之注释。虽汉代训诂之解经，与宋代理学之解经，各有不同，要其影响于吾国之人心甚大。汉代有蔡伦树皮造纸，秦时有蒙恬以兔毫制笔，二者皆促进吾国文明之具也。

孔子之道，经汉文、武二帝之提倡，凡天下治理与考试士子之德行才能，一以经术为本。孔子列代之嫡子，皆有封号。自汉开敬礼尊经之风，历代相沿，教育为经术所限，未免守旧泥古，为进步上之一窒碍。学者浸沉于经术，被陶镕成为儒派。其盛时与古罗马倡西塞罗辩术同出一辙。

以远大之眼光，评论此汉代之崇尚经术，排斥百家，于吾国文化之进步，实属大不幸之事也。因学者专讲经术，动辄孔孟，不敢附以己意。虽彼等非有意摧折三代之文明，而惜乎其行事有类于是也。上有好之，下必甚焉。学者惟知拾古人之唾馀，孜孜矻矻，于学术上无发表思想之余地，而欲文明之进化，难矣。

上既略叙汉代之学风，兹将及于最有关系之学校制度与选举制度。汉时封建、郡县之制并行，故官不尽出于学校，且选举制度屡有更改，不能以一法而概其余。官有出身于学校者，有被选于郡守、县令者，惟官之职守大者，多由小官选升。郡守、县令有权自选其佐贰。上述被选于郡守、县令之人，须经一种考试，有时为特别情形，亦可免之。东汉时选举之法有二：一则选于县令而献于郡守；一则径献于帝而不经郡守。然非声望素著，才能超群之辈，不能享此第二种选举法也。要知两汉选官之制,皆曰选举。被举者或名为孝廉方正,或曰博士弟子,其名随帝统而不同。大抵有德行才能者,不患无进身之路。故两汉人才,史册相望,虽文化之进行不及古,而用人之法,则非后世之所能及也。

汉代之选举法,经东、西二汉之变,制度不一,兹不赘述。所当注意者,官非尽出于学校,人民之教育,不为国家所重,而渐成退化之象。

汉初天下方治,未遑庠序之教。至武帝纳董仲舒策,建大学于京师,以养天下之士;又立五经博士,研究经术;诏地方官吏,举修德明礼之士,上之于礼部,以为入大学之预备。时京外有一郡守,兴学校,讲五经,武帝嘉其事,遂令天下郡国,皆仿其法,以兴学校。汉代之教育,于以大备。及王莽秉政,未几篡夺,天下大乱,西汉学校制度,荡焉无存。光武中兴,重建大学。明帝、顺帝能继先志,将大学极力扩充。质帝、桓帝时,来学听讲者益众,至三万余人。东汉之教育状况,即以官立学校而论,已不让前代。况当光武、明帝之际,私家学校且满天下,尊孔讲经,学习礼仪,以补国家学校之不足。人称东汉风俗之美,未始非上下从事学校之效也。惜乎灵帝昏弱,受宦官道徒之邪说,摧折学校、裁抑士气,继又乱离相寻,教育与选举制度俱废,与汉同归于尽矣。汉时教育之法,与欧洲中古僧侣学校,颇有相似之处。教师高坐讲堂,向前列之高足子弟,讲说经义;听者又递次传授,以至于最下之新学生。故高足子弟常得听师之讲说,其次则虽师之音容,亦不易见。相传郑玄在马融之门,三年不得一面云。

## 二 汉唐间教育之状况

汉唐间三百余年,内忧外患,迭乘而起。初为三国;至司马炎灭吴,一统天下,国号曰晋;后五胡乱华,天下分南北,继统于隋。故学校教育,亦随天下治乱而兴灭焉。

晋初设大学与国子学于京师,学者渐增至三千人,盛时至七千人。后北被侵于五胡,学校尽废。东晋偏安,重建大学与博士制,但政象不稳,学校亦似风雨飘摇而无定。南宋文帝,设四大学于京师,即儒学、玄学、史学与文学是也;又有国子学,毕业者则升入学士馆。虽学校之兴,为时甚暂,而江左学风,于是有可观者。北魏道武,初定中原,即以经术为先,立大学,置五经博士。献文帝时,诏立乡学,郡置博士、助教。大郡 2 博士、4 助教,学生 100 人;次郡博士 2 人,助教 2 人,学生 80 人;中郡博士 1 人,助教 2 人,学生 60 人;下郡博士 1 人,助教 1 人,学生 40 人。孝文帝于京师设国子监,又立四门小学。当时北朝颇讲励经学,儒者一时称盛。北齐于京师设大学,于郡县立小学。不久即相归消灭,所余者仅大学与国子监二者而已。然大学中,亦不过 2 博士,72 学生耳。至隋代,始建进士科,士人皆得投牒赴试,遂开二千年科举之陋习。所幸当时士人不得志于朝者,优游乡里,能以教授著述为务,刘焯、刘玄、王通其最著者也。

自汉及唐,半以叛乱,故其教育不难以数语包括之。尊崇经学之旨,政府不克维持而不敝;且教育之注重讲经,受宦官黄老之影响,已极挫折;加以佛教盛行,为吾国文化一大关键。是以儒术之衰,佛教之力居多。至于魏晋六朝,选举之制,紊乱极矣。其极大抵操之于大小中正,不暇举贤,惟知徇私,是立法之弊也,甚而末世高官传子,则变本加厉矣。

## 三　唐朝教育之状况

唐祚几三百年,圣君、贤相辈出,励精图治,虽间有内乱外患,然不可不称为一代之治也。若诗赋,若文学,若教育,皆显特著之进步,一洗魏晋六朝浮华之弊。唐初,高祖、太宗皆奖励学术,学校林立。是时日本、高丽、新罗、百济、高昌、吐蕃诸国,皆遣子弟来唐求学焉。

唐时之学校制度,颇为完备。京师有国子学、大学、四门学、律学、书学、算学六学。文武三品以上子孙、二品以上曾孙入国子学,学生300人;文武五品以上子孙、三品以上曾孙入大学,学生500人;四门学能容1 300学生,其中500人为文武七品以上之子,800人为庶人之俊异者;律学50人;书学30人;算学30人。京师之六学,皆隶国子监。又有弦文馆与崇文馆,为贵族之学校,凡宰相及一品功臣之子,皆有资格入学焉。此外则广文馆,为考试进士者求学之所。京师学则研究五经之地也。

地方之府州县俱设学校。大都督府、中都督府,学生60人。若下都督府,则50人。大、中、下州学之学生,自50至60人;而上、中、下县之学生,则自20至50人。当时无论公私各学校,均以五经为主课。

若欲知当时之教授法与京内外各种学校所习之科目,读《文献通考》可知也。考试之法与学生转学之程序,亦详载于《文献通考》。京师各学校之学生,非选送之府学校优等生,即应竞争考试而来也。此为欲入京师学校者,仅有之二途。

唐制取士之法,不外生徒法、贡举法、制举法三种。由京师之六学二馆,及州、县之诸学校,选其成业而送入京师试验者,曰生徒。不入于学校,先试于州县,及第则更至京师受试,曰贡举。间有非常之士,天子自试之,曰制举。换言之,士子进身之途有三:(一)毕业于学校者;(二)经州县竞争考试者;(三)受天子亲试者。《文献通考》载有各种学位及如何取得学位之道颇详。秀才试方略策,明经试五经解释与时务对策。高宗永隆年(679)以后定制,进士试诗,其试五经与方略策,则较秀才为宽;

明法试律与法令；明算试造术，令说明术理。虽然，得各种学位，非易事也。至玄宗天宝元年(742)，因无合格秀才之人，遂下诏废除秀才学位云。

　　唐代之学校制度与考试制度，既如上所述，然帝王相继，因时制宜，间有变更者，兹不一一详之。玄宗开元末年，有所谓翰林院出，地近宫掖，帝王亦时幸院，精究文学，未几又变为修史督学试士之处矣。

　　唐代儒者之厄运，为自玄宗开元十八年(730)至天宝十四年(755)之26年。盖其时玄宗重玄学，置崇玄学于京师，令学老子、庄子、文子、列子，立道举之制。一切规例，与取士之制同。幸不久遇安史之乱，而其制遂废。其子代宗即位，追溯前绪，重建乱散各学校。然大乱敉平，疮痍未复，大学教师薪资微薄，小学教师则非犁田不足以自给。且唐代宦官之祸不减于东汉，故其为害于学校考试亦颇烈。宪宗元和二年(807)，诏令长安、洛阳东西二京，各设6学校。然国势日非，已去之人心风俗，教育亦不能挽回。

　　当玄宗开元二十四年(736)，考试制度之掌管，生一大变革。昔日各种考试皆在吏部举行，于是年移归礼部。自古取士，皆以礼为本，则考试自当属于礼部，并无疑义。但考取之后，量才授职，吏部之事也。吏礼二部，以此时起暗潮。礼部考学术，吏部选才能。不幸有举于礼部而不得官于吏部者，有虽不举于礼部而吏部授之以官者。第二类之人，多为奖励之小职，其中之大多数，为高官之子，恃援引进国学，以父荫而得官。至代宗时，因宦官之力，护此陋习，士子得官之难有加。常闻礼部考取之名册，送于吏部，得官者10人中难遇1人焉。《文献通考》云：三代、两汉，举士与举官合而为一，士之获举，未有不入官者也；至唐，以试士属礼部，试吏属吏部，于是试士与举官分为二途矣。

　　于叙述宋代教育之前，有数事关系于教育者，当先提出说明之。唐朝诸帝，间引内外学士，于听朝之隙，讲论学术，商榷政事，此等学士，皆归京师都府长官荐引。又立凤慧少年考试法。设各府州县督学官，以察士子之德行。武后时，创武举之制，选取赐典，一如明经进士之律，后废而复兴者一次。他若各府州县，多建医学校，其考试与学位之奖励，与普通取士制同，则崇尚医学之道也。

　　唐末，内则宦官擅权，外则藩镇跋扈，至梁太祖开平元年(907)而亡。此后半世纪则为五代。君臣相贼，兵连祸结，教育几于全废。迨赵宋统一天下，文化教育为之一振。

## 四　宋朝教育之状况

　　赵宋之一朝，亦为吾国文化上极有关系之时代也。先是后唐宰相冯道发明木版

# 第一辑
| 中国教育制度沿革史 |

印书之术，知识传布之道渐广，宋代诸学者食其福，文明日启。凡史学、经学、文学、训诂学以及诗词学，硕儒辈出，皆英主提倡之力。虽曾受辱于辽金，二帝蒙尘，但在吾国历史上仍称盛朝，不让他代也。

宋太祖既受周禅，首于京师设国子监，七品以上子弟入学焉。仁宗庆历三年（1043），重建四门学，以士庶子弟为生员。明年，诏国子监博士，仿汉唐制立太学。创始之初，殊形简陋，后二十余年，规模渐具，能容学生900人。京外诸州，皆立学校，亦仁宗之力也。仁宗有见诸州县学校选择教授之不慎，于庆历四年目（1044），下诏戒饬之。神宗时，王安石于宫中设律学，行明法考试，以代明经考试；又立武学；神宗元丰二年（1079），立三舍法。所谓三舍法者，即以太学学生分为内舍、外舍、上舍是也。外舍2 000生员，内舍300生员，上舍100生员。初入为外舍，外舍升内舍，内舍升上舍。既升上舍，则有得官及享受他种权利之希望。此三舍升迁法，所以奖励士人之求实学，而不专学作诗赋，以博取科名已也。官吏考试法，一仍唐代之旧。一为学校出身者，一为非学校出身者。王安石所立之三舍法，至绍圣元年（1094），又复立。元符二年（1099），诏三舍法之制，遍行天下各学校。学校博士，有权授学位，一如考试之制。徽宗崇宁二年（1103），有诏暂罢考试制度。至于博士之选任，不经吏部而归州官。宣和三年（1121），因士子之哀请，州县除三舍法。迨南宋高宗绍兴十二年（1142），曾一度再兴三舍法，时徽宗已北虏，迁都临安，即今之杭州。上溯北宋徽宗崇宁三年（1104），学校除国子监、太学、律学外，尚有算学、医学、画学、书学四专门学校，设于京师及各州；并令各省四种专门学校，仿古时县学之制，注重德行与文学。未几蔡京罢相，四种专门学校遂废，继而又被召，四种学校亦随之而恢复。高宗南渡，屡诏京师及南方各州学兴。绍兴二十一年（1151），诏州县慎核特种田产之所入，以维持学校，并令立高等视学官。但因干戈相寻，税源竭蹶，教育费短少基多，博士无权荐举生员得官，盖是时考试法已正式进行矣。

宋代之初叶，诸帝虽不重学校制度，然考试制度则颇为发达。因欲得人才以理国事，除诸州有司有权荐举人才外，则有各种高等考试，及第、赐五经律算等学位。考试之权操诸礼部，赐进士与其他高学位。考试诸科目与唐代大同小异，《文献通考》详焉。唯考进士者，专以诗赋定高下。考取进士之后，以入翰林院较授职为荣。

约言之，宋时士子，多重考试而轻学校，盖经考试得官较易故也。因此，考试制度颇呈整齐划一之象。防作弊之法，亦属完密。吾人知当北宋末叶，凡国子监、太学以及其他诸专门学校之博士，有举士之权，其所得之功名，与经礼部考试者同。其后甚而暂罢考试法，以举士之权全属诸博士。南宋时，博士举士之特权遂废，功名尽出于考试之途。所惜考试专重诗赋，无济世用，大背立法之初意。《文献通考》云，宋代养士之德行,非尽本于古礼,去孔门之道远哉。

于述宋朝教育状况之后,不得不旁及与吾国教育有关系之穷理哲学。盖其时学者病汉唐之徒尚训诂,繁琐支离,而以汉儒为甚。其注经也,师弟授受,恪守旧训,不复参以己见,成为专家之说。东汉马融、郑玄之徒,赅综众说,注释渚经,不以一家自封。唐时学者,又疏解汉注,委曲旁引。然汉唐诸儒之注疏诸经,惟古是从则一,不暇讨寻真理。迨乎有宋,患汉唐之所失,受佛教之感化,诸哲迭兴,一洗汉唐之旧理想,倡一种新哲学。诸哲虽被佛老之说潜移默化,然竭力避人称作佛老之徒。世界之哲学,不外乎二派。一派以心为主,物不过一想象之幻影也;一派谓物为本,心由物而生者也。二派皆谆谆于一元。论宋代诸哲,折中于二派之间,倡言二元论,说理则归本于力与质二者。凡深究中国哲学者,谓吾国之哲学,早得近世科学之精意矣。宋代著名之学者,为邵雍、周敦颐、程颢、程颐、张载、陆九渊、朱熹诸人,其中以朱熹最有功于吾国之教育,而其名亦最著。效司马光著《通鉴纲目》,占吾国史学上重要之位置,又注解《四书》,虽与汉儒之训诂不同,而不背于理,引申治国处事之道,极端反对一字之注解。因所处之时不同而有异议,自后学者对于经义,从朱熹之注解者为多。

与上述诸哲立于反对之地位者,实大政治家与大经济家王安石氏。其人于有宋一代之教育,大有关系;释《诗》《书》《周礼》,号曰《三经新义》;作《论语》《孟子》义,一时学者,靡然从风;改革考试之法,罢诗赋帖墨,以经义论策试士。风会所趋,虽乡村士子,多抛弃诗文,而从事于历史、地理、政治、经济诸学,甚或古代医学垦殖等书,无不披览,皆有助于人之研究古代之经学。惜乎王安石之政策,不为老成所喜,贬为州吏,虽未几再被召,而不久即去世,其政策被推翻,而新经义亦遭禁废也。

宋室最大之患为辽金。虽起朔漠,而皆淹有吾国之东北部,故辽金教育之状况,想亦读者所乐闻。辽既以武功经略域内,觉典章文物,较南土有愧色,遂设学校于辽京,兴科举制,以与南朝相竞。金人继之,亦效辽制,行考试法取士法。命官征服各州,以女真文翻译各经,印两种经本,一汉文、一女真文,颁行各学校。又创女真文考试法,金人与汉人考试中试者,各赐举人、进士。此外有童子试、律试,又遍设医学于各地。

辽、金之在吾国北方,日以侵伐为事。南朝天子,宵衣旰食,不得不重武艺,以为御国之计。故高宗绍兴五年(1135),行武举制,以策为去留,以弓马为高下。绍兴二十七年(1157)于京师设武学。孝宗隆兴九年[1],定制前敌各军,赐功名一如文举同。

---

〔1〕 [特编注]宋孝宗隆兴年号只使用了两年,此处恐为笔误。

## 五　元朝教育之状况

在今八百余年前，蒙古人崛起于北方。宋理宗时，蒙古约宋夹攻金。揣宋意，不过欲蒙古灭金，饱掠而还漠北，以为偷安旦夕。岂知金亡而蒙古转其马首以向己。是宋助蒙古灭金，实所以使蒙古少一劲敌，而专心谋己也。哀哉！

元为蒙古游牧人种，世居荒漠，初主中原，于吾国文化少有兴味，且长官不喜用汉人，故选举、学校，皆非其急务。然帝王中，间有酷好文学教育者。若元世祖忽必烈之命萨斯迦人八思巴，制蒙古文字；至元十七年（1280），重订中国历法；至元二十四年（1287），设国子监，各州县俱设学校。仁宗皇庆三年[1]，诏天下州郡县，举其贤者能者以应试。科场试艺，首以经术，次则时务策。其时则各经已译成蒙古文，故考试法分为二种。试蒙古文者共两场。若试汉文，则有三场。汉人与蒙人同有授高官之权利，故各种官吏之数，较前多倍蓰。顺帝至元元年（1335），诏罢科举、官长尽用蒙人，汉人群起反抗，不得已于至元六年（1340），复科举取士，以安人心，至顺帝北走而罢。

世祖忽必烈及其他诸帝，皆极注意医学、阴阳学、天文学三专门学。各州皆设有此三种学校，不可谓不盛。立医学考试法，中选者升入太医院。其天文学校考试中选者，则为钦天监之副贰。

元代之教育制度，分京师、地方二种。京师有蒙古国子监、汉人国子监、回回国子监。地方则各州有书院，路有路学，县有县学，再各路蒙古字学、医学、阴阳学等。至元中，大司农所上学校之数，多至24 000，然名存实亡者居多。世祖忽必烈及其他诸帝，诏兴教育之鸿猷安在哉？其故由于元为北狄之一种，不尚文教，所以设学校开科举者，仅以笼络汉人而已。故立国八十余年，有声誉于文学教育者，寥寥无几。唯间有一人，颇有功于教育，为人所不忘者，即宋末王应麟所著之《三字经》是也，为初入学校儿童讽诵之本，几七百余年；内容包罗万象，哲学、经学、文学、历史、传记与普通知识皆入焉；又可谓之曰数千历史之缩影；每句三字，义义虽浅，若讽诵成熟，于人生常识大有裨益。

## 六　明朝教育之状况

有明一代诸帝王，皆得谓之曰酷好文学与教育者也。初，太祖崛起布衣，奄有海

---

〔1〕[特编注]元仁宗皇庆年号只使用了两年，故仁宗皇庆三年应为笔误。

宇，首建国子监。洪武二年(1369)，诏郡县立学校，又复科举制，定教官之名及各种学校之学生额。凡学生之津贴，以及学校之课程、考试法、组织法与管理法，皆以法令规定之，取古制之所长。学校课程中，除经学外，又加武学与算学，命国子生及郡县学生员皆习射，郡县试与部试，俱有射箭与算学科目。然此文武并重之教育制，未几即废，而学校与选举，尽以文义为重矣。洪武二十五年(1392)，礼部请立武学，设武举。帝欲学子兼习射事，文武并重。不许。是时吾国教育发达，声闻遐迩。日本、琉球、暹罗诸国，皆有官生入国子监读书。太祖又命郡县学校，选生员俊秀者，入京师修业。成祖时，设武学于南北两京及边陬之地；且简郡县督学官，以提倡教育；并命两千余儒者，费时五岁，成一《永乐十典》，卷帙浩繁，共一万一千卷，九十一万七千四百八十页，三万万六千六百万字，包罗万象；凡关于经学、历史、哲学、天文、地理、开辟论、艺术、医理、阴阳学以及佛老之道，无不备载，诚吾国文化上之一巨制。

当明代学校盛时，教育制度斐然可观。京师有国子监，又有宗学，以教贵族子弟。地方则郡有府学，州有州学，县有县学，乡有乡学。此外则有教武臣子弟之都司儒学、都转运司儒学、京卫武学等。

据洪武元年(1368)之诏，京师设国子监。其性质仿古之上学与太学，生员有官吏子弟、夷生、直省考试中试者与郡县荐举者。监分六堂，修业期为十年。自第一堂顺序升入第六堂，皆用递次增难考试法。生员若于第六堂学业期满，考试合格，赐第同直省中试者，有得官之希望。明初，考试中试者为数不多，故国子监生员，不难于各省得一官职，时派往六部、都察院、通政司、大理寺等处观政，唯中有38人，往翰林院译外国文书籍。后仕途日滥，流品渐淆。学子之中选者，不以才能而以在监时间之长短，间有不克毕业国子监者，则于官衙延长其学习时期，以为抵补。

各省学校之生员，分为四类。二类为津助生员，又二类为非津助生员。后宣宗、英宗诏令凡季考合格者，方可受国家之津助。又当明之中叶，置提督学校官，学校荐举生员之事，归其职掌；又躬历各学，督率教官，考试诸生，分生员为成绩优美者、留校补习者与退学者之三等。

明代之于考试组织法，亦间有更张。考进士不中者，许应第二试。第二试较第一试为易，唯考试规则较严，各省之考额定为1 370名。后亦时有增加。进士名额，同以法律规定之，又以文风南胜于北，故进士额分为南北二部，以免南部各省多占额数。代宗景泰五年(1454)时，废去分部之制。初，省试之主考为地方官吏，继改为朝廷命官或翰林院人员；京试则归尚书或宰相主之，副以翰林院人员。

武举之制，蒙古人视为无用者，明太祖仍恢复之。悉依文科例，分为乡试、会试，乡试巡抚御史主之，会试兵部主之。其制屡有变革。至武宗正德元年(1506)，重订武举之制,武举所重为策论、射箭与骑术三科目。

明代诸帝,仍好蒙古人所奖励之医学、阴阳学、天文学诸专门学。钦天监人员,初行考选之制,继而一变为世袭。医学人员之位,传于子孙,虽有时行考试之法,然应试者大抵仍为医世家子弟而富经验之人。

明初学者与理想与元时同,祖述朱熹、二程之绪余。后有一新学说出,与宋元理学争雄长,开后世教育理想与实践教育之一新纪元。创此新学说者为王阳明先生。其学说主要有二:其一,为知行合一、不可分离之理;其二,为人当以己之心察事物之理。乃一实验哲学与理论哲学之折中派也。王阳明盛创个人良知说,取个人标准,以测人生之现象。心有所解决问题,必根据于己之本性,且极主张人生之真理,并谓知识之获得,必从实行而来,经实验之结果,确较胜于主观之效力。要言之,阳明学说之主脑,在既思之后,而必继之以行也。

阳明先生之哲学,精微而切实用,有功于吾国之学术非浅。其所主张之教育宗旨,大类裴斯泰洛齐派,深信教育为发达个人能力之温和主动物。故欲贯彻此温和启导主义,当与儿童以多量之自由,极力摒斥诸束缚。其言曰:儿童天性乐嬉游而惮拘束,譬若花草也,舒之则长,挠之则萎。故教儿童,必鼓舞其趋向,喜悦其心中,犹草木之沾时雨春风则萌动而长,遭摧折严霜则萎枯。令学诗歌,不独发其意志,且所以伸歌舞于咏歌,宣抑郁于音节也;令学礼以裨体育,不独一其动作,且所以周旋而动血脉,屈伸而固筋骨也;劝读书,不独开其知觉,且所以沉潜其存心,讽诵而宣志也。阳明所提倡教育之要旨,洵与近世泰西教育学说若合符节矣。

## 七 清朝教育之状况

兹已叙及清朝教育之状况,于此时代,乃近世教育所发端,而进行极速。诸清帝热心教育者过半。太宗时创造满洲字,以满文译汉书,诏诸贝勒大臣子弟,年在15岁以下者入学读书。其子世祖重建国子监,立八旗学校,置宗学以教宗室子孙。圣祖继立,酷好文学,与当时诸大儒撰纂巨著至数十种,其最著名者为:(一)《康熙字典》,乃中国文学之正则字典;(二)《佩文韵府》,凡吾国文学之要辞具备焉,订成四十四大卷;(三)《骈字类编》,共三十六卷,亦一分类辞典也;(四)《渊鉴类函》,成一种百科全书,共四十四卷;(五)《图书集成》,为一卷帙浩繁之大百科全书,有一千六百二十八卷,每卷二百页。其时琉球遣陪臣子弟,赴京受业。康熙帝命入监读书,贡生1人为教习,博士一员董率之。又于皇宫左近立官校,教书读骑射。诏令各省设立社学、义学。康熙在位61年而崩。其子世宗命直省之城设立书院,并各赐帑金千两为营建之资。六年(1728)，俄罗斯国遣官生41人来学，即于会同馆设学，选满汉教员教之。继世宗之位者为高宗，圣祖之孙，其好文学与教育，不让乃祖。在位日久，经纶之业媲美汉唐，重刊《十三经》与《二十四史》[1]。三十七年(1772)又诏求遗书，详审编纂，网罗古今诸书，汇为《四库全书目录》，共三千四百六十种，历史、哲学、文学皆备。各书缀以撮要，诚世界文学之巨观。又其时书院，经在上之鼓奖，颇著成效。

满洲崛兴，诸帝方事武功，未遑治术，故一切内治皆借鉴于明。即以教育一端而论，几尽遵守明制，间有变更，亦因时势之不同而然。学校制度之下，分为三种学校：一曰宗学，二曰官学，三曰书院。宗学设于京师，分为三类：(一)11岁以上、18岁以下之王贝勒、贝子、公、将军及闲散宗室子弟读书之宗学，内分汉人与满人二部，功课为清书、汉书、骑射三科目；(二)名觉罗学，生员为觉罗子弟，共8学校，每旗1学校，功课与宗学同；(三)称盛京宗室觉罗官学，宗室觉罗子弟之在盛京者为生员。第二种之官学，乃包括诸种学校，为官吏子弟、满洲八旗、蒙古八旗与从征明朝之汉军八旗子弟而设，分蒙古语官学、满洲语官学、算学官学。此种学校所在地，为京师、盛京、黑龙江三处。官学之上，则有国子监，其中学官与教员，均为一时之选。学官则满汉人员各半数；入学之生员，为秀才、贡生、荫生、监生、外国留学生，满汉勋臣之子弟以及圣贤后裔；功课分经义、治事二门。修经义者选一经或兼经。习治事者于历代之典礼、赋役、律令、边防、水利、天官、河渠、算法之类，或专治一事，或兼治数事。此外，京师有翰林院、钦天监与太医院，皆与教育有密切关系者也。

地方学校受政府统辖者为各省之书院、各府之府学、名州之州学、各县之县学。城乡又有社学与义学，支地方公款为贫苦儿童无力入小学者而设。省城书院之生员，学位最小者为秀才。府学、州学与县学三学之生员，有曰廪膳生，年满则考授岁贡生或恩贡生；次曰增广生；最新入学者曰附生。考课则有月课、季课、年课与特别年课。年课与特别年课中选者则赐较高之学位。省会书院渐变为只有考试而无课业，学校之名存而实亡。推其故，由于学子之功名，在一日考试之长，而不问其课业之荒废与否。是以生员之往书院，以学使临座而应考试，学使既去，学子遂亦各返其家。谓之书院教育，以学使临场与分期考试而废，谁曰不宜？

学校制度之退化，即反有以助成考试制度之进步也。吾国考试制度之完备，至清已达其极。穷乡僻壤之士，矻矻终年者，为应考试也。虽有清一代之入仕途者，有捐例，有保送，有皇上特简，然而以考试之法，甄别贤能而授职者居多。兹吾举递升考试法而述之者，盖以其为有清一代重典之故。

---

[1] [特编注]应为《二十一史》。

（一）小试。先县试，在各县举行者；继府直隶州试；终学政试。在各府直隶州首县举行者，中选者为生员，通称秀才。

（二）省试。中选者为举人，试于顺天府、各布政使司，凡秀才才得应试。

（三）会试。每三年在京师举行一次，应试者为举人，中选者为贡士。

（四）殿试。取会试中试者以闻，皇帝亲策试于太和殿，赐进士、同进士，上选则入翰林院。

（五）特科。亦皇帝亲试之，自举人以上皆得应试，中选者通籍，吏部授之以职。

清代前半期之教育，不难以数语括言之。政府主持之高等教育，有一其他之目的，而非以教育为目的者也。其他之目的为安国经邦，造成治事能吏所以为其达教育之目的者。盖教育既为养成官吏之物，官吏已得，则教育为人民之一语，早不成问题。虽求学以道德为先，上下所交称，然教育既失其本旨，是亦适成一口头禅而已。夫政府之现象，人民之反照也。多数人民之意，以为教育不过求功名之具。故无志于功名者，除人生日用之事外，凡一切知识，皆非吾所需。全国之教育，一以是为归。学校之在京师者，贵族与特殊阶级之教育也，若各行省之书院，仅徒有其名，甚言之，亦不过为俊秀士子之地。从无国家拟一普通学制，以教育为多数人谋幸福。所谓公共之教育，尽付诸私人或团体之善举。譬若政府为一采果之人，而以功名、官职与他种荣誉为奖励其繁殖，至于栽培灌溉，则不过问焉。吾国未兴新教育以前之教育状况大抵如是也。

# 第四编　新旧教育之过渡时代

## 一　近世学校之发轫

近世学校之动机实始于清宣宗道光二十二年(1842)。是年《江宁条约》[1]成，开五口通商。而成此条约之原动力又实为传教师[2]之急拟来华传教。待机而动，条约既立，教师纷纷东渡，广设学校，以布耶教之知识与信条。虽所设之学校，学生不尽限以耶教徒，然耶教徒乃居多数，是以与外界无甚接触；且当时教会学校之性质与今日不同，无教育完备政策，但视有学校之机会，即请诸本国教会董事股拨款建筑；所收学生多为下流社会，卒业后绝少担任政府职务之希望。虽然，当时得见西方学术之萌动与近世教育制度之输入，教会学校之功又岂可湮没而不彰乎？

《天津条约》之批准在文宗咸丰十年(1860)，总理衙门即于是发生。需用熟悉有条约国文字语言之人才甚急，盖赖以办理外交故也。《天津条约》载明，凡交涉公文必附以汉文译义。惟此办法之有效期为三年，盖给中政府养在翻译之机。穆宗同治元年(1862)，总理衙门奏准在京师设同文馆以培植翻译人员。该馆虽属总理衙门，而主持一切，统归后为总税务司之赫德(Sir Robert Hart)。同治五年(1866)，改正同文馆课程同于高等学校。七年(1868)聘马丁博士(Dr. W. A. P. Martin)[3]讲万国公法，翌年，升为馆长。京师既设同文馆，未几，总理衙门即于上海与广东各建一同式之学校，卒业者得送入京师同文馆，以资深造。惟广东同文馆程度较上海为优，后因时势之需要，英、法、俄、日诸国语言文字逐渐增加焉。

自同文馆及上海、广东三学校外，其他种学校亦相继而立，实为吾国近世教育制度之先道。同治六年(1867)，总督曾国藩从容闳之请，建设机器学堂，附属上海之江南制造局内，课机器制作之理与实习之法，期将来免用外国工程师与机器师也。是年福州又设海军制造学堂二：一为法文学堂，一为英文学堂。德宗光绪五年(1879)，政府又立一电报学校于天津。十五年(1889)，李鸿章创议于天津立北洋大学，中外

---

[1]　[特编注]即《南京条约》。
[2]　[特编注]即传教士。
[3]　应为丁韪良。1869年(同治八年)。京师同文馆聘美教士丁韪良为总教习。

人士慨捐巨款，校舍旋成。已拟聘丁家立博士(Dr. Charles D. Tenny)为大学校长，因故中止。迨至中日战争后，大学方实行开学。十六年(1890)，南京设水师学堂。后二年，湖北矿务局建立矿业工程二学堂。又一年，天津设军医学堂。时湖广总督张之洞有《改革学堂议》，以期输进西方教育。凡关于农业、语言、机器与军事诸学堂皆次第建立，教员则聘自美、比、英、德、俄诸国。

## 二　初变科举制度

沿袭数百年，举世所热衷之科举，而渐欲变更其制，是亦吾国教育史上一重要事也。当同治八年(1869)，闽浙总督奏请考试加算学一课。光绪元年(1875)，直隶总督李鸿章亦有同一之奏请，以算学与理科为考试之必要课目。但朝旨皆以时尚未至，不之准。其时政府虽迟疑于变更考试之制，而国中士子之趋新学者，已有日增月盛之势。光绪十三年(1887)，中法战后二年，中政府知非变教育制度不足以图强，于是下诏，凡应科举者，必试算学与科学二门，实吾国历史上科学与经学并重之始也。文学与科学既生有关系，最后则质必胜文，不独吾国为然也，文明各国无不皆然。如德于西历1901年、法于1902年，经一度之改革，始文质二科并重。不幸吾国科举法初变，试官于新增科目，素乏研究，故改良考试一道，无甚效果。然而此改革也，于吾国教育史上不得不谓之极有价值之一事。当时著作家曾评论此考试变更，譬若以斧凿发硎于考试制度中间，而后使保守思想渐见分裂，彼莘莘学子得理想之自由，同归于进步与改良之一途焉。

## 三　派赴西洋游学

吾国最初派遣留学与新教育之关系，实非浅鲜。创斯议者为容闳博士，美国耶鲁大学之毕业生也，于同治七年(1868)条陈当道，选聪颖子弟往美国游学，以为将来任用之地。举行考试后，共录取120学生。遣送凡分四期，每期30人，每年派一次，修业期为十五年，年龄限向12岁至14岁。初二两期之成效甚著，务使派遣留学计划必可继续而行。学生既派赴美国，有中文教员教之修国文，政府简二监督照管一切。每岁提海关若干成之盈余，图维持是举于不坠。赞成派遣游学最力者为曾国藩、丁汝昌以及其他诸大吏，故得邀朝廷之裁许。同治九年(1870)，天津有焚学堂、戮教士之案。政府知民智闭塞，非讲西方不足以救敝俗，遂毅然派容闳与陈兰彬办理游学事。十年(1871)设留学预备学堂于上海，以昔为曾公幕府之刘开成任监督。

翌年夏,派遣第一次游学生往美,共30人;后四年,第二、三次游学生赴美;其最末次游学生之抵美,为光绪元年(1875)也。游学生在美,2人或4人为一处,预备英文后皆陆续入高等学校,成绩甚佳,于美国学生界崭露头角。游学生事务处分设于哈佛与康涅狄格河谷二地,皆经李公鸿章之批准而开办者也。是时李公已代曾公办理游学事,于同治十三年(1874),坚固、华丽之办公屋舍落成。

未几忽发生一事,使当时有思想人失望者,即全国所瞩目派遣游学生之举,不久即停止是也。先是光绪二年(1876),政府别遣吴子登为游美学生监督。吴性顽固,反对游学甚力,痛诋游学生之学问与道德。闻于朝,不期又遇一顽固御史,利用美禁华工之议,呈请废弃游学,撤回所遣游学生。政府不察,竟从其请。光绪七年(1881),游学生百人被撤在美首途,而吾新学之希望不绝如线矣。故使政府撤回游学生之原动力与游学生回国时所亲历之感触,皆为吾国近世教育史中极饶意味之一章也。

光绪二年(1876),福建船政局资遣46学生往外洋习造船与驾驶术。此举虽较之曾公派遣游美学生为小,而其影响及于吾国之新教育则一也。惟此辈游学生之命运较佳,数年后大收效果,派出者纷纷回国,以其所学饷国民,新教育遂大显进步。惜乎政府仍有科举旧制绳尺回国之游学生,羁以虚名而不授以相当位置,俾尽所长,是政府对待游学生不公之失策。

## 四　中日战争之影响于新教育

甲午战败,列强争攫沿海各港口。虽大损吾国之尊严,而间以促进吾国新教育之功不可没也。国人受此奇辱,知非改良教育不足以固国基。改良教育之声洋洋盈耳。虽颁白之老者亦尽心研究西学,或负笈教会学校,设改良教育会,或聘私家教员,或读译成之西学书籍,颇极一时之盛也。当时德宗皇帝亦性嗜泰西科学与文学,令太监穷搜外间汉文科学以献。西学之需要日增。至光绪二十二年(1896),凡学校之教西学与西文者,无不生徒济济,甚而无知少年于西学毫无门径,亦设帐课徒,利市三倍。际此上下热心西学之际,有数重要学校成立,而以二学校为最。一为天津北洋大学,此大学之成立,远在光绪十三年(1887),但内部组织完备,则于中日战争后方告成功,经费从电报局、招商局以及海关盈余而出。次则为南洋公学,乃系盛宣怀于光绪二十三年(1897)奏请建设者。此二大学校后虽屡经变更,然独立于政象潮流之中十余年矣,至今仍为吾国研究高深学问之所,不可谓非重要也。

## 五　张之洞之《劝学篇》与其兴学议

中日战后,湖广总督张之洞著一书,署曰《劝学篇》。书中于筹备全国学堂事,规画详密。各省、各道、各府、各州县,皆宜有学。京师、省会为大学堂,道府为中学堂,州县为小学堂。中小学以备升入大学之选。小学堂之课程为:四书、中国地理、中国史事之大略。中学堂各科较小学堂加深,而益以习五经,习通鉴,习政治之学,习外国语言文字。大学堂之课程则又加深博焉。关于经济上之实行此规划,则以佛道寺观改为学堂,以其屋宇田产悉作经费。又有变科举之议,主废八股文,以时务策试士,问历史、地理、政治各西学,附属于四书文、五经文,以取士焉。

《劝学篇》一书,持论平正,文辞畅达,故人皆乐诵之。内阁奉谕旨,由军机处颁发各省督抚、学政各一部,风行天下。当时学子,几人手一篇,数百万册不胫而走,广播新知识之种子。后此学子,倡为革新议,未免稍失原书之意,偏于激昂,然未始非导源于是也。

## 六　戊戌变政及其反动力

光绪二十四年(1898),德宗亲政既久,又因甲午丧师辱国,立意维新,重用新党。康有为、梁启超辈相继登进,数发朝旨,变法自强,兴学校,废八股,考试用时务策论,遣满洲子弟出洋留学,变更武举之制,专注翻译外国书籍,广设报馆,几尽举旧制而新之。一时风会所趋,改新之机,举国一致。

未几反动力之来,其势与变政之烘烈如出一辙。先是维新党中之激进派,汲汲私谋幽慈禧太后于颐和园,事机不密,或泄于太后。太后遂以其道反治光绪帝之身,禁诸瀛台,大索新党诛之,漏网者不过数人焉。继下诏除新政,维新一线之机遂绝。凡旧制皆一一恢复之。闭报馆,各府州县中小学堂令缓办,寺院改学堂之说不行,重立八股考试与旧法武举制,各种教育改革皆随反动力以去,所存者仅京师大学堂耳。

## 七　拳匪变乱与日俄战争之促进新教育进步

所谓教育退化之象,至拳匪肇祸而一变。际此掀天动地,扰攘鼎沸,凡新学校皆暂闭,北洋大学亦然,甚而有被毁者。其时南方各督抚,与各国立互保之约,故北部各学校虽糜烂,而在东南者则宴然。此次之乱,人皆知大有损于学校,而及其结果则实得反比例焉。慈禧太后蒙尘回京,痛定思痛,数下诏兴学,其规模间有较大于光绪帝昔日之主张者。于是新教育之进行,一日千里。

《辛丑和约》之结果,山东设高等学堂,海司博士(Dr. W. U. Hayes)为之长。山西大学亦于是时成立,李提摩太主其事。请试举山西大学创设之历史述之。初拳匪之乱,教士之在山西者,被戕甚惨。事后,列强要求修复教堂与抚恤教士二条。时教士中有反对抚恤之议者,盖遵古教会之精神,不当以教士之血易金钱。唯列强持抚恤之议甚坚,苦不得解决如何抚恤之法。适遇中政府问计于李提摩太博士,该博士乃倡议告列强,以教士之恤金,于山西省立一大学堂,为之纪念。列强采其说,而山西大学堂以成。学堂名为受辖于中政府,实则双方订有约款,学堂之一切筹划,归李提摩太主政,10年后,方可变为完全政府之大学。

当新教育正进行之际,忽日俄战争起,朝野惊骇。清廷佥言日之所以胜俄也,归功于西方教育。于是增其兴学之力,而坚其改良教育之志。当时舆论,以为日本所能为者,吾国即其法而行之,即可期如日本之强盛。吾人震日本之成功,愿降志以求其故。不以昔之日本,曾输出吾国学术而不屑也。一时留学岛国者如潮涌,多至一万五千人。后毕业络绎回国,满布各省,为进步改革之原动力。其留日本者,亦发印杂志,翻译书籍,售入祖国,穷乡陋巷无不至。操笔墨生涯者,大抵为爱国少年,发为议论,激昂慷慨.大足以唤醒国人之迷梦。

## 八  给新学毕业生以科举功名

给新学毕业生以科举功名,亦教育史上一大改革也,光绪二十七年(1901)十二月五日有上谕,许给毕业新学校者以出身,与科举同。大意谓:毕业小学,选其优良者,送入中学肄业;毕业中学,选其优良者送入本省高等学堂肄业;若能毕业高等学堂,则名之曰"超等生",送考于本省督抚学政之前,择其列最优等者,送京师大学复试,既及格,钦赐举人或贡生;凡出身为贡生者,则许再考一次,以期得举人之功名;其得举人者,再往京师大学,应较难之考试;又列最优等,则该大学监督荐于礼部,请旨派尚书为主试官,举行殿试,中式赐进士,送翰林院,或归各部录用,奖励颇优。

## 九  革新旧式学校

革新旧式学校,又改良教育之一法。光绪二十七年(1901),孙家鼐奏请改翰林院课程,大致谓养成外交与政治人才,当致力于政治学、算学、化学以及他种科学,不宜终日咿唔无谓之诗赋；又言翰林人员，愿往北洋大学或南洋公学研究西学者，政府可备文咨送。翌年，有谕旨令翰林人员，勤修古今历史、政治、西学等，以备国家任使，并命翰林院长，每五月举行考试一次，以其成绩，启奏于朝。

## 十　对于留学生之新计划

其时政府对于留学生，更有一大计划出现。光绪二十七年（1901），慈禧太后懿旨，令在外使臣考察游学生之学业品行，凡毕业得有文凭或学位者，资送回国应试，奖以出身。逾数年，又有上谕，令各省督抚，遵江南、湖北、四川等省办法，资遣青年俊秀子弟往外洋学习西学与工艺，各以性之所近，认学一门，学成回国，国家有赖焉。同一上谕，并着留学生经费与回国资斧，妥筹发给；回国执有文凭之留学生，至本省督抚学政处报到应试，出具切实考语，咨送外务部任用；当在外游学之经费，着各本省督抚按期汇往；如有自备资斧出洋留学者，着由该省督抚咨明该出使大臣，随时照料；私费生与官费生同一办理，毕业后，准照遣派出洋学生，一体考验奖励，均候旨分别赏给各项出身。

未几，张之洞、张百熙、荣庆联衔会奏，谓派遣年少资浅学生留学，大抵事倍功半，不若特派老成中学有根底之翰林亲贵，出洋游历；其奖励之法，则以游历时间之长短为准，第一等在外 5 年者，第二等在欧美 2 年者，第三等在日本 1 年者，若未满一年则不在奖励之列；并请朝廷格外优待，当游历人员在外时，仍支原薪；游历之要旨，为考察列邦治术、外交、军制、教育等，笔诸日记，归国后呈于皇上，以验心得而资奖励。

光绪三十一年（1905），又有一谕旨，足以窥当时朝廷对于留学生之慎重。谕旨谓：各省督抚已遵照前降谕旨，陆续派遣学生出洋留学；殊深嘉慰；现在留学东洋者，已不乏人，着再多派学生，分赴欧美，俾宏造就；各该学生，远涉重瀛，将为国家求实学以致效用；各出使大臣，皆有监督之责，当视学生如子弟，随时考察；坚苦向学、志正品端之学生，认真爱护，其有资斧不继、染患疾病者，即酌量情形，分别体恤。此谕旨之大意，盖一着内外臣工，不可轻视留学生，当为朝廷求有用之才，再则命留学生，慎选与己性相近之学而研究之，以备国家之任用。

## 十一　第一次所颁布之新学校制度

清政府之创立新学校制度，于国民为教育之本，颇能三致意焉。光绪二十七年（1901），上谕令将各省所有书院，于省城均改设大学堂或高等学堂，各府、厅、直隶州均设中学堂，各州县均设小学堂，并多设蒙养学堂以立儿童教育之基础；其教法当以四书、五经、纲常大义为主，以历代史鉴及中外政治艺学为辅。二十九年(1903)，命孙家鼐[1]、张百熙、张之洞会同厘定学堂章程。回奏时，以管理法、教授法与学堂建设法，汇为四篇，奉旨准行，遂颁布全国。

奏定学堂统系表如下：

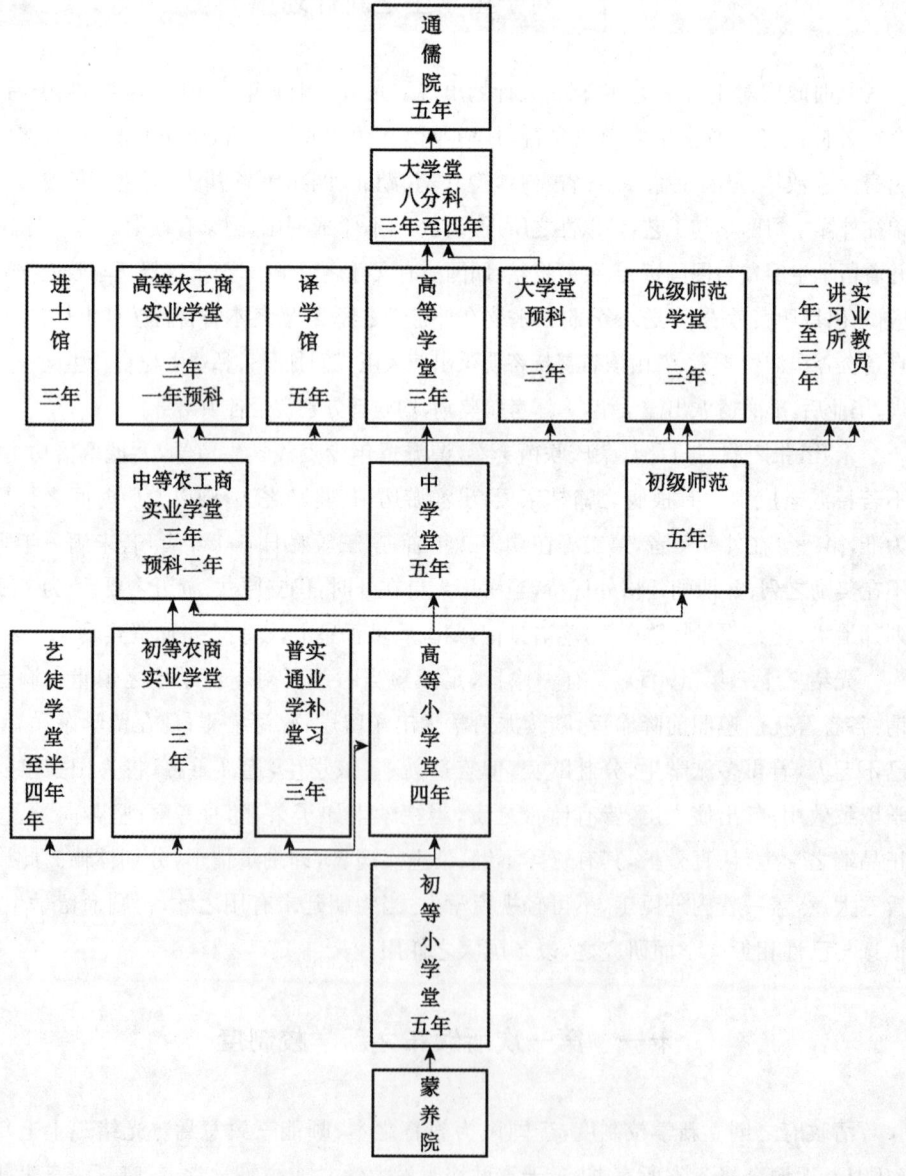

---

[1] [特编注]误。应为荣庆。

# 第一辑
## 中国教育制度沿革史

### 蒙养院
蒙养院为保育3岁以上至7岁幼儿之所,即于育婴、敬节两堂内附设焉。儿童之留于蒙养院,每日不得过4点钟,不收学费。

### 初等小学堂
初等小学堂,令凡国民7岁以上者入焉,以启导人生应有之知识,立明伦理爱国家之根基,并调护儿童身体,使得发育为宗旨。至少小县城内必设初等小学两所,大县城内必设初等小学3所,各县著名大镇亦必初等小学1所,此皆名为初等官小学,以为模范者。初等小学堂之教授科目凡八:(一)修身;(二)读经讲经;(三)中国文学;(四)算术;(五)历史;(六)地理;(七)格致;(八)体操。此为完全学科,视地方之情形,尚可加图画、手工之一科目或二科目。学习年数,以五年为限,每星期教授时刻为30小时,中有12小时为读经讲经。凡初等小学之属官立者,不征学费。

### 高等小学堂
高等小学堂以培养国民之善性,扩充国民之知识,强壮国民之气体为宗旨。凡州、县至少必应由官设立高等小学一所,以为模范。入学资格为已经初等小学毕业、年在15岁以下者。高等小学堂之教授科目凡九:(一)修身;(二)读经讲经;(三)中国文学;(四)算术;(五)中国历史;(六)地理;(七)格致;(八)图画;(九)体操。视地方之情形,尚可加授手工、农业、商业等科。每星期36点钟,四年毕业。惟每星期钟点有12小时为读经讲经。官设高等小学堂应令贴补学费,由各该学堂斟酌本地情形,与常年经费核办。

### 中学堂
中学堂为自15岁至18岁之学生,施较深之普通教育,俾毕业后不仕者从事于各项实业,进取者升入各高等专门学堂,均有根底为宗旨。中学堂学生应以高等小学堂毕业者升入肄业。若愿入学者逾于中学堂定额,则须经考试而定去留。学费当视地方情形,斟酌办理。中学堂科目凡分十二,共五学年;(一)修身;(二)读经讲经;(三)中国文学;(四)外国语;(五)历史;(六)地理;(七)算学;(八)博物;(九)物理及化学;(十)法制及理财;(十一)图画;(十二)体操。每星期为36点钟,仍注重经学与中文,第一、二年占13小时,第三年加为14小时,第四、五年则为12小时。

### 高等学堂
高等学堂为普通中学堂毕业后,愿求深造者入焉,以教大学预备科为宗旨。定各省城设置一所,经费即由该省筹备,应征收学费。共三学年,每星期36小时。高等学堂学科分为三类:第一类学科为预备入经学科、政法科、文学科、商科等大学者治之;第二类学科为预备入格致科大学、工科大学、农科大学者治之;第三类学科为预备入医科大学者治之;注重近世各国语言学,以能直接听讲为成效。

### 大学堂

大学堂设在北京及各行省,高等学堂毕业者入焉,征收学费。大学堂分为八科:(一)经学科;(二)政法科;(三)文科;(四)医科;(五)格致科;(六)农科;(七)工科;(八)商科。除政法科与医科四年毕业外,各科肄业期俱为三年。经学科分十一门,每星期11小时。政法科分政治、法律二门,每门每星期24小时。医科分医学、药学二门。格致科分六门:(一)算学;(二)星学;(三)物理;(四)化学;(五)动植物学;(六)地质学。农科分四门:(一)农学;(二)农艺化学;(三)林学;(四)兽医学。工科分九门:(一)土木工学;(二)机器工学;(三)造船学;(四)造兵器学;(五)电气工学;(六)建筑学;(七)应用化学;(八)火药学;(九)采矿及冶金学。商科分三门:(一)银行及保险学;(二)贸易及贩运学;(三)关税学。各科大学,每星期之钟点,所差颇多。

### 通儒院

通儒院为分科大学毕业生研究学术之所。凡非分科大学之毕业生,而欲入通儒院者,必经考验然后可。学期以五年为限。在院研究二年,以能发明新理,著有成书为毕业。

### 师范学校

师范学校分为三种:一曰优级师范学堂;二曰初级师范学堂;三曰实业教员讲习所。师范生之各种费用,皆归师范学校备办,惟情愿自费者不在此限。

### 优级师范学堂

优级师范学堂,以造就初级师范学堂及中学堂之教员、管理员为宗旨。各省城宜各设1所,学额最少数为248人。优级师范学堂之学科,分为三科:(一)公共科;(二)分类科;(三)加习科。公共科为一年,每星期36小时,学科有八:(一)人伦道德;(二)群经源流;(三)中国文学;(四)东语;(五)英语;(六)辨学;(七)算学;(八)体操。分类科之学科共有四类,每类三年毕业,36小时一星期,以养成特种学科教员为目的。第一类系以中国文学、外国语为主;第二类系以地理、历史为主;第三类系以算学、物理学、化学为主;第四类系以植物、动物、矿物、生理学为主。分类科之四类通习学科为人伦道德、教育学、心理学与体操是也。加习科之学科,凡有十科。修加习科者所选诸科目,至少不得在五科以下;毕业时须使呈出著述论说,以验心得,授业时刻由本学堂酌定。

### 初级师范学堂

初级师范学堂以养成高等小学堂及初等小学堂两项教员为宗旨。每州县必设1所,以150人为足额。省城设1所,则以300人为足额。但亦可酌量情形,合二三县共设1所,以300人方为足额。初级师范完全科科目,分十一科:(一)修身;(二)读经讲经;(三)中国文学;(四)教育学;(五)历史;(六)地理;(七)算学;(八)博物;(九)物理及化学;(十)习字;(十一)图画;(十二)体操。初级师范分正科与简易科。正科为五年毕业,每年45星期,教授时刻每星期36点钟;简易科为一年,每星期36点钟。

### 实业教员讲习所

实业教员讲习所,以养成各实业学堂及实业补习普通学堂、艺徒学堂之教员为宗旨,令中学堂或初级师范学堂毕业生入焉。实业教员讲习所分三种:(一)农业;(二)商业;(三)工业,附设于农工商大学或高等农工商业学堂之内。若此二种大学或高等学堂尚未设立之各行省,应暂特设1所,以为扩张实业学堂之基,农业教员讲习所、商业教员讲习所之学习年数,以二年为限;工业教员讲习所之完全科学习年数以三年为限,简易科学习年数以一年为限。农业教员讲习所科目凡二十三,商业教员讲习所科目凡十五,工业教员讲习所之完全科及简易所,均分为六科。完全科为:(一)金工科;(二)木工科;(三)染织科;(四)窑业科;(五)应用化学科;(六)工业图样科。简易科为:(一)金工科;(二)木工科;(三)染色科;(四)机织科;(五)陶器科;(六)漆工科。完全科之各科科目自十七种至十九种,简易科之各科科目则自八种至十一种。各科目有必修科,有随意科,凡随意科,则任生徒选择一、二种学习之。

### 实业学堂

实业学堂之种类为艺徒、学徒、初等实业学堂、中等实业学堂、高等实业学堂各种。中学毕业者入高等实业学堂;高等小学毕业者入中等实业学堂;初等小学毕业者入初等实业学堂;有高等小学二年程度在外谋生而有志实业者,则入实业补习普通学堂;艺徒学堂之入学资格,亦为初等小学毕业生;各种实业学堂皆须经考选方得入学。应否收学生学费,听各省各学堂随时酌定。初等实业学堂之学期,自二年至三年。中等实业学堂为一年预科,三年正科。高等实业学堂为一年预科,正科则三年或四年,实业补习普通学堂,三年毕业。艺徒学堂之学科,门类甚多,而肄业期之长短,亦大相悬殊,至长为四年,至短仅六月也。

### 特殊学校

特殊学校有两种,即译学馆与进士馆是也。译学馆为养成翻译人才而设,中学堂毕业生有入学之资格,五年毕业。外国语有英语、法语、俄语、德语、日本语五种,学生仍择一种习之。进士馆为进士、翰林研究西学之所,预备将来服官之实用,期限三年,每星期4小时,科目共十一门。

## 十二 废除科举

于教育革新之际,慈禧太后与其他诸大臣,未尝一日忘如何变革考试制度之问题。光绪二十七年(1901),改八股为时务策论。未几,又废武举。然以科举之毒,深入人心,学堂虽兴,而多数之人仍趋于科举之一途。对于扶植学校,迟疑莫决,有志维新者知其然也,谓非废除科举不足以奖进学堂。但全废千余年根深蒂固之科举,必大起世人之骇异,故张之洞、张百熙、荣庆三人,于光绪二十九年(1904),以渐废科举之议上奏,呈明学堂章程,业已具定,各省督抚果能体认实行,不出十年,学堂出身者必敷国家之用。若非将今后科举名额,依年递减,至废除而止,不能达此地位。然此时间冗长之渐废科举政策,果足以满诸热诚改革教育家之意乎?三十一年(1905),又有人奏谓全废科举并不有违古制,且实所以采取其意。盖三代以前,选士皆由学校,即近征诸日本、西洋之富强,亦何莫非收学堂之效。方今时局多艰,需才孔亟,非停止科举,人民必对于学堂,意存观望。若国家有意于新学之发达,必自先一律停止科举始。此奏章极有效力,同年有上谕,废除科举。所谓与吾国历史俱来之科举制度,自是已归消灭,而旧教育与新教育之过渡,亦同时告成功。

# 第一辑
中国教育制度沿革史

# 第五编　新教育制度之设立

清朝覆亡前七年间,虽为时甚促,然而教育制度之创立,不知凡几,其原动力,不独科举之废除,而社会与政治诸方面骤然变迁,亦生大影响。新学推行之速,为前古所未有。凡奏章谕旨以及法令之关于新教育制度各方面者,汇成十二卷,若逐一录之,殊失是书之本意,然其大纲节目,不得不撮要具于篇,因其为现今教育制度之所本也。

## 一　京师教育官制

清光绪三十一年(1905)十一月设立学部之上谕,即拥护新教育制度之初步。上谕谓:据政务处学务大臣会奏议复一折,着即设立学部,以为监督管理与推广全国学校总汇之区,其所掌之职务,即昔日属诸礼部者也。该上谕并谓国子监,即古之成均,本系大学所有,该监事务着即归并学部;荣庆着调补学部尚书;是时学部为十一行政部之一(外务部、吏部、民政部、度支部、礼部、兵部、刑部、农工商部、理藩部、学部、邮传部)。三十二年(1906),颁布学部官制,设尚书1人,左右侍郎2人,左右丞2人,左右参议2人,参事官4人;办事则设五司,一曰总务司,二曰专门司,三曰普通司,四曰实业司,五曰会计司;每司分设数科,五司中设三科者有三司,设两科者有二司;总理每司之事务者为郎中一员,每科之事务者为员外郎一员,主事一、二员,部中设有视学官、咨议官数员,分为四等;编译图书局管理,归并国子监处;部视学约12人;对于教育官或各学堂之教员管理员,视为不称职者,得请提学使撤换。简言之,部视学除一部分专属地方教育官之职务外,凡教育事业皆有绝对之干涉权。

附注:中央除学部外,各机关之有权管理教育者,为京师督学局,凡中小学堂之在京师者属之。美国退还庚子赔款盈余所建之清华学堂,外务部亦有权过问。兵部则主办全国陆军学堂以及海军学堂之在福州、天津、烟台与南京者。礼部则仍掌旧时科举未了之事与夫学堂之制服礼仪。凡学堂之在内外蒙古、西藏与满洲者,则属于理藩部之治下。邮传部设有电报学堂。农工商部之于工业学堂及艺徒学堂皆有监督之权。吏部则办理学堂毕业出身之事。光绪三十四年(1908),旨准财政部建一财政学堂,历年海关所办之北京广方言馆与广东广方言馆,亦为特殊之学堂。至光绪二十八年(1902),北京广方言馆归并于京师大学堂,然广东广方言馆,终清季仍在海关之手。三十四年(1908),海关总税务司为养成办事人起见,创一税务学堂于北京,亦不属学部者也。

## 二　宣布教育宗旨

光绪三十二年(1906),因学部尚书之奏请,特颁上谕,宣布教育宗旨,以一人心而定趋向:一忠君、二尊孔、三尚公、四尚武、五尚实,并申明忠君即所以爱国,尊孔以立道德之基,尚公以提倡公共合作之精神,人人有尚武之精神,则自强可以御外侮,能尚实必讲求开发富源,期有益于国计民生。教育家有恒言曰:教育之宗旨,当为国家谋幸福,重团体轻个人,非若希腊式之教育,以养成个人高贵之品格为主,重个人而轻团体也。国以民而成或民以国而立,民为国受教育而国家蒙其利,与国家为谋个人之利益而施教育,此皆绝对相反之教育宗旨,言各成理。要以己国之本身为主脑,然后采用教育宗旨,方不入歧途。

## 三　颁行教育官制章程及法令

以教育历史之眼光,观察吾国之初以教育经验与最新教育法而成之教育制度,莫善乎光绪三十三年(1907)所颁布之官制章程及法令也。在此一年中,学部所规划关于教育制度之组织法与行政法诸章程甚多,奉旨依议,转饬各省遵行,其最堪注意者,为教育会章程。自此章程颁布后,未几教育会即遍设全国。次为国家教育行政法之学部官制及视学官章程。再则为地方教育行政法之各省学务官制、省视学官章程以及推广教育之劝学所章程,虽其时所颁布之官制、章程及法令等,实行未久而废,然其理想周详,有足多者。

## 四　调查全国教育状况

吾国教育行政官之取第一次政治手续,实为光绪三十三年(1907)学部札行各省提学使,通饬府厅州县调查境内一切有关教育事宜文。考学部此札之意,盖欲为将来实行教育政策之张本。调查之范围:(一)境地户口、种族、知识、道德与教门,以备划分学区而兴教育;(二)风俗、生计与文化,以备施教之顺序;(三)钱粮数若干与杂税数若干,期周知各地方之财力,以资筹划兴学之经费;(四)学校数、学生数及校舍之地位,藉悉全国教育之状况。经此一度之调查,不独全国之教育力,了如指掌,而于施行公共之教育亦易于措手。

## 五　预备立宪时代学部之分年筹备教育单

因新教育之推行,而有采代议政体之议。光绪三十四年(1908),下预备立宪之诏。学部尚书知立宪政治之收效,非增高人民之知识道德程度不可,遂颁行分年筹备教育事宜单,以敦促新教育之进行。凡筹备之事,中央与地方共负其责。自三十四年(1908)起,共分八年,至第八年,即诏许开国会之年,教育筹备当竣事。果遵此筹备单而渐进,则第八年末,吾国教育之制度不难与欧美较优劣,后以内外臣工,见国事日非,纷请缩短立宪期限,奉旨俞允。于是预备立宪之期缩短四年,而分年筹备教育事宜,亦不得不随之有所变更。宣统二年(1910),学部札行各省,兴办教育,分最要、次要二种。三年(1911)又发表筹备单,为最后二年之事宜。迨八月而武昌首义,清朝覆亡,所谓筹备单者,恍若昙花一现,是乃出乎吾人意料之外者也。

## 六　视学官章程

光绪三十二年(1906)所颁布之学部官制,即有视学官一条,然并未实行。预备立宪分年筹备教育事宜单中,始列视学官章程。奉旨依议,宣统二年(1910)之下半年,遂派第一批视学官,分往河南、江苏、安徽、江西、湖北与浙江6省,翌年,第二批出发,往其余诸省。学部汇集诸视学官之报告,上闻于朝,虽所报告者,偏于简约,要之于各地教育状况,已可略见一斑。不独各地学校之成绩,笔之于报告书,亦间附以改良之意。兹于前清视学官章程,除可助吾辈研究之数条外,宁缺焉而不述。

视学官之往各省视察教育,当谓之曰学部之实地功课。据宣统元年(1909)所颁布之视学官章程,全国分为 12 区,每区 2 省或 3 省;按年每区派遣视学官 2 人,每年约视察三四区,每三年视察 1 周,3 年之内,每区必须视察 1 次;再每区所派视学官,须有精通外国文及各种科学者 1 人,以便考察中等以上之教育;视学官以宗旨正大、深明教育原理者为合格,其职任有二:一以视察区之教育进行报告于学部;二当督助诸行省实行各种教育之政策。

## 七　第一次中央教育会

宣统三年(1911),学部奉旨准设中央教育会,为学部之一附属机关,颇关重要,仿日本教育制之高等教育会而设,亦即英国之 Consultative Committee 与法国之 Comité Consultatif 也。性质为一顾问机关。慎选全国教育界之俊英,本其经验学术,以助学部倡立完备之教育政策,并促学校之进步。会所设于北京。会期30日,会议之事以中学以下问题为限。会员皆选自学部、民政部、海陆军部、京师督学局、提学使署、省视学、省教育会以及退职之视学官,或学部直辖各学堂之监督,与师范中小学堂之监督堂长,会员任期为3年。

第一次中央教育会,于清宣统三年(1911)夏间举行。各省会员到者百余人,经提议者为:强迫教育、奖励中学堂毕业生、废小学读经、添加手工、政府资助小学堂、初级师范受提学使节制、统一读音、政府津贴小学教员、划一初等小学教法诸议案。议决之案,多经学部尚书之批准,因八月武昌革命,未能见诸实行。

## 八　地方教育官制

吾国地方教育官制之演成,为促新教育进步之重要分子。清光绪三十二年(1906)前之地方教育官制,为每省设有提督学政。雍正时所改之官职也。雍正前,仿明制名曰提学道。提督学政之职务,为代礼部考试各省之士子,助以府州县之教官。后新学发端,各省除学政教官外,间有设立学务处者,为兴办新学之用。

光绪三十二年(1906),因学部之奏请,遂颁布新地方教育官制,以代昔日之所谓学政者。各省设提学使司,由学部开单奏请简放,照各直省藩臬两司例,为督抚之属官,归其节制。一面由学部考查办理教育得力与否,故一省之教育官,提学使司实为之首。改学务处为学务公所,分为六课,每课设课长1人,副长1人,由提学使详派。又设议长1人,议绅4人,佐提学使参画学务。议长由督抚咨明学部奏派,议绅由提学使延聘。每省定视学6人,职务为监督指导本省教育之事,由提学使详请督抚札派。

各府厅州县之地方官,有督率兴学之责。设有劝学所,为本境学务之总汇。县视学1人,由提学使札派;地方每一学区,又有1劝学员,归地方官选派,以熟悉本地情形、热心教育之绅董为合格;以下则为各乡学董,学堂经费皆责成学董就地筹款,以维持经营之。

此次颁布地方教育官制之实行期为6年,后以各地方有自治会成立,情形为之一变。凡关于教育行政之属府厅州县者,归自治会;城乡者,划入乡学联合会;以不能独立兴学之数乡,合而成乡学联合会,以利教育之进行。非若美国、加拿大之联合数农区,为增大教育效力所可比拟,但此次教育行政上之更改,仅限于自治会已成立之各地方而言，其未成立者照旧章办理。

## 九　派遣留学生监督

　　清政府因见出洋留学生日多，遂倡立监督之制与考试之制，期收成效。光绪三十三年（1907）前，留学生之在外国者统归公使照料。至三十三（1907），始派欧洲留学生监督，翌年，又遣日本留学生监督；又以欧洲留学生散在各国，恐一监督管理有所不周，乃加派多数监督，分赴法、德、俄、比、英诸国，监督即设于所在国公使馆内，受节制于该公使。初，美国留学生亦属公使管理，与日本、欧洲同，自三十三年（1907），始因退还庚子赔款，派出留学生甚多，特设一监督。民国二年（1913）起，各省留美学生，皆归一监督董理之。留学生考试分二种：未出洋之前，有考试以验其合格与否；既毕业回国，有考试为入仕途之预备。前者名曰出洋考试，有中学毕业程度、通习派往国之文字、能直入高等专门学堂为合格。光绪三十三年（1907）夏，江苏初考出洋留学生，许女学生应考，为吾国亘古之创举。报考者六百余人，审查合格者，男生72人，女生10人。三日考毕，取中男生10人，女生3人，皆能入外国大学肄业者。明年，浙江亦行同样之考试。宣统元年（1909），北京第一次举行退还庚子赔款留学生考试，投考者六百余人，只选派47人。以后中央与各省举行出洋考试者屡。惟上述退还赔款之留学生，不直接选派，必由清华学堂预备数年，然后派往。回国留学生之第一次考试，为光绪三十一年（1905），在北京礼部举行，后此则归学部，赐进士、翰林、举人出身。宣统三年（1911），革命军起，留学生考试与学堂出身之举，同归于消灭。

## 十　分文官考试与教育考试为二途

　　废除给官职于高等学堂之毕业生，即所以分文官考试与教育考试为二途，实吾国教育史上极有关系之一事。唐以前，国家之用人皆选自学校之士。至唐，则以试士、试吏分属于礼、吏二部，盖有举于礼部而不得官者，然士子之读书，仍以得官为希望。自新学制度兴，一仿古制，以官职奖励高等学堂之毕业生。然官职有限，毕业者逐年增多，虽名为得官而不能得一位置者，所在皆是，且使学生仍以得官为教育之目的，不以求学为事业与日常生活之需要，甚非新教育所当有。

　　另立文官考试法，不以官职给高等学堂毕业生，所以期挽回人心于万一。然在当日，言提倡新教育而无奖励决不足以督促其进行，故赐学位之事，实为要图。盖学位仅足以为荣,而不能入仕途。大学毕业得进士,高等学堂得举人,中学与同等程度之学堂得贡生,高等小学或初等实业学堂之毕业生,则名曰生员。

## 十一 学校组织之变迁及其进步

自光绪二十九年(1904)颁布《奏定学堂章程》起,至清王朝覆亡止,其中学校组织之变更甚多,约可分为三类:(一)推广新教育;(二)采复杂制以应社会之需要;(三)删浮夸之进行策。当时政府对于教育之精神,与其政治举动颇吻合,盖已有意采用立宪政体故也。惟经学仍支配于课程之中,为其重要之部分,未免轻重倒置,然因旧制度与新制度之过渡,尚未完毕,是亦无足怪者。教育家之理想即国民之理想,改良非可骤然而致,行一新制度未久,必有以保存古经与古教授法以为反对者。幸而吾国新学校采用经学为时甚暂,非若他国新旧学相争历期颇久而难解决。兹将教育制度之变迁,分为普通教育、师范教育、实业教育与高等专门教育各种而约言之,想亦读者所乐闻欤。

### (一) 普通教育

1. 初等小学堂

光绪二十九年(1904)之《奏定学堂章程》,定初等小学堂为五年,每星期为30小时,宣统元年(1909)增为36小时;因注重国文之故,同时又有小学简易科办法,一类程度较深,定为四年毕业,一类程度略浅,定为三年毕业,听民间自择办理。后以经验所得,四年毕业,最为适宜,遂划一制度,定全国初等小学为四年毕业。初一、二学年,每星期24小时,至第三、四学年,则增至30小时,重订课程中仍以国文与经学占大部分。初二年,14小时一星期,末二年,多至15小时。

2. 高等小学堂

因受宣统二年(1910)变更初等小学堂章程之结果,高等小学之课程,亦不得不随时有所损益:音乐一门,列入随意科;凡通商口岸,第三、四学年可加入英文一门;因统一读音起见,以官话加入课程表;高等小学之授课时间,自第一年起至第四年止,每星期皆为36小时。

3. 女子初等小学堂

在光绪三十三年(1907)以前,政府已有议及女子之教育者矣。顾设立女学校者,惟私家有之,政府对于女子之教育,无设一学校或立一制度之事。至三十三年(1907),学部始议及女子小学堂章程,与男子同,分女子初等小学、女子高等小学及女子两等小学三种;宗旨仍以养成道德、灌输知识、发达身体为主。女子小学堂与男子小学堂,当分别设立。入初等小学之年龄为自7岁至10岁,高等小学则自11岁至14岁;初等小学堂为四年毕业,钟点每星期至少24小时,至多28小时;高等小学亦四年毕业,钟点每星期不可少于28小时,或多于30小时;初等小学有五种必修科,即修身、国文、算术、女红、体操是也,得斟酌加入音乐、图画二科;初二年,国文每星期占12小时,后二年则为14小时,高等小学则较初等小学多加历史、地理、格致三科,注重国文,每星期9小时,次则女红,第一、二年5小时,第三、四年则加至6小时。

4. 简易学堂

宣统元年(1909),学部奏分年筹备事宜单,开有简易识字学堂章程。因小学堂为数不多,以补其不及也。凡经费难筹,师资缺乏,人民操作鲜暇,生计困苦,各地方当设简易学堂,为年长失学及贫寒子弟无力就学者读书之所。学生不收学费,应用书籍物品,概由学堂发给。每日钟点自1小时至3小时,授课之时为上午、下午或夜间。此项学堂,三年毕业,毕业生得升入初等小学第四年。至宣统三年(1911),改定此项学堂章程,为二年毕业,每星期12小时,毕业后得升入初等小学之第三学年。

5. 半日学堂

奏请设立半日学堂者,为给事中刘学谦,奉旨准行,时为光绪三十一年(1905)。而半日学堂之设,亦所以为贫寒子弟计,与简易学堂同。

6. 改良私塾

清代教育行政官,知国内经济力之不足以多设学校,以应学龄儿童之需要,乃于宣统二年(1910),学部订有改良私塾章程。私塾之种类为:(1)义塾,系官款或地方公款设立,专课邑中贫寒子弟者;(2)书塾,就义庄或宗祠内设立,专课一姓子弟者;(3)一家或数家设塾,延师课其子弟者;(4)塾师自行设馆,召集附近学童教授者。改良私塾手续,以采用教科书与改良教法为主,且为之定特殊课程,以资应用。毕业改良私塾之学生,得升入高、初小学堂。先是光绪三十三年(1907),学部曾准施行学务局拟定初等小学简易科课程。是年下学期,查得京内私塾能按照简易小学课程办理者仅有12处,学生只三百余人,而未经改良者,不啻倍蓰。因筹给名誉金以奖励之,颇著奇效。至三十四年(1908)上学期,查得各处改良私塾,共42处,学生一千余人,下学期增至89处,学生二千二百余人。迨乎宣统元年(1909)末,京内私塾之改良者,已有172处,学生达四千三百余人,共用去奖励金仅1 370两,而成绩已如是之显著。后拟以此法通行各省,按照本地情形斟酌举办。忽政体改革,其结果之若何,未克暴现于世。

7. 中学堂

宣统元年(1909),因学部之奏请,奉旨准中学堂课程分为文实二科,以便学子择性情所近而学焉。实科重工艺,文科重经学,钟点与前同,仍为每星期 36 小时。于三年(1911)时,又改订中学文实两科课程,性质较为普通,其故由于合格教师缺乏,设备难周,时间既未至,何能效法德国教育制度哉!

(二) 师范教育

1. 师范学堂

光绪三十二年(1906),学部有电行知各省,变通师范章程,得设一年卒业之初级简易科、二年卒业之优级选科、五个月卒业之体操专修科,选科分四类:(1)历史、地理;(2)理化;(3)博物;(4)算学。至宣统二年(1910),学部拟加高师资程度,特通令停办优级选科与初级简易科,惟得设补习班,以为升入优级师范之预备,初级师范生当兼练习单级教授、二部教授以资实验。

2. 女子师范学堂

光绪三十三年(1907)之一年,实女子教育发达之纪念年也。官家不独倡议设女子小学,且推而及于女子师范学堂,其企图为每州县必设一所。惟初办时,可暂于省城及府城,由官筹设一所,与男子师范同。不征收学费,以毕业女子高等小学堂,或高等小学堂第二学年者,有入学之资格,惟取得第二种资格之学生,必先入预备班,补习一年方可;修业年限为四年,教授日数,每年 45 星期,教授时刻,每星期 34 小时,学科为修身、教育、国文、历史、地理、算学、音乐与体操,当斟酌地方情形设立补习班,学科与高等小学之末二年同。

(三) 实业教员讲习所

宣统二年(1910),学部鉴于实业学堂之缺少,而缺少实业学堂,则由师资之难求,故创一新制度,办理实业教员讲习所,以初级师范为标准。于高等实业学堂或初等实业学堂中,设实业教员讲习所之简易科。明年,见各省设简易科者居多数,完全者反属寥寥,盖由财力难兼顾之故。遂变通办法,将完全科学生,择其分科与高等实业相同者,附设于高等实业学堂分科之中,合班教授,必可收费省事举之效;增加教育学、教授法、教育法令等学科。此次之变通办法,可谓全为解除经济困难,以利进行而设。

(四) 专门教育

专门教育受教育制度改革之潮流而不得不有所变迁为理所当然。溯自光绪二十七年（1901），京师设有大学预备科，至宣统元年（1909）废之，代以高等学堂，以为升入大学之预备，各种专门学堂，相继设立。而关于若法政学堂、医学堂、满蒙文高等学堂、存古学堂、清华留学预备学堂各种专门学堂章程，亦经学部拟定公布。

## 十二　管理教科书

当吾国公共教育制度进行之际，立一审定教科书之法令，为不容缓之举。当是法令未拟定以前，凡编纂教科书听私家自理，间有书贾送书籍往北京学务大臣审查者，不过为发达营业起见，非有法令以限之。光绪三十二年（1906），学部设立图书局，发行学校教科书，三十四年（1908），编成简易识字学堂课本，又国民读本二种，继此则从事于小学教科书及教授法之编辑。学部图书局所编之教科书，通令各省采用后，各省即设法翻印，转饬各学堂购读。同年又立教科书审定制，规定民间所编之教科书，经审定后，始准学堂采用。数年间，学部公布之中小学堂及初级师范学堂之教科书，不知凡几，但未经审定之教科书，若无悖国体之语，亦非绝对禁制之。

## 十三　清末教育之状况

吾国昔年之初行新教育也，有人譬诸孺子之浴溪中，身方入水，忽而跃起，涉涯逸归，未敢被诱于易溺之水也。见旁有老于浴水者，恣意嬉戏，时没时出，水势湍急，泰然处之，虽中怀嫉妒，莫如之何，以为岂可轻一试！此状初行教育时则然。至清之末叶，不可同日而语矣。其时政府对于新教育之态度，非类胆怯之浴水孺子，彼没于水，一之不足，继之以再而三而四，毅然为人民兴新教育，有所牺牲而不惜。

宣统三年（1911），学部刊有报告，载宣统二年（1910）教育之状况：全国各种学校共52 650，中有师范与实业学堂；学生数1 625 534人，教员89 766人，职员95 800人；教育机关69处，地方教育会、省城教育会与中央教育会共722所，劝学所有1 558处，演讲会有3 867处；关于教育之入款，计25 331 171万两，出款2 444 309两，官家之教育资产，估计共700 367 882两；此外则各国之留学生数于清末之教育状况，亦颇有关系，不得不连带述之。宣统元年（1909），东京一埠之官费生共2 387人，其中属于专门学校1 992人，士官学校395人，余为私费生，至少2 500人，至二年（1910），日本之私费生多至5 000余人，其中150人为女学生；同年，留学英国者140人，私费生数亦如之；比利时官费生70人，法国80人，德国60人，奥地利10人，俄罗斯约15人，留学比、法、德、奥、俄诸国之私费生无统计，盖不受留学生监督之节制也;宣统二年(1910),美国之中国留学生不下600人,因广东、江苏、浙江与直隶四省,皆遣大批学生赴美留学,故学生之数骤增。

以上之记录,皆吾国数年间新教育之成绩,下此乃学部报告中之历年各种学校数之比较表。

| 年份 | 官立 | 公立 | 私立 | 总数 |
| --- | --- | --- | --- | --- |
| 光绪三十一年(1905) | 3 605 | 393 | 224 | 4 222 |
| 光绪三十二年(1906) | 2 770 | 4 829 | 78 | 7 677 |
| 光绪三十三年(1907) | 5 224 | 12 310 | 2 296 | 19 830 |
| 光绪三十四年(1908) | 11 546 | 20 321 | 4 046 | 35 913 |
| 宣统元年(1909) | 12 888 | 25 688 | 4 512 | 43 088 |
| 宣统二年(1910) | 14 301 | 32 254 | 5 793 | 52 348 |

于是可见光绪三十一年(1905)至宣统二年(1910)间,官立学堂自3 605所增至14 301所,公立学堂自393所增至32 254所,私立者则自224所至5 793所,增加之速度颇高;各种学堂之学生增加,速度亦同。光绪二十九年(1903),吾国受新教育者仅1 274人,历年增加,至宣统二年(1910),有1 625 534人。以下所列之表,即证明此8年间,各种学堂之学生数。

| 年　份 | 学生数 |
| --- | --- |
| 光绪二十九年(1903) | 1 276 |
| 光绪三十年(1904) | 31 378 |
| 光绪三十一年(1905) | 102 767 |
| 光绪三十二年(1906) | 200 401 |
| 光绪三十三年(1907) | 547 064 |
| 光绪三十四年(1908) | 921 020 |
| 宣统元年(1909) | 1 301 168 |
| 宣统二年(1910) | 1 625 534 |

学部报告之统计,曾申说各省之为人民谋教育,不能显同一之进步,有进步极速者,有落于人后者。兹以例证之。宣统元年(1909),直隶与四川二省同有65个教育会,黑龙江1个,甘肃亦仅有4个;同年,直隶与四川二省各有152个与145个教育研究会,而黑龙江、吉林则各仅有17个与18个之数;其各省演讲会所差之数亦颇大,

贵州1 167所演讲会,同时四川多至396所,以黑龙江最少,仅有6所;各省学校数与学生数之相差,亦大有径庭。推其所以致此相差点之原因有数种:(一)各省之经济力;(二)人民之多寡;(三)人民知识程度之高下;(四)外力之压迫与外人之影响等皆是;(五)境地之不同;(六)官吏与人民对于教育之热心如何。此六端,各省之教育,焉能整齐划一乎?

若欲知清末各处学校之成绩,观其送出之教育比赛品,当可得其梗概。宣统二年(1910),南京设劝业会,征集教育品有34 000件之多,内有仪器、讲义、表册、图书、字迹等物。会毕,审查教育品,得奖牌九百余面,占全数之半。外人参观者交相称誉,其中小部分之教育品,又送往意大利赛会,获奖甚多,技术与思想二者,俱有特征之进步。吾国改革以前之教育,影响及于人民之知识思想,颇著成效。现世之进化,人多归功于学校,良有以也。无论老幼既受新教育之思潮,遂不满意于己国之现象,而改革政治社会之愿望,一发而不可复遏,建设刷新政体之奇勋,非教育其谁与归?

# 第六编　民国时代所建之新教育

## 一　辛亥革命之影响及于教育

辛亥(1911)八月,武昌革命事起,全国鼎沸。教育之进行,受一大打击,实时势使然。溯当风声鹤唳之秋,移教育之费以养军队,校舍则改为兵房,校具几被暴民掠尽,书籍仪器则散而之四方,尤以学校之在成都、汉口、武昌、南京、广东者为甚。盖形势之地,兵家必争。暂时停办学校之学生,或投笔从戎,或负笈归里。教育经此一度之挫折,不得不有待于恢复也。

## 二　临时政府之暂行教育政策

民国元年(1912)一月九日,临时政府设于南京。教育部同时组织完备,拟定《普通教育暂行办法》若干条,附以中小学、师范学校课程之标准,通令17省都督。若论其暂行办法与各级学校课程,不过为权宜之计,故缺憾其多。至完全新学制之编制,当征集各地方教育家意见,折衷其说,以备参考。并饬催各省,重兴革命时被毁各学校,尤以小学为急务。凡采用各种教科书,务合乎共和国宗旨。所有前清教科书及参考书,与共和精神不合者,一律禁用。惟可随时删改,呈请民政司或教育会核夺。又废除中小学毕业生之奖励。改中学校、师范学校之修业期为四年。中学为普通性质,无文实二科之分。小学手工应加注重。高等小学以上体操科,应注重兵式。初等小学算术科,自第三学年起,兼课珠算。考临时政府教育计划中之最要各点:第一为初等小学许男女同校;第二为小学读经课一律废止,如是不啻举旧制度根本之计划而改革之,以期合乎当时之新现象。

临时教育政策之对于社会教育,颇能积极筹划。其进行方法为宣讲,其辅助器为报纸、藏书楼以及有益之活动画片。盖其时执政者,深信欲巩固国家,非开通民智不可,又知普及教育,非一时所可几及。故若以从事社会教育,则影响及于失学之男女或不能就学之青年颇大。教育部有以知其然也,通电已宣布共和各省都督,注重宣讲,兼备活动画等。就本省情形,定宣讲标准,选辑资料,并转饬各州县,遵照办理,其经费则取诸地方行费,或于公款中酌量开支,以为辅助。至宣讲标准,大致应专注此次革新之事实、共和国民之权利、义务以及尚武实业诸端,而尤注重于公民之道德。当教育部提倡社会教育时，各省官民，如响斯应，然其进行之事实，则非本篇之所及也。未几教育部设社会教育司，以专责成对于社会教育，积极进行。

南北既统一，临时政府迁于北京。教育部即设立前清旧学部所在地，居全国之中央，统辖一切。时当国基新奠，一切计划皆属草创。先从事考察革命以后诸教育之变迁，发还暂时移作军用及他项用之教育财产；凡编有教科书，为中学以下所用者，当先送样本往教育部审查，以定准否发行；并竭力奖励社会教育之进行，通饬各省仿照中央与京师督学局之办法，以兴社会教育；未几又开临时教育会，征集全国教育家讨论一切，实教育上一重要之事。下当专章述之。

## 三　设立临时教育会议

临时教育会议于民国元年(1912)七月十日开会，八月十日竣事，为期一月，仿宣统三年(1911)中央教育会而设者也。征集全国教育家之知识与经验，助政府厘订学校规程，以促教育之进行，成效颇著。会员皆一时之选，其资格限定为国内外师范毕业生，有三年以上教务经验，且素驰声誉于教育界者。其办法由各行省及蒙藏各推举2人，华侨1人，又由教育部直辖学校中教职员选派15人，再由教育部咨请内务、财政、农林、工商、海陆军各部，派出10人，余则归教育总长特请。会务由教育总长主持。规定临时教育会议应议事项如下：学校系统、学校规程、学校由中央管辖与地方管辖之划分、蒙回藏教育、小学教员优待及检定法、尊孔、国歌、高等教育会议组织法。议案共有92件，会议19次，议决重要案件21起，请教育总长采择办理。虽经会中议决案件，无强制必行之理，然其影响及于国家之教育政策颇大。观乎闭会后，教育部所颁之规程法令等，可以知之矣。

## 四　教育新宗旨之公布

民国肇兴，国体变更，教育部有见前清教育宗旨，若忠君、尊孔、尚公、尚武、尚实诸端，因情形不同，间有不相宜者，遂颁布新教育宗旨以代之。知教育所以养成青年之道德者也，故新教育宗旨首重道德教育，以实利教育、军国民教育辅之，更以美感教育完成其道德。夫注重道德教育，与孔子之道实相吻合。然而道德二字之意义，人各异其说，但道德以公德为主，当无疑义。教育虽一面为谋国家之利益起见，一面仍当注意勿使阻碍世界之进步与个人之发达。民国之第一次教育总长为蔡元培氏，作道德之解说，曰：所谓道德教育，乃输自由、平等、博爱之知识于人民，而使之生正确之观念者也。教育部曾分三次训令全国教育行政官、学校教职员以及各校学生，告以民国之教育当作如何之观念。

## 五　重订教育官制

教育部官制,既经参议院之议决,于元年(1912)八月二日,由临时大总统命令公布之。设一教育总长,管理关于教育之一切事宜,并监督全国之学校与部辖之教育建筑物。总长之下,设多数之职员,除各部官制通则所定之职员外,设视学16人,技正2人,技士8人。视学及技正为荐任官,技士为委任官。办事机关有总务厅。改前清学部之五司马为三司。总务厅所掌之事务:(一)关于直辖学校及公立学校职员事项;(二)关于教育会议事项;(三)关于审查及编纂事项;(四)关于学校卫生事项;(五)关于学校图书馆、博物馆等修建事项。教育部所置之三司,为普通教育司、专门教育司与社会教育司是也。普通教育司所掌之事务:(一)关于师范学校事项;(二)关于中学院校事项;(三)关于小学校及蒙养园事项;(四)关于普通实业学校事项;(五)关于盲哑学校及其他残废等特种学校事项;(六)关于与以上相等之各种学校事项;(七)关于学龄儿童就学事项;(八)关于检定教员事项。专门教育司所掌之事务:(一)关于大学校事项;(二)关于高等专门学校事项;(三)关于与以上相等之各种学校事项;(四)关于外国留学生事项;(五)关于历象事项;(六)关于博士会事项;(七)关于国语统一会事项;(八)关于医士、药剂士开业试验委员会事项;(九)关于各种学术会事项;(十)关于授学位事项。社会教育司所掌之事务:(一)关于厘正通俗礼仪事项;(二)关于博物馆、图书馆事项;(三)关于动植物园等学术事项;(四)关于美术馆、美术展览会事项;(五)关于文艺、音乐、演剧等事项;(六)关于调查及搜集古物事项;(七)关于通俗教育及讲演会事项;(八)关于通俗图书馆、巡行文库事项;(九)关于通俗教育之编辑、调查、规划等事项。以上乃教育部官制之大略也。

民国二年(1913),教育部公布部视学规程,以代前清之视学官章程。前清分全国为12视学区,民国改为8区。第一视学区为直隶、奉天、吉林、黑龙江4省;第二视学区山东、山西、河南3省;第三视学区为江苏、安徽、浙江3省;第四视学区为湖北、湖南、江西3省;第五视学区为陕西、四川2省;第六视学区为甘肃、新疆2省;第七视学区为福建、广东、广西3省;第八视学区为云南、贵州2省;其蒙古、西藏暂作为特别视学区域,其规程别定之。每区域派视学2人,视察该区域之普通教育及社会教育,并得酌派部员,协同视察。规定之视察期,每年自八月下旬起至次年六月上旬止。临时视察,依教育总长特别命令行之。视学之每年视察区域,由教育总长临时指定。有荐任文官资格且合于下列各项之一者,得任用为视学:(一)毕业于本国、外国大学或高等师范学校,任学务职1年以上者;(二)曾任师范学校、中学校校长或教员在3年以上者;(三)曾任教育行政职务3年以上者。视学应视察之事项:(一)教育行政;(二)学校教育;(三)学校经济;(四)学校卫生;(五)关系教育官之执务;(六)社会教育及其设施诸状况;(七)教育总长特命视察事项。凡视学遇有以下诸事:(一)与教育法令抵触者;(二)部议决定诸事;(三)学校教授管理;(四)社会教育诸设施;(五)教育总长特命指示各事项,得就主管者表示意见。所有前清视学官职权中之含有专断性质者,皆不列入,不过负有启迪之责任而已。由此观之,中央之教育权,较诸前清已略减,而地方之教育权则增加矣。

各行省与各地方之教育行政,与其他之行政同,皆含有临时性质。而此行省与彼行省之情形,又各自不同。多数行省设有教育司,以为一省教育行政最高之机关。其性质与昔日提学使署不同之处,为教育司仅属省行政之一部分,提学使署则一独立机关也。教育司长为教育一司之长,属简任官,其下有省视学数人,归省长委任。前清各县之教育机关名劝学所者,其时已消灭,于县署中立学务科。学务科与劝学所之不同,亦犹教育司与提学使署之不同也。劝学所与地方行政分立,学务科则属县行政之一部分。每县设一县视学,归县知事委派,城镇乡之教育,归地方董事主持,则被举诸人民者也。诸董事又公举一学务委员以专责任。

## 六　民国各种学校组织法

下列为民国政府所颁布之学校统系表

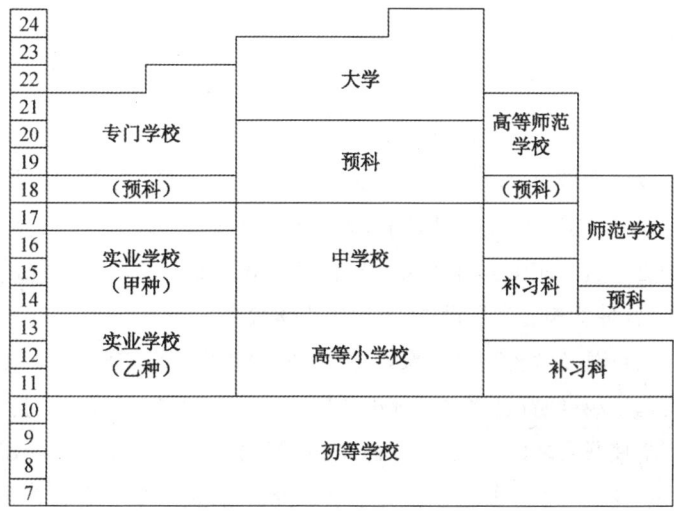

初等小学校四年毕业,为义务教育。毕业后得入高等小学校,或实业学校。高等小学校三年毕业,毕业后得入中学校,或师范学校,或实业学校。初等小学校及高等小学校设补习科,为毕业生欲升入他校者,补修学科,兼为职业上之预备,均二年毕业。中学校四年毕业,毕业后得入大学或专门学校或高等师范学校。大学本科三年或四年毕业,预科三年。师范学校本科四年毕业,预科一年。高等师范学校本科三年毕业,预科一年。实业学校分甲乙两种,各三年毕业。专门学校,本科三年或四年毕业,预科一年。前表所注年龄,系略示标准,非限定某年龄入某种学校。各学校修业期限,亦可随宜增减。详见各学校令及规程。此次之学校系统表,较之前清所公布者,有数不同之点,若高等小学之由四年改为三年;中学则由五年改为四年;废高等学堂之一级,为大学预科;毕业大学后之研究年限,无特别规定,非若前清有所谓五年之通儒院也。总计自小学至大学之修业年限已缩短,不可不谓新制度较胜于旧制度。因初、高等小学及中学年限之缩短,故毕业于初、高等小学及中学之学生数,亦日以增也。

(一)小学校

小学校教育之宗旨为:1.留意儿童身心之发育;2.培育国民道德之基;3.授以生活所必需之知识技能。小学校分初等小学校与高等小学校为二种。初等小学校与高等小学校并置于一处者,名初等高等小学校。

改革以前,设立小学堂之责任,并不指归于何种机关。民国之教育法令,则为之载明,小学校由城镇、乡、县担任经费。乡之财力不能设立初等小学者,得以二乡以上之协议,组织乡学校联合。得划分若干区,以设立初等小学校。并得设学务委员,办理教育事宜。县行政长官,因特别情事,得指定私立初等小学校,为该城镇、乡代用初等小学校。高等小学校由县设立之,其校数及位置,由县行政长官规划,并得咨询县议事会之意见以定之。城镇、乡除设立初等小学校,足容本区域学龄儿童外,财力有余,得独设或数城镇、乡协议,组织学校联合,共设高等小学校,但须经县行政长官之许可。凡小学之设立、变更或废止时,须经县行政长官之许可。县立高等小学校之设立、变更、废止,应由县行政长官报告省行政长官。蒙养园、盲哑学校并其他类于小学校之各种学校之一切设置,得适用小学校令。

城镇总董、乡董及学校联合长承县行政长官之指挥,掌管属为本城镇、乡或学校联合之小学校。以县经费设立之高等小学校,由县行政长官掌管之。县行政长官得令城镇、乡或学校联合之区长,承城镇总董、乡董或学校联合长之指挥,辅理本区教育事务。城镇、乡立小学校及县立高等小学校校长、教员所执行之教育事务,由县行政长官监督之。私立小学校由县行政长官监督之。

## (二) 中学校

中学校以完足普通教育、造成健全国民为宗旨，同时，又规定得设立为吾国历史所创见之专门女子中学校。中学校之设立，定为由省行政长官规划地点及校数，报告教育总长。教育总长认为必要时，得令各该省增设中学校。省立中学校经费，以省经费支给之。各县于设立法令所定应设学校外，尚有余力时，得依本令之规定，或一县或联合数县设立中学校，为县立中学校。私人或私法人得依本令之规定，设立中学校，为私立中学校。无论如何，中学校之设立、变更、废止须经教育总长认可。中学校教员以经检定委员会认为合格者充之，其俸给依部订规程之标准，由省行政长官定之。中学校征收学费额依部订规程之标准，由校长定之。其有因特别理由，免收或减收学费者，必经省行政长官许可。私立中学校征收学费额由设立人定之，报告于省行政长官。

## (三) 大学

大学以教授高深学术、养成硕学闳材、应国家需要为宗旨。国民大学之组织与前清不同。前清大学设有八科，而国民大学则设七科也。所设之七科为：文科、理科、法科、商科、医科、农科和工科。预科分为三部：第一部为志愿入文科、法科、商科者设之；第二部为志愿入理科、工科、农科并医科之药学门者设之；第三部为志愿入医科之医学门者设之。大学院不设年限，非若前清之通儒院，有五年之修业期限也。大学有三年预科，各科之科目如下：

第一部之科目：1. 外语科；2. 国文；3. 历史；4. 伦理；5. 论理及心理；6. 法学通论。得加习经济通论、数学及物理，视将来志愿入何科以为定。

第二部之科目：1. 外国语；2. 国文；3. 数学；4. 物理；5. 化学；6. 地质学；7. 矿物学；8. 图画。得加习动物学、植物学及测量学，视将来志愿入何科以为定。

第三部之科目：1. 外国语；2. 国文；3. 拉丁语；4. 数学；5. 物理；6. 化学；7. 动物学；8. 植物学。当选习二种外国语。其将来志愿入农科、工科或医科者应以德语为主。

## (四) 大学各科之分门分类法

**大学文科**

1. 哲学门：分中国哲学类与西洋哲学类。

2. 文学门：分国文学类、梵文学类、英文学类、法文学类、德文学类、俄文学类、意大利文学类及言语学类。

3. 历史学门：分中国史学类与东洋史学类以及西洋史学类。

4. 地理学门

**大学理科**

1. 数学门；2. 星学门；3. 理论物理学门；4. 实验物理学门；5. 化学门；6. 动物学门；7. 植物学门；8. 地质学门；9. 矿物学门。

**大学法科**

1. 法律学门；2. 政治学门；3. 经济学门。

**大学商科**

1. 银行学门；2. 保险学门；3. 外国贸易学门；4. 领事学门；5. 税关仓库学门；6. 交通学门。

**大学医科**

1. 医学门；2. 药学门。

**大学农科**

1. 农学门；2. 农艺化学门；3. 林学门；4. 兽医学门。

**大学工科**

1. 土木工学门；2. 机械工学门；3. 船用机关学门；4. 造船学门；5. 造兵学门；6. 电气工学门；7. 建筑学门；8. 应用化学门；9. 火药学门；10. 采矿学门；11. 冶金学门。

当时政府之计划，拟全国设立四大学：一在北京，一在南京，一在武昌，一在广东，最先着手者为北京大学。

## (五) 专门学校

专门学校之宗旨为教授高等学术、养成专门人才而设。中央、各行省，或私人私法人，皆可设立专门学校。凡中学校之毕业生皆有人专门学校之资格。专门学校之种类如下：1. 法政；2. 医学；3. 药学；4. 农业；5. 商业；6. 工业；7. 美术；8. 音乐；9. 商船；10. 外国语。

## (六) 师范学校

师范学校分男子师范学校、女子师范学校、高等师范学校三种。师范学校以造就小学校教员为目的；高等师范学校以造就中学校、师范学校教员为目的。师范学校与中学校同定为省立，由省行政长官规定地点及校数，报告教育总长分别设立。

凡县因特别情事，依本令之规定，由省行政长官报经教育总长许可，得设立师范学校，为县立师范学校。两县以上之联合，亦得设立师范学校。私人或私法人，依本令之规定，经省行政长官报告教育总长许可，得设立师范学校，为私立师范学校。高等师范学校定为国立，由中央政府设立之，归教育总长通计全国，规定地点及校数，然后分别设立之。

师范学校之经费以省经费支给之，高等师范学校经费以国库金支给之。师范学校校长、教员之俸给，依部订规程之标准，由省行政长官定之。高等师范学校校长、教员之俸给，别以规程定之。师范学校、高等师范学校之学生一律免纳学费，并由本学校酌给校内必要费用。依前项规定外，得收自费学生。

师范学校应设附属小学校，高等师范学校应设附属小学校、中学校。女子师范学校与女子高等师范学校，于应设附属小学及女子中学校外，并设蒙养园。师范学校得附设小学校教员讲习科。女子师范学校除依前项规定外，并得附设保姆讲习科。高等师范学校、女子高等师范学校得设选科、专修科及研究科。师范学校教员以经检定委员会认为合格者充之。其实行期另以部令宣布。

### （七）实业学校

实业学校以教授农、工、商业必需之知识、技能为目的。实业学校分甲种、乙种。甲种实业学校施完全之普通实业教育。乙种实业学校施简易之普通实业教育，亦得应地方需要，授以特殊之技术。实业学校之种类为农业学校、工业学校、商业学校、实业补习学校等。艺徒学校视作乙种。工业学校亦得参照工业补习学校办理。女子职业学校得就地方情形与其性质所宜，参照各项实业学校规程办理。

省行政长官视地方需要分别设立甲种实业学校。县及城镇、乡或农工商会得设立乙种实业学校，亦得酌量情形，设立甲种实业学校。省及县设校地点由省行政长官及县行政长官定之。实业学校以经费所自出，定名曰省立实业学校或县立、城镇、乡立实业学校。省立实业学校之设立、变更或废止应呈报教育总长。各县之实业学校，其设立、变更或废止均须呈请行政长官认可，转报教育总长。惟实业补习学校只需呈报省行政长官。实业学校之学费得视地方情形酌量减免。

## 七　新学校课程

教育部既重立各种学校组织法，随又颁布各种学校课程之标准、较诸前清有数点为根本上之不同。兹将小学、中学、师范学校诸课程标准，为一种之考察，凡有变更之处则表而出之。

(一) 小学校课程

初等小学之修业期限为四年。其教科目为修身、国文、算术、手工、图画、唱歌、体操。遇不得已时，可暂缺手工、图画、唱歌之一科目或数科目。女子加课缝纫。此次初等小学校之科目较旧时不同之处为：经学、地理与理科之不列入课程表中，特别注重手工一科目，非若前清之定为随意科也；第一年每星期之钟点自 24 减为 22，第二年自 24 增至 26，而第三年与第四年每星期之钟点，男子自 30 减为 28，女子则减至 29 点钟。

高等小学之修业期，自四年减为三年，其教科目为：修身、国文、算术、本国历史、地理、理科、手工、图画、唱歌、体操。男子加课农业，女子加课缝纫；视地方情形，农业可以从缺，或改为商业，并可加设英语，或改英语为别种外国语；遇不得已时，手工、唱歌亦得暂缺。小学校得设补习科。小学校之某科目，遇有儿童身体所不能学习者，得免除之。小学校之科目报经县行政长官许可，得增减之，以期合乎地方之情形。此次高等小学新课程之不列入经学，乃极当注意之事。盖前清经学一科目占去每星期钟点之 1/3 也，次则为每星期钟点之减少，改昔日之 36 点钟为第一年 30 点钟，第二年与第三年每星期规定男子 30 点钟、女子 32 点钟。

(二) 中学校课程

中学校之修业期限为四年，以代旧制之五年。惟不分文、实二科，未免不合近世中等教育之趋势。盖中学若分文、实二科，易应人民之各种需要也。中学校之学科目为：修身、国文、外国语、历史、地理、数学、博物、物理、化学、法制、经济、图画、手工、乐歌、体操。若以此与前清之中学科目相比较，则为加入手工，废除经学，是足征实验科目之已战胜文学科目矣。每星期之钟点已改 36 点钟为第一年 33 点钟，第二年 34 点钟，第三年与第四年为 35 点钟。男子或女子中学校校长，遇不得已时，得通计各科历年教授时数，就各学年变通而增减之。每周至少须满 32 小时，至多不得过 36 小时。

(三) 女子中学校课程

女子中学校，除习男子中学校之学科目外，当加课家事、园艺、缝纫，但园艺得缺之。每星期之钟点为第一年 32 点钟，第二年 33 点钟，第三年与第四年为 34 点钟。每学年每星期之钟点较诸男子中学校皆少 1 点钟。

### (四) 师范学校课程

男子师范学校之本科,分为第一部、第二部。第一部预科一年,本科三年,第二部修业年限为一年。本科第一部之学科目为:修身、教育、国文、习字、英语、历史、地理、数学、博物、物理、化学、法制、经济、图画、手工、农业、乐歌、体操。新师范学校之课程较清制所不同者,为无经学之列入,而增加英语、法制、经济、手工、农业与音乐诸科目;余则为每星期钟点之减少,自 36 点钟减成预科 32 点钟,正科第一年 33 点钟,以后之三年各为 35 点钟。本科第二部科目为:修身、教育、国文、数学、博物、物理、化学、图画、手工、农业、乐歌、体操。授业时数为每星期 35 点钟。

### (五) 女子师范学校课程

女子师范学校与男子师范学校同。正科分第一部、第二部。第一部预科一年,正科四年。第二部仅有正科一年。第一部之科目与男子师范学校所不同者,为缺农业,加家事、园艺与缝纫;每星期钟点较男子师范稍多,预科 33 点钟,正科第一年 35 点钟,其第二年、第三年与第四年,每星期皆 36 点钟;英语每星期占 3 点钟,但可视地方情形,将英语一科目,付诸缺如。若减去英语,则每星期之钟点,较男子师范为少:预科 30 点钟;正科第一年 32 点钟,余三年皆为 33 点钟。女子师范学校本科第二部学科目,与男子师范同,所异者惟以缝纫代农业,与夫每星期钟点之减少为 34 点钟也。

### (六) 高等师范学校课程

高等师范学校分预科、本科、研究科。其修业年限预科一年,本科三年,研究科二年或三年。高等师范学校得设专修科、选科。专修科之修业年限为二年或三年。选科则二年以上、三年以下。预科之科目为:伦理学、国文、英语、数学、论理学、图画、乐歌、体操。本科分国文部、英语部、历史部、数学物理部、物理化学部、博物部六部。本科各部各有分习之科目,但各部亦有通习之科目,为伦理学、心理学、教育学、英语、体操。研究科就本科各部择二、三科目研究之。预科、本科及他种特殊科之科目授业时,由校长订定,呈报教育总长,民国高等师范学校课程之特点,为废除昔时视为重要之经学科,而加入数种科目,乃前日所无者也。

吾人对于民国高等师范学校课程之考察,得三大变更之点,不可不知焉。若总述之,为经学之废除,输入关于社会、工业重要之新科目,与夫减轻繁重之科目或钟点也。分言之,第一,为减少暗诵中国古文学之时间,易以重实验之致用西学;第二,为订正学校之科目,假青年以机会养成技术与觉官之能力,应社会与工业趋势之需要,若手工、图画、家事与农业等皆是也;第三,为减轻繁重科目,即所以免耗费学子之体力。总以上之三种变革而观,甚合于近世教育之进步趋势,当维持之而俾勿坠者也。

## 八 新规程之公布

民国之新教育制度,其性质可谓渐趋于圆满之域。最初之一二年,教育部所公布之规程甚多,以统辖全国各方面之教育事业。若学校制服、学校仪式、学生转学、学年学期休业日期、学校征收学费、学生操行、学业成绩考查诸规程,以及关于学校行政诸办法皆是。兹将是中之重要者举而述之。俾完成民国时代之新教育制度。

### (一)学校行政

学校行政之精神即国家政治性质之反映也。在君主时代,学部所定之管辖学堂与学生诸章程条规,纤微毕举,而对于学校行政者,富含强制实施之权。民国肇兴,情形不同,崇信活动精神与放任政策。凡学校之章程以及学生管理法皆由校长参酌本地情形而定。仅国立学校须报告教育总长,地方立各学校报告地方行政长官而已。教育部所公布之规程,不过略举其纲要,为各学校作一标准而已。学生不得干预学校行政规定于法令中,但对于学校教授管理,如确有所见,得上书或面陈于学校行政者;又于课余之暇,得设游艺、体育、音乐等有益身心之会,但须得校长之允许,并由职员督率之。学生有因犯校规退学者,非实已悔改,有正确之保证,不得再入他校,是为立法者儆戒学生,不轻易干犯校规之微意。

### (二)学校学年学期及休业日期

民国既采用阳历,于是学校历亦不得不有所变更,以免进行上之窒碍。教育精心筹划,不久新学校历即发表于世。学年以8月1日为始,翌年7月31日为终。一学年分为三学期,1月1日起至3月31日为一学期;4月1日起至7月31日为一学期;8月1日起至12月31日为一学期。暑假休业期定为30日以上、50日以下。但高等专门及大学校不在此限,其起止日期视地方气候,由各校自定之。年假休业定为7日以上、14日以下。春假休业定为7日,自4月1日起至7日止。乡立小学校得依旧惯,放麦假秋假而缩短年假、暑假、春假之日期,惟在暑假期内仍应减少授课时间。在气候严寒地方之各种学校,得酌放寒假,而缩短年假、暑假、春假之日期。

纪念日、日曜日均休业 1 日。

(三) 学校征收学费

照教育部公布学校征收学费规程,初等小学校应免征收学费,但因特别情形,每月得收学费银元 3 角以下;高等小学校征收学费,每月至多不得过银元 1 元;补习科至多不得过银元 6 角;乙种实业学校征收学费,每月至多不得过银元 6 角;中学校征收学费,每月 1 元至 2 元;甲种实业学校征收学费,每月银元自 8 角至 1 元 5 角;高等专门学校征收学费,每月银元自 2 元至 2 元 5 角;大学征收学费,每月银元 3 元;但于入学时征收保证金一次,银元 10 元为限。除中途自请退学外,毕业日仍照原数发还。初等小学校、高等小学校以及乙种实业学校,征收学费每月一次,而中学校、甲种实业学校、高等专门学校以及大学校则每学期一次。学校校长有权酌核,轻减或竟免除学费;惟得享此权力者,以贫苦或成绩最优者为限。凡学校遇有特别情形,须变通征收规程者,应由省行政长官声明理由,报经教育总长认可。

(四) 学生操行学业成绩考查

各学校至少须备学生二种考查表。一曰操行成绩考查表,二曰学业成绩考查表。学生操行成绩以甲乙丙丁四等评定之。学生每学年之操行成绩,列丙等以上者为及格,列甲等者校长得给以褒奖状。于升级毕业时,应以操行成绩与学业成绩参酌定之。凡学业成绩未及格,其分数相差不及 1/10,而操行成绩列乙等以上者升级或毕业。学业成绩仅能及格而操行成绩列丁等者,得停止其升级或毕业,但须经教员会之评议,由校长决定之。专门以上学校,其考查操行规程得由校长酌察本校情形,特别规定之。

学生学业之成绩分为平时成绩与试验成绩。平时成绩由教员考查学生勤惰与其学业之优劣,随时判定。试验分学期试验、学年试验、毕业试验三种。前项三种试验外,又有入学及编级试验,于招募学生及收受转学学生时行之。评定成绩分甲乙丙丁四等:甲 80 分以上,乙 70 分以上,丙 60 分以上,丁不满 60 分。前项丙等以上为及格,丁为不及格。及格者毕业或升级,不及格者留级。留级两次仍不及格者令其退学。教育部公布之学生学业成绩规程令中,又列有计算或评定学期、学年以及毕业时学生成绩办法各条。

(五) 审定教育用图书

因教育制度之变更,凡编纂与发印教科用书或教授用书,皆取放任主义。与前清所同者,当以编辑之各种学校所用教科图书,呈请教育部审定后方可付印。各省组织图书审查会,就教育部审定图书内择定适宜之本,通告各校采用。未几,有各省图书审查会、组织法及审查规程公布于世。

# 第七编　现今国民教育之重要问题

吾国教育之发轫、进化与复兴之事，实已略举而言之矣。外此，尚有与教育关系极显之问题，为前此所未言而不得不言者。此类问题甚多而其互相关系又甚复杂，故欲与以充分之解决，为事殊非易易，然岂果不足以言耶？正惟以彼供吾文之资料者颇富，当择一二重要问题言之，未始非解决之方也。

## 一　教会教育与公共教育制度之关系

泰西教会在中国之教育事业迄今已成为一重要问题。所谓教会者，包括天主教与耶稣教而言也。初意不过为传道之一助，事事从简。至近数年间，始达若是之范围与性质，而其影响及于吾国之新教育又甚巨也。民国元年（1912），耶稣教会在吾国设立之学校，统计初等小学 3 708 所，学生 86 241 人；高等小学 5 537 所，学生 3 384 人；授高等学问者有 30 校，中有 9 校命名为大学者。天主教会之学校统计表未见于世，然其学校总数不能多于耶教会所设者无疑。信天主教之儿童，则有祈祷学校以教育之。宣教者与女尼之教育则有特殊之学校，又另设缙绅信徒学校。高等学校受主教会之监督。沪上之震旦学院与徐汇公学即为天主教会所设者，规模颇具。全国天主教会与耶稣教会所办教育事业，虽无详确之统计，而约计之，学生必在十万人以上也。

国人对于近世学问之需要度颇强，而政府教育之进行亦以国民标准为主，故对于教会教育之状况不惮研求。因是各教会与其本国董事会，思有以观察己之教育政策，与夫如何坚固其教育事业之根基。数年间纷纷组织教育考察团、委员会等，于宗教会议时亦累次讨论教会之教育问题，实行厘定教会教育之宗旨，其成绩与缺点，或其所以失败之由，标而出之，而改良之条陈尤所欢迎焉。基督教各宗派联合一教，以成一各级学校办法之标准，免除无谓之冲突、竞争，而选择优良教员与主持教育之人，实为急务也。

中国政府之对于教会教育有发生之问题焉，即取如何之对付态度是也。前清时，毕业教会学者无享受学位与实官之权利，且并无立案之例。一取放任主义，各省咨议局规定官立学堂之毕业生有选举与被选权，而教会学校则否，非有排外与排教会之意也，不过当时政府欲保新教育之国民性耳。若现今政府，则全返其情形，虽对于教会教育无甚积极之政策，闻已派委员往日本考察一切，固非漠不关心者也。

教会教育问题之当研究者有三：1. 政府应取何种承认与管理制度；2. 所取之制度是否为教会所欢迎；3. 与政府之本身有若何之利益。此三者中，其第一节则日本与印度所行之制度，可备参考焉。就日本教会学校与政府生关系之道有三：1. 政府只承认一部分之教育事业，无视学规程之厘定，是以亦不干涉其宗教之教授。2. 承认其学校之从一种政府教育格式者，予以宗教上之自由，得延展兵役年限，准升入政府设立之高等学校；中学许其转学，毕业后充义务兵役一年；第二种承认之限定，以政府学校课程为标准者，每年授课占220日，除去考试与休业日不计，各种表簿及试验卷当保存以待视学之查验，又每年须造成报告书，且教员中必百分之若干须经检定者，校舍与场地必合官定章程；学校之事务，随时当从政府视学之指导。3. 此种之承认学校，为完全遵政府制度者，享受各种权利与政府设立之学校等，公众之对于此种学校信任较切，因其组织纯然为一政府学校，校中无宗教课，并无宗教仪式故也；其教授禁制之宽严，视地方之情形而异其程度，有数种学校可于课余或校外设立宗教随意班。

印度教育制度，有政府得承认私立学校一条，教会学校即包括于私立学校之中。若教授合法，即可得政府之承认，而宗教讲演之有无，不予以限制也。1854年，印度教育公报载明，凡政府扶助之若何，与时间之长短，一以视学按期报告为准。当视学来校时，对于宗教讲演无所顾问，故印度教会学校皆可授宗教课，而视学惟一之责任，即稽考所授之教育是否应享所给扶助金之数是也。

吾国所当取之方针而最适宜者惟何？曰须采用承认之制度而不干预其宗教教授，惟限以实行一种教育标准而已。尝闻教会之希望，谓予所主张之政策乃极公平正直者，几全体赞成之。讲言之，虽日本对于教会学校之第三种制度，有数种教会亦颇欲予以承认。因如是，则上流社会之子弟多愿来教会学校肄业，且彼等之来也，出于本心，其领悟宗教之道必较切。虽直接之成效较少，无害也。行日本第三种制度仍可输入宗教感化，惟不以教室而以随时演讲，岂不甚便！若以学校之活动、公众之信任以及施耶教教育机会之广诸利益，与受干涉之害相较，其得益奚啻信蓰。

吾国既得日本与印度之经验，并观己国之现状，因知一种承认与管理教会教育制度之不可缓，而其利益又非可以一概论也。政府若欲创行管理与监督教会教育之法，参以试诸私塾者，庶几近之。政府因经费竭蹶，教育不克扩充，既管理教会而利用之，适可以补其不足，且同时政府得以观教会教育之如何，而知受其教育者并非一不知国情，昧于己国生活之人，乃一富于国家思想与完全中国精神之国民也。

## 二 教育与道德之养成

如何能使学校为养成适于国民道德之机关,乃吾国今日教育问题中之最重要者也。昔日教育制度以经学为课程之中心。经学者,为吾人高尚思想与言论之宝库。凡个人家庭与人民责任皆不能脱此藩篱。受其陶镕者,能养成一种高尚之道德及优美稳定之性质。而吾国之文明,即持此种道德性质维系而不坠者也。旧教育制度既废,新教育制度代兴。旧经学与旧道德之教授法虽不能尽弃而不顾,而其影响必不能若昔时之重大,则无疑义。富于旧道德观念者曰将来之道德何如乎?以现今之情况,不独保守旧道德所固有,且当合于近世之需要,与西方文明融会而广大之,为事之能乎?否乎?在保守心过重之徒,以复古为志,思复置经学于小学校中占重要之位置。幸有识见高超者知已废者之不可以复也。而新教育制度之能力,若善用之,则其成效必出乎吾人之所料。

当新旧教育过渡时代,道德教授已视为学校课程中之重要科目。编为普通用之道德教科书甚富。不独改良旧道德之教授法,且足以助年幼之学生记诵经学。而孔子所乐称君子之观念,以学生程度之高低,施用各种摹绘情状与譬喻开发法,俾其了悟于心,虽选辑之材料或不无可以批驳之处,而大体则甚妥适。

我国人在今日,几无不知道德之重要,皆以全力赴之。部中所公布诸法令,所谓教育第一之宗旨者,启发学生之道德也。学校课程中仍注重道德教授,以道德为教授特种科目,则教育惟一之宗旨自必以道德为归,是以吾国前途之幸福希望,胥赖乎是矣。

虽然养成道德之道亦多矣,岂限于学校课程中之道德一科目已哉!而他种科目未尝不可变更其意思感情,使之趋于正确之途。中国之文学资料有意撰,有稗官,有传记与诗赋,于养成人民道德之生活均占极高之价值。不独关于智慧一方面而已也,且所以振触其感觉,导引其动力和其理想行为与志气之力甚巨。他若历史,则古人之理想功业跃现于纸上,读其书之想见其丰功伟烈,有动于心,遂能铸成高贵品格。由是观之,历史为启发道德之重要分子,亦何减于文学哉?故历史教员与国文教员,若以有价值参考之所得,灌输种种模范于学生之心目中,庶几其动作行为有一正确之主张焉。抑更有进者,道德影响之推进,不仅以历史文学为限也,苟拟以道德观念渐积于全校,则学校课程中,无论何种科目皆足以分奖劝学生道德之影响者也。

夫人既知仅仅教授正当行为之理论,不足以养成儿童之品行,然又确信有一种助力,则无疑义。盖道德教训非具体而抽象者,若离真正生活而独持此注入学生之脑筋,必无甚价值可言。是以不得不利用他种有效之法而加意焉。所谓最重要之原因惟何？曰:教员之品格。从经验上而知学生之气质,由聪明豁达之教员默示感化,渐觉其向慕而变化者,则其效必较教员之口讲为真切。其他之原因,则由于学生之天性与感觉,凡善于训育之教员,必深悉己之行善风采与优美习惯影响及于儿童甚大。要之,道德演讲、英雄故事、感神寓言,虽能感人之情,若非儿童本性优良者,其效必浅。故理想与感觉,非有真实行为之表现,仍不能成儿童能力与习惯之一部分。故吾人之于道德也,非独知之且宜行之,是谓知行合一。今日中国之教育家有知以上所述二原因之重要也,故于学校表现天性与感情之机会、设备甚为周至。学校之奖励运动以及游艺会等,皆养成社交之关系,法非不善也,但当稍变其道,而于养成好习惯与品行,尤当三令五申而实践之。

## 三 学校训练与行政

吾国教育制度之最为人所訾议者,莫学校训练与行政若也。新教育制度既行后数年,学生未免过趋于自由。各种学校暴动冲突之事,时有所闻。其故由于一部分之学生,颠倒于自由平等之想象,不受约束而肇祸,间或有性情怪僻之学生,亦为致乱之分子;此等学生大抵年事已长,智识早开,当入学校时,久蓄成见于心,且自视甚高,故视无论何事物,若皆有害其自由,愤嫉之心,不期而生,其结果则学生急欲发张其权势,逾越范围之举时作矣。有时被动于爱国之心,见政象危殆,聚众开会,讨论补救之方法,去电政府,解决国家特种问题,甚而拒驳政府之行动。此种过举,为学校行政者所不欲,乃事理所不可逃者;苟试遏制之,彼等过敏之神经,扰乱即随之而起。

所以成如是之情状者,一部分归于训练之不当。学校行政者缺乏治事之才,无权宜以济艰难,斯管理之道失矣。学校风潮之起,其咎非学生所独任,间有学校行政者因个人或他种关系,不欲使有效之法以维持学校之秩序,其结果亦易致扰乱也。次则教员团体,亦为酿成学校骚扰之一原因。新教育始兴,担任教务者多来自旧制学校,懵于接待学生之法,仍持其强压与骄慢之精神,滥使其权力以驾驭学生,反对力之发生,岂偶然哉？亦有放弃己之责任,或无能为力促守其校规。一言以蔽之,多数之教员,其素养与本能皆不合于教育之责任,故易激起扰乱也。

今日学校之训练问题,无昔日之严厉,而新旧教育之扰乱已整顿就绪。新师生关系已生解决之标准。最近数年之情形,遂一变学生之态度,大胜于前五年。不独学校之训练大体斐然,且自由平等之误解亦骤然消灭,而学生之电争政府亦为绝无仅有之事。盖已知学生者处求学之地位也,所为之事,学生之事也。非羽翼丰满之国民,于国家之政治当无容喙之地。抑知今日学校所以臻较优之域者,其故有二焉:一信学校管理为急务,故不时增大其权力;二教职员之模范,大有进步,不独于教育研究有素,且蓄较真确、较高尚之观念。故学生训练之难问题,想不久即可迎刃而解矣。

同时有一救昔日弊害之根本问题,不可不研究者,即学校校长之当慎选是也。人之有行政才与优美道德者方可充校长之任,付之以统辖一切校务之权,以免掣肘。而教员之所素养亦切要之图。余则养成学生自治与守秩序习惯诸美德之学校组织,尤当变今之道而提倡之。故今而后最当注意者,为学校全体共作之精神,非限于校长与教员之联络,而学生与教职员之情谊亦非疏通不可。若遇机缘,有几种自治团体使学生分任一部分关于整理学校秩序之事,所宜输入者也。但含试办性质则可。若骤改常度,则易滋流弊。以富于自治精神之美国人,因学校欲救训练管理之穷,而倡学生自治制度。据经验之结果,谓失败尚多。是以仓促废除严厉之管理与约束太驰,其利每不胜其弊。故自严厉管理时代而入学生自治时代,其过渡当以渐,庶无放纵扰乱之虞。欲自治制度之有成效,必赖一部分学校行政者之承认,且为各学生能力所及之事,夫教职员确知自己管理权之界限,而学生又能敬守学校行政者之法权,二者交相让,则学生自治之事进行,其庶几乎?

## 四　教育制度中之财政问题

新教育制度之最难问题,莫财政若也。旧日之教育制度言,所支给之费用不过为科举考试,与一二大城市中之书院而已。近世教育制度既兴,费用骤增,与旧制规定之比例,大相悬殊。校舍之建设,教具与教科书之筹备以及其他之所需,动辄不赀。昔日之教育,其利益仅及于少数,而今之计划则教育当推及全体。然教育财政之膨胀如何解决之问题,颇为当局者之困难。政府对于新制度之进行,深为一般有关教育行政者所喜。维持教育之费,列于中央与各省之预算表,其来源不一。据宣统二年(1910)学部之统计报告,以教育之入款分为以下之各类:(一)公产之入款;(二)储蓄之利息;(三)政府之款;(四)公款;(五)膳宿费与学费;(六)强迫捐款;(七)愿输捐款;(八)杂种收入。举以上各种教育入款之搜集法,有极饶趣味与悲戚者。譬若以书院改为学堂,迎神赛会敬祖之资变为学校用款,寺院道观设为学校,其产业入款,充作教育经费。此皆极饶兴趣者也。

政府之奖励私人兴学不遗余力。然而,私人未经请求之以资产捐入学校为经费,毫无希冀奖励之心者比比皆是。人民对于教育之热诚,牺牲一切,能不为世俗所钦敬耶!是亦吾国人理想程度颇高之明征也。各省有增加地方税以应教育之需者,然为数无几。惟河南一省行政者办理得法,赢余颇多。惜乎征税无统系之制度,不可为训。

夫欲离国家赋税制度而言新教育之财政,不可也。故欲解决教育问题,必先知国家赋税之状况。前次之财政掌于不肖官吏之手,商市亦时遭经济折阅,故大中小学堂因连带而露恐慌之象。后又以屡经改革,财政所受之影响甚大。非数年之后,政府之税源与用度不克入于稳健之域。即以第一次辛亥革命损失之约计,除无赋税进款之数月外,合公费之增加与私人之损失,约占二万万三千万两。近数年来国库之匮乏,内外债之举行,故无足怪者也。而其间以地方税与中央税制度之不分,中央与地方财政之冲突,以及地方官吏解款之玩忽,各行省协济中央之迟延,皆为财政竭蹶之大原因。幸未几,中央与各省行政制度之基础已固,然而教育之财政问题尚未解决也。兹有二种政府于此颇有研究之价值:一减少尸位素餐之职员,或全免之。学校之仪器,必待教员、学生有使用之能力,方始购买,免添置不急之校具,与校舍暂缓建设。次则为奖励私立学校。以奖励之策或他种计划,改良私塾,并求泰西私立学校备案之法,皆当斟酌情形仿效之。庶几弥补财政之缺乏,以待赋税之改良,财源之启发。然则前途之希望若何?以吾国富源之大,决非在泰西诸国下,他日之富强不难也。盖中国譬若一富人,藏金于窖,而日诉贫于众,其故由于工业不兴。工业之所以不兴,则(一)全国教育之幼稚;(二)资本之匮乏。苟能发达近世教育与科学知识,且利用外资以辟地利,则不出数稔,财政之情形必有进步,而教育之扩充亦较有把握矣。

## 五　普及教育

泰西教育家与政治家有言曰:教育者人人所当受者也,此义其谁不知?惟吾国旧教育时代,则知者寥寥。新教育制度既成立,普及教育之问题遂盛唱于一时。顾教育之效,群众中只一部分受其利耳。以教育发达较著各省之统计而论,虽不完备,未尝不可得其梗概。直隶一省 200 人中就学者 1 人,或已达学龄之儿童,就学者为 1/14 也。若四川省,则就学者仅 275 人中之 1 人,或学龄儿童中 1/15。

吾国人民有数百兆,教育之普及问题,若欲解决,颇费踌躇。其最大之难题为文字之关系。因文字之构造复杂,苟无善良之教授法,非废极久之时间不能读一书,较之西文难易悬绝,加以文字语言之不同,且各处方言又不能统一,故普及教育其难实甚。吾国发表思想既若是其繁重，一士子欲受完全教育，较诸他国非延长三五年不为功。近数年亦有倡议解除此种困难者，以下为各种有意义之试行法：（一）废除机械记诵法，而代以逐字解义之教授；（二）发印通俗教科书、报纸，以日用易晓为主；（三）创造简字与使用法；（四）吾国各种语言中以官话最通行，拟加入学校之课程；（五）改良国文教科书；（六）拟造表音文字，若罗马字。然除文字外，普及教育之第二难题乃为教员之养成与养成之款项。由估计而知，吾国若行普及教育，当有100万学校，较今之五万余学校数约二千倍弱。换言之，即当增加95万学校也。学校职员需150万，教员需200万，此皆属于先事之预备，与经济之筹划，有志普及教育者不可不早为之所。

自改建政体以后，普及教育之一念，时萦绕于政治家、教育家之胸中。教育部且拟实行强迫教育之令，凡儿童自7岁至14岁不入学者，罪其父兄，极力注重初等教育，并兼整顿并合高等教育，以剩余之款多设高初小学，一洗前此渴慕大中高等学堂倒行逆施之弊。若果能循此旨而行，则不独前此之弊可免，而初等小学应当注重之道亦得矣。

## 六　教员之养成

合格教员选择之难，为吾国近世教育进行之一大障碍。当新教育之发轫，政府、人民于教育实质上之建设，若校舍、器具、地图等，规模务求其备，然惟聘请正式养成之教员则终觉不足。非政府懵于教育之大计，而不欲进近世教育于光明也。盖设立学校易，养成教员难。教员非若学校可以短时间成就者也，生长发育以待成熟，为时颇久。况学校愈多，需用教员愈繁。西哲有曰：炮制就已驾设，惜无施放之人。旨哉言乎。学校之骤然增加，如何供给多数合格教员，实为颇费解索之一问题也。

吾国人数占全球1/4。若施教育而无充分之预备，是大不可也。教员最要预备为教员之养成。若吾国新教育之教员，能取材于旧式学校，则学校之增加虽多，亦无难问题之发生。所惜吾国之旧教员之其素养不合于近世学校之需要，其故由于科举时代，只知争得一矜之荣，即终身恃此以为衣食。设馆授童无教员检定书、教科书、课程表等，惟知笃守遗规，藉执教鞭而已；或被聘为西席，或受徒于己家，学生之数鲜过20以上者；教授重记忆而轻推理力。自新教育之制度行，教员之地位与前不同，所知者不仅经学与古文，所教者非个人乃全班，教员不独启发学生记忆力，并注重推理力，此皆非旧式教员所能为也。旧式教员富于保守性，不肯轻弃其夙习之旧式教授法，然有时亦不得不承认一部分新学问、新教授法之灵便，而露其惊愕之意。因无适从之道,一旦改入新学校为教员,对于教科书谨守其范围,少有变化,且仍偏重记忆力,若助学生思想之法则非彼所习或非彼所喜也。于近世教育学在彼视为一种新科学,彼或无所取,或能重视之,然而不能善用之以尽其效。

是故吾国政府人民当速求得教员之法,以济急需。为中国近世教育之先导者,教会学校也。而得新教员最先之源,亦为教会学校。盖教会之大中学校多授新教育,其毕业生较宜充新学校之教员。吾国官私学校之聘请教会学校毕业生为教员者甚多,不独需要之大,且学校增加颇速,故往往有求过于供之虞。

新学校教员第二之来源为素著声誉之学士。彼等知社会之情形已变,非改志趣难以图存。遂由间接而学新知识,急切从事,欲速则不达,幸而有得亦残缺浮薄者耳。推彼等多数之意,以为教育可由捷径而得。各种科学之特点仍付学生自习之,不必深究其原理。此类之人可名曰教育事业家。受各种被动力而养成,或为受人一念而然,或为经济关系而出。然论其大体,较之旧式学校教员,其思想之进步,奉职之热诚,所胜实多;但以已身过去之历史为标准,以儿童委托其手乃属危险之事。

当新教育制度之初开幕也,教员不得不借材于异国,惟以高等程度学校为限。自中学起至大学止,其数不多。其故由于高等程度学校之居少数也。据前清宣统三年(1911)之调查,京师及各省大中学校外国教员共545人,中21人充京师大学及法律学堂教员,清华一学校美国教员18人,其中半数为女教员;又外国教员来自日本者亦多,一则同文之故,二则薪金较小,路费较少。然此仅暂时之情形也。

外国教员之资格不一律,有寄居中国甚久、富于教育经验、有志助吾国发达新教育者;反之,有一部分人并不喜教务,又不知教育之原理,受人之聘,偶然为教员而已。新教育开始之数年,延请外国教员者皆归各学校自己之主张,无一律规程与宗旨之厘定。不过凭个人或机关之介绍而信任之,来去无常,随学校主持者为转移。当时学生之程度尚浅,故外国教员鲜有教专门或高深科目者,其结果则外国教员仅分其时以授外国语或浅层科目,而不能一尽其专门之长技。至清光绪三十四年(1907),而情形始一变。学部奏准,立有聘请外国教员章程,事前必呈请学部承认。若军学教员则除学部之承认外,且必经陆军部之同意。

留学回国之学生亦为教员之一种。顾其比较数尚属寥寥(指欧美留学而言),其何故耶?曰:外国之留学生多投身于政界或实业界,以希丰优之酬庸,间有已为教员者,亦不过视其职务为一升迁利益之阶梯,非有所乐于为此也。数年前,在外洋习教育回国之学生仍担任政府他部分之事务,弃数年之预备养成如敝屣。欲救此弊,故有清光绪三十四年(1908)学部之通饬,凡学部派往外洋学习教育回国之学生,非满五年义务期限,各部各省不得调用,惟薪金加优,并有位置之保证,免其举棋不定,庶使教职员与教育行政官之选得不患无学识经验兼优之人。

师范学校与师范养成所皆为产出教员之地。新旧法令对于此等毕业生义务年限,皆斤斤致意焉,其年限皆有规定,时间之长短,则视所受教育之久暂为比例。若抗违此律,则追还其教育费之全部或一部。

历来教员养成之数,不能与各种学校之需要相应合,是亦立法有未尽善也。前清学部谓:欲知每年教员之需要,必先制人口之统计,而教育行政官于每年既达学龄之儿童,当有调查以支配教员数之养成。清宣统三年(1911),学部通咨各省师范学生之增加当以小学之增加为标准,是为预计师范生养成数之第一步。自各省设立师范学校后,毕业者颇众,其中以速成与专修科较正科为多。暗于事实者,以为今之师范毕业生似嫌过多,殊不知一观以下之统计,教员数之不敷甚巨,知其为鳃鳃过虑矣。

清宣统二年(1910)之调查,除教会学校及私立学校未经政府之承认不计外,师范学校与师范养成所共415处,学生共28 572人。下列为师范学校与学生数之分布表。第一类以学校之种类而分,第二类以行省而分。

第一类

| 数量名称\学校类别 | 优级师范 | | | 初级师范 | | 教员讲习所 | 总计 |
|---|---|---|---|---|---|---|---|
| | 正科 | 选科 | 专修科 | 正科 | 简易科 | | |
| 学校数 | 8 | 14 | 8 | 91 | 112 | 182 | 415 |
| 学生数 | 1 504 | 3 154 | 691 | 8 358 | 7 195 | 7 670 | 28 572 |

第二类

| 省份 | 学校数 | 学生数 |
|---|---|---|
| 直隶 | 28 | 2 040 |
| 奉天 | 33 | 1 894 |
| 吉林 | 7 | 470 |
| 黑龙江 | 4 | 236 |
| 山东 | 16 | 1 283 |
| 山西 | 17 | 812 |
| 陕西 | 10 | 580 |
| 河南 | 62 | 3 818 |
| 江宁 | 19 | 2 000 |

(续表)

| 省份 | 学校数 | 学生数 |
|---|---|---|
| 江苏 | 5 | 493 |
| 安徽 | 19 | 1 093 |
| 浙江 | 13 | 1 219 |
| 江西 | 17 | 887 |
| 湖北 | 17 | 1 702 |
| 湖南 | 16 | 1 961 |
| 四川 | 38 | 2 173 |
| 广东 | 9 | 1 003 |
| 广西 | 13 | 1 467 |
| 云南 | 18 | 1 140 |
| 贵州 | 9 | 726 |
| 福建 | 8 | 641 |
| 甘肃 | 36 | 791 |
| 新疆 | 1 | 143 |
| 总计 | 415 | 28 572 |

自清光绪二十九年(1903)至宣统二年(1910)七月之间,师范学校与师范讲习所各年所有之学生数列表如下:

| 年份 | 优级师范 | 初级师范 | 师范讲习所 |
|---|---|---|---|
| 光绪二十九年(1903) |  | 80 |  |
| 光绪三十年(1904) |  | 1 500 | 90 |
| 光绪三十一年(1905) | 974 | 2 234 | 2 113 |
| 光绪三十二年(1906) | 1 069 | 5 031 | 2 808 |
| 光绪三十三年(1907) | 2 389 | 18 253 | 10 041 |
| 光绪三十四年(1908) | 3 890 | 27 474 | 13 583 |
| 宣统元年(1909) | 5 817 | 19 383 | 12 819 |
| 宣统二年(1910) | 5 349 | 15 553 | 7 670 |

由上列之表而观,初级师范与师范讲习所学生数,达最高点之时为光绪三十四年(1908),以后则逐年递减。而优级师范学生数之最高点则为宣统元年(1909),以

后递减之速度不若他种师范学生之甚。上述之现象,其原因有二:其一,仅恃一时之热诚而未备持久之常年经费,故设立学校屡起屡仆,中有能独存之学校,则不为经济所困者也。第二原因,则后之数年毕业师范者甚多,尤以选科、简易科为多,足敷已设立小学堂教职员之数。故教员之需要不若前此之亟亟也,且有多数之学生希毕业于正科,不屑以选科、简易科自满。其结果则自宣统二年(1910)起,学部通令,各省嗣后不准招考优级选科与初级简易科二种。师范生因照当时情形,小学堂已无缺乏教员之虞故也。

吾国教员之品格不同,而来处亦不一,故限定不合格人入教员一阶级之法令,为不可缓也。宣统元年(1909),学部定有小学校教员检定章程。明年又有初级学堂、中学堂教员之检定章程发表。以上二种检定教员之权,京师在督学局,各省归提学使,州县之离省较远者,可由提学使委派专员代行其权。其章程规定,凡委派专员以学问优长、声望素著、淹通教育原理与教授法者为合格;当检定小学教员举行时,其考试员限以专门科目之教员,优级师范正科毕业生或有高等程度学堂之毕业生;检定初级师范与中学堂教员之考试员,必为优级师范及高等实业学堂有名之教员,或国内外大学堂之毕业且教育有经验之人。

现今建立检定教员之新规程已编制竣事,惜尚未实行也。照新规程所载明,凡小学教员必持有检定书,方可充任。有得检定员资格者,非师范学校或教育部立案学校之毕业生,即各省教育检定委员会承认能充教员之人。再师范学校之教员亦必持有检定书,且经教员检定会称为适宜,方得为师范学校之教员。

观以上所述,吾国教育之社会乃杂凑而成者,有教会学校之毕业生,有官立、公立、私立各学校之毕业生,外洋回国之留学生,私塾之教员、事业教员、外国教员,以及师范学校、师范讲习所之毕业生。宣统二年(1910)学部之统计报告,当时全国教员之数已达 89 766 人,较之元年之 73 703 人,光绪三十四年(1908)之 63 566 人所增甚多。其中 84 755 人为普通教员,2 712 人为专门与职业教员,其余 2 299 人为师范与师范讲习所之教员。

教员性质之分类,观以下之统计表可知也。

1. 普通教育

| 甲、中学堂 | | |
| --- | --- | --- |
| 性质 | 人数 | 百分比(%) |
| 师范学校之毕业生 | 848 | 25.82 |
| 他种学校之毕业生 | 1 260 | 38.35 |

(续表)

### 甲、中学堂

| 性质 | 人数 | 百分比(%) |
| --- | --- | --- |
| 外国教员 | 91 | 2.79 |
| 非毕业生以及未进新学校人员 | 1 087 | 33.04 |
| 总计 | 3 286 | 100.00 |

### 乙、高等小学

| 师范毕业生 | 6 867 | 40.20 |
| --- | --- | --- |
| 他种学校之毕业生 | 3 172 | 18.57 |
| 非毕业生以及未进新学校人员 | 7 005 | 41.01 |
| 外国教员 | 36 | 0.22 |
| 总计 | 17 080 | 100.00 |

### 丙、初等小学、幼稚园以及他种学校

| 师范学校之毕业生 | 33 348 | 51.90 |
| --- | --- | --- |
| 非师范学校之毕业生 | 30 978 | 48.10 |
| 总计 | 64 326 | 100.00 |

2. 师范学校

### 甲、优级师范

| 性质 | 人数 | 百分比(%) |
| --- | --- | --- |
| 近世学校之毕业生 | 152 | 32.55 |
| 外国留学毕业生 | 144 | 30.84 |
| 非毕业生以及未进新学校人员 | 80 | 17.13 |
| 外国教员 | 91 | 19.48 |
| 总计 | 467 | 100.00 |

### 乙、初级师范

| 师范毕业生 | 523 | 41.80 |
| --- | --- | --- |
| 他种学校之毕业生 | 353 | 28.10 |
| 非毕业生以及未进新学校人员 | 349 | 27.90 |
| 外国教员 | 27 | 2.20 |
| 总计 | 1 252 | 100.00 |

(续表)

| 丙、师范讲习所 | | |
|---|---|---|
| 师范毕业生 | 334 | 57.58 |
| 他种学校之毕业生 | 126 | 21.73 |
| 非毕业生以及未进新学校人员 | 116 | 20.00 |
| 外国教员 | 4 | 0.69 |
| 总计 | 580 | 100.00 |

3. 专门教育

| 性质 | 人数 | 百分比(%) |
|---|---|---|
| 近世学校之毕业生 | 397 | 32.30 |
| 外国留学毕业生 | 370 | 31.70 |
| 非毕业生以及未进新学校人员 | 297 | 25.50 |
| 外国教员 | 122 | 10.50 |
| 总计 | 1 186 | 100.00 |

4. 职业教育

| 性质 | 人数 | 百分比(%) |
|---|---|---|
| 近世学校之毕业生 | 748 | 48.20 |
| 外国留学毕业生 | 243 | 15.50 |
| 非毕业生以及未进新学校人员 | 445 | 28.96 |
| 外国教员 | 108 | 7.35 |
| 总计 | 1 544 | 100.00 |

读以上所列诸表,有不可不注意之数点焉。(一)高等程度学堂之外国教员较多,而中等以下之学堂则否;(二)近世学校之毕业生比较止少职务之养成;(三)未进新学校或未毕业之教员反占多数。其故由于读书而无职业之人,以为教员职务事简而金多,故趋之若鹜。由是而言,吾国新学校之教员尚不能谓之曰尽职或胜任愉快也,间有若干学校之教授荒谬,背乎教育原理者。然师范学校之毕业生,吾国教育家对之尚多不足之辞,若其然也,何怪之有? 盖青年学子之肄业师范学堂,多数非初高等小学毕业者,基本学问已不完备,而师范学堂科目繁多,时间短少,以致教授学习大概多属皮毛,每星期之钟点 34 小时至 36 小时,不仅所习之科目有囫囵吞枣之弊,

且于卫生大有妨碍。欲矫正斯失，师范学生必习正科，而入学资格限以曾受小学教育者。如是知师范毕业生程度较优，而教育事业亦有改良之望。

## 七　教育之关系生活

　　吾国今日教育最后之一重要问题不可不特别注意者，曰教育有关系于受者之生活问题是也。泰西各国文字教育与实验教育之相讼久矣。其结果则实验教育能使儿童得应社会与工业之所需，卒归胜利。若在吾国，以上二者之新旧教育法尚未脱离争论之范围。数年以来，各学校渐知整理学校作业，期应乎社会之变迁以及适于工业之需要。学校之课程为学生将来解决日常生活问题之一物，是一进步也。吾国学校之课程，如近世科目若地理、法制等，皆已列入，但不能参合学生与社会生活之所需以为教材。故多数热心实验教育家惑焉。而一部分教员之意见，以为学校所授之科目以及教授法，若无害于儿童，必有少许之利益。此论受极高之反对声调，盖学生之抛弃社会而求学于学校，毕业后既不能为农又不能为工商，教育之本质安在哉？

　　此等严厉指摘之言，虽不能包括全体之学校，然未尝不持之有故。所以致此之由，当归于根本之谬误。彼不顾学生就学之目的，轻视处境生活之需要，甚非教育之本能也。欲医斯病，必慎选教材，与夫改进各种科目教授之法。幸而今之教育新进者，渐知急所先务，翻然变计，注重实用教育，不出十稔，必有成效可观已。

# 第八编　撮要与结论

吾国公共教育制度之发展，屡经变更，始成今日之现象，已可由观察而得其大概。而于今日教育之重要问题，亦当贡献一二，且加以评论。请得于是书之事实，撮其有关吾国将来者而言之，想亦教育家所乐闻欤。

## 一　教育与国民之进步

学校教育关系于国民进步之重要，吾国教育史，实一明证也。数千年之教育性质皆偏于文学、哲学与道德诸方面，而近世所谓实验教育则百不得一焉。其教育之法颇似欧洲希腊文学复兴时代以前所盛行者。如是之特别教育，其性质影响于国民之过去颇大。以现在而较过去，吾国近世艺术、科学进步所以迟延者，其故可以恍然矣。自海禁开通与欧美人相接近，教育制度根本上为之一变。大抵为新科学之输入，与留学生赞助力为多，不独国民生活为之一新，置国家于进步改革之途。凡政治、工业、社会等，同时皆显改革。教育之改良为一轴纽，牵动各种事业皆随之而变。新教育造成人才，为国家之栋梁，措国家于磐石之安。故曰：与国民进步最有关系者，乃教育也。教育必裨实用，他国所风行而收功之实际教育，当加意提倡之。

## 二　教育与政治生涯

欧洲昔时之教育视为宗教、医学、法律之预备。吾国亦然。教育不为实际与日常生活而设，乃为官吏之养成。故父兄对其子弟之最高理想，即希其得入仕途以为荣。此种见解深入吾国之人心，往往轻视工业，以为有损于士子之价值。虽至今日学校之毕业生仍以政府位置为报酬之具。法政学校招考则人数拥挤，而工业学校则应者寥寥。求学为作官之谬见，于新教育制度之下不当生存也。印度之经历，大足为国人之借鉴。盖印度之少年学子多数皆应文官考试，以致供过于求，间或为政治煽惑者，多求官不得，而他种职业又不相宜之人也。现今吾国对于教育为预备官吏之观念已渐消灭。然非急速全行，废除此念，代以远大之观念，不以政治生涯为教育之终鹄，而以农业、工业及其他生活之预备为其目的，则教育为益于吾国之前途，所斯尚远也。

## 三　中央集权与地方分权

　　吾国今日当采何种教育制度乎？各问题中无有若此重要者也。以普通政情而言,当破除省界地方观念,而代以国民自觉心,提倡国语以救各地方言之不统一,又以养成国家观念之重要与遵守法律之习惯,是教育当行中央集权制之为是。反之,谓国家土地之辽阔,教育须合地方之需要,所以预谋本土之利益,教育行政必参合社会需要而定,故地方分权之教育制度尚矣。夫一种制度,有宜于此而不宜于彼者,然亦未尝不可取二者之长而融合之,成为一种教育制度,庶免牺牲二者各有之利益。今日吾国之教育制度,似趋此方向而行者也。教育部公布教育大纲,各地方可斟酌情形而损益之。私人所编之讲义与教科书,虽必经教育部之审定,然各省设立之审查图书会,亦有权选择合于本省所用之教科书。各种制度,一方面为求统一起见,一方面又为各地方谋自己利益之余地甚多也。如是则中央集权与地方分权二种制度之极端危险可免,所希执政者当尽力以赴之。

　　现教育部所公布之法令,规定中央政府负高等教育之责任,各行省政府则负中等教育之责任,各地方政府则负初等教育之责任。如是之教育行政制度,以一定之官府,负专指之责任,免无谓之竞争,取巧之规避,反使教育进行有所窒碍,是谓吾国教育之一大特色。

## 四　学校课程

　　最新教育制度中,经学一科之废除,过重课程之减少,以及最新科目之输入,皆为编制学校课程之正理。若欲再改良而进益之,则以下诸点,颇有研究之价值也。课程小部分时间,用于记忆科目,若国文等是,大部分则为科学、家政、音乐与画图。简言之,俾多求得技能之途径而已。官话当与国文并重,期促进吾国语言之统一。

　　因求西学之热诚,有一相伴之危险,不可不先事预防者。盖恐致力西方教育太过,而忽吾国人民生活之动机；若欲免此危险,当知教育之宜于西人者,未必皆宜于吾国民。以西方之所长,与吾国数千年行之而宜者融合之,成为一种教育,庶几无枘凿之患。昔孟禄博士演说于江苏省教育会,曰：中国教育家之所当保持者,古代文化之所长与其精英,而非其糟粕也；所当取法者,西方文化之所长与其精英,而非其糟粕也；采西方文化时,融会而非变置,以渐进而非以骤几。孟禄博士之言,吾人盖可深长思者也。

学校课程之如何编制？第一，应加手工与练习觉官之科目。无论何如，借学生以机会，熟认具体与实用之理，或实验法与归纳法之知识。譬诸近世纪艺术科学之发明、道德、制造、交通、商务、贸易之进步，何一非以正确之观察，精密之统计，以及有制度之推测而然。故欲吾国之发达，非以实用科学灌输于青年，且奖励其练习切实之观察，与信确之统计，难以有功吾国。学校盛倡假期旅行，实为实习功课之好现象。师生群赴郊野，俾学生与天然界接近，练习观察之正确，不仅以学校之图画、标本或记载品为满足也。

## 五 教育法

自古重记忆之教育法，吾人已知其不合于教育，而渐废除之。顾重记忆力之教育法，已非一朝一夕之故，岂能一旦而尽去之！是无怪吾国之学校，仍有以记忆力为重，而以教材之活用为轻者。新学校与旧学校之不同，为记忆科目之变行，而非教授法之有异。若长此不变，则西方语言、文字、算术或博物诸学问，必无甚进步之可言。欲救斯弊，记忆力之注重，切勿胜于观察之练习，以及技能之养成。吾国学校师生，须知教育之偏于记忆力者，仅属一时之效，既久遂归乌有。兹又列孟禄博士言曰，习语言之真意，为能用以达意，习算术为能解日常之问题，研究科学则为将来以人事治天然之现象。观博士之言，于教育所当取法者，思过半矣。

此外又有一通病之当医者，则以吾国之教育过重形式与文字之学，学校之师生富于抽象之理想，于科学方法之价值，未遑多求。若能灌进博物、物理诸实用科学，以养成观察及统计之能力，再精心推度其所得而比较之。爱莲博士曾曰，扫除东方人心中之文学理想与连类之推想哲学，而代以科学、农业、商业、经济诸学，所有近五十年西人行而有效之实验法，以及试验室法，皆当提倡于东方之学校，于是改良教育之道，或有进步之一日。凡吾国今日之教育家，希望商业、工业、社会之改良，必自输入诸实验科学始。据爱莲博士之意，为苟行此五十年，必能变化西方与东方思想之不同点也。

## 六 女子之教育

吾国自古于女子之德育，用力甚专，而于智育则少措意。后以新教育制度兴，女子之教育，大为世人所注目。女子小学、女子师范与女子中学，纷纷成立。政府又有设女高等师范二所之议。今日全国女子师范学校,设置甚多,是足征吾人对于女子教育之热心,而渐成一女子之新状态。或者女子高等学校不久能出现,以应女子之高等教育。则他日吾国女子之于公共生活,得占重要位置,为期当不远耳。

## 七 教员之养成

师范学校之免除学费,以及供给其一切之用费,为吾国新教育制度之一伟举。如是,庶可期多数师范生之投身教育事业。不独此也,闻教育当局,有采教员赡养金制与薪金标准制之议。果能实行,则不独可奖励人之为教员,且可间接以求学问高深者之入教育界。

中国今日之所需者,为高等师范学校之改良,以养成中学教员。综计全国之高等师范学校,为数无几,大抵程度远逊于期望之标准。在政府之计划,设男子高等师范学校6所,女子高等师范学校2所。此虽足征国人已知中等教育之重要,然而养成有力之教员,必待教育政策之成功。

国人对于女子教育之热诚,知女子于将来公共之生活,当占重要之位置,前既言之矣。所云较重位置者,谓小学校之教员,最合于女子之职业。故女子师范学校当加扩充。新学校之女教员数,占全教员数百分之几,尚无调查。然其为数必不多,可无疑义。其故有二:(一)吾国社会之情形,除女子学校外,不甚赞成公共学校之聘请女教员;(二)男子之教育,已渐有规模,而女子教育方始萌芽,是故女子之合宜为教员者,必较男子为少;且女子教员尚不足以供女子学校之所需,必无余力以充男子学校之教员。然聘教刺绣或中文之女教员非难,若他种近世科学之女教员则不易。故不得不改延男教员,或延外国女教员,或师范速成科之女教员,亦一变通之道。

改良教员之知识能力,殊无进步之可言。凡教员研究会、夏季学校补习科、函授读书、地方教育会、参考书籍以及欧美盛行之循环读书法,于教员之养成,裨益非浅。惜皆缺焉而不备。据清宣统二年(1910)各省之报告,只有4省设教员研究会,以改良教育为宗旨,而各省之于上述之他种教育机关,几如凤毛麟角。所以无各种组织机关,以助教员之养成,不得不归于教育监督机关之无能。然则如何而后可,必也政府给补助费,或其他之奖励,以期教员团体之更善。

## 八 教育之概观

考吾国教育之状况,其缺点在所不免,然上下尽心教育之改造,颇为人所称道。

# 第一辑
## 中国教育制度沿革史

全国国民之教育问题,规模大而性质复杂,非但需最高之教育技能,且必以热诚博爱与公心以赴之,方得有成效之解决。将今日之教育制度与欧美相较,其幼稚而待改良之处甚多。然欧美之教育制度,屡经变革,殆数百年,时至今日,未尝无不满人意者。吾国之忽改新教育制度,而所改者较旧制所差极远。则学校之瑕疵非出乎意料者。此外尤有一事,不可不注意。搜集前清至今日兴新教育之经验,再参用欧美制度之所长,以及保存吾国自古教育之所宜是也。简言之,当求四境之新状况,以改革教育制度,于国家之前途,庶有豸乎。

# 附　　录

### 附录一　初等小学课程表

| 学科＼学年 | 修身 | 国文 | 算术 | 手工 | 图画 | 唱歌 | 体操 | （女子）缝纫 | 总计 |
|---|---|---|---|---|---|---|---|---|---|
| 第一学年 | 2 | 10 | 5 | 1 | — | — | 4 | — | 22 |
| 第二学年 | 2 | 12 | 6 | 1 | 1 | — | 4 | — | 26 |
| 第三学年 | 2 | 14 | 6 | 1 | 1 | 1 | 3 | 1 | （男子）28（女子）29 |
| 第四学年 | 2 | 14 | 5 | 1 | （男子）2（女子）1 | 1 | 3 | 2 | （男子）28（女子）29 |

### 附录二　高等小学课程表

| 学科＼学年 | 修身 | 国文 | 算术 | 历史 | 地理 | 理科 | 手工 | 图画 | 唱歌 | 体操 | 农业 | 缝纫（女子） | 英文 | 总计 |
|---|---|---|---|---|---|---|---|---|---|---|---|---|---|---|
| 第一学年 | 2 | 10 | 4 | 3 | 2 | （男子）2（女子）1 | （男子）2（女子）1 | 2 | — | 3 | — | 2 | — | 30 |
| 第二学年 | 2 | 8 | 4 | 3 | 2 | （男子）2（女子）1 | （男子）2（女子）1 | 2 | — | 3 | 2 | 4 | — | （男子）30（女子）32 |
| 第三学年 | 2 | 8 | 4 | 3 | 2 | （男子）2（女子）1 | （男子）2（女子）1 | 2 | 3 | 2 | 4 | 3 | — | （男子）34（女子）35 |

### 附录三　中学课程表（男子）

| 学科＼学年 | 修身 | 国文 | 外国语 | 历史 | 地理 | 数学 | 博物 | 物理化学 | 经济法制 | 图画 | 手工 | 乐歌 | 体操 | 总计 |
|---|---|---|---|---|---|---|---|---|---|---|---|---|---|---|
| 第一学年 | 1 | 7 | 7 | 2 | 2 | 5 | 3 |  |  | 1 | 1 | 1 | 3 | 33 |
| 第二学年 | 1 | 7 | 8 | 2 | 2 | 5 | 3 |  |  | 1 | 1 | 1 | 3 | 34 |
| 第三学年 | 1 | 5 | 8 | 2 | 2 | 5 | 2 | 4 |  | 1 | 1 | 1 | 3 | 35 |
| 第四学年 | 1 | 5 | 8 | 2 | 2 | 4 |  | 4 | 2 | 2 | 1 | 1 | 3 | 35 |

### 附录四　中学课程表(女子)

| 学科＼学年 | 修身 | 国文 | 外国语 | 历史 | 地理 | 数学 | 博物 | 物理化学 | 经济法制 | 图画 | 手工家事 | 园艺家事 | 缝纫 | 乐歌 | 体操 | 总计 |
|---|---|---|---|---|---|---|---|---|---|---|---|---|---|---|---|---|
| 第一学年 | 1 | 7 | 6 | 2 | 2 | 4 | 3 |  |  | 1 | 1 |  | 2 | 1 | 2 | 32 |
| 第二学年 | 1 | 6 | 6 | 2 | 2 | 4 | 3 |  |  | 1 | 1 | 2 | 2 | 1 | 2 | 33 |
| 第三学年 | 1 | 5 | 6 | 2 | 2 | 3 | 2 |  |  | 1 | 1 | 2 | 2 | 1 | 2 | 34 |
| 第四学年 | 1 | 5 | 6 | 2 | 2 | 3 |  | 4 | 2 | 1 | 1 | 2 | 2 | 1 | 2 | 34 |

### 附录五　师范学校课程第一部(男子)

| 学科目＼学年 | | 修身 | 教育 | 国文 | 习字 | 英语 | 历史 | 地理 | 数学 | 博物 | 物理化学 | 经济法制 | 图画 | 手工 | 农业 | 乐歌 | 体操 | 总计 |
|---|---|---|---|---|---|---|---|---|---|---|---|---|---|---|---|---|---|---|
| 预科 | | 2 |  | 10 | 2 | 4 |  |  | 6 |  |  |  | 2 |  |  | 2 | 4 | 32 |
| 本科第一部 | 第一学年 | 1 |  | 5 | 2 | 5 | 2 | 2 | 4 | 3 |  |  | 3 |  |  | 2 | 4 | 33 |
| | 第二学年 | 1 | 4 | 4 | 1 | 5 | 2 | 2 | 2 | 3 | 2 |  | 3 |  |  | 1 | 4 | 35 |
| | 第三学年 | 1 | 4 | 3 |  | 4 | 2 | 2 |  | 2 | 2 | 2 | 美术史1／4 | 3 |  | 1 | 4 | 35 |
| | 第四学年 | 1 | 2／实习9／11 | 2 |  | 3 |  |  | 2 |  | 2 | 2 | 美术史1／4 | 3 |  | 1 | 4 | 35 |

### 附录六　师范学校课程第二部(男子)

| 学科目＼学年 | 修身 | 教育 | 国文 | 数学 | 博物 | 物理化学 | 图画 | 手工 | 农业 | 乐歌 | 体操 | 总计 |
|---|---|---|---|---|---|---|---|---|---|---|---|---|
| 第一学年 | 1 | 实习8／7／15 | 2 | 2 | 3 |  | 3 | 4 | 2 | 3 |  | 35 |

### 附录七　女子师范学校课程第一部

| 学科目＼学年 | 修身 | 教育 | 国文 | 习字 | 历史 | 地理 | 数学 | 博物 | 物理化学 | 法制经济 | 图画 | 手工 | 家事园艺 | 缝纫 | 乐歌 | 体操 | 英语 | 总计 |
|---|---|---|---|---|---|---|---|---|---|---|---|---|---|---|---|---|---|---|
| 预科 | 2 |  | 10 | 2 |  |  | 5 |  |  |  | 2 |  |  | 4 | 2 | 3 | (3) | 30 (33) |
| 本科第一部 第一学年 | 1 |  | 6 | 2 | 2 | 2 | 3 | 3 | 2 |  | 2 | 2 |  | 4 | 2 | 3 | (3) | 32 (35) |
| 本科第一部 第二学年 | 1 | 4 | 3 | 1 | 2 |  | 3 | 2 |  |  | 2 | 2 |  | 4 | 2 | 3 | (3) | 33 (36) |
| 本科第一部 第三学年 | 1 | 4 | 3 |  |  | 2 | 2 | 2 | 3 |  | 美术史1 | 3 | 3 | 4 | 1 | 3 | (3) | 33 (36) |
| 本科第一部 第四学年 | 1 | 2 实习9 11 | 2 |  |  |  | 2 |  | 3 | 2 | 美术史1 | 3 | 4 | 3 | 1 | 2 | (3) | 33 (36) |

### 附录八　女子师范学校课程第二部

| 学科目＼学年 | 修身 | 教育 | 国文 | 数学 | 博物 | 物理化学 | 图画 | 手工 | 缝纫 | 乐歌 | 体操 | 总计 |
|---|---|---|---|---|---|---|---|---|---|---|---|---|
| 第一学年 | 1 | 实习8　7　15 | 3 | 3 | 3 |  | 3 |  | 2 | 2 | 3 | 34 |

## 各省学校数和学生数比较表
**【中华民国二年(1913)八月至三年(1914)七月】**

| | | | | | | | |
|---|---|---|---|---|---|---|---|
| 各省学校数比较表 | 1 | 四川 | 14 122 | 各省学生数比较表 | 1 | 四川 | 429 858 |
| | 2 | 直隶 | 12 219 | | 2 | 直隶 | 325 377 |
| | 3 | 山东 | 10 122 | | 3 | 浙江 | 298 071 |
| | 4 | 湖北 | 9 704 | | 4 | 湖北 | 264 346 |
| | 5 | 山西 | 7 816 | | 5 | 山东 | 247 196 |
| | 6 | 浙江 | 6 675 | | 6 | 江苏 | 241 384 |
| | 7 | 河南 | 6 162 | | 7 | 湖南 | 222 787 |
| | 8 | 湖南 | 5 572 | | 8 | 山西 | 217 514 |
| | 9 | 江苏 | 5 564 | | 9 | 奉天 | 212 748 |
| | 10 | 奉天 | 5 295 | | 10 | 云南 | 204 126 |
| | 11 | 云南 | 4 758 | | 11 | 广东 | 198 203 |
| | 12 | 江西 | 4 313 | | 12 | 河南 | 167 006 |
| | 13 | 广东 | 3 391 | | 13 | 江西 | 154 736 |
| | 14 | 陕西 | 3 105 | | 14 | 广西 | 85 305 |
| | 15 | 广西 | 2 036 | | 15 | 陕西 | 84 033 |
| | 16 | 贵州 | 1 340 | | 16 | 福建 | 65 264 |
| | 17 | 京兆 | 1 211 | | 17 | 贵州 | 52 295 |
| | 18 | 甘肃 | 1 163 | | 18 | 京兆 | 49 044 |
| | 19 | 福建 | 1 156 | | 19 | 甘肃 | 29 425 |
| | 20 | 安徽 | 1 011 | | 20 | 吉林 | 26 252 |
| | 21 | 吉林 | 540 | | 21 | 安徽 | 25 419 |
| | 22 | 热河 | 494 | | 22 | 黑龙江 | 14 841 |
| | 23 | 黑龙江 | 385 | | 23 | 热河 | 11 729 |
| | 24 | 绥远 | 151 | | 24 | 绥远 | 4 042 |
| | 25 | 新疆 | 72 | | 25 | 新疆 | 2 205 |

# 中國現代學校的教師

## Teachers for Modern School of China

作者：郭秉文　主译：许露
中国：上海
1912 年

# 目 录

一、导入 / 093
（一）问题陈述 / 093
（二）教育管理机构 / 093
（三）新学制的描述 / 094
（四）学校类型 / 094
（五）新教育的现状 / 095
（六）诸省相对实力 / 096
（七）普及教育 / 098
（八）中华民国教育 / 099

二、教师的招聘 / 101
（一）教师匮缺 / 101
（二）现代教育快速崛起 / 101
（三）旧式学校的教师 / 102
（四）教会学校 / 103
（五）儒家文人 / 104
（六）外国教师 / 104
（七）归国留学生 / 106

三、教师的培养机构 / 108
（一）师范学校 / 108
（二）师范课程 / 108
（三）入学考试 / 109
（四）师范学校的收入 / 110
（五）师范学校的管理 / 112
（六）师范毕业生的聘用 / 112
（七）讲习所 / 113
（八）师范学校和讲习所统计 / 115

四、教师的资格证 / 117
（一）小学校的教师资格证 / 117
（二）初级师范和中学校的教师资格证 / 119

五、教师的现状 / 121
（一）执教的资格 / 121
（二）任教的奖励 / 124
（三）性别的失衡 / 125
（四）教师的收入 / 126
（五）师德与师风 / 126
（六）在职教师的提升 / 127

六、概要 / 128

# 第一辑
| 中国现代学校的教师 |

# 一、导　入

## （一）问题陈述

本研究试图展示中国是如何解决现代学校胜任教师供应的问题。解决所讨论问题需要大量数据来说明，这些数据来自于学部的官方报道，或是最近 7 年中[1]由学部颁发的教育法律、法规，或是学部成立前已有的教育法律、法规。文中所使用的数据涉及各类学校，它们或是官立，或是公立，或是私立，这些学校已获得官府承认，但不包括那些由外国教会或外国官府支持的学校。为了给后续讨论提供相应的背景，这里将会描出关于新教育制度演变及其现状的简要轮廓。

## （二）教育管理机构

新教育制度体现出权力高度的集中，这个制度与官府其他部门的关系紧密，教育被视为一种国家的职能。在大大小小的教育事务中，中枢在学部；学部是官府 11 个部门之一，与其他部门一样，分别负责处理各种社会事务。这 11 个部门是：1. 外务部；2. 吏部；3. 民政部；4. 度支部；5. 礼部；6. 陆军部；7. 法部；8. 农工商部；9. 理藩部；10. 学部；11. 邮传部等。

学部创设于 1905 年，与官府其他部门一样，设有一位尚书和左、右两位侍郎，并单独设立一位官学大臣。学部下辖 5 个司，每个司又有各级官吏，这些官吏负责全国上上下下所有的教育事务。学部权重望崇：它有权编纂各种教育类法律、法规；有权任命 12 位督学；有权审定和批准教科书；有权指导学校的课程；一经发现有令人不满的作为，不论其是哪一级教育机构，或是哪一个教育机构的成员，学部有权裁撤；当然，学部还有权指定各省的提学使。简而言之，学部对国家所有大大小小的教育事务有绝对的管理权。

各省中，提学使是该省教育事务的主要管理者。他过去常常是由学部和皇室共同指定。提学使和省内的布政使、按察使一样，往往位于总督或巡抚的治下；同样，督、抚在处理关于教育的事务上，又受到学部的管理。在一般的教育事务中，提学使才是真正的主导者。他负责落实教育法律、法规，在执行教育法律、法规的过程中，

---

[1] 从 1905 年到 1912 年。

一经发现有推诿扯皮的官吏,他有权上奏;每年,他须将本省教育情况制成详文,上呈总督或巡抚;由督、抚审阅后,再上达学部。他与布政使须通力合作,为学校的运转筹措资金;他要证明教师是否称职;他还要向督、抚推荐司下各课的课长,由督、抚正式任命。假如出现紧急的教育事件,提学使允许越级向学部直接汇报。在执行学部新学制[1]的过程中,各省的提学使受到地方各界的帮助。在省内的府和直隶州中,知府和直隶知州是推行教化的具体负责人。他们有的隶属于,有的则受制于提学使,负责处理各府、州中与教育相关的事务。这些地方官吏,往往受当地劝学所协助,全面监督各府、州中各级、各类学校、教育会、宣讲所以及其他本地区的教育机构。

## (三) 新学制的描述

新学制中有以下各级、各类学习机构,它们以程度递升的形式予以呈现:

1. 蒙养院;
2. 初等小学校,实业预科,艺徒学校;
3. 高等小学校,初等实业学校;
4. 中学校,初级师范学校,中等实业学校;
5. 高等学校,大学预科,实业教师讲习所,优级师范学校,高等实业学校;
6. 大学校;
7. 通儒院。

学校间既有水平方向的联系,又有垂直方向的联系。值得注意的是,中国对学校的命名法和西方国家略有不同。中国的中学校相当于美国的文法学校,中国的高等学校相当于德国的高级中学,大学校分为8个不同学科,这与德国大学的理念一脉相承。这8个学科分别是:

1. 经学科;2. 政法科;3. 文学科;4. 医学科;5. 格致科;6. 农学科;7. 工学科;8. 商学科。

## (四) 学校类型

在中国,可以找到5种不同类型的学校。他们分别是:1. 官立学校;2. 公立学

---

[1] 光绪二十八年,清朝官府颁布了《钦定学校章程》,亦称"壬寅学制",是中国近代教育史上正式颁布却未实行的第一个学制。《钦定学校章程》分为《京师大学校章程》《考选入学章程》《高等学校章程》《中等学校章程》《小学校章程》及《蒙养堂章程》等。不久,清官府命张百熙等人以日本学制为蓝本,重新拟订学校章程,于清光绪三十年公布,即《奏定学校章程》,是年为旧历癸卯年,故称癸卯学制。

校；3. 私立学校；4. 外国教会支持的学校；5. 外国官府支持的学校。

第一种类型的学校受到官府收入的支持，由官府直接财政拨款。第二种类型的学校由地方资金予以维系，地方资金又取自当地百姓的收入，不过这笔收入尚未转化为公共财政。私立学校主要依靠个人兴建，依靠捐资维持。教会学校名副其实，它的建立受到不同宗教，或同一宗教不同教派的影响，既有天主教，又有基督教。最后提及的学校，其前途一片光明，它们在外国官府支持下，茁壮成长；不过，它们在数量上相对较少，入学程度要求较高，比如设立在青岛的特别高等专门学校[1]。

## （五）新教育的现状

关于新教育的现状，通过以下数据可以较好地推断出来，这些数据来自于1910年最新出版的学部年报。

学校和各种教育机构的数量达到58 896所：

——教育行政官吏有95 800人；

——教师有89 766人；

——学生有1 625 534人。

教育总收入达到23 331 171两：

——教育花费达到24 444 300两；

——教育固定资产价值70 567 882两。

教育机构的数量由以下几个方面构成：722个教育会，包括府、州的，省级的和国家级的等在内；1 558个劝学所；3 867个宣讲所；69个教育委员会等。学校的数量、教师的数量和学生的数量用以下的方式进行区分：

| 分类 | 教师 | 学生 | 学校 |
| --- | --- | --- | --- |
| 技术类学校 | 1 168 | 18 639 | 104 |
| 实业类学校 | 1 544 | 16 649 | 254 |
| 师范类学校 | 2 299 | 28 572 | 415 |
| 普通类学校 | 84 755 | 1 561 674 | 51 877 |
| 合计 | 89 766 | 1 625 534 | 52 650 |

---

[1] 1908年8月，清官府与德国协议创办青岛特别高等学校（亦称德华大学）。经费由中德两国分担，设预科和高等科，校址在朝城路（今青岛铁路分局址）。该校于次年10月25日开学，日德宣战后关闭。

## （六）诸省相对实力

有数据显示，不同省份在向该省民众提供教育机会的方面，处于不同的状态。一些省份正在取得快速进步，而其他省份却远远落后。例如，1910年在直隶和四川两个省各有65个教育会，而黑龙江省只有1个，甘肃省和贵州省均有4个教育会。同是1910年，直隶和四川两省分别有152和145个教育会，而黑龙江和吉林两省分别有17和18个。在教育宣讲所的数量上，同样可以发现省际显著差别。1910年，贵州省有1 167个宣讲所；作为教育会数量极高的四川省有392个；作为教育会数量最落后的黑龙江省仅有6个。以下表格呈现了1910年在中国不同省份中，不同类型学校和学生的数字，形成比较。

| 省份 | 师范类 | | 技术类 | |
| --- | --- | --- | --- | --- |
| | 学生 | 学校 | 学生 | 学校 |
| 直隶 | 2 040 | 28 | 1 995 | 12 |
| 沈阳 | 1 894 | 33 | 774 | 3 |
| 吉林 | 470 | 7 | 245 | 2 |
| 黑龙江 | 236 | 4 | | |
| 山东 | 1 283 | 16 | 933 | 5 |
| 山西 | 812 | 17 | 723 | 4 |
| 陕西 | 580 | 10 | 594 | 4 |
| 河南 | 3 818 | 62 | 1 373 | 6 |
| 江宁 | 2 000 | 19 | 1 182 | 9 |
| 江苏 | 493 | 5 | 519 | 7 |
| 安徽 | 1 093 | 19 | 1 144 | 7 |
| 浙江 | 1 219 | 13 | 666 | 4 |
| 江西 | 887 | 17 | 462 | 3 |
| 湖北 | 1 702 | 17 | 1 014 | 4 |
| 湖南 | 1 961 | 16 | 1 060 | 7 |
| 四川 | 2 173 | 38 | 1 511 | 10 |
| 广东 | 1 003 | 9 | 1 739 | 5 |

(续表)

| 省份 | 师范类 | | 技术类 | |
|---|---|---|---|---|
| | 学生 | 学校 | 学生 | 学校 |
| 广西 | 1 467 | 13 | 562 | 1 |
| 云南 | 1 140 | 18 | 403 | 2 |
| 贵州 | 726 | 99 | 345 | 2 |
| 福建 | 641 | 8 | 1 076 | 2 |
| 甘肃 | 791 | 36 | 285 | 3 |
| 新疆 | 143 | 1 | 43 | 1 |
| 总数 | 28 572 | 505 | 18 648 | 103 |

| 省份 | 实业类 | | 普通类 | |
|---|---|---|---|---|
| | 学生 | 学校 | 学生 | 学校 |
| 直隶 | 1 023 | 23 | 237 189 | 10 771 |
| 沈阳 | 760 | 8 | 103 437 | 2 663 |
| 吉林 | 186 | 3 | 10 578 | 256 |
| 黑龙江 | 494 | 6 | 6 279 | 160 |
| 山东 | 712 | 18 | 58 042 | 3 878 |
| 山西 | 217 | 4 | 55 329 | 1 835 |
| 陕西 | 327 | 3 | 57 446 | 2 461 |
| 河南 | 1 794 | 31 | 83 855 | 3 427 |
| 江宁 | 1 001 | 12 | 32 056 | 955 |
| 江苏 | 512 | 9 | 43 403 | 1 119 |
| 安徽 | 233 | 7 | 22 204 | 692 |
| 浙江 | 665 | 14 | 73 564 | 1 911 |
| 江西 | 270 | 5 | 28 729 | 980 |
| 湖北 | 1 507 | 16 | 94 455 | 2 694 |
| 湖南 | 1 531 | 17 | 47 677 | 1 221 |
| 四川 | 1 030 | 14 | 340 669 | 9 995 |
| 广东 | 1 063 | 12 | 82 632 | 1 667 |

(续表)

| 省份 | 实业类 | | 普通类 | |
|---|---|---|---|---|
| | 学生 | 学校 | 学生 | 学校 |
| 广西 | 591 | 7 | 48 477 | 1 129 |
| 云南 | 832 | 14 | 55 154 | 1 529 |
| 贵州 | 388 | 2 | 24 552 | 561 |
| 福建 | 915 | 8 | 27 158 | 565 |
| 甘肃 | 99 | 2 | 22 559 | 1 072 |
| 新疆 | 494 | 19 | 6 230 | 336 |
| 总数 | 16 626 | 254 | 1 561 674 | 51 877 |

在诸多可能因素的干扰下，各省差异巨大，这些可能因素包括：
(1)财力；(2)人口规模；(3)人口的智力发展水平；(4)外部压力，比如外籍人士影响等；(5)环境，比如各省地理位置；(6)由官府各级官吏和民众施展努力的程度。

确实，在这些可能因素中，任意一条都会对中国现代教育产生一定的影响，是阻碍也罢，是加速也罢，总之，这种研究是有趣且有益的。

## （七）普及教育

面向国内各个阶级普及教育的理念，为外国教育家和政治家所提倡的，却在中国旧的教育制度下无法占据领导者的头脑。然而，随着新教育改革的不断深化，在教育者和政治家的头脑中，隐约产生普及教育的理念，并发现由此会导致种种问题。确实，新的教育制度有其明确的目标。因此，迄今为止为民众及其子女教育提供的设施仅取得部分成功；这些设施，即使是先进的省份，数据显示依然不够。直隶省可谓是众多省份中的佼佼者，二百人中仅有一人，或十四分之一的学龄儿童在官立学校求学；而在四川省，二百七十五人中仅有一人，或五十五分之一的学龄儿童在官立学校求学。

想要为中国数百万民众实现普及教育，这本身就充满问题。首先是习得汉语的困难，这种困难根源于汉语没有字母表，不像有字母表的国家，没有字母表的国家进行文本阅读更加困难。细究之下，汉语语言学习的困难被进一步放大，这完全基于以下事实：其一，汉语的口头语言和书写语言并非一回事；汉语的口头语言在中国范围内受到不同方言的影响。根据预测，既然汉语作为一种表达工具，习得过程显得如此麻烦,学会使用这种表达工具需要一定时间,这使中国人获得完整教育应延长3至5年。近些年来,克服汉语语言表达困难的尝试已见成效,主要如下:

(1)废除机械地记忆,取而代之的是更加理性的教学过程,要将汉语字形特征和词义有机结合起来。(2)各类书籍和文件的出版,其内容选择口语化的表达方式,这种接地气的表达结合人们日常实际,显得通俗易懂。(3)引入简单词汇和常见表达。(4)在学校的教学中使用普通官话,这是一种在中国众多方言中最通俗的口头表达。(5)介绍现代学习者究竟应该如何学习中国汉语。(6)使用表音语言,比如罗马语及相似的表音语言。

除了汉语习得的困难外,还有其他各种各样的困难。比如,缺乏一个稳定的制度,能够提供足够教,并保证教师的收入。初步估算,一旦教育达到普及化的要求,届时中国各级、各类学校的数量将超过百万,代替如今所估算的五万余。这会是现有学校数量的25倍,或者说再添90多万所学校,这些学校教职人员约在150万到200万之间,以上各种开支均应纳入官府财政的规划中。如上述所提,换句话说,习得汉语不易,存在大量方言,官府财政不济,师资力量匮乏等都是问题,而学部尚书未能考虑周全,就强制推进新教育的法令,规定所有7岁到15岁之间的儿童必须入学;该条法令又通过官府的最终批准。普及教育,这个新教育制度的目标和使命,将是一个长期摆在中国教育家面前的问题。

## (八) 中华民国教育

在最近的革命期间,中国现代教育取得令人震撼的进步。许多学校因为革命关闭,大量教育经费被挪用于战争。随着短暂和平的到来,中华民国正在酝酿再一次推进它的新教育改革。在一张由内阁总理发出并受众人传阅的电报中,其议题是中华民国下新教育的改革,传阅的对象包括了副总统和各省军事都督;电报力陈重新开始新教育的必要性,并将新教育建立在现代化、性质和形式都不走样的基础上;电报概述一系列暂时性章程和法规[1],并突出几条重要的规定:

(1)民国元年所有地方性小学校将要重新恢复教学,即1912年3月5日;只要民国政府的资金允许,高等学校、技术学校和小学校也在此时不久相继恢复教学。(2)初等小学校可以男女同校。(3)各类教科书务必和中华民国的宗旨相符。(4)废除各级小学校读经。(5)注重小学校手工科。

---

[1] 即《普通教育暂行办法》和《普通教育暂行课程标准》两部教育文件。

随着共和制政体的建立,新教育制度必将发生一些细微的变化和修正。一些省份已采取措施,着眼于适宜本地区发展的要求,微调新教育制度,使之满足本省发展的需求。新教育制度在最近十年间已实现进化,且这种进化又将转化为未来发展的基础,无论中华民国政府未来会推行怎样的新项目。

## 二、教师的招聘

### （一）教师匮缺

既要找到足够数量的教师，又要确保其称职，这个难题已成为实现中国教育现代化的最大障碍物。起初，官府和民众开始采纳新教育，并为其创造物质基础，形成力量，包括校舍、仪器和地图等。这些物质基础较为丰富，力量令人印象深刻。然而，以上状况不意味着中华民国官府充分、合理地考虑教师问题，然后才引入新教育制度，并藉此作为摆脱黑暗的一跃。事实更有说服力，建造校舍容易，而培训教师极难。因为，教师的养成和校舍的建成并不一样，极短暂的时间无法成就极优秀的教师。在某种意义上，教师的成长是适应外在新教育的标准，内化于心，扎根成长；和手工业不同，成长的过程需耗费大量时间。表面上看，学校校舍密布，学生蜂聚，新教育初显成效；事实上，满足新教育的教师非常匮缺。正如，枪支的好坏，不在于其能不能被制造，也不在于其能不能被拆装，而是在于其能不能精准地射击。结果是，一些校舍似乎压根没有现代学校的味儿，另一些校舍似乎只有部分现代学校的味儿。

### （二）现代教育快速崛起

从引入开始，新教育制度彰显快速的发展。伴随而来的是现代学校中教师的匮缺，发展越快，缺口越大。以下所准备的表格，这些数据由《学部官报》所集，基于不同类型学校的增长情况，并提供一定参考：

| 年份 | 官立学校 | 公立学校 | 私立学校 | 总计 |
| --- | --- | --- | --- | --- |
| 1905 | 3 605 | 393 | 224 | 4 222 |
| 1906 | 2 770 | 4 829 | 678 | 8 277[1] |
| 1907 | 5 224 | 12 310 | 2 296 | 19 830 |

---

[1] 原文为 8 477，有误。

(续表)

| 年份 | 官立学校 | 公立学校 | 私立学校 | 总计 |
|---|---|---|---|---|
| 1908 | 11 546 | 20 321 | 4 046 | 35 913 |
| 1909 | 12 888 | 25 688 | 4 512 | 43 088[1] |
| 1910 | 14 301 | 32 254 | 5 793 | 52 348 |

从表格中能注意到:在1905年至1910年之间,官立学校的数量从3 605所到14 301所;而公立学校的数量从393所到32 254所;私立学校的数量从224所到5 793所;这使得学校总数一共增长了48 126所。在不同类型学校中,学生数量的增长在某种意义上是同样快速。在1903年,中国仅有1 274位学生在中国现代学校中,自此以后,这个数量在规模上发生稳步增长,直到1910年,中国现代学校中的学生数达到1 625 534人。接下的表格清晰展示了快速的增长率,尤其在最近8年间,不同类型的学校,学生数量发生快速增长。

| 年份 | 学生数 |
|---|---|
| 1903 | 1 274 |
| 1904 | 31 378 |
| 1905 | 102 767 |
| 1906 | 200 401 |
| 1907 | 547 064 |
| 1908 | 921 020 |
| 1909 | 1 301 168 |
| 1910 | 1 625 534 |

## (三)旧式学校的教师

事实上,中国开展新教育的工作,针对的人口约占世界四分之一;若是没有妥善的准备,难免进退无措。随着新教育的发展很可能越来越快,足量教师的供应显得越来越迫切,更不用说优秀的教师了。在严峻的形势下,中国的现代学校能不能吸纳来自旧式学校的教师,使之成为成员之一呢?这一点是她不能做的。尽管许多旧

---

[1] 原文为43 086,有误。

式学校的教师,通过各种门路,已成功进入现代学校,而他们与现代学校的标准格格不入;在现代学校中,无论是受过新教育的教师,还是由旧式学校转入的教师,他们都缺乏师范的专业训练。在过去的教育制度下,任何人都可能成为旧式学校的教师,这种教师不啻为一种职业,一种许多儒家文人求生的方式;这种教师的门槛很低,最起码的要求是秀才[1],甚至极个别人连秀才也不是。这种教师不需要资格认定,不需要自备教科书,甚至不需要强制教授某些必修课程;这种教师的教学是建立在师道传统的基础上,往往是对儿童面对面进行传授,要求儿童牢牢掌握汉语语言惯用法,其教学目的是引导儿童扩充记忆力,而不是形成理性的思维。私塾教育没有公共教室,教学活动或是在儿童的家中,或是在教师的家中;这种教育形式,儿童数量有限,很少超过20人。而在新教育的标准下,教师不得不面对与过去完全不同的挑战,他必须知道更多,不限于中国经学知识和时文技巧;他必须学会以班级授课制取代个别化的教学组织形式。此外,现代学校的标准是培养学生的推理能力,而不愿停留在记忆这一项能力上。但是,中国旧式学校的教师不容易接受新的标准,经过一代又一代的熏陶,他更倾向于墨守自己习以为常的教学法;每当体验新学问、尝试新式教学法时,他不得不承认感到一种知识分子的尴尬,这种感觉刺激他对旧式教学法更加恋恋不舍。陷于害怕犯错的恐惧中,他拘泥于旧式教科书,并把培养记忆能力奉为圭臬,而不是推理能力,培养学生的记忆才是守正不移,价值非凡。他自身没有经过思维训练,也无心采用新方法去训练学生的思维。对他而言,现代教育学不过是一门至新的科学和艺术,他或是轻视现代教育学的实用价值,或是对其知之甚少,无法在教学活动中高效、巧妙地发挥其价值。

## (四) 教会学校

在这种环境下,中国官府和民众不失时机地采取各种措施,确保教师的数量能够满足迫切需求。也许,教会学校是中国现代教育真正的先驱,它们培养胜任的教师,使之满足现代学校的标准。一些关于增强师范人才培养的观点得以付诸实践,离不开中国基督教的广大信徒,更离不开1911年由中国基督教教育会发表的指导报告,该报告介绍了中国基督教开展新教育的经验。至少有七百名男、女传教士,他们把大部分的时间浇筑在新教育上,教会学校各年级的学生都受到他们的调控。中国基督教建立了至少1 500所小学校,向30 000多名未成年人施教。在这些小

---

[1] 在科举制度下,秀才是清朝官府官方认可的第一学位。

学校中,走读制的小学校日渐增长;同时,男女寄宿制学校为数众多,可为 12 000 多名未成年人提供新教育。据说,多达 20 所教会学校已经比肩大学校或高等学校的办学程度,个别学校甚至承担大学教育之名。这些办学程度较高的学校,内部往往设有医学科和神学科;此外,有些学校还独立地设置了神道学校和医道学校。随着新教育引入的程度日渐加深,许多从教会学校走出的毕业生,开始承担起现代学校的教学和管理任务。正因如此,他们成为官府和私立学校竞相寻求的对象。社会的需求很迫切,而且需求规模正在稳定地增长,教会学校所提供的新式教师简直供不应求。

## (五) 儒家文人

向中国现代学校提供教师的第二个来源是衰落的儒家文人。他们意识到自己的无用,尤其在中国变化的社会条件下;他们试图吸收中间人提供的现代知识,企盼与时偕行。然而,这种现代知识的获得大体上基于仓促精读,难免管中窥豹、缺乏智慧,更有甚者是以讹传讹。对许多儒家文人而言,新教育可由捷径而寻觅,专门研究则由学生独自承担,教师没必要紧抓基本知识。这种类型的教育家,充其量称为业余教育家;而在很多情形下,他们会受到多种动机的左右,被冠名为"教育家";可是,盛名之下,其实难副;他们没有教育家的专业性,只是一群以教师职业谋生的人。究其从事教育事业的原因,有人是纯粹的仁慈,有人是油然而生的爱国动机,有人是对教育的兴趣,有人是基于收入的考量。整体看来,这群业余教育家构成了更合意的阶级;相对于旧式学校的教师,他们思想更进步,态度更诚恳。很明显,这依然存有一定危险,孩子被委托于这群人去关心、照料,去获得某种训练,其发展必然不充分,而这种不充分又在某种程度上决定孩子的一生,甚至决定国家的命运。

## (六) 外国教师

教师的另一个来源是聘用外国人。当新学制改革拉开帷幕时,应保留优秀的外籍教师,尤其是中学校以上的各级学校,特别是大学校。外籍教师的数量并不庞大,部分是因为目前大学校、高等学校的数量有限,部分是因为留下外籍教师的费用高昂。然而,如下表所见,近年来外籍教师人数呈现稳步增长:

## 第一辑
| 中国现代学校的教师 |

|  | 1908 年 | 1909 年 | 1910 年 |
|---|---|---|---|
| 技术学校 | 79 | 123 | 122 |
| 职业学校 | 43 | 91 | 108 |
| 优级师范学校 | 69 | 86 | 91 |
| 初级师范学校 | 39 | 86 | 91 |
| 劝学所 | 4 | 4 | 4 |
| 中学校 | 28 | 65 | 91 |
| 高等小学校 | 19 | 20 | 36 |
| 总数 | 281 | 475[1] | 543[2] |

几乎可以肯定地说,随着现代学校的发展,外籍学者将受到越来越大的欢迎,因为,中国能够向本国大学、高等学校等输出高质量的教师,尚需时日。

外籍教师的数量多,其特性变化不一。他们来自不同的国家,一小部分来自欧洲处于领先地位的国家,一小部分来自美国,而绝大多数则来自日本。受收入因素影响,来自日本的教师更受现代学校的欢迎;与欧美教师相比,他们薪酬较少,所需的差旅费同样较少。不同外籍教师的任职资格不同,他们中有些人在中国已从事教育多年,工作经验丰富,怀有至诚的愿望,帮助中国努力发展新教育,更好地服务民众。另一方面,个别人不但不热爱教育事业,还不懂得教育的基本原则;由于挑选和聘用外籍教师的临时不定、粗心大意,这导致个别人设法找到进入学校的捷径。大多数外籍教师由一些利益关系人或组织单独雇佣。

几年前,外籍教师的雇佣完全交托给私人机构决定,没有采取一致的方法或政策。当私人机构的管理从一方到另一方发生变更时,频繁影响外籍教师的去留。另外,外籍讲师并未频繁流动,他们被聘用,讲授专门科目,这些科目专业程度极高,没有学生可特别合适地替代。因此,这些有专业资格的外籍讲师,不得不花费很大一部分时间讲授某种外国语言,在他整个学期的任职过程中,他无法讲授其擅长的专门科目。未来,他们很难找到得力的学生,精研更高的学科分支。基于此,他们不得不花大把时间进行讲授和基本指导。为了取得良效,避免无谓浪费,1908 年,学部起草了一系列规定,得到皇室批准,于同一年实施。这些规定的主要条款如下:

1. 未经学部授权,任何一所现代学校和高等学校中不得雇佣任何外籍教师或

---
[1] 原文为 426,有误。
[2] 原文为 479,有误。

讲师。若是军事教官或顾问，必须得到陆军部的批准，还要有学部的授权。

2. 外籍教师或讲师不应受到外在诱惑，参与中国人和外国人的诉讼事务中，或是参与他们教育职责以外的各项事务。

3. 外籍教师或讲师的工资由中国官府的货币支付，或是度支部造币总厂的"大清铜币"，或是各省局铸造的"光绪元宝"，不许流通别国的货币。

4. 外籍教师或讲师不能辞职，或擅自离开他们所在学校，除非提前三个月进行公告。外籍教师或讲师若是因病超过半月，他们必须找到合适的替代者，替代者的薪酬等相关事项须私下解决。患病的外籍教师或讲师若是找不到替代者，由学校的管理者介入，按规定找到合适的替代者；在此期间，患病的外籍教师或讲师的薪酬将被扣除一半，转为支付给继任替代者。

5. 外籍教师或讲师必须遵守领导在学校各项事务上的指示。

6. 为了确保有才干的人的服务，总督、巡抚和其他高级官府禁止雇佣任何外籍教师或讲师，除非有人极力推荐。

7. 受之委托，外籍教师或讲师只能教授民用的或军事的科目，一定要小心他们在其他各项事务上的影响，不允许他们的干扰。

8. 聘用合同终了时，外籍教师或讲师若是满足上述条件，中国官府在通常路费之外，还会给他们拨付三个月的额外报酬。

至于外籍教师收入水平，尚无可用的数据。南京一所师范学校有 11 名外籍教师，他们的报酬每月从 170 银元到 600 银元不等。一位知名美国教育家在调研中国教育的状况后表示，同样从事教育事业，与美国相比，一位美国教师在中国能够获得两倍的收入。根据规定，外籍教师在合同圆满完成后，除了路费之外，还可接受 3 个月的额外报酬。依据更早的规定，外籍教师在圆满完成五年服务后，他们有资格接受官府的勋章，该枚勋章是官府正式认可其功绩的标志。1909 年，为了庆祝宣统继承皇位，学部报告举荐三名日本教授，他们受雇于京师大学堂和京师法政学堂，在中国已完成五年的教育服务；这合于学部颁行的规定，举荐的请求得到皇室考虑，三人分别被授予不同等级的双龙宝星勋章。

## （七）归国留学生

现代学校招聘教师的另一个来源是归国留学生。派遣留学生由来已久，关于它的历史和制度，或多或少，已经被充分地描述。近几年来，在很多杂志的文章中都有,甚至在华盛顿的美国联邦教育局最近出版的快报中都能找到相关文字。这里,我们需注意一些少而精的主题。首先,我们注意到,留学生受到了各方的支持和控制。大体上,他们分为四类:1. 外国官府支持,例如一些学生受美国退还庚子赔款而留学;2. 地方支持;3. 半官方支持,这些支持来自不同官府部门,如陆军部、学部、农工商部、各类学校和行业组织等;4. 私人襄助,他们的支持来自家庭、亲戚、朋友。其次,我们还注意到,学生留学的动机并不相同。有人被派出学习一种或多种技术工作,有人被派出学习政治和法律制度,还有人为日后经商做准备。在复杂情况和事实下,归国留学生更多地受到官府和商业的青睐,职位众多,与之相随的工作报酬很诱人,这就解释了为什么只有数量不多的留学生归国后投身教育事业。对于欧美留学生而言,这一点特别真实。即使是那些在学校里找到教职的人,也很少期望把毕生精力奉献给教育事业,并把教育领域当作跨入其他高利润行业的垫脚石。确实是,几年前就可观察到,甚至那些定向派出留学、服务教育的人,归国后以升职名义踏入其他领域,或部门,而不是服务于教育事业,即使他们经年累月地接受师范培养。1908年,为了矫正这种弊端,学部通过一项法令,法令要求,凡经学部派出的留学生,一旦归国须从事教育事业至少5年。在完成服务期限之前,官府其他部门不得以升职的名义,调动他填补其他的职位。当然,足够的收入、长而理性的任职时间是支持这一项法令严格执行的基础;这让中国长久保护和维持人才的服务,这些人才在外国高等教育机构中接受了全面的训练,可以成为学校的教师、行政管理人员,或成为国家级、省级教育机构中事务官、视导员、教育董事会成员等。

# 三、教师的培养机构

## （一）师范学校

改革之初，中国意识到新教育的成与败在很大程度上取决于教师的优与劣、多与寡。中国看起来也意识到旧式学校教师和儒家文人的不足，这些人没有能力胜任如今教育的新形势；同时，教会学校提供教师的数量有限；外籍教师不可能也不应该被大量雇佣；中国新式教师的培养不便利也无见地置于他国。新教育的领导者都很清楚，为了促使新教育改革取得成功，国家必须培养大量优质的教师，培养的全过程应该在国内完成。在确信这一点的基础上，他们开始了师资培养的筹划，培养的方法是对那些想要获得教师职位的人予以充分训练。一般而言，教师训练的机构可以分为师范学校和讲习所两类，他们将以各自的顺序在此讨论。师范学校有三种：优级师范学校、初级师范学校和女子师范学校。优级师范学校的目标是培养初级师范学校或中学校的教师、教育行政人员。初级师范学校的目标是培养初等或高等小学校教师。女子师范学校的建立是为了培养女子小学校的教师，并指导未婚女孩科学抚养婴、幼儿方法。关于教师训练机构的设置，计划如下：各省省会建立一所优级师范学校，足以供应248名师范生；省内各州、府均设有一所初级师范学校，足以供应150名师范生；省会再增一所初级师范学校，足以供应300名师范生。在特殊情况下，省内两三个州、府允许共设一所初级师范学校，不过该学校要容纳300名师范生，而不是150名。女子师范学校的数量与初级师范学校的数量相当，也就是说，省会设有一所规模较大的女子学校，省会外各州、府设有一所规模较小的女子学校。

## （二）师范课程

优级师范学校的课程有三种不同的程度：(1)公共科；(2)分类科；(3)加习科。公共科阶段需要一年，每星期36小时，分配在以下8个科目：人伦道德1小时；群经源流2小时；中国文学3小时；东语6小时；英文11小时；辩学3小时；算学6小时和体操3小时。分类科阶段又细分A、B、C 3种不同类型，均需要3年，详述如下：每星期36小时，这些课程计划使教师成为某些学科的专家。A类课程要求13门学科，它们分别是：人伦道德、经学大义、中国文学、历史、教育学、心理学、周秦诸子、英语、德语或法语、辩学、生物学、生理学和体操。B类课程要求12门学科，它们分别是：人伦道德、经学大义、中国文学、教育学、心理学、地理、历史、法制、理财、英语、生物学和体操，德语被提供为随意科目。C类课程要求14门学科，它们分别是：人伦道德、中国文学、教育学、心理学、植物学、动物学、矿物学、地学、农学、英语、图画和体操；德语和化学被提供为随意科目。加习科阶段，以下10门学科由师范学校提供，学生须从中任选，每人不得少于5门，它们分别是：人伦道德、教育学、教育制度、教育政令机关、美学、实验心理学、学校卫生、专科教育、儿童研究与教育演习；在完成多门学科学习之后，学生要求著述论说。加习科阶段需要一年，学时由多名教授协商。

初级师范学校的课程要求12门学科，即人伦道德或修身、读经讲经、中国文学、教育学、历史、地理、算学、博物、物理和化学、习字、图画与体操。完全科和简易科的课程长短不同，前者较长，后者较短。完全科的长期课程占有4年，每年25星期，每星期详细有36小时；简易科的短期课程占有1年，每星期36小时。

女子师范学校提供的课程，持续4年，每年45星期，每星期班级工作34小时。要求的学科如下：修身、教育学、国文、地理、历史、算术、格致、图画、家事、缝纫、手艺、音乐和体操。应环境要求，1门预备课程加入了完全科中，在女子师范学校的学习类似于那些在女子高等小学校的后2年学习。

## （三）入学考试

为了升入优级师范学校，一个人要么是初级师范学校的毕业生，要么是官立中学校的毕业生。若没有官立中学校的毕业证书，他须经本省提学使司证明，有在校所学的学科程度与官立中学校相等，才准许参加考试。想要进入公共科学习，学生必须由其家庭所在地的州、府官吏举荐。每位学生必须有两名令学校信赖的担保人，以保证其举荐学生将忠实履行义务。那些选入加习科的学生，由学校校长在分类科的毕业生中选取，须经本省提学使司核准。本土或外国高等学校的毕业省，从事教学工作多年，有相当于中学校毕业生的学识、经验，也可在优级师范学校校长的特许下入学。进入初级师范学校的要求是：在高等小学校完成四年课程，入学前品行端正，中国文理兼备，身体健康。考试是一场公正公平的竞争。起初，没有高等小学校毕业生，学生由优秀的科举生徒中选拔，他们文理兼备。初级师范学校分为完全科和简易科两种，完全科的学生入学年限为4年，入学年龄在18岁以上，25岁以下;简易科的学生入学年限为1年,入学年龄在25岁以上,30岁以下。一旦学生入学,他们在最初的4个月经受考验,校方仔细审查他们的天资和品行,只有合适的人才能留下来;当然,那些在师范学校预备科学习过的人,不必经受如此考验。进入女子师范学校,该生须已完成女子高等小学校4年的学习,年过15岁;或须已完成女子高等小学校2年的学习,年过13岁,不过他们还要在女子高等小学校的预备科补习1年。更深层的是,1名女子被女子师范学校录取,她须身家清白、品行端正、身体健康,还要有高贵的绅民或家族为其担保。

## (四) 师范学校的收入

教育法规定,除非学生情愿自费,否则师范学校学生的所有花费由学校承担。这一规定使得负责管理师范学校时比其他各类学校承担更大的责任。像中国其他各类学校一样,师范学校中有的是官立,由官府支持;有的是公立,由地方公共资金支持;还有的是私立,由私人资金支持。总体来说,学校经费的收入可被分成以下几种:(1)官方产业租入;(2)学校存款利息;(3)官款拨给;(4)公款提充,如各种税费;(5)学生缴纳;(6)派捐;(7)东捐。

1910年以教育为目的经费来源如下(单位:两)

1. 产业租入 1 672 221;
2. 存款利息 1 053 354;
3. 官款拨给 9 471 074;
4. 公款提充 3 353 531;
5. 学生缴纳 2 335 316;
6. 派捐 2 670 658;
7. 东捐 1 594 364;
8. 杂入 1 179 950;

总计 23 330 468。

各省贡献的收入额如下:

| 省份 | 数额(单位:两) | 备注 |
| --- | --- | --- |
| 直隶 | 2 515 798 | |
| 沈阳 | 1 623 047 | |
| 吉林 | 589 012 | |

(续表)

| 省份 | 数额(单位:两) | 备注 |
|---|---|---|
| 黑龙江 | 364 645 | |
| 山东 | 952 933 | |
| 山西 | 743 167 | |
| 陕西 | 648 142 | |
| 河南 | 875 918 | |
| 江宁 | 1 224 182 | |
| 江苏 | 958 783 | |
| 安徽 | 666 120 | |
| 浙江 | 1 172 295 | |
| 江西 | 671 168 | |
| 湖北 | 1 662 769 | |
| 湖南 | 1 440 240 | |
| 四川 | 2 578 331 | |
| 广东 | 1 943 729 | |
| 广西 | 714 501 | |
| 云南 | 513 053 | |
| 贵州 | 381 687 | |
| 福建 | 473 255 | |
| 甘肃 | 155 734 | |
| 新疆 | 244 662 | |
| 总计 | 2 3331 171 | |

每类学校花费如下:

| 学校类型 | 数额(单位:两) | 备注 |
|---|---|---|
| 工业实业学校 | 2 217 750 | |
| 商业实业学校 | 1 410 622 | |
| 师范学校 | 2 237 561 | |
| 中学校 | 2 692 950 | |

(续表)

| 学校类型 | 数额(单位:两) | 备注 |
|---|---|---|
| 小学校 | 11 454 012 | |
| 蒙养学校 | 33 925 | |
| 半日校 | 31 256 | |
| 女子学校 | 582 847 | |
| 其他学校 | 18 069 | |
| 总计 | 20 678 992 | |

2 237 561两白银用于师范学校的生计,这占各类学校花费总量的10.84%。上表反映了1909年—1910年师范学校花费和其他学校的花费。

关于师范学校的收支,应留意的是,近年来社会上已经形成一种批评的声音。

## (五) 师范学校的管理

中国的师范学校,既包括官立,又包括私立,它们都获得了官府的正式认可。和其他各类学校一样,师范学校在官府的管理下。在京师,师范学校在京师督学局的管理下,京师督学局又直接受学部的监管;京师之外,各省师范学校又在提学使司的管理下。学部下辖5司,即总务司、专门司、普通司、实业司和会计司。5司之中,有3个司下辖3科,另外2司下辖2科[1]。各省提学使司下辖6课,具体如下:(1)会计课;(2)实业课;(3)总务课;(4)普通课;(5)专门课;(6)图书课等。各省的师范学校直接受到提学使司普通课的管理。

## (六) 师范毕业生的聘用

法律规定:师范生在完成分类科的学习后,须有数年时间,义务效力于教育事业。效力的年限根据他们具体接受何种训练而变化。在初级师范学校,由官费资助的完全科毕业生要求他们效力于教育事业达6年;由私费支持的完全科毕业生要求3年;由官费资助的简易科毕业生要求3年;由私费支持的简易科毕业生要求2年。若是初级师范学校的毕业生拒绝效力教育事业,该生须向原培养单位缴还在学时所

---

[1] 此处可能有误,总务司和普通司下辖3科,专门司、实业司和会计司下辖2科。

有花费。初级师范学校毕业生在义务效力的年限完毕之后，若该生申请，他可能升入优级师范学校或高等学校再学习。优级师范学校毕业生要求效力于教育事业达 5 年；前 2 年，由提学使、总督或本省巡抚指派职事，该毕业生必须接受任何一个可能派定的职位。起初，优级师范学校毕业生的义务年限为 6 年，后暂时缩短为 5 年。若是优级师范学校毕业生拒绝效力于教育事业，该生也须向原培养单位缴还在学时所有花费。优级师范学校毕业生在义务年限完毕之后，若该生申请，他可能升入大学深造。优级师范学校中由私费支持的毕业生，可不必强制效力于教育事业。女子师范学校的毕业生，自领取毕业证开始，3 年之内，或是充当女子小学校的教习；或是蒙养院的保姆。但是，若有不得已的缘由，并经地方官验明，经提学使允许，可以免除其义务效力于教育事业。

迄今，每年接受培训的教师人数与各级、各类学校所需的教师人数并不一致。学部给出的理由是，为了预测每年需求教师的数量，必须了解人口统计数据，但这个数据并不准确。因此，学部很难预测每年适龄儿童的实际数量，也不能相应计划培训教师的数量。去年，学部通知各省扩充师范学校的招生，使之与小学校数量的增加相一致；合理预期接受培训师范生的需求量，这才是真正的第一步。自师范学校设立以来，已有一大批学生毕业；这些毕业生的大多数来自简易科或选科，很少有完全科的毕业生。尽管有人认为现在师范生的数量过多，而现有研究得出的结论是：教师人数远远不够需求，特别是那些接受专业训练的教师。

## （七）讲习所

为教师入职准备而设计的第二类机构是讲习所。讲习所分为两类，一类是师范讲习所，另外一类是实业教师讲习所。

师范讲习所的建立是为了给学生推广师范类课程，这些学生因为年龄较大，无法进入学校学习。师范讲习所录取的学生在 25 岁以上，45 岁以下，品行端正，文理兼备，修业年限为 1 年。修完课程的人，成功通过提学使司或其任命专员所确立的考试，给予毕业证书，允许成为小学校助理教师。这些小学校的建立往往和当地教育会有关，并间接受提学使的管理。

实业教师讲习所是培养实业学校、实业补习学校、普通学校、艺徒学校的教师为宗旨。中学校和初级师范学校的毕业生均有资格进入实业教师讲习所。实业教师讲习所分为农业教师讲习所、商业教师讲习所和工业教师讲习所三种。实业教师讲习所的建立，往往附属于农科、工科或商科大学校，或者是高等农业学校、高等工业学校或高等商业学校内。然而，它们可能机构独立；在京师之外的各省农科、工科或商科等设在高等学堂之内，这是因为各省尚未存在高等农业学校、高等工业学校或高等商业学校等。

农业教师讲习所和商业教师讲习所的学习年限是2年，工业教师讲习所的学习年限分为2种，完全科的学习年数是3年时间，简易科的学习年数是1年时间。农业教师讲习所的学科有23种，商业教师讲习所的学科有15种，工业教师讲习所，无论是完全科，还是简易科，都分成6个不同的科。完全科的6科分别是：金工科、木工科、染织科、窑业科、应用化学科和工业图样科等；简易科的6科分别是：金工科、木工科、染色科、机织科、陶器科和漆工科等。完全科的6科涵盖的课程在14门到19门不等，简易科的6科涵盖的课程在8门到11门不等。这些课程是学生选择某一特别科的最要紧的内容，或是补充的内容。

进入农业教师讲习所、商业教师讲习所或工业教师讲习所的讲习生，其入学标准如下：学生须年在17岁以上，须由初级师范学校、中学校或同等以上实业学校的毕业生。然而，这些标准并没有得到严格执行，原因是没有足够的合格的学生；因此，该标准得到一定变通，制订一系列有条理的计划，容纳那些本不能入学的讲习生。假如有学生已由师范学校毕业，他们不必要求在各类实业讲习所中再修教育学的科目，由此事而观，同类科目不必重修。实业教师讲习所的学生，在学的一切费用均由官府支付。

不论是哪一种实业教师讲习所，只要在此学习，毕业后必须履行教职的义务，其义务以6年为限，这或由学部，或由提学使司决定。那些讲习生，不满足毕业要求，或规避效力义务的人，必须向原培养单位缴还在学时所有花费。各类实业教师讲习所，因其特性，各自附设实业补习普通学校，便于讲习生练习实地授业之法，以获得实际经验。为了鼓励学生进入实业学校，激励他们为之效力，实业教师讲习所的毕业生，不论是完全科，还是简易科，毕业之后可获得与师范学校毕业生同样的特权，其特征由本研究其他部分具体阐述。

1910年，学校极度缺乏实业教育，这归咎于实业教师的严重缺乏。因此，一项新的学校类型被采纳，即建立初等农工商实业教师讲习所，这与初级师范学校的等级相应。该项新的学校类型提供简易科，不论是在高级实业教师讲习所，还是在初等农工商实业教师讲习所。接下来的一年，实业教师讲习所的数量减少，这和金融困难有关。因此，学部做好了更远的计划，依据实业学校的构成，提供一项综合性的师范课程，其包括教学原则和方法、教育法律和法规等内容。学部之所以做出这一举动，纯粹是基于经济的考虑，而且并不打算无限期继续下去。

## （八）师范学校和讲习所统计

在 1910 年期间,除了教会学校和尚未得到官方承认的私塾,中国一共有 415 所师范学校和讲习所,共计 28 572 名学生。这些学校和学生按照如下进行分类:第一,根据课程分类;第二,根据省份分类。

**根据课程分类**

| 学校 | 课程 | | 学生 |
| --- | --- | --- | --- |
| 优级师范学校 | 完全科 | 8 | 1 504 |
| | 选科 | 14 | 3 154 |
| | 特科 | 8 | 691 |
| 初级师范学校 | 完全科 | 91 | 8 358 |
| | 简易科 | 112 | 7 195 |
| 讲习所 | | 182 | 7 670 |
| 总共 | | 415 | 28 572 |

**根据省份分类**

| 省份 | 学校 | 学生 | 省份 | 学校 | 学生 |
| --- | --- | --- | --- | --- | --- |
| 直隶 | 28 | 2 040 | 江西 | 17 | 887 |
| 沈阳 | 33 | 1 894 | 湖北 | 17 | 1 702 |
| 吉林 | 7 | 470 | 湖南 | 16 | 1 961 |
| 黑龙江 | 4 | 236 | 四川 | 38 | 2 173 |
| 山东 | 16 | 1 283 | 广东 | 9 | 1 003 |
| 山西 | 17 | 812 | 广西 | 13 | 1 467 |
| 河南 | 68 | 3 818 | 贵州 | 9 | 726 |
| 辽宁 | 19 | 2 000 | 福建 | 8 | 641 |
| 江苏 | 5 | 493 | 甘肃 | 36 | 791 |
| 安徽 | 19 | 1 093 | 新疆 | 1 | 143 |
| 浙江 | 13 | 1 819 | 总共 | 393 | 27 452 |

在最近七年里,师范学校和讲习所的数量如下:

| 年份 | 优级师范学校 | 初级师范学校 | 培训教师 |
| --- | --- | --- | --- |
| 1903 | | 80 | |
| 1904 | | 1 500 | 90 |
| 1905 | 974 | 2 234 | 2 113 |
| 1906 | 1 069 | 5 031 | 2 808 |
| 1907 | 2 889 | 18 888 | 10 041 |
| 1908 | 3 890 | 27 474 | 13 583 |
| 1909 | 5 817 | 19 383 | 12 819 |
| 1910 | 5 349 | 15 883 | 7 670 |

由上表中可看出,在初级师范学校和讲习所的学生数量在1908年达到顶点,在最近二三年里,数量已经回落。但是优级师范学校的学生数量直到一年后,才达到顶点,并且下降的速度,较其他学校而言,并非那么显著。这一现象很可能归于两个原因。一方面,许多学校是在狂热的浪潮下建立,没有充分准备好,无法满足办学花费的需求,结果不少学校很快消失了;而那存在的学校,在多数情况下,财政状况较好。第二个原因是,近几年有足够的教师从师范学校毕业,尤其是来自简易科和特科的毕业生。因此,对同类型教师的需求,与前几年相比,并不是那么紧迫;而且,大多数从事教职的人,更期待接受完全科教育,而不是在中国教育早年发展中,相对受欢迎的简易科和特科。事实上,不会再有更多的学生被准入优级师范学校的特科或初级师范学校的简易科。可信的是,已有足够多的毕业生在小学校担任教师。

# 四、教师的资格证

鉴于中国现代学校聘请教师的特性不同,学部设计制度,阻止不合格的教师跻身教师行伍之中,这是必不可少的。近几年这些制度已经逐步推行。1909年,学部又起草一项制度,规定受其管理的小学校,在校教师须持有资格证;第二年,初级师范学校和中学校也采纳该项制度。根据上述两个制度的规定,假如在京师,认证教师的权力掌握在京师督学局,假如在京师之外的省,认证教师的权力掌握在该省提学使司;在远离省会的某些区域,提学使有权任命专员,代表他认证该区域小学校教师。制度特别声明:认证教师资格的官员须由学部或提学使任命,他彻底熟识教育方法和原则,接受过良好教育,且地位相对较高。想获得小学校教师资格证,教师必须是优级师范学校完全科或选科的毕业生,或是与高等学校地位相当机构的毕业生。那些被指派为初级师范学校和中学校的主考官,必须硕望宿德,为接受良好教育的教师,他们由优级师范学校、高级实业学校、中国或外国高等学校或大学校毕业,并在教育实践中积累一定的经验。

## (一) 小学校的教师资格证

有的人,不用考试就可以获得教师资格证。这些人必须具备下列资格之一:

(1) 毕业于:(a)中学校,(b)任何等于或高于中学校的(教育)机构。

(2) 完成优级师范学校选科超过2年时间。

(3) 拥有他省的教师资格证,被认可是合适的等级。

(4) 拥有学位证或毕业证,有资料证明已在以下任一机构完成全部课程:(a)外国师范学校,它们的水平至少相当于中国的初级师范学校;(b)中学校;(c)等于或高于中学校的教育机构。

(5) 拥有广博的知识文化,并在某一特殊分支领域具备明显的能力,且在官立高等小学校获得一年的教育经历。这些官立高等小学校若是在京师,须由京师督学局认可;若是在京师之外,须由各省提学使司认可。

小学校教师资格证要由权威的机构颁发。若是在京师,发行单位是京师督学局,若是在京师之外,发行单位是各省的提学使司。外国学校毕业生可酌情授予初等小学校、高等小学校的教师资格证,允许他们教书育人。实业学校和其他特殊专业的毕业生也可获得初等或高等小学校专门学科的教师资格证,只要他们能满足(3)和(5)的要求,权威机构就可授予其小学校教师资格证,允许他们在初等小学校、高等小学校教书育人,既可以教授普通科目,也可以教授特殊科目。

有的人,则要通过考试才能获得教师资格证。这些人必须具备的资格如下:

(1) 他们已经完成:(a)官立初级小学简易科的学习,修业年限少于2年;(b)官立初级师范学校的简易科毕业,修业年限超过2年,毕业成绩不理想;(c)公立初级师范学校简易科毕业;(d)参加各类讲习所;(e)非官立师范学校简易科毕业,主修多门课程,且修业年限少于2年。

(2) 他们在小学校从事教职,对各学科有较为全面的文化知识,希望正式成为小学校教师。

(3) 他们是合格的初等小学校教师,并希望获得高等小学教师的资格证。

通过考试而颁发的证书类型有三种:高等小学校教师资格证、初等小学校教师资格证和特殊科目教师资格证。

想要申请高等小学校教师资格证者,必须通过以下科目的考试:

① 人伦道德;

② 群经源流:四书五经总则;

③ 中国语言;

④ 算术,包括整数、分数、小数;

⑤ 教育学:教育与管理方法;

⑥ 中外历史;

⑦ 中外地理;

⑧ 格致;

⑨ 植物学、动物学、矿物学、生物学、卫生学;

⑩ 体育锻炼:游戏、一般训练和军事训练;

想要申请初等小学校教师资格证者,必须通过以下科目的考试:

① 人伦道德;

② 群经源流:四书五经总则;

③ 中国语言:翻译、阅读和作文;

④ 算术:整数、分数、小数、百分比和测量;

⑤ 教育学:教育与管理方法;

⑥ 中国历史;

⑦ 中外地理；

⑧ 科学导入；

⑨ 身体锻炼、游戏和一般训练；

想要申请特殊科目教师资格证者，必须通过以下科目的考试：

① 数学：代数、几何、基本三角形；

② 科学：物理、化学、生物学等；

③ 图画：手绘和画法几何；

④ 体育锻炼：游戏、一般训练和军事训练；

⑤ 音乐：旋律和音乐创作的一般原则；

⑥ 手工培训；

⑦ 农业和商业基本原则；

⑧ 英文：阅读与作文。

无论是申请哪一门特殊科目的教师资格证，每一位应试者都必须加试一门中国语言。

## （二）初级师范和中学校的教师资格证

有的人不用考试就可以获得教师资格证。申请初级师范学校和中学校教师资格证，必须具备下列资格之一：(1)毕业于大学校预科、高等技术学校或其他较高程度的学校；(2)从国外高等技术学校或其他较高程度的学校毕业，并成功通过学部组织的留学生学成考试；(3)在京师督学局或提学使司承认的初级师范学校、中学校或其他较高程度的学校完成教职服务期限，教师持有必要的资格证。

有的人则要通过考试才能获得教师资格证。获得初级师范学校和中学校教师资格证必须通过以下考试：(1)在任何一所中国优级师范学校已完成特科学习，或是技术学校、高等学校或其他同等地位学校的毕业生；(2)外国高等技术学校或其他同等地位学校的毕业生，尚未成功通过学部组织的留学生学成考试；(3)初级师范学校、中学校，或其他同等地位学校的教师和其他管理人员；(4)初级师范学校的毕业生，已完成应尽的义务教学年限；(5)各级小学校已经成功完成义务教学期限的教师，或在各级小学校具有五年任教经历的人；(6)编纂适合中学校、高等学校及其以上学校使用的教材，且经学部批准，允许流通使用的人；(7)有初级师范学校或中学校专门科目的资格证，并希望能够教授其他科目；(8)专精于某些特殊分支领域，同时，全然熟悉教育原则与方法的人；(9)军事官员和其他熟悉体操的人。

公开考试的科目如下：

（1）人伦道德；（2）教育学；（3）群经溯源；（4）中国文学；（5）外国语；（6）历史；（7）数学；（8）地理；（9）管理与经济学；（10）物理和化学；（11）格致；（12）农学；（13）贸易学；（14）手工训练；（15）体操；（16）书法；（17）图画。

为了申请教师资格证，每一位申请人在某一科目上必须受到严格检查。这一科目要么是所教的特殊科目，要么与他所教的特殊科目极为相关。每位特殊科目考试的申请人须强制参加中国语言考试，并加试其所选特殊学科的教学论考试。这样，一门或多门科目会被选为考试内容。为了成功通过教师资格证考试，申请人必须保证所有考试科目的平均成绩达到 60 分。因为，平均成绩在 60 分以上的人，能够成为初级师范学校或中学校的正教师；平均成绩在 50 分到 60 分之间的人，只能允许在初级师范学校或中学校担任助理教师。低于 50 分就没有教师资格证，这种情况是无法允许在初级师范学校或中学校教书育人，除非有特殊规定。

在京师，教师资格证考试由京师督学局指定专员举行；而在京师外，则由各省提学使本人或由提学使指定专员的监督下举行。凡是学部认定的教师，均可由各省相应的学校聘用；教师资格认定和聘用的详细记录必须留下，并将其完整地上报学部，作为备案。

在完成 5 年应尽的义务教学年限后，学校中的助理教师还要重新认定，除非他获得"优异证"；该证书为合宜的教育当局颁发，褒奖由学校上报的优秀教师。

教师资格证考试每年举行一次，或是冬季，或是夏季。若是对某些教师有特别紧急的需求，学部在这种情况下批准举行特别考试。考试日期和具体考试科目会在考前 3 个月使人周知。不用考试就可以获得教师资格证的人，能在任何工作日去合宜的教育当局进行办理。在特殊条件下的特殊地区，例如缺乏教师，个别人在学校参与教学工作，并有一定基础文化知识，但他们并未通过教师资格证考试，学部尚书允许暂时向该地颁发教师资格证；不过，这类教师资格证的有效区域范围和有效时间都须上报学部，作为备案。

# 第一辑
| 中国现代学校的教师 |

# 五、教师的现状

一切情况得以清晰地呈现:中国现代教师群体是一个类似集合块的阶级,它包括教会学校的毕业生,由官立学校、公立学校和私立学校普通教育毕业的学生,归国留学生,旧式学校的教师、塾师、外籍教师,以及师范学校、讲习所的毕业生等。1910年,学部的统计报告指出,当年中国现代学校中有 89 766 名教师,这相对于 1909 年的 73 703 人,1908 年的 63 566 人,教师规模有了显著的增长。大约 9 万名教师中,有 84 755 名教师在各级普通学校任教,有 2 712 名教师在技术、职业类学校任教,还有 2 299 名教师在师范学校、讲习所任教。

## (一)执教的资格

在教育机构执教的资格具有特殊性,这种特殊性可从以下统计资料中获得:
1. 普通教育学校
a. 中学校

| 资格 | 数量 | 百分比(%) |
| --- | --- | --- |
| 师范学校毕业生 | 848 | 25.82 |
| 学校毕业非师范生 | 1 260 | 38.33 |
| 外国学生 | 91 | 2.79 |
| 非毕业生和没有读过现代学校的人 | 1 087 | 33.02 |

b. 高等小学校

| 资格 | 数量 | 百分比(%) |
| --- | --- | --- |
| 师范学校毕业生 | 6 876 | 40.20 |
| 学校毕业非师范生 | 3 172 | 18.57 |
| 非毕业生和没有读过现代学校的人 | 7 005 | 41.01 |
| 外国学生 | 36 | 0.22 |
| 总数 | 17 089 | 100.00 |

c. 初等小学校、蒙养院及其他学校

| 资格 | 数量 | 百分比(%) |
|---|---|---|
| 师范学校毕业生 | 33 348 | 51.90 |
| 学校毕业非师范生 | 30 978 | 48.10 |
| 总数 | 64 326 | 100.00 |

在其他学校的师范毕业生有43名。

2. 师范学校

a. 优级学校

| 资格 | 数量 | 百分比(%) |
|---|---|---|
| 现代学校毕业生 | 152 | 32.55 |
| 外国学校毕业生 | 144 | 30.84 |
| 非毕业生和没有读过现代学校的人 | 80 | 17.13 |
| 外教 | 91 | 19.48 |
| 总数 | 467 | 100.00 |

b. 初级师范学校

| 资格 | 数量 | 百分比(%) |
|---|---|---|
| 师范学校毕业生 | 523 | 41.80 |
| 学校毕业非师范生 | 353 | 28.10 |
| 非毕业生和没有读过现代学校的人 | 349 | 27.90 |
| 外国学生 | 27 | 2.20 |
| 总数 | 1 252 | 100.00 |

c. 讲习所

| 资格 | 数量 | 百分比(%) |
|---|---|---|
| 师范学校毕业生 | 334 | 57.58 |
| 学校毕业非师范生 | 126 | 21.73 |
| 非毕业生和没有读过现代学校的人 | 116 | 20.00 |
| 外国学生 | 4 | 0.69 |
| 总数 | 580 | 100.00 |

# 第一辑
| 中国现代学校的教师 |

3. 技术学校

| 资格 | 数量 | 百分比(%) |
| --- | --- | --- |
| (中国)现代学校毕业生 | 397 | 32.30 |
| 外国学校毕业生 | 370 | 31.70 |
| 非毕业生和没有读过现代学校的人 | 297 | 25.50 |
| 外国学生 | 122 | 10.50 |
| 总数 | 1 186 | 100.00 |

4. 实业学校

| 资格 | 数量 | 百分比(%) |
| --- | --- | --- |
| (中国)现代学校毕业生 | 748 | 48.20 |
| 外国学校毕业生 | 243 | 15.59 |
| 非毕业生和没有读过现代学校的人 | 445 | 28.96 |
| 外国学生 | 108 | 7.35 |
| 总数 | 1 544 | 100.00 |

就这些数字而言,几点事实需要加以强调。首先,外籍学生在高等教育机构的比例相对高;第二,相对而言,现代学校毕业生极少受过一定的师范专业训练;第三,仍然有很大比例的教师,没有考进任何现代学校,或考进现代学校中未能顺利毕业。这个最后出现的教师群体包括各种失业人员,他们想当然地认为,现代学校的教书育人是一种称心如意的环境,是魂牵梦绕的地方,只要来到这里,工作很短的时间就能够获得巨大的收入。这些事实表明,在中国现代学校的教师,想要在本质上快速成为合宜的、专业的人员,还远远不够。这种情况的结果是,在一些学校中,不合宜往往是那么显著,成为扰乱学校教学秩序的根源,学生群体中有一部分人并不顺从,他们是所谓的"学校罢工工会"。这种犯上、有害的倾向往往归咎于自由、平等的蛊惑,这由学生个体所煽动的;或归咎于学生群体的本质,这包括在校学生中占据较高地位的学生领导者或学校某些行政官员。

在新式学校中,某些小事或多或少会形成对立的观点。某个人在自豪感的支配下,任何一件侵害自由、低贱尊严的小事都会使他心怀怨愤。并且,他们没有足够高深的知识,无法在专精的研究领域取得造诣;他们既不秉有耐心,也缺乏谦逊的精神,无法掌握基础而紧要的知识。因此,他们常常抗议各种规定,特别是数年让他们必须在学校中学习和生活。事态激化和学校中过多的教育行政人员有关，他们的相互推诿导致不良纪律持续恶化；往往还应该注意到，很多麻烦是起源于教师队伍的无能。其中，很多来自旧式学校的教师对学生不表任何同情，他们过于古板，傲慢不逊，并将他们特有的学术威严强加在学生的观点之上，擅作威福。另一方面，确有一些人没有能力去维持纪律，要么由于他们对自身责任的无知，要么由于他们刻意地无视责任。再者，新式学校的教师中，许多人的教学准备不足，教学形式不丰富，教学内容不详实，师生沟通不顺畅，新颖的观点缺乏足够知识的支撑，脱离文本阅读的提炼，是可笑地扭曲了文本阅读。尽管基础知识有限，学生有时还会展现出辛辣的批判精神，这冷不防的批判常常使教师吓一跳。当老师不能正确地解释课程内容时，学生是知道的，而这个机会有利于学生推翻他们的教师。如果教师有足够能力，并在他们的职位上经过特别训练，学校中许多骚乱都可能成功地避免。

在中国，一些领先的教育学家认为，甚至事实已经证明，中国师范学校大部分的毕业生并不是如愿以偿。这种观点即便是真，也无需惊讶。进入师范学校的年轻人，大多数从未在小学校阶段接受过智力上训练，且小学校的任务是为更高阶段的学习奠定基础；由于时间的缺乏，许多小学校的科目以一种表面、浅薄的方式教学。同时，师范学校开展的课程较重，一名学生不得不每周承担34～36个小时的课程任务；这种课程的安排过于紧凑，学生不可避免地产生虚伪敷衍和临时用功，还会因此身体羸弱，办事效率低下。考虑到师范生的数量越来越多，要求越来越高——多数要完成完全科的学习，这些事实利于现代小学校的雇佣。从现在开始，有理由期待，一批更好的师范学校毕业生将担任新式学校的教职。其实，在过去几年中，一个趋好的变化正在发生，同一类型的学生比五年前更好。整体风纪告示出现在各类教育机构中，那些过分追求自由、平等的观念，看起来正在迅速消失。就政治问题而言，新式学校不再盲目于听政府发号施令，他们更沉着冷静，更洞若观火；他们似乎意识到了学生毕竟还是学生，学生是尚未充分发达的公民。因此，在有限的能力下，学生对实际政治没有发言权。这对教学效果的改善也是非常明显。这种趋势的变化总得以后面的原因归论，已有更多人才流入学校中，这些人才是更高层次的教师和教育行政官员；他们多是欧美留学生，被大量地聘用，基于他们投身特别的教育研究已有数年，随身带回更真切、更高深的跨文化理念。

## （二）任教的奖励

着眼于鼓励民众从事教职，官府已经采取措施，靠制度给予教师许多经济上和其他方面的奖励。根据该制度所制定的条款,教师被视为官阶中的上流。俟在圆满完成义务教学年限,该教师将获得来自合宜的机构颁发的证书,并收到工作学校开具的一份报告才算正式生效。有资格证的教师可以直接教学,而那些没有资格证的教师,他们在完成义务教学年限后,必须再次参加教师资格证的考试。教师义务教学5年期满,无愧于师德与师风,将有权获得一大笔钱,这笔钱相当于其年薪的三分之一。假如其工作学校的财务状况不佳,不能允许支付这笔津贴,他们以毕业文凭从下列机构中获取成功履行教职的奖励:假如在京师,由京师督学局;假如在京师外,由各省提学使司。若是在边疆省份,例如云南、贵州、广西以及蒙藏附近各处,其教育机构尚未广泛发展。教师相对较难留住,内地师范学校毕业生派往该处从事义务教学的人,在新式学校工作3年准为义务年满,可享受已言之奖励。一位在新式学校任教超过五年的教师,若父母一方离世,或者自身死亡,他或家属有资格从学校再获得3个月的收入,这将作为哀悼的表达。如果任何一位教师在学校任教达到15年,他因为高龄或疾病不得不辞去教职,他将获得8个月收入作为退休津贴;假若该教师在初级师范学校或中学校任教,他将获得一整年的收入作为退休津贴。假若教师辞世,且他已在学校献身教职超过15年,他所从教的学校不得不给予他的家庭一笔钱,相当于他年收入的五分之四;若是在初级师范学校或中学校的教师,相当于他一整年的收入。

不止这些奖励,一名在小学校工作的教师有资格免费将一个孩子送入官立或公立小学校学习。这个孩子可是自己家的,也可是近亲家的。一名任教5年以上的小学教师可以送2名这样的孩子到任意小学校免费读书。一名任教15年以上的教师可以送2名孩子免费到社区内任何一所学校免费读书。一名教师若来自于初级师范学校或中学校,他有资格送入4名孩子去任何一所学校免费读书。

## (三) 性别的失衡

在现代学校教师中,女性的比例是不可获得的,但普遍认为这一比例极小。这可能归于两个原因:首先,中国的社会条件不能接受在公立学校中雇佣女性,除了那些专为女子开设的专门学校。第二,和男性相比,女性有能力教学的比重实在太小,这是基于事实——男孩教育在中国长期得到鼓励,而女性教育的流行大多是最近开始的。其实,女性教师十分匮缺,甚至他们的数量无法满足女子学校的师资需求。可以肯定的现象是,女性多是指导刺绣课,却难以发现女性胜任教授其他的现代科目。在这种情况下,填补女子学校的师资空缺,更多依赖的是男性教师、外国女子以及那些在师范学校接受短期课程的教师。

## （四）教师的收入

在原有教育制度下，教师满足于鄙陋卑贱的收入。每个孩子的家庭往往独自决定赠与教师合适的收入，教师一年的收入共为30或40银元。

在现代学校中的教师期望获得更多的收入。事实上，他们要求的收入是旧式学校教师的很多倍。南京一所师范学校有23名教师，其薪金从每月40银元到300银元变化不等。既然新、旧教师都能在学校中找到，由此可预料教师收入的层次分明。在很多情况下，教师要么获得了过高的报酬，要么获得了极低的报酬。1909年，广东省提学使对省内初级师范学校、中学校的教师采用薪酬表制度。薪酬表提供了四个收入等级，如下：第一等级，每月60银元；第二等级，每月50银元；第三等级，每月40银元；第四等级，每月30银元。同年，湖南省也采用薪酬表制度，金额基于详细记述的教师负责时间。该薪酬表如下：高等学校和中学校教师每周工作1小时，该月可得4至6银元，收入随学科的不同而变化。例如，文学教师每周工作1小时，该月可得6银元。如果他每周工作10个小时，他该月可得60银元，以此类推。小学校的教师每周工作1小时，该月可得1.2至1.5银元。这个制度受到了小学校教师的强烈反对，因为该薪酬表为他们提供相对较低的收入。两年前，学部决定采取措施，为在小学校服务的教师统一收入基准，由于多种不便和障碍，该制度迟迟未能付诸实践。考虑到称职教师在数量上的不足和区域生活水准不一的事实，任何统一的制度看起来不可能被制定，更不可能适用于大国的各个区域。然而，各省很可能根据本地情况，采用某种最小计划，为教师统一收入基准的变化提供充足机会。该问题亟待解决。

## （五）师德与师风

中国对教师实行直接管理，教师的人格备受关注。事实已表明，以下人员无资格获得教师资格证，无资格从事教职：(1)曾经触犯刑事法律的人；(2)申请资格证时卷入刑事诉讼的人；(3)耽于某种不可欲的习惯中的人；(4)在旧制度下，已获学位被召回的人；(5)教师在任上被解雇尚未复职；(6)妨碍教师工作的各种身体残疾。如果学校或视学员发现已认证的教师无法履行教学职责，假如在京师，京师督学局要求该名教师辞去职务；假如在京师之外，该省提学使司要求该名教师辞去职务。要求辞去教职的理由如下:(1)教学无效力;(2)玩忽职守;(3)长时间卷入诉讼;(4)长期疾病,无及早复原之逆睹。无论教师以任何缘故失去教职,学部和提学使将要取消教师的资格证。要求取消资格证的原因如下:(1)耽溺于滋闹的生活;(2)承认犯罪行为;(3)干涉教育领域以外的事务,如诉讼,以及参加极端政党或法律上认为有罪的社会活动。在紧急情况下,教师若违犯上述任何一项过失,在直接书面报告前,学校可以暂且解雇;假如在京师,向京师督学局提交书面报告,假如在京师之外,向该省提学使司提交书面报告。被取消资格证的教师,其姓名还应书面上报学部,由学部向各省通报,谨防其他学校再次聘用。

## （六）在职教师的提升

迄今为止,极少的权力被用于提升教师水平、改善教学服务质量的方向上。用于此目的的培训机构,包括教师学院、暑期学校（班）、推广教学、函授教学、地方教师会议、教师联合会、读书会等,这些机构是西方国家常见的,而在中国似乎是没有价值的需要。1910年,仅仅4个省正式公布成立了教师学院,这种创造是为了提高那些从事教育工作者的教学效力,而不是每一省份公布上述所提机构的存在。多种形式的、有组织有步骤的努力,推动教师专业化变得格外可叹,教师意识到没有高效的监管个人或团体。事实上,在大多数学校,甚至连不称职的监督都难觅踪迹。为了纠正这种状况,政府看起来有必要提供某种奖励,例如发放补助金,或诸如此类。为了鼓励教师改善教学,所有的努力都应该被提出来,即使这远远不能让教师达到完全称职和令民众满意。

## 六、概要

在此将要弃绝的一页,试图说明由于新教育的突然引入,现代学校发生显著、快速的增长,中国不得不通过多种途径聘用教师,这些途径包括了如下几种:(1)旧式学校的教师;(2)教会学校的毕业生;(3)没落的儒家文人;(4)外籍教师;(5)归国留学生。同时,现代学校扎根中国本土,通过建立各级各类师范学校和讲习所,开始独立地为本国培养教师。官府采用两种教师资格证制度,一种是面向小学校,另外一种是面向初级师范学校、中学校,这一制度的目的在于阻止那些不合格的人寻觅成为教师的门路。事实表明,现代教师是一个类似集合块的阶级;且作为一个整体,远远不够合宜。这种不合宜导致了纪律不良、资源浪费和其他罪恶的出现,现代学校中的坏现象归于多种原因,主要如下:(1)教师缺乏知识和训练,旧式学校的教师和儒家文人缺乏适应新形式的能力;(2)无法确保和留住许多归国留学生,他们有的来自于欧美,因为社会其他行业需要和高额的经济报酬;(3)不合格的外籍教师时而出现,他们能够找到跻身教师行伍的门路——以无定的方式被新式学校聘用;(4)由于课程过多的倾向,师范生参加特科或简易科的训练,只知皮毛,难以体悟中国汉语的博大精深;(5)缺乏提升教师的培训机构,旨在推动教师的专业化水平。

# 學校管理法

# 目 录

绪　论 / 131
一　原理 / 131
二　体制 / 133
三　训练法 / 134
四　激励法 / 136
五　感化力 / 138

# 第一辑
## 学校管理法

# 绪 论

学校管理法,有广义,有狭义焉。以其广义言之,则学校之设置也,编制也,设备也,教授也,以及学校之经济、卫生、课程、统治等,均在此管理范围中。简言之,即管理全校也。以其狭义言之,则惟限制于学校统治之一端,专注意于管理学生,而以培养道德为要旨者也。今兹所欲言者,则此狭义之管理法,而非广义之管理法也。

夫欲培养国民之道德,为巩固民国之基础,非当今吾教育界之惟一大问题乎。共和之国民,不当以刑威,不可以法制,而宜以德导之。学生者,未来之国民也,不先有以培养之,则今日为不道德之学生,安能他日为有道德之国民乎?是故当今吾国之教育家,如不欲培养国民之道德为民国之基础也,则亦已耳,否则此惟一之大问题,不能竭尽心力以解决之,将谁负其责而谁任其咎耶。如诚欲解决之,则此管理之原理也,体制也,训练法也,激励法也,感化力也,均不可不注意者也。

## 一 原理

学校之管理法,非学校管理者所得武断而擅定者也,盖有管理之原理在焉。其所当依据之而定为标准者,则有三。其一则所谓管理者,为维持学校之治安与辅助校务之进行者也,故即以学校之治安能否维持与校务之进行能否辅助为标准。其二则管理者,所以修养儿童天赋之性质者也,故即以儿童天赋性质之能否修养为标准。其三则管理者,又以培养社会需用之人物者也,故即以社会需用之人物能否培养为标准。夫维持学校之治安与辅助校务之进行,为管理者之天职,人人知之,不待言矣。然学校之所以建设校务,之所以整理,岂第为学校校务本体之治安进行也哉,实欲运用此机关以修养儿童天赋之性质,与培养社会需用之人物耳。故管理员于此二者,尤当注意之也。不然,有但求学校之治安与校务之进行,而妨害儿童身心之发育,造就社会之游民废物者矣,可不惧哉。

### (一) 修养儿童天赋之性质

欲播种者,须知植物固有之天性。欲畜牧者,须知动物本然之气质。故管理学生者亦然,不知儿童天赋之性质,焉能得修养之功耶。故欲修养儿童天赋之性质者。

第一,则须知儿童之种种性质,有天然之趋向,当因势利导之也。如好奇异、好仿效、喜游戏、喜聚集等等种种性质，均有天然之趋向，既不可以反抗而驱除之，又不可以助长而增加之。故管理者当依之为根据，而因势利导之，以养成其应有之道德也。

第二，则须知儿童之种种性质，有倾向于善者，有倾向于恶者，有可引之为善，纵之为恶者，当各依其道而发达之、消灭之，指导之也。如慈爱，如谦逊，则倾向于善者也，当奖励之，使觉愉快而发达之也。如暴怒，如嫉妒，则倾向于恶者也，当禁阻之，使觉困苦而消灭之也。然儿童之性质，其可引之为善、纵之为恶者，则恒占多数。故当避其可使为恶之境遇，而以可使为善之境遇代之，此指导者之责也。儿童喜激励，喜激励之性质无有善恶也。如以其喜父母称誉之心为不善，而使之喜师友之赞扬，复以其喜师友之赞扬之心为不善，而使之喜乡党之祝颂，又以其喜乡党祝颂之心为不善，而使其之喜圣贤豪杰之赞美与天下后世之称扬。虽其范围日加扩充，要皆使之心驰于外，而有自私自利之心者，如指导之使反躬自问，得其良心上之许可而实行之，以养成其为善之志愿，岂不善哉。儿童又喜竞争，竞争之性质亦无有善恶也。如以喜竞争衣食为恶也，即使之竞争财产，又以其喜竞争财产为恶也，而使之竞争功名，其彼善于此乎，抑为恶尤甚耶，如使指导之，使之竞争学问事业，且又不与他人竞争，而即与一己过去缺憾之成绩与未来完善之计划相比较而勉励之，以养成其为善之能力，岂不善哉。此指导之法也。

第三，则须知儿童之种种性质，其发现之时有迟早，其存在之期有久暂，当按时按期而处置之也。心理学家曾试验儿童收集玩物之性质，至十岁而最强，过此则减弱矣。戏弄图画之性质，至十三岁而极盛，过此则减衰矣。理解之力，十岁以内不甚发达，过此则渐增加。情欲之性，男子约年十三，女子约年十一，而渐萌芽，过此则渐发展矣。种种性质之消长，均有时期，此特其著者也。是故，未及时而即行修养，与已过期而尚加修养，均徒劳而无功者。时乎时乎不再来，而亦不预来也，有管理之责者，其可忽诸。

第四，则须知儿童之种种性质，其发生也甚缓，而其消灭也亦甚渐，当随其速度而伸缩之也。管理者常以儿童性质之不善，而求其速即改良，又以儿童性质之向恶者多，而欲尽改其过也，不亦误乎。或教之忠恕爱敬，而即望其能忠恕爱敬也者，或教之勿怠惰勿奢侈，而即望其能不怠惰不奢侈也者。是无异于命树之生果，告蚕之变蛾，不待其时之成熟，而即望其生果变蛾也，可乎哉。

第五，则须知儿童之种种性质，非特有遗传之不同，抑又有长幼男女等之各异，当区别其种类，而保存损益之也。夫遗传有种色之分，有家族之异，又有父母之相殊，故儿童性质之强弱智愚等，亦各有其等级，即其本身又复有幼稚少壮等之差别，而男女之区别，则尤其显著也。男子多注意于物，女子多注意于人，男子多善作事，女子多善用情，男子多善争斗，女子多善看护，皆不能相勉强更调者也。夫万世万国终无二人有同一之性质者，奈之何用同一之方法以管理之乎。是宜保存其固有之个性，而善为损益之，则管理儿童之善法也。

### （二）培养社会需用之人物

既知儿童天赋之性质矣，而欲培养之，则不可不有一定之标准。标准维何，即社会需用之人物是矣。而社会所需用之人物，则以其能独立合群者为最要是故。

第一，则宜知如何培养儿童天赋之性质，能使之独立也。夫欲使儿童之能独立，则必先使儿童有自由之思想，自治之能力，与自生之技术。无自由之思想者，则惟附和他人之议论，步趋他人之举止耳，社会安得有真实之舆论与巩固之事业乎。今欲养成此自由之思想，则教授法不可不注意自动也。有自由之思想，而无自治之能力者，则非被人侵夺其自由，即侵夺他人之自由耳。盖惟有自治之能力者，最能持平其群己之利害，或自禁阻不规则之举动，或自进取有利益之行为，或自遵守固有之良俗，或自改革卑陋之敝风，均能以群己两方面计算之，故利多而害少也。今欲养成此自治之能力，则种种有规则之运动游戏，不可不提倡之也。然有自由之思想与自治之能力，而无自生之技术者，则虽欲不为蟊贼与奴隶，犹不可得也。何也？无自生之技术，而欲不为分利者得乎？不为生利，即蟊贼也。无自生之技术，而欲不凭持他人者得乎？不能自立，即奴隶也。故惟能自生者，则于社会有利而无害者也。今欲养成之，则学校当有种种组织，如银钱之储蓄机关，即学生之银钱所储蓄者也；工作之支配机关，为贫苦学生之半工半读者支配工作者也；职业之引导机关，为辅助学生之选择职业与图谋职业者也。此皆当研究而试行之也。

第二，则宜知如何培养儿童天赋之性质，能使之合群也。夫欲使儿童之能合群，则必先使儿童能舍己从人，能通力合作。能舍己从人者，则亦能通力合作；能通力合作者，固亦能舍己从人；二者实互为因果也。然欲养成此二者，则学校中须多设立种种组织，而种种组织又当使儿童和衷共济，而各分任其应尽之职务，则其效自见矣。

## 二　体制

管理学校之选择体制，犹治理国家之决定政体也，其关系甚重要，故不可不郑重出之。各国管理之体制甚多，而其大别则有三：

其一，则教师独断于上，学生服从于下。规则甚繁，命令甚多，而执行又甚严。故教师之与学生，如军官之与士兵也。其利则学生养成遵守法律、奉行命令之习惯，而其弊则学生缺乏独立之智能与合群之精神。

其二，则教师以身作则，学生以礼自守。规则命令均甚简单，如有功过，则但劝勉之而已。故教师之与学生，相敬如宾，相爱如友。其利则遵守法律、奉行命令之习惯，与独立之智能、合群之精神，均可于不知不觉中养成之，而其弊则易流于放任，既不能养成遵守法律奉行命令之习惯，又不能养成独立之智能与合群之精神。非教师与学生素有修养者，乌能去其弊而获其利哉。

其三，则教师与学生分任其应尽之职务。对于年幼如幼稚生与初等小学生等，则有组织学校如家庭者；对于年长如高等小学生与中学生等，则有组织学校如都会或国家者。组织学校如家庭者，则以全校学生分数团体而以家庭称之，每家各有家长教师为之，而其家人则不以同级者组织成之，故每家各有长者幼者，亦不以同性者组织成之，故每家又各有男子女子，如一家之有兄弟姊妹。然使各尽其长长幼幼之道，而调和男女刚柔之性也，故家人与家人之关系甚密切，而各家与各家之往来又甚亲热。其种种之施设一如世俗之习惯，惟当取其利而去其弊耳。教师之与学生，如家长之与家人也。组织学校如都会者，则全校学生得选举议员或派定长官与属员等，更设立审判、巡警、卫生、救火等部以分治之。组织学校如国家者，则亦选举议员或派定长官与属员等，而其立法、行政、司法三权，则亦有鼎足之势。然无论选择都会或家国之治，均当注意于精神，不可但效其形式，其教师之与学生也，则以市民或国民待之。此体制之利，则可以养成遵守法律奉行命令之习惯及独立之智能与合群之精神于实事之中，而其弊则模仿过度，教师失其指导之力，学生养成傲慢之风，而学校反失其本之功用矣。此公言也，盖学校究非家庭与都会、国家也。

夫此三种体制，其利弊孰大孰小，孰多孰少，甚难言之。欲选择之，则不可不先定标准也。普通之标准有三。第一，则当计算何种体制，为最有教育之价值与完善之效果也。第二，则当考察何种体制，为最易培养道德与消灭不道德也。第三，则当研究何种体制为最合儿童身心之发育与社会种种之状况也。如由以上之标准测之，则此三种体制，第一种利少而弊多，第二种利弊参半，第三种则利多而弊少也。

## 三　训练法

道德教育之学说甚多，不能枚举，今择其要者分为五大派。

第一派以宗教为道德之根源，故欲培养道德必先信仰宗教，其说有二。有欲以宗教之功课加入学校课程者，有欲以宗教之机关实行道德教育者。然即在宗教家以欲提倡道德教育故，而思增加宗教功课于学校课程中，亦甚少数也。

第二派甚注重于修身教授者也，然其中又别为二类。有主张修身教授宜自初等小学始者，则以为修身教授如得其道，亦可以使小学生能明晓愉快而有功效，固不必

# 第一辑

## 学校管理法

如讲经说法，深奥而难觉悟，庄严而无趣味也。有主张修身教授宜自中学始者，则以为如欲使学生明晓愉快而有功效，须以平时疑难之道德问题，互相理论，然此非小学生之所能也。

第三派亦注重于修身教授者也，惟不欲用教科书，亦不限于教室内而行此修身教授，随时随地以道德问题之发生而理论之，使学生实行，则彼等所注意也。

第四派以为当今学校中道德教育之设施已甚完备，惟能求其实行足矣。其所最注意者有二。一曰教师之人格，教师者，学生之模范也，学生于不知不觉中模仿之，不必劝勉也。故教师如得其人，而有亲爱、公正、忍耐、坚决、精密、刚强之性质与高尚之理想、普通之常识者，则学生亦同化之矣。二曰功课之利用，各种功课均有道德之价值者也，如能利用之，则影响于学生之道德，其力亦甚大。以功课之实际言之，如历史中圣贤豪杰之言行，与地理中各种社会之状况等，均可以养成亲爱、公正等之道德。以功课之功用言之，如国文、算学等，又可以养成专一、恒久、精密等之道德。故教师之人格与功课之利用，诚不可不讲求也。

第五派以为当今学校中道德教育之施设不甚扼要，如能组织有规则之自治团体及种种之会社，则完美矣。夫组织学生自治团体者，非特使之对于学校之立法、行政有责任心也，且能养成其对于功课事业等，均有自动与自制之能力。而种种有规则之会社，如体育、文学、音乐、科学与其他交际等集合，亦均能锻炼其道德，故亦当提倡之也。

此五派之道德教育各有利弊，颇足供我国教育家之研究。今且勿评论各种学说之优劣，更详言训练之种种方法。有注重于使儿童为善者，有注重于使儿童不为恶者，今略述之如下。

第一种用格言。格言者，高尚之理想由经验而抽象之者。如爱人者人恒爱之，敬人者人恒敬之之类。儿童如缺乏此种经验，则安能知此种抽象之真实意义而度量其价值耶？欲其能实行之，难矣。

第二种用命令。命令当对于已有习惯者而施行之。如幼孩之未能言语步趋者，而命令之使其言语步趋，有何效乎？且即对于已有习惯者而屡发命令，则非起反抗，亦勉强行之耳。

第三种用暗示。暗示得免反抗而亦乐从。如表扬甲之敏捷，而因以鼓励乙之勤勉，厌恶丁之鄙吝，而因以坚信丙之慷慨，然未明示其理由，则暗示而为善即为善，暗示而为恶亦为恶矣。

第四种用理论。理论可胜反抗力，又能使衷心悦服且使儿童知其理由。如欲将自立立人，必先敬业乐群之意深入儿童脑中，则其趋向必有永久之功效，久而化之，即变为自动矣。然如不能胜其反抗力而使之衷心悦服，则反不如用命令、暗示之易有效果。盖有喜于作事、富于感情之学生，不甚注意于理解也。

第五种用模范。模范能于不知不觉中感化之,学生日受其陶养,而亦不自知其迁善改过者。然此种教员之人格,甚不易得,如能得之,则训练之方法,不足言矣。

以上五种训练,则注重于使儿童为善之方法也。

第一种用禁阻。禁阻能使恶性暂停止其活动,一时或有速效。如儿童之怒骂争斗,使之直立,使之独居,自可稍敛其迹,然略不注意又造他祸矣,盖此法非根本医治。故恶性不发于此,即现于彼,或较前更甚也。

第二种用防避。防避能使恶性无发现之机会,而自行消灭。如勿使儿童接触烟酒赌博之友朋与场所,则烟酒赌博之习惯自不易传染,然安能尽防而避之乎?故恶性之生长,仍不能免也。

第三种用替代。替代者,以可使为善之事物,更易可使为恶之事物也。如儿童喜作弄禽畜而使之养护,儿童喜呼号跳跃而使之学唱歌跳舞,因其性之所趋而变其所趋之道,若行所无事,然非徒止其弊也,又能进其德焉。

以上三种训练,则欲使儿童不为恶之方法也。

虽此种种方法,亦各有其利弊,然有优劣存焉。然虽有优劣存焉,亦惟教育者能善用之耳。

## 四 激励法

激励之方法有二,其一则诱导儿童使之为善,其二则惩戒儿童使不为恶。而此二者之运用,有对于儿童卑下之愿望而诱导惩戒之者,有对于儿童高尚之愿望而诱导惩戒之者。根据于心理学家试验之效果而判断之,则与其用惩戒,不如用诱导。盖抑制则摧残儿童之能力,启发则扩张儿童之能力也。而诱导与惩戒儿童之愿望,则当自其卑下而渐至于高尚。盖有卑下之愿望者,成卑下之人格,有高尚之愿望者,成高尚之人格也。请再分别言之。

### (一) 如何惩戒儿童使不为恶

1. 申斥

如欲申斥,勿责问其既往,当警戒其将来,以示其改过之道,勿发之于公众之地,当行之于静密之室,以养其廉耻之心。此法宜酌用之。

2. 体罚

如欲体罚,非万不得已,则不宜用。盖此法甚有害于生理也。

3. 停学

停学甚妨害功课,而惩恶劝善又为学校中应有之责任,不宜放弃。且此种学生,其不良之习惯或即传染于家庭，或其家人已无从惩劝之者，故用此法无甚大效。

4. 开除

开除学生，于学校果少一不良种子，于社会则多一为祸根源。留之于学校，其为恶犹小，纵之于社会，其为害更大，故能免用此法则免用之。

(二) 如何诱导儿童使之为善

1. 记分列等之评判

用此方法，其利则可记录成绩，预备稽查，报告父母使知情形，鼓励学生勉用心力；而其弊则教师与学生或误以分数等第为目的物，而反轻视功课，宜矫正之。

2. 比较胜负之奖赏

用此方法，其利则可鼓动儿童之竞争心，而其弊则能鼓动儿童之竞争者，惟前列数人耳，列于后者，自知无望而不竞争矣。且此种鼓动法，易发生嫉妒心与自私自利心。补救之法，奖赏宜勿以分数断之，而以等级定之，则竞争者稍众，而嫉妒之心不易起矣。然其自私自利之心，则非重团体之竞争，尚不能消灭之也。

3. 陈列学生之成绩

此方法之利，可以发达儿童之竞争心与爱校心，其弊则但注重形式而常忽略实际，且但可以发表有形之字画等，而不能代表无形体之语言等也。

4. 利用教师之赞美

此方法之利，能适合儿童之天性，其弊则或用之过多过少，或非真心赞美者，或赞美其学业之进步，非由于勤勉从事而由于天资高明者，则赞美之功效失矣。

5. 豁免应尽之责任

如考试等事，乃学生应尽之责任也。以欲激励而豁免之，则豁免者失考试之利，而不豁免者，且以考试为罚者矣。

6. 特许额外之权利

如欲激励，而命学生之善者为级长等，则甚有益。盖为善而受荣，又使之办公益而以为受赐也。惟宜常更易之，使多数人皆能练习之也。然如欲激励而命学生之善者坐前位等，则即有害。盖使耳目不灵便之学生常坐后列，则有碍卫生，使天资甚高明之学生常坐前列，则易成骄惰，皆非所宜也。

7. 发扬学校之荣光

若但使学生能爱校，而勿专务声名，自矜过度，则甚有利益者也。

8. 希望意想之实行

意想之目的，如责任，如自重，如牺牲等，均甚高尚者。如能根据此种种意想而实行之，则甚完美，惟当知学生如无经验者，则其意想亦不能真切，欲求实行，恐无大效。如学校中能使学生得经历此种种实验,则此因经验而生之种种意想,自然亦能真切,然后使之实行,必有极大之利益也。

以上种种方法,虽各有其利弊,然用之者能审慎而得其节度,则其弊自去,而其利自来矣。

## 五 感化力

用训练、用激励,则直接之管理法也。用感化,则间接之管理法也。其伟大之感化力有四。

### (一) 教师之人格

所谓教师之人格者,即教师之种种性行也。教师之种种性行,如和爱,如忍耐,如果敢等,能养成之,使学生钦佩,则其感化力必甚伟大。

### (二) 课业之趣味

种种缘由,使学生对于课业无趣味者,如校舍与校具等不合卫生也,如课本之不善、程度之不合也,如学生之生理与心理有缺憾也,如教师之言语举动无精神也,皆有极大之影响者也。如能廓除此诸弊,而使学生对于课业有种种之趣味,则课业之本体即能发生伟大之感化力。

### (三) 校风之陶养

视之不可见,听之不可闻,学生之精神均寄托于其中而不可须臾离者,校风也。如欲养成之,则宜注意于唱校歌、礼校旗、学级纪念、全校会集等事,如因此而养成适当之校风,则其感化力亦必伟大。

### (四) 社会之信仰

学校所定之方针,社会之舆论得以左右之也。故学校如能时开恳亲会、展览会等,而教师又能时访学生之家族亲友,课业则务求适合于社会之需要,而又使学校为改良社会之中心,则社会自然信仰此学校矣。如此信仰,传播于学生之家庭,则学生亦因家庭之信仰而信仰之,此尤能发生伟大之感化力者也。

(本文系郭秉文回国后在江苏省教育会的三天演讲,原载于《教育杂志》1916年第6卷第12号、第7卷第1号和第2号,著作单行本由商务印书馆1916年出版。)

SERIES 2

第二輯

# 中国现今教育问题之一：职业之引导

（1915年1月）

我国之办教育，已二十余年于兹矣。费无数之金钱，过如许之岁月，而成绩甚少，进步甚迟者何也？我国教育界有公言矣，曰：教育不切于实用也。夫教育不切于实用，则凡教授、训练、管理等，必不能深合于社会之需要，人人知之。虽然，如欲教授、训练、管理等，深合于社会之需要则奈何？余以为非于发达学子身心之外，复注意学子职业之选择，而予以正确之引导不可也。兹将英美职业引导之状况，以告我国之执掌教育者，而谋所以施行之，可乎？

往时社会生活简单，职业较少。人之职业，父传其子，世代相承，选择职业，事至易易。迨乎近世，生活状态，日趋复杂，职业种种，不可胜数，人之职业，非尽家传。是以选择适宜之职业，乃少年时代之极难问题。选择不当，虽不致一失足成千古恨，而无形之中，宝贵之光阴与精神，其丧失已不知凡几。盖晚近之职业，非经几度之预备与练习，不能为功。丧神失时，其为害不独及于一人，且影响于社会。是故代选职业之责任，不但个人之父母当负之，他若学校与国家亦当以之为重要之职务也。

父母为子女选择职业，乃自然之引导，观乎"佛兰克令传"，其言益信。佛君为美国著名之政治家与科学家，尽人皆知。书尝言其父引彼至车匠、铜匠及水木匠各工作参观，因而探其志之所在，故事业之成功，其父亦与有力焉。是以人之父母，乃自然之职业引导者，且必乐为之而毋庸劝也。然恐未必能尽善耳，盖欲为正当职业之引导者，不可不知各种事业之情形、利弊、机会以及其他种种之要素。然世界之职业无穷，而一人之经验有限，故为人父母，欲为其子之正当职业引导者，不其难乎？是以此种责任，不归于社会之各团体分任担责，难期收极良之效果。

在世界文明各国中，凡中央政府与地方政府、教堂、学校以及各种社会等，皆视职业引导为其分内之事。夫世界所以有职业引导者，乃由教育与慈善团体之进步而发生者也。其宗旨则欲使人之父母与子女，得以略知商业、工艺与各种职业之梗概，及如何预备之方法，免其选择职业有所不当，而害及人之康强与精神也。但读者不可误以职业引导为代人介绍职业者。虽介绍职业，亦其事务之一端，然实非其重要者也。

美国波斯顿城，在一千九百零七年前，职业引导之事已显征兆，若儿童俱乐部与社会教育机关，皆热心此事之进行者。及学者佛兰克派生氏创设职业引导局于波城民政部，而其事遂盛行。至一千九百零九年乃推广其办法，委任局长，专司其事，搜集各种职业之事述及工业统计等，且发表教育上之种种机会，以供研究，于是遂大得事业家、教育家与办社会事业者之欢心。波城学校委员会，亦选定一职业引导会，与该局协同进行，其宗旨则欲学生与父母教习，深知生活之价值也。兹将波城职业局之最要事务，分别缕述如下：(一)中小学校各派职员专司其事；(二)演讲职业情形于小学毕业生；(三)介绍毕业生就职后复随时指导而考察之；(四)局中有种种表簿，关于中小学生毕业后之营业情形者；(五)凡各种事业之工资、雇佣之久暂、升迁之程序等，皆访查搜集而宣布之。观以上职业引导局与职业引导会种种之职务，受其利益者，且不独学生与其父母，即教员亦可以集思广益，开拓心胸，了然于外界之情形。他若佣主与被佣者，深明职务之性质与彼此之关系，而和衷共济，则股肱之效亦不难立覩。是则该局与该会对于学校、家庭或工商等业，实为一极有价值之机关。然其最大之功效，则在学生与其父母，盖彼等既得该局与该会之引导，于各种职业之状态，已略知其梗概，遇有机会，则不致贪一时薪水之优，而茫然就不适宜之职业也。

职业引导局并发行种种公报，凡关于机器、银行、面包、茶食等制法，建造学、布景法、杂货商、簿记会计等事业，皆分门别类，解说详明，如营业之法、分配之道、机会之多少、学业之程度等，并详加评判焉。该局又有演讲会，专为养成办事者而设也。后于一千九百十一年，更设立一学校，附属于哈佛夏季学校中，专授工艺与科学，是该局于职业引导之一途，益臻美备矣。

波城除职业引导局与职业引导会外，尚有家庭学校联合会、少女艺术会及妇女地方议会，皆共同协办此职业引导事，惟其办法稍有参差。今且略述如下：(一)波省家庭学校联合会，除以上所述种种办法外，又常讲演关系于选择职业之事。(二)少女艺术会之重要职务，则为自十四岁至十八岁之少女，谋职业便利起见，给予正确之引导，并发行各种公报，凡关于电话、钉书、速记、打字、保姆诸职业，其性质与练习法、酬劳例，皆详言其原委与变迁。(三)妇女地方议会之进行法，较诸以上二会，微有不同，于该会中选出会员，专调查种种职业之机会，以告子女父母教习等，使选择职业者不致有错误而徒费金钱精力也。

波城职业引导事业，既著成效，而其办法即风行与全国。当一千九百十年，波城开全国职业引导会，若纽约、芝加哥、喀莱夫兰、劈此堡费、来特尔费、圣路易诸大城，皆派遣代表，筹议职业引导进行之方法，猗欤盛哉！

职业引导事业之在英国，亦颇发达。若伦敦、海姆斯策、塔不列治之学徒会与技士雇用会，皆尽心于此种事业者也。时或发行男女儿童所用之手册，此种手册乃专教男女儿童如何选择职业之方法，且使彼等学习职业而进学校。他若教育委员会与

# 第二辑

| 中国现今教育问题之一：职业之引导 |

他种委员会，亦甚留意于儿童职业之练习，并使彼等得适宜之位置。近今英国又有一极有关系于引导职业之举动，即议院于一千九百零九年与一千九百零十年，所通过之工业与教育两大议案，后得教育部之批准。教育行政官有考察各种职业情形之义务，且随时教导之，使十七岁以下之男女儿童选择适当之职业也。而实业部又与教育部协办引导之事，同时教育、实业二部发行一种公文，载有凡男女学生毕业学校之后，于六个月内归教育行政官记录姓名、介绍位置，并劝父母延长子女教育之期限，而实业部则补助所需之经费，且与地方行政官协办职业引导之事。

至一千九百零八年，苏格兰爱丁堡城之学部，亦设立一教育通信与职业雇用局，得实业家、宗教家与办社会事业者之赞助。初甚注意于自十四岁至十七岁之青年，使进学校，继又为之介绍职业，并与以正确之引导者。至一千九百零九年，苏格兰复通过一教育议案，使地方学部得另筹经费专办职业引导之事，亦可谓知所先务矣。

夫英美之职业引导事业，注意若是，故教育日趋于实用。默察我国，则求学之士，孜孜矻矻，焚膏继晷，毕业于中小学校，而无力研究高深学问，又不能得一栖身之地者，所在皆是，此岂惟所学非所用哉？毋亦于选择职业之道，有所未备也乎？夫以当今吾国教育，尚未普及，彼毕业于学校者，已供过于求，若教育大兴，则毕业于学校者，且多于鲫，得职业之困难，则必倍蓰于今日，势非流为高等游民而不止也。则教育为世诟病，学生被人唾弃，在所不免矣。论者或曰：工业窳败，事业消沉，故人浮于事，此固然也。然社会无种种之团体，以引导少年选择适当之职业，而预备之，则工业何由精进，事业亦何由发达乎？故引导少年选择适当之职业，诚重要事也。此重要事，虽非学校独任其实，然学校则当其首冲。盖学校之于学子，操练身体、灌输智识、养成道德，固为其分内之责任，而于学子终身之职业，视之若秦人之与越人，漠然无所动于其中，不先为之预备，而一任其萍踪飘流，自寻际遇，幸而有得，亦未必能用其所学，若不幸而无所事，则非特不能有益于社会，则将有累于家庭，如是而欲得社会之信仰，家庭之欢心，是犹南辕而北其辙也。即学子毕业后，经济薄弱，选择职业，何去何从，遽难自决，其希望学校，为之引导，亦势所必然。故学校中如能选定一职业引导会，专司学生职业引导之事，甚有益者也。然此等会员，必富于职业之知识经验者，方能胜引导学生选择职业之任。而学生之学识才能亦当随时考察，更以关于职业之事开会演讲，因势而利导之，则学生之选择职业得有所遵循矣。夫学校而不办职业引导会则已，若果办之，则必受家庭社会之欢迎。一校行之有效，则推及于全国，我国教育之前途，庶几有为！

（原载于《东方杂志》1915年第12卷第1号）

# 五十年来中国之高等教育

(1923年2月)

吾国各级教育,均在幼稚时期,高等教育,视欧美尤瞠乎其后,然于五十年之长期间,中作一总体的观察,亦非无进步之可言,其学制之因革,趋势之变更,则更灿然可睹,今先述其制度沿革,次陈现在概况,终以高等教育重要之问题,供读者研究考览焉。

## 一、高等教育制度沿革

(见《中国之高等教育》)

## 二、高等教育概况

### (一) 大学

北京大学与我国新教育同时产生,光绪二十四年已雏形粗具。北洋大学开办于光绪二十一年,山西大学开办于光绪二十八年。终清之世,大学仅此三所。民国初年议全国设四所大学,一在北京,一在南京,一在武昌,一在广州。而人才与经费,均未许即见实施。八年始有西南大学之计划,筹备虽粗有端倪,又以政治纠葛中辍,至十年南京东南大学正式成立,除北京外巍然奠一国立大学之基础焉。私立大学之经教育部认可者,元年武昌立中华大学,二年北京立中国、朝阳二大学,然皆仅政治、经济、法律科所改组,未易为高等学术之中枢。八年南开学校增设大学部,十年陈嘉庚氏捐资建立之厦门大学亦正式成立,私立大学,稍树风声,此后发展或未有艾。兹列现在。各大学概况如下表:教育部编《教育统计图表》,至五年为止。下表根据十年五月调查之各大学一览表,不足则参考各校章程、一览、报告及十年教育年鉴,(Educational Directory and Book of China, 1921)补入,错误遗漏,必所不免,幸读者校正之。

# 第二辑

| 五十年来中国之高等教育 |

1. 国立大学

| 校名 | 分科 | 学生数 | 教员数 | 职员数 | 常年经费数（两） | 设立年份 |
| --- | --- | --- | --- | --- | --- | --- |
| 北京大学 | 本科预科研究科 | 2 361 | 273 | 46 | 706 710 | 光绪二十四年 |
| 东南大学 | 文理科教育科农科工科商科预科 | 2 622 | 175 | 101 | 601 409 | 民国十年 |
| 北洋大学 | 土木采矿冶金三科及预科 | 259 | 22 | 19 | 18 836 | 光绪二十一年 |
| 山西大学 | 文科工科及预科 | 747 | 56 | 27 | 119 348 | 光绪二十八年 |
| 上海商科大学 | 本科预科 | 291 | 16 | 15 | 45 920 | 民国十年 |

2. 私立大学

| 校名 | 分科 | 学生数 | 教员数 | 职员数 | 常年经费数（两） | 设立年份 |
| --- | --- | --- | --- | --- | --- | --- |
| 南开大学 | 文理科商科医科附中 | 222 | 13 | 7 | 60 000 | 民国八年 |
| 厦门大学 | 文科理科商学科 | 130 | 11 | 15 | 120 000 | 民国十年 |
| 中国大学 | 本预科及专门部 | 1 557 | 77 | 24 | 30 090 | |
| 朝阳大学 | 本预科及法律经济专门部 | 608 | 45 | 9 | 36 600 | |
| 中华大学 | 文科预科及法律专门部 | 376 | 21 | 11 | 11 923 | |
| 复旦大学 | 文理商三科及中学预备科 | 500 | 34 | 14 | 80 000 | 光绪三十一年 |
| 大同学院 | 大学预科英文及数理专修科中学 | 450 | 25 | | | |

3. 酝酿中之大学

近各省多议设大学，如广州之广东大学，浙江之浙江大学，保定之河北大学，奉天之东三省大学，湖北之武汉大学，云南之东陆大学等。

近年国立私立大学，新创者、改组者，风起云涌，成一潮流，其原因亦有数种：新文化运动后，学生之智识欲骤增，无高等学术机关，不足餍其热望，一也。中学毕业生渐多，需升学之地，二也。已有之高等教育机关，基础渐臻稳固，向上发展，为自然之进步,三也。政略家视学校为植立特殊势力之机关,争储人材,为政治活动之准备,四也。

## (二) 专门学校

专门学校,包括前清高等实业学堂,及法政学堂、法律学堂各项学校。民国初年,教育部直辖专门学校,设在北京者,计政法、工业、医学、农业四所。后又增设美术专门一所,五年又在武昌设商业专门一所,计六校。前清高等实业学堂成绩较著,办理较久者,为邮传部之唐山路矿学堂及上海高等实业学堂直隶高等工业学堂等(邮传部二校民国成立即属交通部称工业专门学校,十年合并改组为交通大学,参阅下"特殊学校"节)。下表是现在部立公立私立各类专门学校统计班:

| 种类 | | 法政 | 医学 | 农业 | 商业 | 工业 | 美术 | 外国语 |
|---|---|---|---|---|---|---|---|---|
| 校数 | 部立 | 1 | 1 | 1 | 1 | 1 | 1 | 1(外交部立) |
| | 公立 | 21 | 4 | 6 | 4 | 8 | | 2 |
| | 私立 | 14 | 4 | | 1 | | | |
| | 共计 | 36 | 9 | 7 | 6 | 9 | 1 | 3 |
| 学生数 | | 7 361 | 932 | 774 | 815 | 1 314 | | 543 |

上表所载事实据最近教育部行政纪要、十年三月全国商业外国语专门学校一览表、十年教育年鉴等。

## (三) 高等师范学校

高等师范学校前清称优级师范学堂,各省都有设立者。民国元年,教育部定高等师范学校为国立,规定地点,酌设六校。九年复就北京女子师范学校建女子高等师范学校(参阅下《女子高等教育》段),兹附六校概况一览,以资考镜:

| 校名 | 分部 | 学生数 | 教员数 | | 职员数 | 常年经费数(两) |
|---|---|---|---|---|---|---|
| | | | 专任 | 兼任 | | |
| 北京高等师范学校 | 国文英语史地数物理化博物 | 681 | 24 | 68 | 37 | 367 000 |
| 武昌高等师范学校 | 国文英语史地数物数理化博物 | 262 | 12 | 22 | 16 | 92 000 |
| 沈阳高等师范学校 | 文史地数理化博物英语 | 253 | 10 | 14 | 12 | 82 000 |

(续表)

| 校名 | 分部 | 学生数 | 教员数 | | 职员数 | 常年经费数（两） |
| --- | --- | --- | --- | --- | --- | --- |
| | | | 专任 | 兼任 | | |
| 南京高等师范学校 | 文史地数理化教育体育农业工业商业英文科 | 279 | 34 | 2 | 21 | 119 000 |
| 广东高等师范学校 | 英语国文博物数理化文史部图工专修科 | 248 | 21 | 25 | 11 | 54 630 |
| 成都高等师范学校 | 国文英语数理博物部图画手工专修科 | 388 | 21 | 19 | 30 | 10 000 |

上表所载事实据教育部行政纪要。

（四）特殊学校

此际特殊学校，指教育部学校系统以外所建设之高等学校而言。以其于教育发展上极有影响，不得不特别注意。兹分 1. 交通部立。2. 外交部立。3. 公立各校略述之。

1. 交通部辖高等教育机关，原有北京邮电学校、铁路管理学校、唐山工业专门学校、上海工业专门学校四所。其唐山一校创立于前清光绪三十一年，上海一校，渊源尤早，建设于光绪二十三年，旧为南洋公学，二十余年中，所植专门人材，表见于社会者蔚起，成绩尤著。民国九年，交通部议将四校合并组织交通大学，经国务会议通过，由铁路收入项下提出九十万元为开办经费。设大型总办事处在北京。北京学校设铁路管理、电信两科；唐山学校设土木工程一科，分铁路工程、构造工程、市政工程、水利工程四门；上海学校设机械工程电机工程，分电力工程、有线电信、无线电信三门。

2. 外交部立之高等教育机关有二。一为俄文专修馆，一为清华学校。清华学校系美国退还之庚子赔款所设立。开办于前清宣统三年。其事业分留美学务处及学校二部，学务处选派优越学生资给赴美留学；学校原为游美之预备，近年学业程度，已当美国之初级大学，有改办大学，即就毕业学生中，择尤派美之计议，至今未见实行。

3. 公立专门学校之具特殊性质者，有同济医工专门学校，原系德人在华之教育事业。开设于前清光绪三十三年。分医学、土木工程、机械工程三科，规模渐臻完全。民国六年对德宣战后，由中国董事会接收管理，经教育部备案，并由部筹济款项,以资维持。其教授及设备上,至今为中德协助之一种教育事业焉。又南京有全国水利局河海工程学校,民国四年成立,专培养水利专门人才。经费由直隶、山东、江苏、浙江四省分任之。

### (五) 概论

吾国施行新教育,先办大学,基础不立,成效难期。始知中小学校为尤要,然中小学教育,当重师资,培养师资,尤需师范及研究师范教育,如何发达,则又知非有高深之高等师范及大学不为功。转辗推求,至今日大学潮乃特盛。持平言之,人才教育与普通教育,须平行发展,未容偏废。至近年私立大学之增多,为高等教育一良好现象。盖私立大学,比较易于自由发展,而经济独立,又可补公家之不足也。

## 三、外人经营之高等教育

### (一) 教会学校

耶稣教会在中国经营之高等教育事业,渊源既深,影响甚大,论外人在华经营之高等教育,应自教会之高等教育始。

1. 其历史

距今七十七年前(道光二十五年),美国圣公会主教博文氏立学校于上海,后名约翰书院。同治十年又立学校于武昌,后为文华书院。至光绪末年,先后正式成立大学。同治三年,美国长老会狄考文氏设文会馆于山东登州,同治五年,英国浸礼会设广德书院于青州,后二校合并,为广文学堂,设潍县。至民国六年又与济南之医学校青州之神学校合组,为齐鲁大学。美国美以美会于光绪十四年立汇文书院于北京,十九年公理教会设潞河书院于通县(后与伦敦公会合办改协和大学)二校合组,成今之燕京大学。美国监理公会林乐知氏于光绪七年创立中西书院于上海,该会又于光绪二十三年设中西书院于苏州,至二十七年,改东吴大学。在南部之美长老会自光绪十一年,即在广州澳门经营学校,至三十年结晶为广州岭南大学,此外如金陵大学、沪江大学、华西协和大学等,亦皆教会高等教育机关之荦荦大者。教士之视教育,初不过为宣传宗教活动之一种。然能以牺牲的精神,切实的方法,惨淡经营,始终不辍,以简陋之初基,亦渐应时势之需求,进而为高远之计划。其获今日之成绩,盖有由也。

## 2. 其现况

民国八年教会各大学联合组织中国基督教会大会协会,为共同研究教会高等教育之机关,其会员如下:北京燕京大学、济南齐鲁大学、南京金陵大学、南京金陵女子大学、苏州东吴大学、上海圣约翰大学、上海沪江大学、杭州之江大学、福州福建协和大学、广州岭南大学、长沙雅礼大学、武昌文华大学、武昌博文书院、成都华西协合大学。以上十四校,均设完全大学文科,大半设大学理科,此外所设专科如下:林科——金陵,农科——金陵、岭南,法科——东吴,医科——齐鲁、约翰、雅礼、华西协合,神学科——燕京、齐鲁、约翰、沪江、文华、华西协和,商科——金陵、沪江,畜牧科——燕京,教育科——沪江,工业化学科——东吴、沪江,社会学科——沪江。据民国九年之调查各校概况如下表:

| 校名 | 大学本科学生数 | 中国教员数 | 外国教员数 | 常年经费数(两) | 资产数(两) |
| --- | --- | --- | --- | --- | --- |
| 燕京大学 | 273 | 12 | 23 | 152 000 | 245 000 |
| 齐鲁大学 | 233 | 85 | 33 | 136 000 | 350 000 |
| 金陵女子大学 | 60 | 2 | 8 | 12 000 | 21 000 |
| 金陵大学 | 233 | 34 | 25 | 103 000 | 434 000 |
| 东吴大学 | 178 | 18 | 10 | 60 000 | 175 000 |
| 沪江大学 | 173 | 16 | 20 | 59 000 | 305 000 |
| 圣约翰大学 | 239 | 32 | 28 | 120 000 | 500 000 |
| 之江大学 | 44 | 9 | 10 | 22 000 | 100 000 |
| 福建协和大学 | 119 | 3 | 8 | 41 000 | 46 000 |
| 岭南大学 | 81 | 25 | 33 | 370 000 | 500 000 |
| 文华大学 | 77 | 24 | 12 | 50 000 | 235 000 |
| 雅礼大学 | 114 | 5 | 25 | 33 000 | 136 000 |
| 博文书院 | 35 | 10 | 4 | 14 000 | 30 000 |
| 华西协合大学 | 116 | 14 | 21 | 50 000 | 250 000 |
| 总计 | 2 017 | 211 | 254 | 1 222 000 | 3 437 000 |

其不在该协会中之学校,尚有十四五所,亦称"大学"。然实际上多只设大学预科或中学,如九江南伟烈大学、近单办中学、天津新学书院,仅于中学上加设一高等班。其有二年之"初级大学"程度者四校:奉天文会书院、宁波斐迪学校、山西铭贤学

校、福州三一学校。至于岳州湖滨学校、福州华南学校（女子大学），似皆已设完全大学本科，不久亦可经该协会通过加入焉。

3. 教育部立案问题

教会所立大学，均依照外国法律成立，又给予学位之权。然前此未得教育部公式之承认。故凡国立大学或专门学校毕业生所有教育之资格，教会学校不愿照此种办理，其关系于学生者，不论在教会办学者方面，本不甚谙我国之国情，复失我教育行政机关之指导，因此愈形隔膜；在教育部方面，于其优良者不予褒嘉，于其较劣者亦不加限制，无异对于此一部分之高等教育，放弃其整理奖赏之职权。准此理由，所以有九年十二月十六日外人设立高等专门以上之学校，得援私立学校法令之例，开具事实，呈请办理，"以泯畛域而期一致"之部令也。自此项规程公布后，虽有按照手续请求立案，并由部指派委员视察报告者，然实际上之承认，亦尚不多。虽亦因办法未尽合宜，程度尚欠完满，而最难之一点，则所谓关于学科内容，及教授方法，不得含有传教性质是已。此点亦根据现代国家教育应有之原则，而教会办学者，则别有其苦衷。本年燕京大学校校长报告书中有云："关于政府承认问题，已详细计议，本校处在首都，亦承其他教会学校委托，代为进行……然宗教取缔，苟不实在免除，则虽吾人渴望政府之承认，亦不能为之十分鼓吹也。"金陵大学校长报告书关于此事亦云："改宗教课程为随意科一层，不能不从各方面慎重考虑。本校为基督教同人之曾受宗教教育者所创立，教会所设学校，虽不以宣传教义为唯一之目的，而实为确定目的之一，公开宣布，人所共知。吾人深信所授之宗教课程，有根本的重要。欲忠于真理，即不惮尽力宣传。是否可任其作为有限制的或完全随意的课程，至可讨论。按之中国思想感情之现状，与留学生对于宗教之缺乏同情，虽组织本校各团体，肯予通融，而在教育方针上，亦属不智"。云云。

## （二）私立学校

洛克菲勒基金团中国医学部于民国四年于北京教会所办之协和医学校联合办理，而大事扩充之民国五年在纽约州立案，为医科大学，六年医预科开校，八年医本科开校，十年全校及医院正式成立，该校设备完善，程度提高，经费与人才均极充裕，将来此洛克菲勒私立学校，或可为远东医科大学最优之一云。

杭州广济医学校，系英人梅滕更所立，虽规模较小，而成绩尚优云。

## （三）殖民地大学

香港大学设立于前清宣统三年，分文医工三科，此校于普通入学试验外，有高级、初级两种甄录试验，完全仿照英国学制。民国九年，牛津大学承认香港大学，与殖民地及印度大学得同等之地位，剑桥则认其为一联络之学校焉。

(四) 概论

外人在华所立学校，除极少数慈善团体私立，研究专门学术者外，多少具政治或宗教的色彩。教会学校影响于国民思想学术尤深，就其总体论之，其已具之优点，大旨如下：1. 外国文之教授较贯彻，学生有听讲及参考外国著作之能力；2. 学生受严格的训练，人格之感化，养成个人及社会的健全良好习惯；3. 提倡体育较早；4. 学校内有社会服务之精神，诱导学生组织的能力。至其缺点，亦有极彰明者，如 1. 因片面的外国文字教育，学生于国事知识及国文并欠缺；2. 学生对于学术，除修习学程外，未有极深研究的态度，故于世界思潮之输入，比较的少所贡献；3. 因设备比较的简单，理工等科，未充分发展；4. 学生于中国文化太少欣赏，于国情亦多隔阂，参与社会活动时，即格格不相入。以今日教会教育家之苦心孤诣，力求改善，假以岁月，上项缺点，或可消弭尔。

## 四、女子高等教育

女子教育，为数千年习俗所忽视。前清施行新教育，所规划之女学，亦至师范及中学为止，高等教育阙如也。民国六年北京女子师范学校，始开办国文教育专修科一班。七年开办手工图画专修科一班。为改建女子高师之准备。前年国立女子高等师范学校成立，方有一女子高等教育机关，然近以经费每多积欠，基础未坚，扩充匪易。现设高等部中学部小学部蒙养院及补习部。高等部分预科本科专修科讲习科。本科设国文外国语数理化博物家事等部。专修科分音乐体育二科。

教会所立女子高等学校凡三所：一为北京协和女子大学，现归并为燕京大学女校；一为南京金陵女子大学；一为福州华南学校。前二校均设大学本科，华南则仅初级大学。女子医学校，则北京有协和女医校，广州有夏葛医科大学。师范则有苏州景海女学（初级）。此外上海之圣玛利亚高等女学校中西女塾二校，创立均逾二十年，成绩尚著，或可视为初级大学也。

北京大学与南京高师于民国八年起，兼收女生。东南大学南京高师及附属学校本年女生有二百二十五人之多。北京高师广东高师亦已兼收女生。此外私立学校如大同学院，教会学校如岭南大学沪江大学，医学校如北京协和，亦皆男女生并收，不加限制，男女同校，成绩已验矣。

现在女子高等教育,幼稚自不待言。急起直追,最切要之建议,约有三端:(一)尽量推行男女同校,一方面少设女子高等教育机关,经费师资,并可集中而节省;一方面女子学业程度,可以逐渐提高。(二)改进女子中小学教育,此为根本问题,现在大学及专门学校,虽开女禁,然女生入学试验合格者,究极少。女子中小学教育不整理改良,高等教育无从推广。(三)提倡女子职业,女子既有高等学术,必社会上职业亦同时开放,容纳女子,方有用途而资宏奖。否则学校与社会,歧为两橛。女子高等教育亦无从发展也。

## 五、海外留学

留学之历史,应回溯至同治七年。时容闳条陈当道,请选聪颖子弟,往美国游学。曾国藩赞助其议。定录取一百二十人,分四期遣送,每期三十人,修业期限为十五年。学生年龄,自十二岁至十四岁,同治十年,政府命容闳陈兰彬为游学监督,护送第一期三十人赴美,陈氏为教授中国文字焉。至光绪十年第四期学生抵美。二年,改派吴子登氏为监督。吴氏拘墟腐旧,痛诋学生之学业与操行,闻于政府。会美国行禁止华工入口之法案,御史请停止游学,撤回所派学生,光绪七年学生百余人,遂辍学回国,容氏计划竟而挫阻。

同时光绪二年,福建船政局资派学生四十六人,分赴西洋习造船驾驶之术。此其计划,虽较小,而后来学生学程归国,收效殊宏。光绪戊戌而后,江南湖广各督抚,均资送出洋学生。二十七年,政府令驻外使臣认真考察学生之学业品行,凡毕业得有文凭者,资遣回国应试,予以出身,张之洞荣庆等并奏请派老成而中学具有根底之翰林亲贵,出洋游历。考其成绩,分别奖励。在外五年者为一等,在欧美二年者二等,在日本一年者三等。不满一年不给奖励。

光绪三十三年,始派留欧学生监督,翌年,派留日学生监督,留美学生监督。三十三年夏江苏考出洋学生,女生亦得应试,录取男生十人,女生三人,资送游学。明年浙江举行同样之考试。宣统元年,美国退还庚子赔款,作为出洋游学经费,第一届举行考试,录选四十七人。同时北京筹办清华学堂为游美学生之预备。特派监督一人驻美,料理此项学生。自是每年选派,其以清华费游学回国者已数百人。河南所设游欧学美预备学校,亦资派赴美学生。

最近在美国所刊之留美同学录中央经费省费清华官费私费学生凡九百十四人兹按所习学科,分配如下表:

# 第二辑
## 五十年来中国之高等教育

| 工（土木机械电器化学铁路等） | 商（商业管理银行经济等） | 数理化及生物地质 | 教育及心理 | 农林 | 医药 | 大学本科（普通） | 政治 | 历史及社会学 | 化学工业 | 纺织 |
|---|---|---|---|---|---|---|---|---|---|---|
| 290 | 141 | 69 | 52 | 47 | 47 | 46 | 40 | 19 | 15 | 15 |
| 文学哲学 | 法律 | 神学 | 财政 | 铁路管理 | 教育 | 音乐美术戏剧 | 陆军 | 图书馆管理法 | 其他 | 总计 |
| 14 | 13 | 10 | 9 | 8 | 6 | 5 | 3 | 1 | 64 | 914 |

留日学生，自戊戌以至清末皆极盛。其时奔走国事者，多亡命日本，讲学撰文，鼓吹排满。又以年长有志者，修习西洋文字不易，研究新学，惟有以日本为终南捷径。然考其所造，亦极肤浅。大半仅攻法政，又未能入大学，只于所谓法政速成科或简易科听讲。其学师范者，亦止于速成科。能考入官立大学、高等学校、高等师范者，即得补官费，然不多也。自革命以后，留日者锐减，盖多数人觉悟陈旧之法政讲义，无复多大之教育价值，欲研究理工，还须直探欧美，又政治逋客亦少，加以国事之愤激，人多不喜赴日。其盈千万之法政学生，回国者多能参加政治活动，然国民已知注意实学，即现在留日者，亦以工科为最多。吾人试详细一观上列留美学生学科分配表，及下列之留日学生表，即可知此数年之勇猛进步，有足跃然自喜者矣。下表据教育部第四次教育统计图表：

| 工 | 医 | 法 | 师范 | 预备 | 商 | 农 | 理 | 文 | 其他 | 总计 |
|---|---|---|---|---|---|---|---|---|---|---|
| 363 | 174 | 173 | 97 | 70 | 68 | 55 | 28 | 14 | 44 | 1 086 |

留欧学生，本无留日留美之多，因日本费用较省。美国则有清华游学之经费，故赴之者众也。据教育部统计如下：

| 工 | 法 | 理 | 文 | 医 | 农 | 商 | 海军 | 预备 | 总计 |
|---|---|---|---|---|---|---|---|---|---|
| 76 | 35 | 24 | 12 | 10 | 8 | 6 | 6 | 7 | 184 |

上表事实，尚系民国五年之调查。其后教育部迄未刊行统计。按之现在实况，相差已极远。而最大之二变动，一即战后留德之骤增，一即大批俭学生及勤工俭学生之赴法，是也。

国人对于德国学术之推崇，不因欧战而稍异。战后又值德币大跌，留德不难，故去者愈众。尤以前青岛高等学校及同济医工学生为多。惜无统计，不知其确数耳。

至俭学运动始于民国初年。俭学会于元年成立,宗旨以纳最俭之费用,求达留学之目的。吴敬恒等实提倡之。勤工俭学会于四年成立,以"勤于工作俭以求学"为目的。李煜瀛、蔡元培氏等主张之。自是内地苦无相当求学之地者,咸典装鬻产,自备资斧赴法。虽无正确之统计,约数殆一千七百余人。十年中法互动之教育事业,里昂大学成立,在国内试验合格,被送赴法者又若干人。近以生活日昂,工作难觅,勤工俭学生在法无可维持,已有数批被遣归国。此后若何继续仍一最费研索之问题也。

## 六、学生之课外作业

前清高等教育,训练多采严整的纪律。学生于学业外,无他活动,呆滞无生气,甚且染旧习惯之污;体魄精神,均乏修养,实与现代教育之原则,背道而驰。近年平民主义,宣传已广,教育趋向,随之变更。学校生活,亦呈现自由活泼之象。就其显著之事,略述数端:

### (一) 学生自治

多数学校,学生组织自治会,为施行自治及课外作业之机关。此于公众德性之陶冶,及国民品格之训练,均有关系,不仅校内管理问题也。就已得之经验论,评议及执行性质之部分颇示一种判断力、秩序及应付事务能力。惟公断或纠察性质之部分,则往往有混乱不宁之状。盖一新习惯之养成,原非一蹴而就可及也。

### (二) 学艺组织

自"新文化运动"后,学生"智慧欲"勃起,研究学术之兴味颇浓。课外有各种研究会之组织,其尤可贵者,研究结果,能以文字发表之,如北京大学以前所出之新潮国故,北京高师之数理杂志、平民教育杂志,南京高师之教育丛刊及其他各种丛刊等,皆斐然可观。教会学校,类有月刊,惟程度则较浅陋。北京大学与东南大学,并有日刊。南开、清华、约翰等均有周刊。至教师与学生公同组织之杂志,则有北京大学月刊,北京高师之教育丛刊,清华之清华学报等。

### (三) 体育

北京高师参加华北大学联合运动会。东南大学南京高师参加东方八大学运动会,并有体育主任,专任指导及体育上各种设施。其余清华南开交通大学沪校等皆以体育成绩见称。近北京大学，亦有注重体育之运动。我国参与远东运动会时各项选手，上述诸校，亦多有选手焉。

### (四) 社会服务

学生对于四围失学之儿童，及校内雇佣之校工，咸分其时间精神，为设补习学校。(夜学或星期日学校)行之极有成绩。至对于各项公共事业或慈善举动，常假游戏或他种方法，加入协助。又关于普通国民知识，举行公共演讲，以启发一般社会，皆服务精神之所表见也。

### (五) 国事表示

八年国民愤巴黎和约山东权利之让与日本。群怨政府中二三个人之断送国权，激昂已极，学生遂起而抗争，成"五四运动"一段历史。学生联合会，继之以鼓吹抵制日货，奔走呼号，社会确为之一醒，其后外交上始终坚持拒签和约，此学生运动，不可谓非一有力之民意声援。学生对于国事之热度，亦从此增高。虽间有逾越范围之行动，然其关心国是，表示舆情则未可尽非也。

### (六) 评论

课外作业，为学生自动的精神所表现。无论在学问上、艺术上、体育上，皆应与学校课程同一注意。教育家宜尽量发展而指导之。至非常之举动，如学校行政之干涉，国事愤激之表示，缘之而发生罢课之举动，则当视为学校最大之牺牲，而不可轻易尝试。近外国教育家之视察我国学校者，对于学生运动，多有恳切之批评，如孟禄博士，屡言学生罢课与反对考试，为自杀政策，罗素谓自治与训练应并重，社会上需领袖人才，亦须协助而受领袖之人才是也。

## 七、现在高等教育诸问题

### (一) 教育经费

高等教育，因人才及设备上，需款均较他级教育为多。近年政局杌陧，致教育经费不但不能增加，即规定之原额，亦不能维持。如北京国立八校，每月十七万元，而屡以经费积欠，事业停顿。遂以罢课之牺牲，仍无确实之保障，后经阁议由交通部每月协助二十二万元(北京中小教育经费在内)，仍多拖欠，其指定之绥北森林公司产业,作为教育基金者,又并未能由教育部完全接管。至提议施行所得税,以七成充教育基金,亦格而不能行。京内外教育经费,如何能按期发给,正属疑问,则扩充无论已。补救之法,一方面应请政府指定的款或税源为教育经费,不准挪作别用;一方面提倡私人捐资兴学,或设奖学基金,以补充公款之不足。而根本解决,终须有诚实健全之政府,得人民之信任,则人民自乐于输将,税源充畅,斯国用不虞竭蹶,而教育费乃可宽筹也。

## (二) 共同讨论机关

现在大学及专门学校,尚无合组之联合会,或同样机关,从事共同比较及讨论。其结果则所办学校,无共同标准,无共同方针,在国外无人知我国高等教育之程度,在国内各校亦彼此无共同标准,致学生入学转学等,均极不便利。前年专门学校校长会议,会议决组织专门以上学校联合会,以国事纠纷,未能举办。至研究机关,近新教育共进社新教育杂志社,与实际教育调查社合并改组中华教育改进社。惟所研究者,为教育普遍问题,不专属高等教育一部分耳。

## (三) 培养师资

高等教育所需之教员,皆专门学者。在人才消沉之时,此种师资,尤感缺乏。其养成既难,社会爱护之亦宜倍至。愚意亟宜推行者,1. 优予俸给,使专门学者,无困乏之忧,庶用志不纷,得专一于学问。2. 提倡继续的研究,学术思想,推陈出新,无继续研究之功夫,则所学所知,必有"后时"之消。3. 予以游学及考察机会,专门人才,教授数年,常有游学及赴外考察之愿望。盖学然后知不足,教然后知困,故欲再一探最近学术界之蕴奥,以溶发其思想之泉源。主持教育行政者,宜有以辅助而奖励之。

## (四) 留学

留学为国内高等教育未充分发达以前之一种暂时办法。在经济上,及国家教育上,并有所牺牲。乃一般人视为唯一之高等教育,非此不足以言学术者,实一错误之观念也。现国内高等教育,已足为大学普通之预备,仅研究科尚未扩充。以后派遣留学,似应有以下二层之限制:1. 年龄较长,于中国文化、社会情形及需要,已谙悉者;2. 除本国无相当之专门学校者外大学已毕业,能直接入外国之大学院者。如是则人数减少,而实益可渐增。其所节之经费,平均每人每年二千元计算,六千人即得一千二百万,可维持大学十二所,以此款自建学校,延聘外国专家来华讲学,其经济所得尤小,而在国内研究,切适国内问题,所学不至流于空虚,学术所得为尤大也。

此外高等教育问题,亟待研究者尚多,兹以限于篇幅不能悉举,右列四端,粗发其凡而已。

(原载于《最近之五十年》,上海申报馆编印,1923年版)

# 十年度之高等教育

（1922年1月）

此一年中，虽以教育经费之竭蹶，致国立北京八校，屡陷于停顿之危境，然此外则高等教育机关之新创者，合并改组者，扩张者，颇呈璀璨之观，有足纪者。

## 一、国立大学之创立

国立东南大学，于本年正式成立，设文、理、教育、农、工、商等科，分二十二学系。设备上则除督军齐抚万氏捐资创建之孟芳图书馆外，尚有体育馆、中二院，及大学附属小学宿舍，粗具规模。其商科设上海，与暨南学校合办，为上海商科大学，设六学系，并有夜校，供商业界有志继续高深研究者求学机会，实吾国第一之高等商业教育机关也。

## 二、私立大学之增设及扩充

陈嘉庚氏捐资建立之厦门大学，本年先办商学、师范两部。南开大学则除文理科外，矿科、商科并次第扩充。北京协和医学校，经营数年，本年秋间，学校及医院全部开幕。

## 三、特殊大学

交通部所设北京邮电及铁路管理两校，唐山及上海两工业专门学校，合并改组，称交通大学。其经费以交通部育才费及其他筹得之款充之。其北京学校设铁路管理科及无线有线电信科。唐山学校设土木工程科。上海学校设机械工程及电机工程科。

## 四、酝酿中之大学

计议或筹办之大学，则有广州之西南大学、云南之东陆大学、保定之河北大学、

# 第二辑

## 十年度之高等教育

奉天之东三省大学、湖北之武汉大学、鄂州大学等。其倡议出自军阀者,因政潮之变迁,进行即不免随之延缓。

以上极简略之事实,粗示一年来"大学潮"之趋向。此"大学潮"之继长增高。原因亦有数端:"新文化运动"后,青年之智识欲骤增,无高深学术之中枢,不足以餍其热望,一也;中学毕业生渐多,须升学之地,二也;高等教育已有之基础,渐臻稳固,向上之扩张,为自然发展之结果,三也;政略家视学校为扶植特殊势力之机关,储养人才,为政治活动之准备,四也。

专门学校及高等师范,亦有提高程度改办大学之议,如北京农业专门之大学运动、男女高师两校合并为师范大学之传说皆是,均未能见实行。惟北京高师则于本科之上已设二年之研究科,亦提高程度之一计划也。

教育经费问题,经"罢教"之重大牺牲后,仍无切实之解决。政府曾有拨久不付息之华俄银行股款五百万元充教育基金之说。又指拨绥北森林公司之产业为补助,然教部派员前往调查,以地方表示异议,不能完全接收。至施行所得税,以七成充教育费之计划,亦因各方反对,不能实施。及首都学潮激荡,不可收拾,乃决定由交通部按月协济二十二万元之办法(连京师中小学校经费在内)。然暑假开校后,截至年底,又积欠三个半月。各省教育经费,亦时以积欠不发见告,如武昌高师之学生入京请愿校款,其尤著之例也。

留学状况,无大变更。对欧洲各国及日本之退还赔款兴学运动,亦仍未有若何良果。就中法示愿意,日亦示可商量,意无表示,英则殊持否认态度。留法机关,添一里昂海外大学,此为中法合作之教育事业,吴敬恒氏主持之。勤工俭学生,因生活费昂,又无工可觅,不能维持,设法遣送回国者已数起,俭学运动至是受一极大之打击。留学经费,则无论欧、美、日本,除清华学费外,皆极窘,此则同受国内政局之影响,而海外求学者亦感无限之痛苦焉。

学生运动,一年来渐趋镇静沈实之态度。一方面觉悟政治及社会问题,非简单的运动可解决,因而移其对外活动之精神,从事学校以内的活动,如学艺研究、出版物、学生自活等,均有稳健之发展;一方面教育家亦渐有明决之主张、适当的指导,如孟禄博士所谓"与其使学生干此种无目的的、无意识的对外运动,不如使其干有目的的、有意识的对内运动"其代表的言论也。

(原载于《新教育》第4卷第2期)

# 十年之教育调查

(1922年2月)

教育事业之改进,不能凭玄想与空谈,非先实地调查,洞察现状,严密批评,提出解决办法,无从进行。而从事此种调查批评之人,又非富于教育学识与经验之专家,不能胜任。此其所以难也。十年孟禄博士应实际教育调查社之聘,来华创始其事。同时英美教会,亦派一教育考察团来华调查教育事业,并吾国教育界极可喜慰之事,兹分述之:

实际教育调查社为严修、范源濂及南北教育家所发起,经费由各教育机关及学术团体捐认之。孟禄博士于九月抵沪,由沪赴京,商定调查事项为:(一)教育行政机关;(二)各种学校;(三)教师训练;(四)学校经济;(五)学校设备。调查团员有王文培、陶知行、凌冰、王卓然、汤茂茹五人。调查行程,以北京、保定、太原、开封等为第一区,南京、苏州、无锡、上海、杭州、南通等为第二区,福州、厦门、广州等为第三区,北京、济南、天津、奉天等为第四区。十月二日由京出发,十二月九日返北京,行踪所及,凡历九省。在广州并被邀参列全国教育会联合会大会,于新学制系统草案,多所指导焉。调查之结果,博士在北京、南京、上海谈话会上均有详尽之报告。大旨:(一)小学极满意。尚应:1.使学校与社会生活联络;2.改视学为教育指导员,辅导教师改良教育法。(二)中学最弱。1.因教授法太偏于讲演式,学生不能自动研究;2.科学不注重,少实验之机会。(三)师范学校,初级师范亦满意,惟校数太少,女子师范尤甚,亟宜推广。(四)职业教育。1.应使学生能自谋生活;2.所作物品,须能应社会的需要;3.所学工作,须有教育的价值。中国现在职业学校,宜多习手工,不可专重机械工。

至教育事业之发展,尚有二根本问题:即(一)文字改为简易问题;(二)政治改革问题。

而教育经费问题,则并不难解决,只须有良好政府,为筹集款项之机械,必能即致宽裕云。博士行前,实际教育调查社,又与新教育共进社及新教育杂志社合并改组为中华教育改进社,继续推行其事业焉。

外国教会,在华经营教育多年,久欲延派专家,来调查其成绩需要及与中国国家教育之关系,以谋改进。十年夏北美教会团体会议 Foreign Missions Conference 决定组织教育考察团,后英国教会团体亦加入,共选派专家数人,与教会在华教育家及

# 第二辑
## 十年之教育调查

中国教育家若干人共同进行。其专员如下：

褒敦 E. D. Burton 芝加哥大学宗教教授

褒敦女士 Miss M. E. Burton

白德菲尔 K. L. Butterfield 麻州农科大学校长

张伯苓 南开大学校长

贾腓力 F. D. Gamewell 中国基督教教育会总书记

葛理佩 H. B. Graybill 岭南大学教授

郭秉文 国立东南大学校长

兰葆女士 Miss C. J. Lambert 福州中西女学校长

刘女士 广州真光女学教员

罗本斯坦 E. C. Lobenstine

马素士 A. M. Mathews

裴德福 F. W. Padelford

洛斯比 P. M. Roxby 利物浦大学地理教授

露素 W. F. Russell 爱俄瓦大学教育科主任

德夫人 Mrs. L. Thurston 金陵女子大学校长

瓦勒士 E. W. Wallace

吴留女士 Miss M. E. Woolley 蒙霍理阿大学校长

司徒雷登 J. L. Stuart 燕京大学校长

考察团于九月抵中国，在北京会集在华之团员，决定考察之范围及行程，然后出发。视察至十一月完毕。在上海开讨论会，分股研究报告。全部报告，凡七编：(一)绪言，述该团组织之经过及所办事项；基督教会在华教育事业之现状；中国国家教育之梗概。(二)教育普通问题，中探究及基督教会学校之目的，及有无设置必要，有何优点缺点，应以何为范围，与国家教育有何种关系，应若何联络，宜采何学制，各教会宜若何通力合作，以节经费而增效能等问题。(三)教育各部问题：1. 小学校，应否添职业科，设模范学校，有指导的实验课程及教学法，养成师资等问题。2. 中学校，教会所设中学有何特殊目的，应否男女同校，设何项职业科，将来如何改进？3. 初级大学(大学预科)。4. 商、医、农、工各种专门教育。(四)特殊问题，学校建筑及统一会计法。(五)建设的政策。(六)各部建议。(七)附载。此报告根本实际调查之事实，综合各专家讨论之意见，凡所指陈，虽以教会学校为依据，而实足资吾国一般教育界之考镜焉。

(原载于《新教育》第4卷第3期)

# 中国之高等教育

## 一、高等教育制度沿革

吾国现代高等教育之发轫,盖在同治初年同文馆之设立,距今已六十年,当时交涉日繁,需传译之才日亟。总理衙门奏设馆于京师,始属赫德,旋延丁韪良主其事,后又在上海广州设分馆,教授英法日俄诸国语言文字,同时西方机械工业之实利,渐为士大夫所注意,同治六年曾国藩从容闳之请,在上海江南制造局内设机械学堂,福州亦设海军制造学堂,光绪五年天津立电报学堂。此后,水师学堂、军医学堂等依次设立。至大学教育,动机实起于光绪十三年李鸿章之创设北洋大学于天津。至光绪中叶,北洋大学堂与上海南洋公学、湖北自强学堂并为高等教育之中心矣,凡此断片之事实不过示新教育勃起之始基,尚未有系统的规划也。

最早之教育系统,制定于光绪二十八年,距今二十年前。时管学大臣张百熙遵旨拟定学堂章程,奏请颁行全国。在省会设高等学堂,修业期限三年。于京师设立大学堂,各省设立高等学堂,大学堂分以下各部:(一)大学院。(二)大学专门分科。(三)大学预备科,附设速成科二:1.仕学馆;2.译学馆。大学院不定年限,大学三年,预备科三年,速成科三年毕业。

高等学堂,虽非分科,已有渐入专门之意,分工、艺两科,"以经史政治法律通商理财等隶政科,以声光化电农工医算等事隶艺科"。大学堂预备科课程同。大学堂分科,"略征日本例",分政治、文学、格致、农业、工艺、商务、医术七科。"大学院为学问极则,主研究,不主讲授,不立课程",其速成科之仕学、师范二馆,虽附设于大学堂,系特殊性质,高等教育之宗旨,钦定学堂章程,第一章第一节云:"京师大学堂之设,所以激发忠爱,开通智慧,振兴实学,谨遵此次论旨,端正趋向,造就通才,为全学之纲领",此项规划,无论是否合现代教育原理,确为一重要之历史背景,可供注意者也。

其后张百熙、张之洞、荣庆复会同厘订学堂章程,以管理法、教授法与学堂建置法,互为四篇,奏定颁布,其高等教育之内容:(一)高等学堂与大学堂预备科,此为中学堂毕业深造之地,各省会设高等学堂一所,预备科附设于京师大学堂,学生修业三年,每周受课定三十六小时,学科分三类:第一类为入大学经科、法科、文科、商科之

# 第二辑

## 中国之高等教育

预备,第二类为入大学理科、工科、农科之预备,第三类为入大学医科之预备,注重外国语,以能直接听讲为成效。(二)大学堂:高等学堂或预备科毕业生入之。除法科、医科四年毕业外,各科均三年毕业。授课钟点,各科不同。分科凡八,每科分若干门如下:1. 经科十一门;2. 法科:(1)政治门,(2)法律门;3. 文科:(1)哲学门,(2)文学门,(3)历史学门,(4)地理学门;4. 医科:(1)医学门,(2)药学门;5. 理科:(1)数学门,(2)星学门,(3)物理学门,(4)化学门,(5)动植物学门,(6)地质学门;6. 农科:(1)农学门,(2)农艺门,(3)林学门,(4)兽医学门;7. 工科:(1)土木工学门,(2)机械工学门,(3)造船学门,(4)造兵学门,(5)电气工学门,(6)建筑学门,(7)应用化学门,(8)火药学门,(9)采矿及冶金学门;8. 商科:(1)银行及保险学门,(2)贸易及贩运学门,(3)关税学门。(三)通儒院为分科大学毕业生研究学术之所,修业年限五年,在院二年,以能阐明新理著有成书为毕业。(四)优级师范学堂,以造就初级师范学堂及中学堂之教员管理员为宗旨。各省会应设一所,学科分三科:1. 公共科,修业期一年,其科目为人伦道德,群经源流、中国文学、东语、英语、辩学、算学、体操。2. 分类科,共四类:(1)以中国文学外国语为主,(2)以地理历史为主,(3)以算学理化为主,(4)以动植物矿物及生理学为主。以上四类通习学科为人伦道德、教育、心理、体操。3. 加习科,若干科目,选习至少五科。(五)高等实业学堂预科一年,正科三年或四年,分农业、工业、商业三种。(六)实业教员讲习所,以养成各实业学堂及实业补习学堂艺徒学堂之教员为宗旨。中学堂或初级师范学堂毕业生入之,亦分农工商三类。农商业教员讲习所,修业二年,工业教员讲习所,修业三年。(七)译学馆与进士馆为特殊学校,译学馆为养成翻译人才而设,中学毕业生得入之,五年毕业,进士馆为科第中人研究新学之所,修业期限三年,为服官之准备。

以上学制,除略经修改数处,大纲沿用,以迄清末。迨民国元年七月,教育部召集临时教育会议于北京,议决学制系统及各学校令,陈请教育总长采择公布,遂为现行学制之张本。高等教育分大学及专门学校两级。

## 大学

大学以"教授高深学术养成硕学闳才应国家之需要为宗旨"。预科修业年限三年,本科修业年限三年或四年,(民国六年修正大学令,规定本科四年,预科二年)。设大学院以"研究学术之蕴奥"为"大学教授与学生极深研究之所",不立年限,其学程分科如下:(一)预科,分三部,第一部为志愿入文科法科商科者设之,科目为外国语、国文、历史、伦理、论理、心理、法学通论。第二部为志愿入理科、工科、农科并医科之艺学门者设之。科目为外国语、国文、数学、物理、化学、地质、矿物、图画。第三部为志愿入医科之医学门者设之,科目为外国语、国文、拉丁语、数学、物理、化学、动物、植物学。(二)本科分文科、理科、法科、商科、医科、农科、工科。(六年修正大学令规定设二科以上者得称大学,其但设一科者,称为某科大学。)每科分若干学门,(1)文科分哲学、文学、历史学、地理学四门;(2)理科分数学、星学、理论物理学、实验物理学、化学、动物学、植物学、地质学、矿物学九门;(3)法科分法律学、政治学、经济学三门;(4)商科分银行学、保险学、外国贸易学、领事学、税关仓库学、交通学六门;(5)医科分医学、药学二门;(6)农科分农学、农艺化学、林学、兽医学四门;(7)工科分土木工学、机械工学、船用机关学、造船学、造兵学、电气工学、建筑学、应用化学、火药学、采矿学、冶金学十一门。(三)大学院"不设讲座,由导师分任各类,于每学期之始,提出条目,令学生分条研究,定期讲演讨论"。上述大学分科组织,有应补充说明者,即此项办法近年为适应新教育之精神及事势之需要,已有重要之变更。(一)学年制改为学分制,升学毕业,不强按年限,而视其学分数量已否充足;(二)学级制改为选科制,除绝对必修之基本科外,不强排学级课程,而留学生自由选习之余裕。各大学学程,多已"以学系为主体",如北京大学现行章程(九年由部备案)亦已与上项分科制不相符,其学制分预科、本科、研究所三级。本科设五学组,分十八学系如次:组一,数学系、天文学系、物理学系;组二,化学系、地质学系、生物学系;组三,哲学系、教育学系、心理学系;组四,中国文学系、英国文学系、法国文学系、德国文学系、俄国文学系;组五,史学系、经济学系、政治学系、法律学系。

### 专门学校

"专门学校以教授高等学术,养成专门人才为宗旨",种类为法政、医学、药学、农学、商业、工业、美术、音乐、商船、外国语、国语等。修业年限本科三年,预科一年(医本科四年)。

### 高等师范学校

此为前清优级师范所蜕化,"以造就中学校师范学校教员为目的"。分预科、本科、研究科。修业年限预科一年,本科三年,研究科一年或二年。本科分国文部、英语部、历史地理部、数学物理部、物理化学部、博物部。近年以分科太多不便教材联络,多参照日本制并为四部,即(一)文史地;(二)数理化;(三)英语;(四)博物是也。

欧战以还,外鉴各国学制之变迁,内省国内社会及时代之需要,不能不修改旧章,以谋适应。八年全国教育会联合会曾议于次届大会讨论改良学制问题。九年会上,成绩殊少,乃复展缓以俟下届。十年开第七届会议于广州,议决学制系统草案一件。十一年十一月一日,由教育部公布关于高等教育段之说明如下:(一)大学校设数科或一科均可,其单设一科者,称某科大学校,如医科大学校、法科大学校之类。(二)大学毕业年限四年至六年(各科得按其性质之繁简于此限度内斟酌定之),医科大学校及法科大学校修业年限至少五年。师范大学校修业年限四年(附注一)。依旧制设立之高等师范学校,应于相当时期内提高程度,收受高级中学毕业生,修业年限四年称为师范大学校。(三)大学校用选科制。(四)因学科及地方特别情形得设专门学校,高级中学毕业生入之,修业年限三年以上,年限与大学同者待遇亦同(附注二)。依旧制设立之专门学校,应于相当时间提高程度,收受高级中学毕业生。(五)大学校及专门学校得附设专修科,修业年限不等(凡志愿修习某种学术或职业而有相当程度者入之)。(六)为补充初级中学教育之不足,得设二年之师范专修科,附设于大学校教育科或师范大学校,亦得设于师范学校或高级中学,收受师范学校及高级中学毕业生。(七)大学院为大学毕业及具有同等程度者研究之所,年限无定。

## 概论

综观前后各学制之因革而比较之,有下列数种趋势:(一)大学预科年限之缩短,前清大学堂预备科三年,元年大学令预科仍三年,至六年修正大学令,预科改为二年,而新学制则不设预科。盖预科之设,含补习性质,原因中学毕业生程度太低,且又参差不齐,而其为消耗学生时间。减少教育效率,则无疑也。故一方面当提高中学程度,一方面严定入学标准,则预科无设置之必要。(二)大学分科之活动,清末及民国初年大学制,分科甚繁,并预科亦分三部,分析愈严,活动伸缩之余地愈少,不适于游学者之权宜及学生个性之发展。至六年规定设二科以上称大学,设一科者称某科大学。新学制规定设单科者亦以大学称之,又近年实际上采学系及选科制,学系增减,办事者视学校人才经济地方需要而定。在学生方面,亦有活动选择之自由。(三)高等专门与师范程度之提高,前清高等学堂高等实业优级师范,并为大学预科程度。民国初年学制,专门学校,视大抵一年,高等师范抵二年,而得设研究科,至新学制则定专门学校入学资格,与大学同,其毕业期限为四年者,待遇亦与大学毕业同。高等师范,则毕业后可入大学研究院,是已跻于大学之地位矣。惟高专与高师程度提高,而单科又得称大学,则所谓高等专门与高等师范,是否有单独存在之必要,此则尚待研究试验者。

## 二、高等教育概况

（见《五十年来中国之高等教育》）

## 三、外人经营之高等教育

（见《五十年来中国之高等教育》）

## 四、女子高等教育

（见《五十年来中国之高等教育》）

## 五、海外留学

（见《五十年来中国之高等教育》）

## 六、学生之课外作业

（见《五十年来中国之高等教育》）

## 七、现在高等教育诸问题

（见《五十年来中国之高等教育》）

（选自上海申报馆编印《最近之五十年》，1923年版）

# 对于孟禄中国教育讨论之感想

(1922年3月)

此次孟禄博士来华,从事实际教育调查,历四阅月。其对于我国教育之批评,于公开之讨论、私人之谈话中,已备闻之。积感既多,杂书臆见,以谂教育界之有同感者焉。

孟禄于我所办小学及师范,均示满意;于中学,则谓为比较的最弱,并指中学毕业生不能直接升入大学或高专,而必再经一二年之预科以为证。此言初非新奇之论,国内教育家亦久有此印象,惟经孟禄之定评,益征平时印象之不谬而已。然正不必因之而办小学与师范者沾沾自矜,办中学者怏怏意沮。盖中学固亟应改革,而实际上优良之成绩,亦非绝无。小学与师范虽差强人意,而其待研究改进者亦不少。不必狃于既往之成绩,共努力于将来焉可也。

中学之不善,孟禄尤归咎于其科学之教授未合法,反复推言科学之重要,谓中国苟不能应用科学之原理,以驾驭天然的势力,则虽有富源,终听人宰割。故研究科学,实救国要务,并谓有科学家五人,足当现在全国之海陆军备,语均绝痛。孟禄对中等教育立论,故不及小学及高等教育中科学之位置耳。实则提倡科学,应贯彻全教育系统。即以中学言,亦仍恃小学之基础,与高等师范所养之师资。故小学应鼓舞学生对于理科之兴味,而高师及大学宜提高科学程度,养成研究科学之专家,此须同时并进者也。学校以外,若学生团体,若商人,若行政界,亦皆宜合力提倡,助成化学试验所、科学博物馆等事业,以补学校之所未逮。

孟禄来华,值教育费竭蹶,教育界呼号奔走之余,多有人叩以此问题如何解决,请求指导者;而孟禄以为此问题殊不必多虑。凡答数层:一、彼所见私立学校,多有经费极宽裕者;二、现在困难,在无标准,致各地方教育经费,分配不齐,丰者自丰,啬者自啬;三、只须有组织健全诚实可靠之机关,则人民乐于输将,经费不难收集。盖孟禄视吾国之教育经费,绝非财力问题,乃办法与组织问题而已。此等识力,至可敬服。惟所谓经费分配之公同标准,诚实健全之征税机关,皆地方或中央行政所宜注意。

至教育家自身所应努力者,余以为一在使社会承认教育为一种公众事业,使人民承认其对于教育事业,应付一部分经济责任;一在使自己所办教育,确有优良之成绩，庶足以示人教育之价值，而唤起其对于教育之信仰，徒事空言无益也。

"中国教育发达最大之障碍，为不良之政治。"孟禄此言，可云药石。政治与社会事业，休戚相关，决无废其一而举其他之可能也。故政治不良，教育实无从发达。

近来教育界，鉴于政治活动之罪恶，又尊重职业的精神，多专力经营教育，目光悉注社会事业，以政治活动相戒，驯致政治之黑暗愈增，而己所从事之教育亦终被其害。

经此番孟禄博士之提撕警觉，教育家当不忍再漠视其参加正轨的国民政治活动之天职。遇重大之政治问题，当本其纯洁之意趣，缜密之思考，发为正当之言论或行动，为社会倡导。至于盲目的奔竞，或仕途之觊觎，则与教育家职业的精神相背驰，自不取耳。

最后孟禄博士又予我以一极大兴奋。常人往往自居悲观，谈及教育，不委诸经费困难，即托之人才缺乏，以为其事业停滞不进之原因。此曰无法改善，彼亦曰无法改善，而教育事业即臻于因循潦倒之中。今孟禄乃言所有教育上之缺点，皆信我有改正之能力者，则改正之在我耳。此须视今后教育界之勇往奋发如何，不能再以人才经济为推诿矣。

孟禄以世界有数之教育家，来视察我国一部分之教育，虚心访问，实地调查。然后本其调查，与我教育家批评讨论。故所言鞭辟近里，恳切感人。先后未尝一谈笼统之学理，一逞快意之讥弹，学者态度，弥可钦已。

（原载于《新教育》1922年第4卷第4期）

第二辑
| 韦氏大学字典序 |

# 韦氏大学字典序

（1922年10月）

往岁同人议译《韦氏大学字典》，秉文既赞其说，重以督促，为勉执一部分之劳。兹者全书告竣，同人复属为一言，以开卷首。

吾国高等教育，今年渐露向上之机，各种专门学术之研究，亦日趋繁复。而其教材与用书，大半沿用外国文，英文尤较普遍。此其当然与否，别一问题，其为事实，不容否认。自顷国人努力文化运动，系统的灌输西洋之学术思想、科学文艺，万途竞萌，诸说纷起。而欲探讨其泉源，仍胥取资于外籍。所学愈高深，所涉文字恒愈艰仄，其需求一完善足供指导之字书亦愈殷，此则承学之士，久共认矣。

是编以韦书为蓝本，比照迻译，复旁蒐博采，补其阙遗。凡晚近创用之术语，孳乳之新词，皆犁然可考而灿然备矣。全书千七百余页，单字都十万余言，间以精图，缀以附录，详审赅博，蔚为巨观。不特前此坊间所刊字典，未见其俦，即东邻所出英、和文诸字书，亦尚无此巨帙。其裨益于教育与文化者，讵可自矜，而其能适应今日知识界一大需要，则所深企也。

抑学术日新，后出者胜。即言字典，在今日谥为宏富者，越数年或又将讥其苟简。韦氏原书，版本不止一种，增订不限一时，诚以文字思想，演化日繁，字书辞典，亦当与时俱进也。同人谫陋，宁敢以此自画？正愿视此为先河，策后来之进步，亦于此验社会与文化增长之迹焉。

同与于编译校订之役者，三十有七人。取合作之精神，为分工之组织，凡专门名词之审定，声音训诂之钩稽，各以所学，殊其贡献。至于辨析群疑，则必参酌众见，折衷至当，而后为安。以如是浩瀚之程功，行之以短少之岁月者，谓非合作之效欤！郭秉文十一年十月。

（原载于商务印书馆 郭秉文主编《韦氏大学字典》1922年版卷首）

# 民国十一年之高等教育

（1923年2月）

十一年高等教育上兴革之最足注意者，有两端焉：曰，专门学校之升格；曰，新建大学之增多。

高专"改大"，原因不一。大学与高专分立，意以大学养成闳才硕学，以高专养成专门应用人才；盖不昝分文化与职业为两系，以大学居文化系统之首，而以高专居职业系统之首。言学理，其可批评者固多；言实例，则其制仿自日本，而日本各高专，已纷起升格之运动。十一年十一月颁布施行之《学制系统改革案》第二十一条，既有单科大学之规定。第二十二条附注："依旧制设立之高等师范学校，应于相当时期内，提高程度，收受高级中学毕业生，修业年限四年，称为师范大学校。"第二十四条附注："依旧制设立之专门学校，应于相当时期内，提高程度，收受高级中学毕业生。"此为高专升格之张本。在事实上之进行，其可记者，高师方面，南京高师以与东南大学有组织的关系，其提高及归并，早为必然之趋势。北京高师，亦已设立北京师范大学筹备委员会。广东高师有与农专、法政合并改组为广东大学之计议，沈阳高师亦将扩充改办东北大学。此外国内专门学校，农专已改大学，法专有自十二年秋季实行改办大学之决定，工专亦有同样之准备，不过迟早之问题而已。

至新建大学，筹备已将就绪者，有云南之东陆大学，其预科将于十二年三月始业。其次杭州大学董事会亦已组织成立。安徽大学、四川大学，均在计划中。至河南之中州大学，有以赵氏私产拨充基金之说，政潮不定，恐无可恃也。

国立学校经费，此一年中，仍形耗竭。京师八校，始有将我国所得德国赔款，扩充教育基金之陈请。后又有于关税值百抽五时，将每月经费二十二万元，于关税项下拨充，并每月增拨十万元之建议。学校方面，虽殚其智虑、疲其精神于筹划经费中，而政府则杼轴已空，每至应付乏术。至年终始公布由教部设立教育基金委员会，吾人深望此委员会有密切之计划，而促其实行焉。

高深学术，无特异之进步，惟外国学者与吾人合作之研究，则颇著成绩。美国哥伦比亚大学教授麦珂（McCall）为中华教育改进社、东南大学、北京高师合力编造各项心理测验。加州大学教授吴伟士（Wood Worth），办理江苏昆虫局，并任东南大学教课。绥海阿大学教授推士（Twiss）应中华教育改进社之聘，指导理科教学法之改善。此外讲学社延聘之德国莱泊齐希大学教授杜里舒（Driesch），先在东南大学演讲哲学。美国康奈尔大学教授斯密士（Smith）以洛氏基金团之约，亦在东南大学教授物理学云。

大学推广事业，则暑期学校或讲习会，此年并见增加。除东南大学赓续历届办理外，北京高师、南开大学、武昌中华大学，与教会设立之金陵大学均设暑校焉。

在高等教育力图伸展中，而学校内部有一种不静之现象，为之障碍者，则时起时灭之"学潮"是。十一年度中，北大、北高、农专、法专，均以罢课风潮闻。此外交通大学因为争董事会组织问题罢课，唐山以援助工潮反对校长罢课，中法通惠工商学校以争改组大学罢课。为时有久有暂，率皆阻滞校务，旷废教学，为学生重大之牺牲。前以救国相号召者，此则对一人，因一事，有触而即发。学校行政方面有应付之责任固矣，学生方面有不可逃之指摘固矣，而严密言之，则社会心理之影响为最大。学校为社会之一团体，其生活宜与普通社会息息相关。以今日普通社会之无秩序、无纪律，鲜守法不渝之人、依法解决之事。青年为社会未成熟之分子，其所受之刺激与暗示，胥以暴力为归，则学校之常起风潮，亦何足怪？仅以"整顿学风，匡救士习"一纸空文，以谋补救，焉能为功？盖学生对于公共事业，有一种兴趣与活动，不惟不应压抑，正宜予以积极的指导，以施行公民的训练。同时所谓公民训练者，于守法之精神，团体生活之纪律，亦自有应具之素养。然则所谓学潮问题者，根本上为一学生群育问题，而为吾人此后所当积极注意者也。

（原载于《新教育》1923年第6卷第2期）

# 中国的商科教育

(1924年)

我们常常听说中国的商科教育仍然处于婴儿时期。诚然,这种说法在某种程度上是正确的,但对教育者来说它不应意味着气馁,这些教育者已学会将其阐述为成长的可能性。千百年来,中国一直是一个以农业为主的国家。旧的传统习惯于把从事工商业的人们划分在比较低的社会阶层。学徒是过去商业训练提供的唯一形式,凭经验实践是已知的唯一学习过程。商业从来没有被视为一门学问,在学者们的书本知识里,它没有任何位置。考虑到即使是在欧洲和美国,商科课程也只不过是在不久之前才得以进入教程和大学中的,那么这种情况也不足为奇。

中国最早的现代教育体系可追溯到1903年。根据当时制订的计划,有一种三年的商科实业学校等同于四年的高等小学,一种五年的中等商科实业学校等同于五年的中学,然后有一种三年期的商科专门学校等同于三年期的学院。在1912年,学校体系被重组了。目前仍在实行的新体系(虽然这个体系也将很快被修改),将商科实业学校划分为A、B两种级别。B级商科实业学校相当于三年高等小学,而A级商科实业学校则相当于四年中学。两者都提供为期三年的课程训练。对于更高等的商科教育,我们则有三年的商科专门学校来承担。在大学里,商科学院由以下系列组成:银行、保险、对外贸易、领事事务、海关税收,以及国际法律。

下列统计数据由教育部公布的"第五期教育统计图表"提供:

| 学校类型 | 学校数量 | 学生数量 | 毕业生 |
| --- | --- | --- | --- |
| B级实业学校 | 441 | 19 565 | 2 517 |
| A级实业学校 | 84 | 10 524 | 2 338 |
| 商科专门学校 | 5 | 680 | 272 |

自从以上数据公布以来,中央政府又在武昌成立了一所商科专门学校,这样就使得中国现在至少拥有六所商科专门学校了,而且这还不包括许多有着同样性质的私立机构。这些事实尽管是微不足道的,但它们令人信服地显示出对于一个对工商业发展有着惊人需求、人口高达四亿的民族而言,商业院校是多么的稀缺。当我们清楚地认识到A级和B级商科实业学校仅仅只提供非常基本的训练时,可见教育机

# 第二辑
| 中国的商科教育 |

会的贫乏是何等的突出。它们的毕业生仅能掌握商业的基本原则和实践，勉强能够服务于商界。而对于训练和发展那些具有导向能力和组织能力，能够在工商业中居于领导地位的人，目前还没有任何教育机构以此为目标。

近年来，好几所大学已经开始设置商业课程了。举例而言，在上海，就有圣约翰大学、复旦大学、基督教青年会等等学校，都提供有关商业科目的课程学习，而中法工商学院还有一个独立的商业系。

在建立了基督教青年会的三十个中国城市里，青年人表现出一种对于商业知识的强烈渴求，以至于教育成为其中一个最突出的因素，这种情况不管是在我们提到上海，或者北京，或者香港，或者是更偏远的诸如云南府、奉天之类的城市也是一样。

上海基督教青年会是在中国最早提供商业培训的机构之一。二十二年前，日校和夜校都被组织起来，发展到今天，它的教育课程吸纳的学员已经超过 2500 人了。这些来学习课程的大多数人都抱着为投身现代商业做准备的想法。现在的教学包含以下的语言：英语、德语、法语和中文。除此之外，还有簿记、速记、打字、商业地理、商业练习、工业化学、商业艺术、机械制图、商务算术等课程。

基督教青年会对于商业培训最大的贡献在于英语的教学领域。它的日校和夜校提供五到七年的英语课程学习。许多学生在刚进入班级时甚至连 ABC 都不会，然而随着一周五个晚上，一晚两个小时，一年九个月，这样持续五到七年的不间断学习，学成后他们对英语的掌握就能使他们通行于任何一个地方了。在英语教学中使用的方法是"直接法"，或者被称之为"会话法"。这是多年研究的结果。考核所有班级的翻译和速记，一度使用的方法就是这种"直接法"。这些班级都由精通各类教学方法的有经验的教师教授。一个为期四个月的测试表明，"直接法"在语言教学中是最有效的，也正是这种方法现在是作为该校独家使用的。

商科教育的发展是值得注意的事例。一个严格意义上的商学院建立的尝试，是直到 1921 年作为国立东南大学五大学院之一的上海商科大学的出现。从它在中国高等商科教育所处的奇特和几乎独一无二的地位来看，在这里对这个特别的机构作一些相应叙述应该是很有必要的。这一学院始建于 1917 年，当时的南京高等师范学校于是年秋季开设了一个商业专修科。有两个班的学生分别在 1920 年和 1921 年从这个专修科毕业。当决定在南京高等师范学校的老校舍创建国立东南大学时，有人建议将当时的商业专修科迁往上海并将其扩展为一个学院。上海之所以会被选中作为这所商学院的最佳所在地，正是因为它将能够为之提供有关实际培训和与现实的工商业进行接触的机会。

1921 年的夏天，教育部正式授权批准了上述方案。随之，一个代表国内具有主导地位的教育和商业利益的董事会被选举出来。董事会的第一次会议于1921年9月28日召开。就这样，期待已久的第一个国立高等商学院终于宣告诞生了。

该学院目前由以下六大系组成：1. 银行、财政，以及保险；2. 会计；3. 对外贸易和领事事务；4. 交通运输；5. 工商管理；6. 一般贸易。学院还开设了夜校课程，为那些已在经商的人们提供得以进一步深造学习的机会。上海商科大学拥有一支由归国英美留学生为主体组成的教员队伍和一个高效的管理团队。第一学期的入学人员为294人，这当中包括注册夜校课程的学生以及10名女学生。

政治家和教育家们都已经逐步认识到，说到底，没有任何灵丹妙药可以医治好我们民族的伤口，而只有工业、商业和教育，才有可能为解决重大国计民生问题而铺平道路。随着商业的发展扩张，商业圈中的领导人士也开始意识到，社会非常需要一个强有力的教育机构，来致力于培养一大批不仅具有商业知识和技能，还有组织能力和领导素质的学生。

上海商科大学正在努力满足这种需求。我们不能不提到国外组织诸如法国市政学校给予我们的热忱帮助，更不用说公众给予我们的慷慨支持了。因此，让我们共同期盼，上海商科大学必将为国家繁荣和国际合作作出自己应有的贡献。

（原载于E.J. 伯戈因主编、商业大百科全书公司1924年出版的《远东工商活动——1924》一书，原文为英语，由刘劲文翻译、王晓群审校）

# 第二辑
刘伯明先生事略

# 刘伯明先生事略

　　君讳经庶,字伯明,近年以字行。世为山东某县人,某世祖始移居江宁。考沛然公,有厚德,生子三,君其长也。君幼聪迈,读书异常儿,比成童,学于汇文书院,遂精通中西文,卓然为高才生。卒业,得文学士学位。东游日本,充中国留学生青年会干事。清宣统三年,游学美洲合众国,入西北大学研究院,攻哲学及教育。中华民国二年,著《华人心性论》,得硕士学位。越二年,著《老子哲学》,得博士学位。时君年才二十有九也。会汇文已改称金陵大学,校长包文素契君,延君为国文部主任,教授哲学及哲学史、文学、教育学等,声光晔然,侪偶耸敬。同时,江君谦长南京高等师范学校,延君兼教伦理、哲学、言语学诸课,与秉文致相得。民国八年,君遂辞金陵大学教席,专任高师训育主任及文史地部主任。秉文继江君职,规恢校事,奔走不遑,校之内部,一倚畀君。十年,改南京高等师范学校为东南大学,言于部,设校长办公处,以君副秉文。孳画措注,君力益勤。秉文之异国,则君摄秉文职,归则视君所负之责,一如秉文之所欲出也。君于校务,自办公处外,兼任文理科主任、行政委员会主任、介绍部主任、哲学教授,庶务填委,而讲学不倦,东南大师奉为魁宿,而孰意君竟一病不起耶!

　　君貌清癯,长不逾中人,而意态伟岸,吐词有节。绩学脑弱,胃力亦逊。顾善摄生,精选饮食,徐嚼缓茹,食后恒摩腹以助消化,或济以西药。眠起以时,无世俗嗜好,喜音乐,善谈论。稠人广坐,□言□睨,意豁如也。论者谓君宜有寿,然近年以积劳,强自支厉,脏腑内亏,胃病时作,或患失眠,常欲放怀山泽间,为事所羁,不荻少休。尘俗牵率,久辄劣然不自胜。今年夏,代秉文任校务,兼授暑期学校课。酷暑如蒸,昕夕繁剧,秋初赴湖南讲学,舟车中每惴惴虑有病。归又以事怫郁,意气颓丧,欲谢去学校一切职务,专一授课,秉文慰勉之。君恒悒悒不自得。十月廿七晨,患头痛,寻少已,薄暮犹赴同人茶会。越日又赴友人河房之宴,谈笑甚欢。夜归而疾大作,西医诊断为肠热证,壮热至三七日不解。移居五台山医院疗治,比卒前一日,医始定为脑膜炎相视束手,坐待其逝,呜呼伤已。

　　君秉考沛然公之教,熟复经籍,旅日时与章太炎先生游,治说文及诸子,故于国学致有根柢。其试博士论文,为美国劳威尔教授所激赏,诧为哲学界之杰作。归国后益殚心于老子之学,常反复阐明生而不有、为而不恃、功成而弗居之谊。暗然自修，期力践之。其于异域文字，以英文功力最深。嗣治法德二国文字，率以暑假数月，通其大谊，阅哲理书，洞然无阂。又尝就芝加哥大学暑假学校习希腊文及梵文，同学者咸服其敏锐。其于哲学家言，无所不览，尤嗜柏拉图及斯宾诺莎之学说，力持人文主义，以救今之倡实用主义者之弊。尝曰：学者之精神，应注重自得，吾国古代哲人论求学之语，愚以为最重要者，则谓吾人求学不可急迫，而优游浸渍于其间，其谓资深逢源，殆即此意。自得者为己，超然于名利之外，不自得者为人，而以学文为炫耀流俗之具，其汲汲然惟恐不售，直贩夫而已。前者王道之学者，而后者霸道之学者也。故其于近代繁剧急促、终身役役、计功求效、相率为机械生活之风，诋之不遗余力。谓希腊国民最能享受人生之美，而吾国圣哲之主张中和，亦人类至善之鹄焉。其于宗教，亦参以哲学思想，不为庸俗之迷信。尝曰：人之精神须寄托于理想之域，而后可以超脱万恶世界。人类不能为现实世界之奴隶，不当受制于自然，现实世界中有不完全之处，人类终须超过之，止于理想世界。又曰：吾侪对于宇宙之态度，须信其永无消灭，继续存在，有此理想，方可支持吾侪贡献于社会之勇气，而求人类之进化。故君虽隶基督教，初不为派别及礼文所拘束，超然于埃埃之外。君所译著，有《思维术》一卷，所讲授，有《西洋古代中世哲学史大纲》一卷，《近代西洋哲学史大纲》一卷，皆书肆所印行。其文章散见于《新教育》《少年中国》诸杂志者甚多，龙以《学衡》杂志中诸文，为其生平刻意之作。其《论学风》及《论学者之精神》，针砭时弊独至。

君少而热心国事，旅日时尝入同盟会，与闻革命之谋。英占片马，留学生组织国民公会，君草英文宣言，极慷慨激昂之致。清社既屋，民党多居高位，君独赴美求学，有劝以入政府、任外交者，君笑谢之。既自美归，一志教育，嫉世之势豪如土苴。然其勉学者，则期其于暗修力学之时，兼究心于国家及社会事业，不可徒为一种专门学问，而视国家社会若秦人视越人之肥瘠。比岁政局紊乱，君愁然忧之，谓国人所乏者，共和国民之精神；共和国民之精神，曰自由，曰负责。真正之自由与负责，实同物而异名，惟负责而后有真正之自由，亦惟自由而后可为真正之负责。纪元前五世纪，雅典市民约五万人，而参与国家事业者有二万人之多，其余或劳心，或劳力，或慷慨输金，或发抒技艺，凡个人所具之心思才力，靡不贡献于国家，而其贡献又出于自动。当时雅典文化灿然美备，未始非此自由贡献之所致也。故君于发展南京市政之计议，恒思以雅典为法，由自由负责之市民，进而为自由负责之国民。视浮湛闾里，噤若寒蝉，或跳踉叫嚣，攘权渔利者，皆深非之。尤恶近今之党争，谓学校不可入政治漩涡。名流学者，有持学说为一党立帜者，君辄鄙夷其人。世徒目君为学者，非真知君者也。

# 第二辑

## 刘伯明先生事略

君外和而内严,意有不可,力持不为群说所动。其在学校,谆谆教学者以植身行己,树立节操,不可同流合污。学者化其人格,多心悦诚服。居金陵大学讲席时,学者谓全校教职员中有三君子,君其首也。有美国学生都爱华者,从君治中国哲学,自谓在中美两国所遇良师至多,惟君为冠。君少寒素,遇贫苦力学之士,扶植尤力。于东南大学创贷金助学法,首以君考沛然公之遗金为之倡。病革时,喃喃独自语曰某科某系,曰南京之贫人太多,奈何?君夫人视其疾,君诘之曰:汝,某系之学生乎?臆如君者,可谓以身殉教育者矣。

君之游学也,贷金于友,以自费往。及入西北大学,连得奖学金三年。奖学金岁额美金四百元,视官费生及他自费生所赍不及半。君刻苦自励,终岁闭户修学,凡留学生一切集会结社,酬醉交际,皆无所与。独慕美国东部各大学之完美,欲一往学,卒以费绌不果,居常引为憾事。归国以来,生计渐裕,辄举其余为弟妹学费,又尝捐南京高等师范学校哲学教员之俸金,为金陵大学购中国图书之费。故君卒,仅存自建半边街住宅一所,保险储蓄金若干,他无余资。君母金太夫人在堂;弟经赓,业商;经邦,学于湘雅医学专门学校;妹儒珍,学于美洲西北大学;席珍,学于上海圣玛丽亚学校,皆未卒业。子二,光熹、光华均幼。女子子一,才数月。君夫人陈芬资女士,美国哥伦比亚大学教育学士,伉俪至笃,君临终指二子谓其夫人曰:此君所出也。已遂瞀乱,于家事一无所属。呜呼!白发高堂,青年孀妇,抚茕茕三孤□,极人生之至惨。此秉文握笔述君行事时,所不禁泪涔涔下者也。

(原载于《学衡》1924 年第 26 期)

# 吾国教育行政之缺点

(1915年9月4日)

8月31日下午江苏教育会议第四次讲演会。郭秉文君讲题为"吾国教育行政之缺点"。于教育原理颇多，发明参以最新学说以印证论旨。分缺点为三项：

一、无教育标准。凡百事物足容吾人之推测试验，皆有一定标准以为鹄的。如土木之于规矩，计算之于单位，均是也。教育行政之标准何在乎？有一定之尺度否？有一定之单位否？例以一县教育行政，举以何者为优劣判断之具？于今日尚未获得。故凡所谓优者、劣者于真正之矩度相合与否，俱不得知。此实非一奇异现象。再例以教习试验学生，其评课给分人各一致，甚且同一人稍有外界异感，而给分亦随之更变。此其故因无公认之基点以为考验教育之标准为之也。教育界之标准问题，近日欧美教育家研究甚力，颇多发明。如美之某州有一大学，岁出经费几及我国全部行政费之巨，州行政省察考验其成绩，分数十部，各有一定之基点以为标准。教授、管理、训练均可考察，例如教授课权学生成绩习字一科，先以全国习字者之先前成绩，按优劣悉列一表，自零分起至千分止区分为若干级，再编小之为零之十之比例，为一表。考验时即以所作习字与表相较，应在何级，得何分乃得最公平之分数。其他以此法行之。而调查决定者，由一调查委员会执行，盖所以求考验教育标准之确实基点也。

二、无地方自动的能力。前言教育标准不仅为我国之缺点，世界能有此标准者方寥寥无几，然社会（蠲 juān）自动能力则为我国独有之缺点。现在教育行政能力全出于政府，苟能实行已减少社会部分应有之能力，拒敷衍推诿、毫无实效者亦不少。社会缺少能力在无统一思想，故自动精神难于实现。如德法日诸国，教育悉取监督主义，政府握其权，然而社会能力亦相与并进，至英美教育则社会自动为其主要。

因此而得第三之缺点，即无通力合作之方针。吾国现仅有政府对于教育之权能在实力上与欧美诸国较，不啻只有半数之教育行政能力也。美国教育最发达之州，即国家的、社会的、学校的三者通力合作最团结之州。故吾人于社会间须有养成自动能力之觉悟，并促进学校与社会同负教育改进之责，与国家通力合作，以为补救，而调查教育各般事情，藉作确立我国教育之标准，尤为急务也。

(原载于《申报》第六版1915年9月4日)

# 郭秉文的办学方针

(张其昀述)

三年前本人因事赴美,在华府谒见郭秉文,畅谈五十年前他的办学方针,归纳为一个"平"字。他认为《大学》里"平天下"的"平"字,乃是治学治事的座右铭。就大学教育而言,应该力求:(一)通才与专才的平衡;(二)人文与科学的平衡;(三)师资与设备的平衡;(四)国内与国际的平衡。兹就郭师之所启发,参以本人亲自体察,以事实为印证,扼要述之如下:

## (一) 通才与专才的平衡

郭师所主持的国立南京高等师范学校,正科分为文史地部与数理化部,此外又设立工、农、商、教育、体育等专修科。其注重体育,尤具卓见。以高师为基础,郭师把它扩展为一综合大学,即国立东南大学,亦即国立中央大学的前身。正科注重通才教育,专修科注重专才教育,两者相辅相成,不可偏废。但两者并非截然划分,一个综合大学的好处,通才与专才相互调剂,使通才不致流于空疏,专才不致流于狭隘。大学生都应该成为平正通达的建国人才。这就是南高、东大、中大一贯相承的学风。

## (二) 人文与科学的平衡

大家都知道,民国十年左右,南高与北大并称,隐隐然后成为中国高等教育上两大支柱。当时"新文化运动"风靡全国,可是南高一般维护中国文化的大师,如刘师伯明、柳师诒徵等,创办了《学衡》杂志,主张发扬民族精神,沟通中西文化,对于西方文化不要仅作空乏的介绍,而当更作深入的研究。学衡旗帜分明,阵容坚强,俨然负起中流砥柱的重任,影响所及,至为深远。可是南高并非保守派,郭师从国外亲自物色延揽了五十位优秀学人,展开了中国科学的奠基工作,使南高、东大成为中国科学发展的一个主要基地。北伐胜利以后,北平著名大学,如国立清华大学等,还借重了南高东大的毕业生,成为科学方面的名教授。这就是郭师当年辛勤耕耘的收获。

## (三) 师资与设备的平衡

大学教育当然以师资为第一,但物质条件亦不容忽视。中国大学最早设有科学馆,恐怕要数南高、东大,建筑经费美金二十万元,是郭师向美国洛氏基金募捐来的。东大图书馆的兴建,也是出于私人捐款。因为当时政府财政困难,东大学生宿舍,也是运用银行投资合作的方式而增建的。此外,成贤街、三牌楼和大胜关附近,都有农场,钦天山、北极阁作为气象台台址,后湖即玄武湖作为水生植物和鱼类的实验池。商科要注重国际贸易,所以特别设于上海,凡此种种规划,无非是要注重实验,而达学以致用的理想,南高东大以及后来中大同学,都能为社会所重视,不曾发生过就业问题,而且多能成功立业,彬彬称盛。饮水思源,不能不感谢郭师当年远大的眼光和规划。

(四) 国内与国际的平衡

郭师本人是美国哥伦比亚大学教育学院的博士,几次出席世界教育会议,连任了三届副会长。他对于师范教育有极平实的见解,就是"寓师资于大学"。南高改组为东大,并非为一般人所想的升格,或好高骛远,而是他的教育理想的实践。他对师资问题具有真知特识,他认为中等以上的教师,应该是双料的学士、硕士和博士。这话怎么说?师范生的学业标准完全要与大学一样,并且希望能出类拔萃,有过之无不及。此外还须加工加料,具备两种修养,一是教材教法的精研,一是器识抱负的培养。因此,他认为教师来源,不必局限于师范学院,应广求人才,着眼于全国大学的优秀青年,再加上一番训练和熏陶才好。南高东大有很多著名的教育家在里面,又延揽了国内外著名学者,来作短期或半年的讲学。在本人求学时期,国内如梁任公、黄膺白、顾维钧等,国外如杜威、罗素和德国杜里舒等,先后莅临,名家萃集,极一时盛。郭师主张广求智识于世界,务使同学们放宽眼界,开拓心胸,则爱国之心,油然而生。郭师常说大学生应有国士的风度和志节,国士者,"以国事为己任",又"以天下为己任"。郭师出席世界教育会议时,曾以大学教育与世界和平为题,而阐明大学里"平天下"的志趣。他曾以钟山的崇高,大江的雄毅,玄武湖的深静,作为我校校风的象征。如今五十年的光阴忽忽已过去了,回想起来,对于当年高标硕望、领袖群伦的郭师,诚不胜有高山仰止、景行行止的感想。哲人其萎,风范长存。本校现在中坜复校,首座建筑物的讲堂,将悬挂着秉文堂的匾额,以期崇德报功,启迪后人,这实在是极有意义、极有价值的纪念。

郭师自称:生平为人为事,终是本于"和平"二字。平乃能和,和乃能进。美国艾森豪总统倡导新共和主义,其标语为:"惟均衡乃能和谐,惟和谐乃能进步",东西哲学,深相符契。和平也是"民族八德"最后两个字,值得我们大家深长思考拳拳服应的。

(原载于台湾"中华学术院"1971年9月印行《郭秉文先生纪念集》)

# 郭秉文先生演讲学校与社会

黄韧之先生言学校教科，须以切于实用为标准。其立论甚为确当。但现今学校之通病，非特不顾个人之应用，并不思及社会上之需求。即有人注意及此，亦只知讲历史上之过去社会状况，而不察现在之社会情形。其欲适于应用，盖亦难矣。然则欲养成适合现在社会之人才，其法究当如何？以愚见观之，必先调查社会之风俗、人情、土地、产业等各种情形。预筹教育之方法，而后可譬。若病人延医，医者必先考其病状，察其体质而后立，方可以奏效。欧陆战争，德于战用地图及种种布置，皆早已预备。故今得与联军相抗，日攻青岛，事前之准备，亦甚完密，故得今日之结果。推至教育，亦何独不然。前清调查通国社会情形，预备改良制度，其弊在敷衍从事，不能切实。如能由地方人士调查本乡各种状况，其事易举。且调查所得者，当较为切实，其资料用途甚广。兹请逐项述之如左（下）。

（一）改良社会之陋习

社会有恶习惯，可先指导在校学生劝其家庭改革。继乃由家庭而推及于社会。昔曾有一黑人，入师范学校一年，后为教员。见某村污秽不堪，乃教学生注意清洁。既而家庭感之，亦能逐渐注意清洁。至今全村已无不洁之象。又纽约曾调查市中所售牛乳，混有不洁之物，乃以调查所得者宣布之于社会。由是业牛乳者不得不从事改良，至今纽约牛乳已无不洁之弊矣。我国虽有通俗讲演，指示社会应行改良之点，但多无调查之确据，不足以取信于一般人民，故社会陋习，仍依然如故。

（二）增减学科

人民必须之普通知识，恒因地方及社会而不同。如某校原设商业科，设调查本地人民，大半从事农业，则须改商业为农业。

（三）改良教材

课本教材不切实用者多，若能调查社会种种情形，采入教材，则必切用而应时。如无锡盛产米丝，并多工厂，即当调查其产出之状况。推测其将来发达之程度如何。编入教科中，则学生所得之知识，必能为将来之应用。

(四)预筹学生毕业后之出路

韧之先生云直隶第一中学毕业生多数无业,虽一由我国职业甚少,一由学生未得实用之知识,而教员不知社会工商业之情形,实一大原因也。若教员能详细调查指示学生,使早为职业之预备,则毕业而后必能为职业界所欢迎。即有职业过少之苦而学生亦可自创一业也。如镶牙一业,从前仅通商大埠有之。而今则内地亦有之。且此时社会尚多未知其益。若人人知其利益,则镶牙业必更发达。

调查之益既如此,然究以何法调查乎?曰欲求精确之调查,则非专门人材不可。若普通之调查,则甚简易。其方法有下之四种。

(一)直观

此法纯用观察,备笔记本一册,记载观察所得之事物,余昔在美时,偕某教员乘马车出游。所经皆荒僻之地,以为无足观也。而某教员则或言某树之功用,或述某鸟之产地。种种事物,无一不足以供研究。此盖由平日习练而成者也。

(二)统计

如自己调查人口学生物产时,编成之统计表,或他人由调查编成之统计表,均为一种绝好之资料。

(三)文字

如书报广告之类,皆足供调查之资料。美国学生,每人必备小簿,如教员至讲本地实业情形时,先令学生回家收集各工厂之章程。并调查其内容。则实业情形,亦得知其大概。

(四)谈话

社会心理可由谈话而得。曾在南京闻某师范生在乡村开设学校,始无有信之者。继某师范生每于课后至茶肆,将国家设立学校之意,及学校有益社会之处为之恳切说明。于是该村父兄渐信学校之益,咸将子弟送入学校矣。

以上各种调查方法,无论教师、学生、学务委员,皆可实行。近日上海正在调查工厂情形及各种学校之统计,皆所以为将来改良之预备也。若不调查,则方针不能决定,虽欲改良而无从耳。秉文所希望于诸君者,尚有二端。

(一)实用主义不可以个人之实用为限,而陷于自私自利,须知吾人作一事创一业,非仅计个人之利益,须使国家社会均蒙其福。故学校教育一方面培养为己之学问,一方面须养成其共同合群牺牲之精神,而后实用主义可无流弊。

(二)教员必须以改良社会为己责,学生亦当以其所知散布于社会。昔美人曾设一学校,专教红人,于是红人乃得良好之教育。不意红人回国后故态复作。与未受教育之人无异,是由美人仅顾及学校教育而未顾及社会教育也。或谓以改良社会责之学校教师。毋乃太劳乎?曰不良之社会足以影响于学校教育者至大。如为教员者能人人勉任其劳,调查社会之缺点而改良之,则数年后社会必大有进步。而社会一般之人亦必深信学校之功而愿辅助之。如此,则教育安有不发达乎?然我国人往往有睹社会腐败之情形而抱悲观主义者,不知此实无益。倘能切实调查以改良之,则我素号文明之。中国易于美之改良,红人者必远甚。而社会人民程度之增高,可操券而待也。

(摘自《教育研究(上海1913)》1915年第22期,1-5页)

# 郭秉文记实际教育调查社

（1922）

　　实际教育调查社为严修、范源濂及南北教育家所发起，经费由各教育机关及学术团体捐认之。孟禄博士于九月抵沪，由沪赴京，商定调查事项为：（一）教育行政机关，（二）各种学校，（三）教师训练，（四）学校经济，（五）学校设备。调查员有王文培、陶知行、凌冰、王卓然、汤茂如五人。调查行程，以北京、保定、太原、开封等为第一区，南京、苏州、无锡、上海、杭州、南通等为第二区，福州、厦门、广州等为第三区，北京、济南、天津、奉天等为第四区。十月二十日由京出发，十二月九日返北京，行踪所及，凡历九省。在广州并被邀参列全国教育会联合大会，于新学制系统草案，多所指导焉。调查之结果，博士在北京、南京、上海谈话会上均有详尽之报告。大旨：（一）小学及满意。尚应：1.使学校与社会生活联络。2.改视学为教育指导员，辅导教师改良教育法。（二）中学最弱。1.因教授法太偏于讲演式，学生不能自动研究。2.科学不注重，少实验之机会。（三）师范学校，初级师范亦满意，惟校数太少，女子师范尤甚，极宜推广。（四）职业教育。1.应使学生能自谋生活。2.所作物品，需能应社会的需要。3.所学工作，须有教育的价值。中国现在职业学校，宜多习手工，不可专重机械工。

　　至教育事业之发展，尚有二根本问题，即：（一）文字改为简易问题。（二）政治改革问题。而教育经费问题，则并不难解决，只须有良好政府，为筹集款项之机械，必能即致宽裕云。博士行前，实际教育调查社又与新教育共进社及《新教育》杂志社合并改组为中华教育改进社，继续推行其事业焉。

（原载于《新教育》第 4 卷第 3 期，第 369-370 页，节选）

# 《南京高等师范日刊》发刊词

(1918年9月12日)

　　一国之行政不联络,则崩析难维。一身之营运不调和,则麻木为患。凡事物之进化,端赖乎精神之贯注。学校一小社会也,各部分之规划与全体之进行,各应有统一之精神贯注于其间。本校校友会编辑部有日刊之发行,即所以为沟通精神之具也。崇尚情谊,则情谊日洽。砥砺道义,则道义日光。研究学艺,则学业进而致用有功。传播消息,则生气通而隔阂可免。凡此种种,皆对于本校内部而言。若夫社会之督责,学生家庭之期望,未始不可藉此一纸。

　　(原载于《南京高等师范日刊》1918年9月12日第一号第一版的《发刊词》其一 郭秉文)

## 孟芳图书馆记

古代大学多藏书,所谓礼在瞽宗,书在上庠,即学校之图书馆也,近世学术昌明,书籍愈繁,则搜集度藏之事,愈益重要。东南大学由南京高等师范改进,实溯源于两江师范。两江师范有藏书馆,经辛亥癸丑兵燹,荡为劫灰。民国四年,高等师范成立,费绌用宏,分年添置,插架渐富。惟学科目广,需要愈殷,微特书籍供不应求,即藏书之室,亦无扩充余地。于是有建筑图书馆计划。顾限于经费未能见诸事实也。甯河齐抚万使君,抚绥三吴四境,晏然整军经武之余,尤尚歌之化。民国十年冬,承太翁孟芳先生之命,斥俸余十五万元,为我校建筑图书馆之用,又为代募书籍,及购书巨款。俾得了朋中闳外,蔚为大观。十一年春,度地于校之前方西偏,从事兴筑,十二年夏落成,即颜之曰孟芳图书馆,以副抚万使君继述先志之意。此馆成立不特本校学子,得所诵习,即地方人士亦有以为参肆考订之资,则抚万使君之嘉惠文教者,岂有涯哉。既为造像馆中,复书其事于石,后之人知建设之有自因以永念不忘云。

民国十三年四月郭秉文记

SERIES 3

第三辑

# 第三辑
| 太平洋国家的大学如何促进国际间了解与友谊 |

# 太平洋国家的大学如何促进国际间了解与友谊
(1923 年 7 月 2 日)

在利用教育机构促进国际间了解与友谊方面,大学自然应该起重要作用。事实上,大学已经、正在或仍将发挥很大作用。我仅提及几个行之有效或值得认真思考的做法。

促进国际间了解与友谊的一个做法是交换教授。除一些有学术倾向的交换,国际间两所大学一两位教授或讲师的交换似乎不能带来什么利益,然而却直接促进了国际友谊。因为教授之交换意味着国际间思想之交流,借此一国文明之精华得以传播至他国。通过那些品格高尚、受过严谨推理训练和坚定捍卫理想信念的学者之间的相互访问而建立起来的个人联系同样弥足珍贵。这些不仅会自然导致相互钦佩,而且会造成相互了解与尊重。因此这意味着向国际间的和睦迈出重要一步,尽管似乎微不足道。

事实上,众所周知,交换教授和讲师的做法已经实施了数十年,先在美国与欧洲国家之间,近来扩展到远东的国家之间。国际教育协会(The International Institute of Education)对此举起了促进作用。因此,当政客们就国际政策与安全高谈阔论,银行家们为国际义务与权宜之计斤斤计较,经济头领运用他们的哲学思想,社会学家发出警告和呼吁,大部分出版社都在炒作更多更大规模的战争威胁之际,许多国家聪明、讲究实际的教育群体正默默而坚定地携起手来,其合作规模逐渐在扩大。

然而,虽然交换教授的做法已经实施了很长时间,但仍未得以广泛提倡,在某些方面,在某些情况下还是单方面的。只有相互间的交换才有效果。再者,交换有时与宣传工作联系在一起,这是危险的,因此应当避免。

将一国的学生送往他国是促进国际间了解与友谊的另一种做法。在外国学习的学生有机会近距离了解其逗留国。在教室里、运动场上、实验室里,在社会和校园生活中,他与其他国家的学生接触,了解他们的追求、理想和想法,也有机会让其他国家的学生知道他的思维方式和生活中的问题。一旦有了相互间的了解与欣赏,友谊的纽带才更加牢固。不仅个人受益,更重要的是具有国家和国际意义。以中国为例。自 1868 年以来,中国开始向国外派遣学生,汲取西方的知识与灵感。虽然高等学府的数量已经大大增加,但是中国仍仅有 2 000 名留学生在日本,1 500 人在欧洲,至少有 2 000 人在美国。近十几年来,数以千计的学生在国外学成归国。他们中大部分人现在政府任职,或担任工业和教育等部门领导。作为一个阶层,他们的贡献在于引进西方的思想和方法、制定重要改革措施和推动国家社会和经济秩序的逐渐转变等。作为西方文明的学生和中国知识与文化对西方的阐释者,他们对于建立在国家间相互充分了解基础上的亲密友谊作出了巨大贡献。对于中国是这样,对于其他国家亦然。既然事实如此,那么就应该通过传播有关其他国家教育体系、课程、学位、学费和其他方面的信息,通过给学生,特别是高年级和思想成熟的学生设立奖学金、研究金和资助,尽最大努力鼓励和促进将一国学生派往另一国。

相互交换教育代表团和考察团,了解不同国家的教育状况也能促进国家间更好的理解,因此应该大力提倡。1918 年和 1919 年,英国派教育代表团访问美国;与此同时,法国学者代表团对美国的访问,以及据我们了解,欧洲和美国之间的许多其他代表团的互访都硕果累累。说到太平洋国家,还以中国为例,经验更证实了这一点。近几年来,中国不断派教育代表团访问日本、菲律宾和美国,亲身了解那里的教育状况和问题。这些代表团的访问不仅让中国从兄弟国家教育发展经验中受益,也使考察团的成员了解被访问国家的生活情况。其他国家的教育考察团对中国的访问也让中国受益匪浅。基督教教育考察团 1922 年对中国的访问,以及其调查结果和建议,证明对中国基督教教育改革起到了重要的促进作用。哥伦比亚大学和国际教育协会的门罗博士 1922 年的访问促进了中国教育体制的重构和全国教育进步协会的建立。门罗博士还促成哥伦比亚大学的威廉·麦科考尔博士和俄亥俄州立大学的特维斯教授两位专家个人来华访问。前者帮助中国建立了一系列智力和教育的测评与评价标准;后者为改善中国自然科学的教学方法,对其自然科学的教学进行了调查研究。国外这样著名教育家的访问所取得的有益成果必然会对相关国家间的关系产生良好的影响。除教育考察团,还应鼓励辩论队、运动队、学生旅行和其他形式的互访,如果安排适当,也能获得理想的接触机会,因此有助于国际间的相互了解。

应该将相互交换大学的出版物作为相互交换教授和讲师、相互交换教育代表团的补充。泛太平洋国家,以及世界多数国家著名大学在图书馆里都有大量出版物,如论文、目录、报告、期刊和书籍的副本。它们不仅含有大学工作的信息,还有艺术、历史、文学和科学发展的大量信息。如果能作出安排,系统地交换这类出版物,不同国家的学生和教授就能够熟悉世界各个知识中心所发生的事情,给予他们一个了解和关注的群体,为促进未来世界和平奠定基础。

高等院校增进国际友好情谊的另一个做法就是在联合办学上开展实质性合作。

## 第三辑

|太平洋国家的大学如何促进国际间了解与友谊|

由中国和法国大学人士共同经营管理的法国里昂大学中国部,以及美国的两个名牌大学与国立南方大学拟合作建立的一所一流工程学院,都是各国教育家共同努力促进国际合作,增进国际友谊的典型例子。因此应该在太平洋国家的高等院校推广。

从课程设置角度看,通过学习外国文明、语言、文学、历史、地理和艺术,以及政府制度、金融体系和社会生活,大学能够增进国际间的了解和友谊。为了真正欣赏不同种族和民族的价值,我们不仅要知道他们的现在,还要知道他们的过去和他们的种族经历。我们还须了解他们的心理、智性、宗教和感情生活。因此学习外国的语言、历史和艺术十分重要。认识到这一点还远远不够,在多数情况下人们对这种学习并非十分认真,而且仅局限于少数人,与学习中国语言、文学和历史的情况差不多。事实上除少数著名的终身从事汉学研究的专家外,中国文明对一般受过教育的西方人来说仍然是一部尘封的书。然而,据我们所知,某些国家已经认识到中国文明的真正价值,所以一些重要的大学中心开始认真学习中国文明。我们会毫不迟疑地说,他们的努力会得到加倍的回报。必须承认,中国语言难学确实是研究中国文明和中国人民的障碍,但是通过设立中国文学和历史的教授席位,通过图书翻译和其他有效手段,不管这个障碍有多大,也一定会被克服。

在大学里研究国际问题是另一个增进国际间了解的有效途径。一个令人感到惊讶的事实是不同国家的普通公民都不熟悉国际事务。甚至有文化的公民亦是如此。人们常认为研究国际问题是政治家和外交家以及政客们的事情,而忘记了参加国际政治事务是每个公民的权利和神圣的责任,从来没有人像现在这样呼吁公民们学习国际事务规则,以承担责任,或在这些问题上对公众舆论施加明智的影响。既然如此,普通公民往往缺乏正确判断其国家可能卷入的国际争端的标准也就不足为怪了。为了改善这种局面,我们希望强调第一届泛太平洋教育大会所提出的建议,即所有太平洋国家人民的政府作出适当的规定,在大学体制内研究太平洋地区问题,并在各自的社区传播这方面知识。我们也希望力劝不要从狭隘的民族主义观点,或通过某些固定政策的棱镜,而是要从一个公平的观察员和政治学学生的观点来研究国际问题。我们也力劝美国高校本科生建立的从事非党派国际问题研究的国际关系俱乐部也应该在其他太平洋国家的大学里组织起来。

转到精神方面,高等院校可以通过培养世界大同主义精神,提高对国际间的相互理解和友好情谊重要性的认识。大学的一个作用是追求真理,而真理不分地域和时空,也不受种族和民族的限制。大学这个词的意思就是思想、兴趣和同情感的普遍性。所以大学的责任是造就具有国际头脑、贤明、无私、能够抛弃自己民族偏见与偏爱的世界主义者,其影响在国家之间的交流中会显现出来。大学的责任是培养四海之内皆兄弟、宽容、和谐与平等的精神。为了这一目标,应鼓励思想自由、言论自由、尽量避免过度的政治和资本的干涉。

在国际关系中,一个国家的大学应该站在国际正义和平等的立场上,无论是否与其国家有关。如果国家的国际行为与最高的道德理想一致,那很好,另一方面如果国家的行为与最高的道德理想不一致,大学应该维护正义,敢讲真话,这样才不辱其最高使命。

我冒昧在这里再提一个想法。为了实施我在此建议的各种方法,为了进一步发展国际合作,让我们组成一个国际大学联盟,从太平洋国家的大学开始,逐渐扩大到世界其他地区的大学,届时人们将发现其必要性和吸引力。这会把大学联系在一起,并通过这些大学把它们所在的国家联系在一起。

这些就是高等院校促进国际间了解和友谊的一些方法:交换教授和学生、互相访问、交换出版物、建立联合教育企业、大学引进外国文明和国际问题研究的课程、培养世界大同主义精神和组织国际大学联盟,这些并非无一遗漏,但足以作为进一步讨论的基础,或作为此次会议之前的其他建议的补充。

(本文为郭秉文在加利福尼亚州旧金山市举行的世界教育大会泛太平洋小组会上的发言,原文为英语,由王丽莉翻译、王晓群审校,原载于《教育与人生》1923年第5期)

# 第三辑
## 战后欧美教育近况

# 战后欧美教育近况

## (一) 欧美旅行见闻述略

此行赴美，乘日本汽船春洋丸出发，其时犹在五四以前国内抵制风潮未起遂乘斯船而往但亦有足令人生感者。乘坐日船，可以见日人之精神及其办事能力，与对外之用心，船中头等舱，客国人仅有其七，而日人且十倍之，有大商家、有政治家、有教育家、有银行家、有军事家，询之则皆赴美，专事考察者，日人之留意世界情势也如是，日人见我国人之赴外国者，非常注意，船中有尾崎行雄氏，为彼国倡导平民主义之人物，探悉余等赴美特请船主邀宴，所谈均力谋中日亲善，日人之能负国民外交上之责任也又如是。至长崎时，多数新闻记者，来舟次访问摄影，不一日已徧布消息于全国各报纸，日人又设有招待部，专以导引外国人之来日游历者，是日亦至，殷勤招呼，愿为导引，犹忆数年前有美国人二，来日游历，由招待部陪同参观各地，异常周至，凡彼邦政治实业教育外交种种情形，无不详细说明，引人入胜，并导往朝鲜，指示其国人在朝鲜所施种种政治，美国人大为所感，深信日人办事之有能力，政治之良善，交口称誉，盖此项招待员，均系大学出身，故多娴于词令，足使外人信服。

留长崎时，适逢彼邦陆军纪念日，即甲午中日战争之战胜纪念日也，全市各户，无不遍悬国旗，其民爱国思想之普遍，于此可见，询诸我国侨商，竟有未悉彼邦此日为何种纪念者，是可以觇我国教育上之缺点矣。

长崎有三菱船厂，全国最大之造船工厂也，友人为余言此厂之历史，当初创时，国内无造船人才，乃向英国聘苏格兰技师十名，教授造船技术，又以国内乏适当之学生，乃派大学工科教师数人，充任工徒，严守秘密，不令英人知觉。此大学教师，不辞劳苦，凡艺徒工人所为之事，无不为之，不数年尽得其技，始行告知，遂辞退英国技师，自行管理，迄今厂务发达异常，有工人数万，无论军舰商船，皆由此厂承造，日人之坚忍耐苦有如是，我国人亟应引以自勉焉。

至东京即调查彼国战后教育改革情形，知近年文部省常派员赴欧美考察教育，其所积极进行者，注重理化教授，去年设备费，为一百八十万元，而县教育费尚不与焉，此外如扩张高等教育，全国添设高等专门学校三十三所，增加欧美留学名额六百名，预算定六千万元，其中一千万元，拨用皇室经费，此可以见日本对于教育之重视矣。至檀香山观察所及，认为重要事可记述者，即此小岛之上，各国人民，莫不荟萃于此。而日本人独占多数，近年来且陆续而往，有增无已，惟我华侨人数日减，推其原因，华侨多娶土人为妻，所生子女，遂成土著，日本人专娶其本国之女，有代表娶妻之法，当余等赴檀时，舟中有日女数百人，即代表所娶之妻，前往檀香山者也。其法先以照相寄回本国，托人代觅女子，觅定后，请人代表结婚乃得至檀岛与本夫配偶。美人鉴于日人渐多，日籍议员入议院者日众，政治将转移于日人之手，颇不满意，拟废去选举制，改为选派制，组织一委员会处理之。深知此举必将引起日人之反对，或者出以全体离去，以故对于华侨，近颇欢迎，议会中曾提议拟招华工五万替代日人，从事农作，藉以抵制。闻此议案尚未实行，亦外交上一重大事，大可令人注意。

鄙人离美已五年，今兹重游此邦，颇欲一究此五年中，较之五年以前果若何，其第一事，足令人注意者，即其国人经济能力大增，今昔实大不相同，财产增加之速，出人意外。统计全国富翁，家资在一百万元以上者，有二万七千人。有某小城，居民一千五百人。有一百万之家资者，竟达百人，其致此之原因，自欧战后：一、工商业发达。二、生产量加增。三、搏节金钱食物，以其所余之食品，输送欧洲。从前社会习惯，宴客酬酢之风甚盛，一食万钱，无所吝惜。战时则大异，即在舟车中，食品亦极简单。并有广告劝人食用当以适度为止，某银行家，一日尝邀余会餐，仅一汤一肴一蔬三品而已，其简单有如是。友人告余，自大战后，国人习惯于俭食。今战争虽息，觉俭食之结果，从前浪费暴殄之物，一经搏节，都属有用，获益不细，故咸愿保存此俭食之风，所省金钱，均以储蓄，此种风尚，大足以训我国人。我国地大物博，尚出其能力，增加产量，并节省食物，则每年赢余之品，何可限量，今观国人食用之奢费，殊堪惊骇，宴饮之举，踵事增华，自十二簋以至十六簋，几于食前方丈，世界各国宴饮时，食品之量，无如我国之富者，是宜力求简单，节省无谓之浪费，此犹就正当之饮食言，更有如无益之嗜好，尤宜戒绝，以节金钱。闻某某烟公司，每年在我国营业，达三千万元，仅一公司已如此，国人沾染嗜好者之众可知，美国自议院提议禁酒。议决今年七月一日起实行，今全国酒肆均已歇业。我国人，果能实行戒绝嗜好，每年金钱可节省多多也，即如储蓄一项，鄙意以为大可提倡个人储金，盖个人经济能力增，则国家经济能力亦因之而增，其效力且不特影响于国家，且及于世界。美国以前经济能力，仅足自顾，自大战以后，经济力伸张，可操纵世界，而尤注意于亚东，亚东实以中国为中心点，在美时，闻自圣藩锡司谷至波士登各地，均有派遣商业团，至我国考查商务，以图远东经济之发展。

自美渡大西洋至法，途中殊险，时有遭触鱼雷之虑，旅客咸惴惴焉，常携救命圈以防不测，迨息战后，一如平时矣，至巴黎后，和会适提及山东问题，其时国人之侨法

# 第三辑

| 战后欧美教育近况 |

者,觉其空气非常郁塞,当我国代表初莅和会之时,国人对于斯会,希望殊奢,所抱目的:一、二十一条密约取消。二、山东青岛直接交还。三、各国在华之特殊权利,一律取消。迨和会既开,知我国所抱希望,不免太奢,和会中所提问题,专就与战事有直接关系者,我国代表,不得不改变方针,专提山东问题,讵知其结果,仍不能达目的,其原因实由日本外交手段之诡秘。当日本攻取青岛时,我国原拟加入,日人却之。既占青岛,我国愿偿损失收回,日人又以为可从缓议,迨后拟加入协约,日人又多方阻止。自美国加入战团,知我国亦必加入,乃与英法密订条约,而美国则未之知也。至和会开议,意大利因阜姆问题退出和会。日人遂利用此机会,要挟协约国,而山东问题乃无可挽救矣,此不特国人为之愤懑,即美国代表亦多主张公道,以为此非美人本意,竟有因此辞职者。

前次和平会议,南美巴西仅得列四等国,盖当时依一国海陆军能力之强弱为标准,时巴西代表愤而发不平之言,回国后痛陈海陆不强之害,布告全国,发愤图强,大兴军事。此次和会由四等国一跃而升为二等国,甚愿国人取法巴西及早觉悟也。在法考察其社会情形,如未经战事然,细考之国家元气,实已大丧。职业界多属女子及老者,可想见其国中壮丁死亡之多。但法人则以为恢复不难,自信甚坚云。

巴黎有战争图画院之建筑,院内遍列欧战经过状况,描写各国在战争时牺牲实情,每国独立一幅,而我国则附于美国一幅内,美总统立图中,旁有战士红十字队,我国段祺瑞作壁上观,其席地而坐者则为华工闻此项图画,系聘请世界最著名之欧美画师为之,自欧战起后,即着手制图,法人具有决心,自信战胜,故早已准备云。

赴意大利,知其商业上,与我国将来有密切关系。考一九一四年,中意贸易额,由中至意者有三千六百万法郎,由意来者二百万法郎。此项商品,往来多由英法美诸国间接运输,而非直接运输。利权既旁落人手,运货又感不便,此后希望两国商业上,竭力设法沟通之也。

意大利本与德奥联盟,其后因何加入协约,内容极为复杂,不暇详述,就其大者言之,意国近数年来,凡经济权政治权,几尽入德人之手,至开战后,意人方始觉悟,其情形仿佛我国之受制于日本。但意人自有能力,卒脱德人羁绊,则以素有预备之故也。教育上之设施姑不论,即就实业言,意人初为奥人战败,几濒于危,卒赖一工厂之力,得以转败为胜。厂在及拿意之工厂,几尽为德人资本。独及拿地方之某工厂厂主及二子觉悟独早,排斥德人资本,不受其节制。当欧战开始,闻德皇演说战胜之权,操诸工厂,遂令厂中改制枪炮,意政府初犹不向此厂购其军械,大败后始向厂中定购精炮二千,越日即能迅速交货,三年间,工人增至十万,制造精炮一万尊,以资军用。卒收战胜之功,不特保存祖国,且能保存法国。使协约国得最后之胜利。我国近方昌言抵制日货,然抵制之实力,在有预备,若意国某工厂之抵制德人,始可云实力矣。

自意至瑞士,瑞士于此次大战中为中立国,惟国境狭小,受战争之影响极巨,人民每日食品,须颁给票证,以示限制,生活程度甚高。瑞士介居各战国之间,虽不加入战争,却居最重要之地位,大战中列国之交换条件,侦探消息,麇集于此,以故各地旅馆,有各国人住居殆满。独我国外交界,乃无一人至者。

返至法国,正和约将近签字之期,我国因山东问题失败,国内讨论签字不签字之利害,尚未解决,南方电致专使,有不保留不签字之主张。北方迄无明白表示,专使遂决定不签字,此举关系甚大,实为最好现象。全世界各地,凡有华人,无不致电声请主张拒绝签字。足征民意一致。各国人士,始以为我国代表表示不签字,不过一时空谈,不致实见,迨至签字之日,全体代表,竟未出席,列国外交界始相顾惊骇。法国报纸,尤称扬祝贺我国,意亦竭诚贺我,并讥讽其本国代表之退而复入,以为不如中国代表之强硬,美代表签字后,对于山东问题,亦示不满意之态度,曾发反对之言,法报讥之。

由法抵英,正劳动问题,妇女参政问题,纷纷发生之时,最足令人注意者,即提倡飞机,英人最力是也。飞机事业,各国均在积极进行,往来各大城者,终日不绝,派信载客,日见发达,并悬重赏飞渡大西洋,甚有在天空中结婚者。世界各国飞船,推意大利最精,日本亦派飞机研究员六十名,留英习练,我国乃独无一人,恐战后各国飞艇,均将集注于中国,此事不可不加以注意。此次欧战,德人自言失败之原因,即在飞机,不如协约国之多。今战事虽平,而在商务上交通上均利赖之。吾人计算建筑铁路,每里至少需费五万元,飞机则十万元可制五架,尚我国能提倡进行,如云贵等僻远之省,大可利用之以便交通,将来文化之传播益速。文明事业之发展益广,关系匪细也,深望将来赴外留学者,于飞机一科,特别注意研究之。

当余等去美时,美人对于和会,非常淡薄,迨和会之结果发表,美人大起不平,余等回至美国时,见彼邦报纸舆论,非常激烈,有美军官某,一日遇余等,为言余美必将以海陆军助中国维持山东问题。一日参观工厂,某工人亦言余辈虽属工人,对于和会山东问题,决不赞成。至华盛顿时,往议院参观,遇某议员,询以美国对于和会之究竟,某议员始以余为日本人不之理,继而知为中国人,即放言和约之不赞成,并反对其总统威尔逊氏,美人之主张公道,殊可感也。曾见巴黎某报讥刺画,绘一肥硕华人,旁加说明,谓中国无异此肥人,受人殴击,则知哀呼,事过后又酣睡不动,何不早自奋起,振作精神,锻炼身体,减去懒惰之习性,以后自不至受人欺侮云云。巴黎某国代表,询问中国因何答允二十一条密约,余答以因兵力不敌。某代表叹息,言日人

# 第三辑
## 战后欧美教育近况

断不敢轻启兵寡，中国人徒自胆怯耳，日前在汽车中与爱迭孙氏晤谈，氏谓中国今日实处于极危险之地位，须拼命振作，拼命培养实力，前途始有希望云，外人之留心我国国事者，无不热忱恳切，我国人应如何自谋本国之安全也？

### （二）法国之教育

今试言法国教育上改革之趋向，此次欧战除比利时外，法国受创最巨，不但战事方面，即实业方面损失亦不资，因是改革特多，但改革事不易着手，政府已组织改造部，包括政治军事教育实业诸大端。教育改造部，专以研究教育上应兴应革事宜，当鄙人抵法时，尚未组织完全，议会中某议员提出一重要议案，即延长义务教育期限是也。法国教育上改造计划，现虽尚未实行，而年来教育上之趋向，可就其著者言之。

法国教育制度，实为世界各国中最画一者，曩有美国人某来法调查其教育，有某视学员，视其手中时表，谓美国人曰：余能于一分钟间告君以全国各学校，此时教授某课之课文，言次若自鸣其得意也者。尝赴教育局晤局长某君拟请其绍介教育专家，有所商榷，局长答言无有，以为英美等国学制错杂，故教育专家，颇费研究，法国则整齐画一、实无研究之必要。惟此种画一制度，颇有人怀疑，以后必有更变，可断言也。

法国小学校，采用两级制，中下流社会入普通学校；上流社会，入普通预备学校。欧战以后，共和思想益形发达，颇有人主张废去两级制，组织公共学校，反对者则以为目的不同，未便归并，只可变通。调和派主张小学毕业，只须可以升入中学。在初等小学之末年，增加农工商科目，在毕业试验时，加入此种科目之问题，以试验之。高等小学，本为分科制，此种制度。不但不废，且更分析精细，至中等教育之改革，亦渐有动机，如女子教育，向极普通，大都升学绝鲜。自战事起后，女子在社会就职业者，日多一日，职业之范围愈广，因此学校内增加应用科目，并征求家庭及社会对于女子教育政革之意见，组织委员会，订定改革计划，建议教育部，同时开放职业学校兼收女子入学，更添设女子商业学校，在中学方面，尤注重于科学。以此次战胜德人，实可谓科学战争。此后建设改造问题正多，必以应用科学为基础，然亦有反对者，以为未免偏于物质，此次战后结果，物质上虽战胜德国，而精神上文化上反为德人所胜，且从经验上论，普通知识，实为重要，即军事上亦极注重，不应专重科学，而和平派则以为两者皆不可忽，此问题尚在研究中也。

法国中等教育，有一弊病，即授课时间太多，学生之知识能力，无发展之机会，此后议设必修科随意科，不特减少授课时间，且减少后，仍区分二科，法国体育上之设施，本逊于英美，此次战争，实予法人以大教训，始悟体育为立国要素，国民体格不强，必不免于失败，更有一原因，自英美两国之军人莅法后，相形之下，法人自觉不如，女子体育，亦以英美为强，此次军事上，英国女子服务成绩最优。军人在营中，无日不从事于运动，法人始注意提倡，去年教育部设体育委员会派员调查中等学校体育状况，特别提倡运动，又组织全国运动会，各地设运动俱乐部，恐运动或有危险，乃向人寿保险公司订定保寿办法，又设学校卫生联合会，专注意于体育基本上之卫生学，校中教师与生徒共同体操，以示提倡体育。

法国教育上竭力联络外国，图精神上之结合，视为非常重要，去年派教育团往英美二国，专以研究法国与英美两国教育上之联络方法，又设大学联合会，一面派人留学美国，一面招美人来法留学，战后死伤兵士之子女，派赴美洲游学，设法免费，去年赴美者，已有女子百余名，并开放巴黎大学，军官之入学者甚多，此外又有交换教员之办法以本国之哲学传播他国，不特知识交换，即在国际上，亦极有关系也。

### （三）意国之教育

意大利战后教育实况，可供我国参考者，较之法国更多。去年亦建设教育改造部，正在规划进行中，教育行政采协助主义，例如设一商业学校，则学校所在地之市镇，任其经费之一部分，又所在省及中央政府，亦各分任其经费。此外各地方上之商会，于学生之学费，皆分任负担，主持校务者，有评议会，各级出费机关，均有代表，此种办法，比较分工主义为优，因设一学校，与各方面均有关系，不致各顾自己利害，不相为谋，致教育蒙其影响也。

意人夙为各国轻视，因其国，人受教育者少，视为半文化之国家，其实此种观念，与美国之轻视华人同一心理，仅见其一部分而云然，不得视为确当之评论。意国文化，南北悬殊，北文而南野殆因人种气候不同所致，北部工业最为繁盛因此教育亦最为发达，几乎可云普及平均受教育者约居百分之九十余，南部不过百分之七十余。查其历年教育统计，在一千八百八十年以前，失学者居百分之六十八，迨后渐减至百分之四十八。至一千九百十二年，仅居百分之三十八，依此类推，意人自信再经十年，全国教育必能达普及之目的。今其设施，每市设有夜学校、假期学校、补习学校，即军队内，亦设学校，授以相当之教育。在一千九百十六年，全国夜学校有四千余，假期学校有一千余，补习学校之数亦极多，此种积极推行义务教育之办法，大可仿效。

意之小学教育状况，数年前颇有人鼓吹蒙台梭利教育法，此次到意后，即拟探访蒙氏，询之教育部某科长，答称不知。旋查电话簿，知其在某师范学校，驱车往访，仍不得，晤其校长某，校长又绍介校中教务主任接谈，对于蒙氏教育，认为有弊，不表赞

# 第三辑

战后欧美教育近况

同,殊以为异,迨至美,访哥伦比亚大学师范科幼稚园主任,亦谓蒙氏教育,殊不可恃。

据一般教育者言,蒙氏教育法之优点有二:1. 重自由以个人为单位,打破向来呆板之教育法。2. 养成注意力,研究儿童心理,辅助儿童注意所喜之事。而其缺点有三:1. 蒙氏所发明之教具,不能发展想象力,例如纽扣,只教以如何纽法,并不教以如何制法,及想象制造翻新之式样。2. 应用教具,太嫌呆板,仅注重于个性之训练,与共同操作、共同生活无关。3. 教具不为儿童所喜,因儿童所喜者,共同作事也。因劝我国勿更用蒙氏教具,以为我国儿童个性,本已发达,所缺者共同操作,又蒙氏教育主张,先从理论的、假定的入手,而杜威博士则主张实验的、真实的,例如,游泳一事,不必先在陆地练习作势,迳行入水游泳可也。

意国小学,去岁新添两种,一普通学校,即初等职业学校,一乡村小学,即就普通学校,略加农业功课,与城市学校办法完全不同,特殊职业学校,种类极多,如农业学校有初等者三年毕业,中等者四年,高等者亦四年,商业学校亦然。此外,有美术学校、女子职业学校,此种特殊职业学校,俱属农工商部管辖,惟普通职业学校,则由教育部管辖。其利有三:1. 可分工办理。2. 实习利便。3. 毕业生之出路范围较大。此可以供我人研究者也。

农业学校,以前大都设于城镇,近主张设于乡野,其利益有三:1. 农家子弟得入学之机会。2. 可得切实之智识经验。3. 可改良农业。此次参观农校成绩,设在乡野之某农校最优。

职业教育,近方极力提倡,教育部在一千九百十二年规定计划,凡人口一万以上之市,须设立初等农校一,意大利全国人口满一万以上之市有八百,应设初等农校八百所,欧战后,决定实行。

意之大学最为发达,在历史上,亦最古,有成立数百年或竟数千年者,研究学术,非常发达。最古之罗马大学,出有杂志五十种,惟理化一科,设备犹嫌不甚充足,去年支出经费三百万元,为十大学设备理化之需,我国留学意国者仅有二人,殊太寥落,意国数学医学两科,均极高深,全国共有大学二十一、国立者十七,私立者四,全国人口不过三千万,较之我国江苏一省,犹差八百万,而大学之设置已如是其多,高等教育之发达,可以想见。照此比例,我江苏全省至少亦须有大学二十一。意人于外交上,谋教育之联络,亦颇积极进行。去年曾发起各友邦学术联合会,有某大学教授,询余中国兴办教育有年,此次学术联合会,日本尚派员加入,中国何以独无,诚可憾也。要知此后国家,不仅恃其武力经济争胜他人,学术一端,须有所发明。对于世界人类,亦有所贡献,于增高国际地位,关系极大。意国又与法国交换教员,由教育部特设研究部,谋世界各国学术联络方法。

意大利立国之本有三:1. 自由;2. 平等;3. 民族思想。全国教育方针,注重于此三点,尝晤罗马大学校长,知欧战后,意国教育家,以种种方法,发展其人民之国家思想,彼以为此次和平会结果,于世界观之实现,距离犹远,一方面固当留意于世界观念之提倡,一方面仍须注重于国家思想之培养云。

### (四) 瑞士国之教育

政治家尝言欲巩固一国之基础,在有统一的精神,统一精神之要素:1. 人种;2. 语言;3. 宗教。此次赴瑞士,所见所闻,觉政治家之说不尽然,瑞士全国分三部:南部为意大利瑞士,北部为德意志瑞士,西部为法兰西瑞士,各就其所毗连之邻境而异,所谓人种语言宗教极不统一,然其精神上却甚统一,则恃教育之功也。

瑞士由二十五州合成,可云由二十五小民主国合成一大民主国,教育制度,亦分二十五种,各依其本地之历史地理人民风俗而定,如义务教育一端,年限不一,有六年七年八年不等,年限短者,有二年修业之补习学校以补救之。然其补习之性质,又各地不同,高小修业期限,亦至不画一,有二年者、有三年者、有四年者甚有定为五年者,中学校及职业学校,亦参差不齐,自四年半至八年半不等,入学年限亦不等,瑞士教育之特点,上级学校依下级学校之年限而定,由下而上,各州之乡村亦得按照地方情形自行规定办法,可称世界各国学制之最错杂者,但此仅形式上组织上之参差,而其教育之精神,仍极统一,中央对于各地方负经费上补助之责,对于体育及职业教育,均有补助金,全国教育的设施,其相同之点有三:1. 厉行强迫教育;2. 不收学费;3. 以体育为必修科,其普通教育主义,北则倾向德意志,西则倾向法兰西,南则倾向意大利。

体育事业为瑞士教育上最注重之设施,有婴孩学校,凡自数月至三岁之婴孩,其父母得以寄托校中。代任养护,而自营职业,普通学校,学生入学时,有医生检查身体,每年又必定期举行。至升入大学时止,此外设种种特别机关,专以补救学生体格上之缺点。有所谓职业学校者,以医治低能儿为主,所谓森林学校者,设于森林间,自五月至九月为授业期,救济身体不健全之儿童,又有所谓太阳学校者,利用日光以医儿童之疾病,有农业学校,为体育而设,多在极高之山上,并无定所,校具设备极简单便捷,可携带而行,随处可作授课之地,近颇有人主张在露天授课云。

瑞士学校无课兵式操者,颇以为异,学生自十五岁至二十岁随意体操,并入义勇队,稍习军事知识,至二十岁必须受征兵。试验分为三种:1. 关于知育者;2. 关于体育者;3. 关于卫生者。如不及格,须再行补习,方准入伍。惟当兵期甚短,步兵六

# 第三辑
## 战后欧美教育近况

十五日,马兵九十日,炮兵七十五日,至多不逾三月,略具军事上学识,即可入职业界谋生,不碍其职务,但既经受过军国民教育者,每年定最短时间,须习练射击术。故全国人民,无不有军人资格,此即国民军组织之大概也。此种办法,其利有数端:1.不碍国民职务;2.督促其体格上卫生上之注意;3.各州行试验之结果,可得竞争之益,此项征兵制,欧洲诸国多有仿行之者。

### (五) 英国之教育

近年来欧洲各国改革之趋向,如意如法,均设改造部,英亦有之。关于国家一切兴革要政,均由部中分任研究,分十五部,有委员八十余人,教育部亦为其中之一,有委员八人,专任调查研究,已着手研究者有三项:1.科学;2.外国文字;3.年长失学之补习教育,此教育改造部最近之组织及其成绩也。但其国人犹嫌其迟缓,于国会中提出三大议:1.斐休教育改革议案,通过非常迅速,英人素主保守,不易变更,此次之改革实出于一般人民之要求,此议案之要点:(1)此后教育上须有统系积极的计划。(2)延长义务教育年限。(3)强迫补习教育。此外设婴孩学校,二岁至九岁之儿童入之,十八岁以上之男女须受公家身体检查,高等学校增加免费学额,俾寒素者亦得升学,地方教育费,政府与地方各半分任。2.优待教员案,如规定教员恤金等问题。3.苏格兰教育议案,又名孟罗议案。此战后之三大议案,在英国教育史上罕有之举也。

参观教育时,曾晤斐休氏,知英国人民信仰教育之心,战后更形觉悟,教育实为国家社会所依赖。在战争期内,能据节物力,增加生产,提倡储蓄,皆学校鼓吹之功。全国现有储蓄会三万五千所,其三分之一皆学校所组织。不仅此也,军中受伤兵士所用之器物,大都由学校制造供给,社会对之,益加重视,英国教育经费,战前并不充裕,迨战后公家对于教育经费之支给,异常慷慨。斐休议案中,规划教育费,需一千九百万之巨额,政府慨然允诺,此其原因有二:1.由于觉悟教育之重要。2.由于战争时费用之巨,已成司空见惯,故对于教育费之支出,无所吝惜,此后教育上建设事业,益易进行,如注重培养学生自治能力,增进工人知识技能开放大学,扩充学额,军队有教育,成人有教育,皆足以见英人教育上共和之精神,大为发达。

英国教育之特性有三:1.教育之发展,依赖公家者少,历史上私立学校,常居重要地位;2.教育行政之主权,操之于地方自治,由下而上,战后此种习惯,毫未动摇;3.英人自言,美国教育主义,偏于经济,德则偏于智育,英则注重道德,以为英之教育主义,较美德为善,此则可供吾人参考者也。

### （六）美国之教育

美人加入欧战较迟，故所受影响较小，教育上亦然，惟战后欧美路线缩短，欧洲教育改革之情形，美人知之较详，故亦异常注意，略有改革之计划，如汤氏议案，请由中央政府，设负责任之教育部，提拨大宗经费，以改良各州教育，议案中要点有四：1.延长义务教育年限；2.注重体育；3.改良师资；4.移民教育。

美人鉴于迩来外国移民入境者日众，人种太杂，故竭力提倡美化教育，以冀与本国人民同化，俾得美国共和之真精神，且以吸收移民之优点，纽约州议会，曾通过一议案，凡二十岁内之移民，未受教育者，必须强迫补习，并增设特别学校，教育移民，该省政府提出二十万元培养此项移民教育之师资。

年来美人生计日高，而教员之俸额如故，以木工之身价，一小时工作，犹可得一元之工资，教员乃远不如木工，故对于俸给问题，拟加倍支给，一方面补助其生计之不足，一方面且亦增高教师之学识技能也。

体育一端，亦正积极提倡，初美人以为体育优于他国，至欧战时，乃发见其缺点，由委员调查报告，凡二十岁至三十岁之壮丁，经征兵检查之结果，有三分之一不及格，据医生言，皆可设法矫正。此次赴欧出征军人，有二百万，凡未列战线之军士，为发展其体育计，委托万国青年会，导以体育游戏运动之术，迨回国后，已成体育上之习惯，遂要求关于体育的设备，须竭力加添，据某高级军官言，此次大战中一部分之军人失败之原因，不在军事知识及技能之缺乏，实在普通知识之不足，及体力薄弱所致云。

关于强迫补习教育，亦正在励行，每周规定至少授课时间须有十八时。关于科学方面，因战事益加注意，在华盛顿组织中央科学研究所，联合全国科学专家及二十一大学著名学者，共同研究，如毒气之制造，及防避方法，飞机之改良，心理学基本上之试验判断想象等，均积极研究，将来结果，亦必大有可观。又康奈尔大学，增加一百五十万元，设备理化科之器械。

此次战后有一种观念，则对于新旧道德研究甚力，去年组织全国德育研究会，命题征文，悬赏金五千元，本年又悬赏二万元，征文题，为公立学校培养德育之方法。

职业教育，为美人最注意之一事，有斯密司氏规划设立中央职业教育局，每年预备大宗款项七百万元，兴办职业教育。去年陆军部组织教育委员会专就军队施以职业教育：1.对于新募之兵，授以军事上有关系之职业的知识技能，如修理电机，驾驶汽车及装置飞机等。2.对于派往欧洲之兵，亦授以军事上应用之技能，又有施美士西尔氏提议恢复军人职业，凡曾经受伤之兵士，须授以相当之职业教育，俾能自己

# 第三辑
## 战后欧美教育近况

谋生。

大学校内,于去年九月间,组织大学预备军,分甲乙两部,甲部专习普通军事学,乙部专习军事技师,每周定十三时半,受军事训练,已有三十万人,受此二部之教育,至医院内受伤未愈之军人,刻亦授以职业的教育焉。

### (七) 我国今后教育问题

自欧战起后,世界各国,对于教育咸起疑问,以前之方针,是否符合于世界之趋势,是否适应于国家社会之需要,无不希望在此改造期内,详慎研究,俾无遗憾,我国教育上之政策,亦应注意,是否适合于世界趋势,是否适应国家社会需要,如其未敢自信,则于教育上之改革,宜如何致力研究。英国教育专家山特雷氏焉余言,中国在今日,教育之设施,非常重要,不独关系本国前途,且关系世界之进化,因人种之多,冠于全球。倘教育方针不准确,世界人类均将蒙其影响也,兹就鄙见所及,认为与我国教育上有关系之诸问题提出,以供邦人士之研究焉。

1. 英美教育家,以为英美瑞士诸国之教育,可供中国参考者,为地方自动的教育,此为共和国所最应注意者。盖教育原应由地方人民自行兴办,非可依赖政府,若山西省之教育,自上而下,锐意进行,在此过渡时代,亦系一种办法,然欲从根本上兴办教育,必须自下而上也。

2. 义务教育,应竭力推广,旷观欧美各国,无不积极进行,意大利教育逊于英法美诸国,然据其教育当局报告十年以后,自信可以普及。我国区域极广自宜急起直追,方可与列强争存,如何推行义务教育,实今日我国最重要之问题也。

3. 义务教育之外,尚有成人教育,亦宜设法提倡,使年长失学者,均有受补习教育之机会。世界各国,无不设法实施,我国年长失学之人,尤多于各国,此辈均为良好国民之资料,所惜者,未经教育造就耳。我国在法华工,大半为无知识者,有青年会设施教育,为华工补习国文及注音字母等课,尝于数千华工前,讲演祖国近状,无不席地静听,寂然无哗,足见求知心甚切。华工队中,有游戏者,有写家书者,有入储蓄会者,在此数年内,中法实业银行汇款,几百万华工见余等至,都起家乡之念,殷殷问山东近状,且愿回国助战,似此好国民之资料,乃独未一受教育,不亦可惜之甚欤。

4. 军队教育,在今日亦甚重要,鄙意以为今日国中主张裁兵,其为危害,恐较之未裁兵前尤甚,欲从根本上着想,须施以相当之教育,不特授以普通之教育,且须如美国之军队中设施职业教育,如是则裁兵与否,不成问题,以军队亦能生利也。

5. 女子教育,各国所共同注意,务使男女在教育得同等机会,世界潮流所至,我国亟应注意,在此次大战中,女子都入社会服务,社会上已承认其与男子有同等能力,自应受同等教育。近来国人盛唱女子解放,其实在欧美各国女子,早已解放,我国在实行解放之前,先须有机会养成女子独立之能力,则不解放而自解放,否则不从根本入手,徒知提倡解放,适以害之也,鉴于世界潮流男女同学,各国久已实行,我国至于今日,始知提倡,已嫌过迟,亟应自高等小学起,逐渐开放,此次全国教育联合会议,已有议及之者,深望其及早实现也。

6. 体育一端,亦应有特别注意之点,瑞士有国民军之组织,学校内无军事上之练习,但有基本的体操,闻此次大战,澳洲军队,屡战屡胜,所向无敌,细考其故,非因军事知能之有以胜人,实由于其体格之基本坚固,能耐劳苦也。此后吾国学校于体育一端,当在根本上注意。

7. 共和国之实际,在学校内注重于共和精神之培养,如职教员间之协力办事,学生方面,提倡自治,发展自动之机会,养成互助之精神,或以为学生在今日,已极自动之能事,无提倡之必要,要知学生当此久静始动之际,容有出轨之处,将来具有经验,自能就范,向惟不得自动故,经初次试验,不免有不合之处耳,取格兰斯顿有言,惟自由能束缚自由,知自由之自有范围也,尝参观意大利罗马大学,见其大学生,虽战事已停,犹戎服受课,询诸校长,此次战争,大学生之入伍参战者,有何效果? 校长言优劣不一,大抵平日视为驯良守规者,在战事上不见得力,所视为好动不羁者,在战场上能力极富云。

8. 增设大学不容或缓,意大利全国人口不及我江苏一省,而有大学二十有一。美国全国大学总数有五百数十,以彼例此,我国如意大利,须有一百余大学,如美欧须有一千余大学,今则何如,此实与国家生死存亡有密切关系,盖大学实为一国舆论中心,如意大利原与德奥同盟,今次大战,弃同盟国而加入协约,则大学鼓吹之力也,在战争时,既占势力,在平时乃为一国文化之中心。我国此次五四运动,发端于北京大学,仅一大学,其效力已如是。尚有意大利大学之数,则将来文化势力之伟大,何可限量,目前提议增设大学,恐借口于经济困难,而缓其进行,其实不妨减少他项不甚重要之事业,腾出经费务使实行。近有人发起西南大学,此举余极赞成,认为极重要者也。

9. 学术之研究,应特别提倡,为国家根本计,学术不精,则凡百不能进步,我国杂志书籍,大都译自东西洋,自箸者甚少,现象如是,自己固无由进步,而对于世界毫无贡献,安望能得列国之信仰。以前误认学术为世界公器,他人发明,我可安享其成,殊不知科学仍属秘密的而非公开的。书籍所记载所发表者,无关重要之事理耳。蕴奥之科学,仍严守秘密,何尝肯披露于外,此后宜多设研究会,尊重发明家,则学术自有发达之望,吾人纵不能有所发明,而尊崇学术,固应尽力提倡之也。

10. 在英法美意诸国，咸注意以教育辅助外交，如交换教员，派员考察教育等，此为国民外交上之一要点。日本每年由富商出资派赴美国游说本国政治实业教育等种种优点，此种办法，似较之派遣公使，效力多矣。

(原载于《新教育》1919年第2卷第4期)

# 记欧美教育家谈话

今年三月,奉委游历欧美各国察视教育状况。足迹所至,尝与贤士大夫游。咨询国际实情,以佐闻见。其关于教育事件,辄载之笔记,用为他日讨究之助,今兹重履祖国,再闻学校讲诵之声,顾念彼邦,实多教育特殊之点。虽云国力充足,举重无绝膑之忧,亦由人事整齐,设施有应弦之妙,悠悠我心,感慨系之,谨将曩日谈话,汇列刊布告我国人。

(一) 美国教育局长之言

今年八月十九日访美国教育局长克勒士顿博士 Dr. Clayton 于华盛顿,访以教育近情,当时问答大略如下。

问曰:此次欧战曾激感美国教育否?

克勒士顿据此问,广伸其积年所见,畅论美国教育曰:近二十五年,美国发生一种职业教育之趋势,使教育归于着实,能执行人民应为之工事。我国教育最初之兴味纯为文字的、精神的,且常与教会关联,含有宗教的理想,此为个人主义的文教。此种教育时代,殆在殖民地初立之时人组织国家政府之后,国体变成民政,人民操持政府之力,随选举权日渐扩展,国人始觉教育宜裁人民使有国民之资格,故十九世纪时视造就智识的国民之资格为最新最要之大事。其感觉力尤以一八三〇年至一八三五年及南北大战之后为最大(是时因黑奴事南北冲突,北人必欲释放黑奴,故注重国民资格的教育)。是时著书讨论政府形式及国民职务者,不可胜数,其论地理、历史民政、民事政府之书,皆在学校诵习,考其主旨。殆欲造就人民使有智识国民的资格也。

一八七六年,我美开独立纪念百年大赛会于菲喇铁非亚城(传兰雅格致刊编会记是会情形),赛会中陈设者,有俄国来之手工练习品。我国教育家见之,有所感觉,尤以胡达德 Woodard 为最,遂引起手工练习之意味,以后二十年,兴味日增,凡中学校几无不有手工科之形式,当时怨者颇多,反对以手工练习为学课,然鼓舞手工者,视为有兴味者,力广此科,使凡学校甚至小学亦宜有者,颇能证此科确有训练之价值。一八八〇年及一八九〇年瑞典之手工法名士莱德 Sloyd 者传来,亦证此理真确不误。尝闻大教育家宣读著作,伸论手工练习之主旨,不在制造木匠铁工等之人才,

# 第三辑
| 记欧美教育家谈话 |

实欲造成公正之人格。如儿童习画直线,即言儿童可从此学得言语妥正之类,其持他种言论者,又谓学校不以手工为学课者,非因其有实施之价值,实因其能养成宝爱真实之性。盖旧思想仍以为教育纯是文字的教化,事不必求实也。

十九世纪之季年(约一八九五年或一八九六年),真职业教育之利益意味始发生,前此亦已萌发,南方已有妇女工艺学校,一设于北卡鲁拉拿 North Carolina 省之克林士保卢 Greensboro。一设于米苏利 Missouri 省之哥伦比亚 Columbia,此校殆设于一八八四年。二校宗旨、专教妇女使足以自谋生计,美国各省皆有工艺学校,然只教授寻常学校,不能造就之儿童女子与及犯罪之青年而已。一八九〇年中,职业教育之兴味初起,及十九世纪之末年始立农业学校。是年之前,已有农业大学,盖十九世纪中间已有农业学校,此乃事实,不能为讳,特教授用古传旧法,不足道耳。

今日教育已增入第三宗旨,预备将来谋生之法是也,此宗旨与美国人生活之理想最相谐合,故发达最速。美国人之思想以生命与工务合而为一,此理想大抵为西欧诸国所无,美国无人不工作,千万金钱之富豪,执业之勤一如劳工,举国之人以工作附入生命之中,亦以生命投入工作之内。欲于美国中求一人仰他人为生,食他人流汗所得之馒首,受他人无报酬之工事者,殆无其人。因此故,职业教育异常发达。二年前,中央政府从国帑中拨巨款,协助各省推扩鼓励商务工艺农务家政等之教育,此款到最大之期,每年约七百万元,刻下中央政府又支巨款为残废兵士谋复职业之法,此足征我国职业教育之兴味矣。此乃近二十五年间教育中之最大动力,余等渐信职业教育必在美国人民生命中占一席位,裴斯塔洛齐 Pestalozzi 尝曰:余能将教育之车四周推行,能令人民对于一己之生活有意识。此言实教育家应行之大事,教育家今已知职业教育非限于手工学,曾屡加考验,欲造就人才使成更良美之机械,考之甚久,始知职业教育实为一国之普通财政幸福,此次战役证确此事,加入战团时,初意以为所需者仅三四百万壮丁,佩足军械,渡海往法兰西,便可以悉集大勋。然此次战事性质大异从前,持剑飞马陷阵乱斫之时,业已过去。此次全为机械学之争战,为精巧化学物理学及其他各学者之争战,宣战后即时发现我国于此数者实力不充,我国未尝有种种精巧机械如德国所出。化学家为数不多,大学欠缺教授,威士康臣大学决议化学为学课必须之科,凡男人女子明化学者,皆选赴任职,工程家亦然,此足见职业教育之重要矣。再按又一方面言,我国现在须以粮食供给世界之大半部,我国之地与战前所有相同,并未加增一寸,然产出之麦粟较前多几两倍,设我国不如是,则世界情状必更坏矣。此次战务放大吾人之眼光,使睹农业之教育,战前农人不甚重农事练习,以为儿女在田中沾染所得之成绩,较胜于校中所教授之习练,及至今日皆知科学之农艺法,价值甚大矣。

加入战役时，查得国中有五百五十万男丁女子全未读书。十岁以上之人有百分七不识字。当下征兵令挑选壮丁时，查得不能写信不能读报纸之人数极多。约居全数之百分二十至百分二十五。又得训练此等不能读写之人大不如能写能读者之易。此等人不能读训令，不能记录。因此故常不宜于军事服务。训练此辈，较之别人必多费时光。光阴之价值大受耗费。至此方知不识字之障碍。举国人民遂知不识字之男女当太平时，久已耗费无限之宝贵光阴矣。刻下全国用大力设法扫除不识字之害。余正于局中整备法门条理，以备教导年长不识字之人。

又查得外国侨民不能用英语者，为数极多。如意大利人、波兰人、希腊人、俄罗斯人等。招之使来，受缠为氓。国人所藉于此辈者。以其能勤劬作苦。此辈拘留美国为数约一千五百万。其中有六百万或八百万为青年男女。且壮丁大多数曾服务军役，谙练战事。独颇疑此辈未必能忠于我国，即或忠矣，未知能如我国人所望否耳。我国人目下最注意者为寻常所称之"美化"此二字之义。非强其人使任苦工，不过与其人以机缘，使习我辈之言谈风俗，晓我国之政府，喻吾人之理想。至若工艺机缘，遍地皆是。但欲教化其人使能蔚此等工业获佳美之生活，国人皆深信能愈益此辈即愈益吾人。故对于美化外人一事，甚有利益兴味也。征兵例施行时，发见军藉中二十岁至三十岁中人有三分一体魄不宜于军役，其后又查得十八岁至四十五岁中间之人，其体魄不健全者，亦同此数，此为欠缺保卫精神之结果，推其原因实由无体育，无卫生所致，足见今后教育宜注重卫生体育学。美国各省如纽约、纽遮斯等省议会，皆通过议案，定例实行体操，注重儿童之体魄，中央政府亦极注意，议拨国帑。协助各省实行体育，以救全国国人之体魄。

美国今日已非复如从前地理绝离之国，近已投入世界之政漩，允宜执行服务世界之本分，此事激发民事教育之兴味。宜于教育中为民事政治造就佳美之人才，选举权经已伸展，且将扩大及于全美妇人，全国已将提议修改宪法，准女子有选举权之期当不远，全国各省已有四分三赞成此议，人民不复为旧时之领袖所引导，今后之问题，必较从前更艰巨，不只关系一国，实牵动世界，果我国投入国际同盟，则国际上应为之事至多，今不能预料，故国民必须有民事智识，与及国际关系之政治生活。

国人近日始知近世工艺生活，需用中学教育之人才，战前已有人倡行，刻下更加猛进，有数省已经决定十四岁至十八岁之儿童，须入中学，年中工课须上堂二百时或三百时。

国中近又努力保护儿童之精神生命，不准受损伤体魄精神之雇工，如矿穴厂场等，皆规定禁止。我国加入战役前一年，曾通过一案，禁止儿童工作，旋以不合宪法取消，然各省中多已设立良法，实行此案之真意，今者十四岁以下之儿童，已不能入

# 第三辑
| 记欧美教育家谈话 |

矿穴厂场工作矣。

我国今已成为从来未有之商务国。自创国至今，国人已用尽时光志意精力修理国政，已清除荒林、开垦沙漠（美国西部沙漠实因无水所致，近日凿井得水，皆已陆逐垦殖），建筑城市（美国城无墙碟所谓建筑指政厅商店言），设立大工艺场厂。我美遂不止为世界极大农国，并为世界极大工艺国。一九一四年我国产出制造品多于德国产出品两倍（当时世界推德国制造最盛），输出外国者极多，而买入亦不少，特我国无海舶转运耳，然今已建筑大队商舶，我国商人将为国际上之商家，国家将立例扶进商务，其法将于学校大学中多设课程教授商学，又设法推广学习各国方言，尤以西班牙语言为要。盖中美南美各国，皆以西班牙语通用也，教育局近在华盛顿京开会讨论工程学得商务练习之法，及商人得工程训练之方。盖外出商人常遇建筑大工程之事业，允宜略晓工程，庶不至去道太远。若工程师尝应召往俄罗斯欧洲及世界各国，协助筑路开矿及工程大事，允宜略得商务之习练，庶易应付。当战事盛时，西欧高等学校，实际上已无学生，极佳美之子弟多数战死沙场，或终身残废。惟我美独能继续开学，其中学生有应征临阵者，离学亦不过一年，因此故。我国能造成工程师，以应全世界之需求，我国财力较之各国今日实为首出之国，亦为全世界大债主国，我国今后必须进而协助改良他国，此亦造就工程师商家之一大原因也。

以上种种陈述，悉为职业教育之趋势。所奇者当此时期，乃有普通文教理想主义之教育感觉，余今已见新趋势，趋向更博大之文典学、人道学、词章学、美术学等。国人对于音乐、美术、石象、建筑术，开始发生兴味，现时有人建议请立音乐美术国学，言论甚多，盖人民生息于民政之下，不能独以馒首养生，所以更宜注重文教，推扩使普及全国。今日国中人民日中工作，大体不过六时八时之短时间，其余闲暇之时甚多，自应多习妙品，享受人生快乐，此即所谓文教也。

问曰：美国今有人提议请专设教育部，统治全国学务（参观本期美国战后教育问题），尊意以为如何？

克勒士顿曰：余不反抗此议，然余意以为尤宜设中央教育司，司员九人，男女皆可，代表国中各种利益（如教育、商务、劳工、资本、农业等），所谓代表指司员等深明此等科务之谓，司员宜由总统任命，经参议院核准，任期一年而满，不受俸金，而按年中聚会时之日数受薪，并赴会费用，年中聚会约四十五十次，如此可令其人自营生计而又服务教育，此司宜主管全国教育事务。

克勒士顿又曰：中央政府宜广设方略，协助各省扶进教育。近日有新感觉，凡各省籍民同时亦为美国国民（美国制侨民入籍，只向居留之省注册。不关中央政府事，既入省籍即为美国国民，可以选举职官，享受政权之利），又知中央政府之权力幸福富厚不靠四十八省而实靠此一万万之国民,以此故,中央政府深有味于人民之教育,一如对于人民之智识发生同等之利益兴味,因此利益,国家宜协助此等人民,国会现陈议案,拨款不及一万万元,不足支应现在之需求,政府前已支教育费七万万元,议案将全数区分,如美化费若干,体育费、师范费各若干,中学校费若干等,如此区分,未免太繁碎,余所愿见并希望能得者,只一民政的整齐的学制,而款项又足以支办此举,比方某省欲得国帑协办职业教育较别省为多,而国家款项又足以应之而已,此法行,则教育有国家主义的法制,较前为佳矣,果中央政府能多拨国帑办教育,必能使教员程度齐一,最短促之学期亦能为之规定,学制既由华盛顿颁发,教育自能听华盛顿主管,然此次议案颇疑其不能通过国会,但望本年秋季至明年三月之间,有新学案出。或冀通过耳,余甚盼国家能拨款三万万元,分助各省使能推扩教育,较今更大,余意中之教育司,可以收集教育,归之中点,然出之不以官权而以强健之机关行之,此司处于华盛顿,解决教育问题,制定教授良法,改良建设法,筹画教育鲁钝子弟之方等类,又用科学法研究教育中各科,凡此机关所发明者,即行之各省,用感引法劝行,不用官长威权饬令,使全国教育渐归普通齐一,余意教育司之职务至此而止,不能过多矣。

问曰:今美国大学倡设学生军团,尊意如何?

克勒士顿曰:设战事延长,则此举必有成效,又曰:国家宜为全国学校制定学生体育方法,庶学生成人时,无论太平战争,皆可负任各种职务,如能定一普通军事练习制尤佳。

问曰:今日国人扩大国魂进而为万国魂,尊意对于此举之感效有何意见?

克勒士顿曰:对此问题有两种见解,意义完全不同,其一,专欲消灭国家意义,合万国成为世界一大国。其二,对待各国一如对待本国,令全世界合为一联邦国,各国日渐亲密,而同时各保疆土,金瓯无缺,一如今日美国各省之状况。我美最初建国时,只十三独立省,其组合时不过专为宣布独立而联结,国会可提议某省需协饷若干,然不能勒令实行,且并无国家籍民,设其人为某省之籍民,则其籍民之资格已止,当此时,某省可与邻省宣战,战而胜则可以割取该省藉民之地,使归己省,故省际常有危险,最后诸省联合,规定法制,使各省之权利可以永保。例如此省不能藉其权力金钱割取邻省半寸土地,亦不能强邻省藉民缴纳租税,又如小省拿化达 Nevada 居民四万,其权利与纽约大省同,各省联合不过谋公众之安存,人民之福乐,一省之藉民同时可为联省国之籍民。凡人皆有双藉,省藉国藉一身并具,政府可以强逼省藉民出力保卫国家之利益,当战务时,中央政府不必请求某省准其调用藉民,可直入该省指挥而调遣之,此美国制也。若此制行于各国,余颇疑各国未必能合集成一大团,或

# 第三辑
## 记欧美教育家谈话

将来人民自能联合,如我辈今日同集于此而已,万国应有国际之统驭,组织世界行政大委员会,此同盟之国家,应有陆军海军,又有国际警察防卫海面,剿除盗贼,余深信此举将来必能办到,至于小国不能自立政府者,可作为藩疆,犹之檀香山之于美国,其政府半由自选,半由中央政府遣派。而其地之安存则同受保障,一如美国中各省,同盟诸国依此实行,各国自可以保存其独立完全之资格,此则余一人之意,而取上言之第二义也。谈兴将阑,克勒士顿举一事以譬国际之界线曰:昔有某人在路上行体育之运动,运臂时其拳触他人之鼻,此人受击,乃戒其人宜谨慎。其人曰:余非自由运动耶,余岂无权利耶。被击者应曰:然,汝果有权利,然汝之权利至我之鼻尖而止,谈毕欢笑而别。

一九一九年八月十九日记

### (二) 美国两博士之言

某日,余访美国大教育家门罗博士 Dr. Paul Monroe,士德利耶博士 Dr. G. F. Strayer,询以此次欧洲大战,美国教育曾受何等之教益。门罗博士任哥伦比亚大学师范学之教育科主任。士德利耶任该学教育管理法一部之长,并任美国全国教育会会长,门罗著名于教育历史,渊博无伦,数年前曾游中国,闻不日将任调查学务委员,再来中国视察一切,士德利耶精于教育管理法,名德之士也。两博士答余之询访,语颇简括,然精义弥溢,兹分条记录如下。

**门罗博士之言:**

一、此次欧战指示教育为国家实力,并原料之最要者,所得教益,实向来所无。

二、欧战令吾人确知我国教育之缺点,尤以体育为甚,魄力之不足任军事服务者至多,又国民中不识字之数亦异常巨大。

三、我国因欧战始知以"美化"化外来侨民之重要,不特宜强迫侨人接受吾人之理想,而我辈亦须容纳伊等之美意,两美融合,造成一种新文化。

四、昔日教育为地方上之事。学制散漫,绝无统一之状,此次欧战,指示吾人宜为全国教育管理法设总会,此事甚重要。近日美国参议院提出议案,欲令国家于教育方面,用大力协助(该议案名曰唐拿议案,议员唐拿 Towner 所陈请也,该案将播刊于本报)。

五、经此次战务发动之后,我辈始深知国中僻处之省府,退化之区域宜加协助,须济以补助金,使全国各地之教育有同等之进步。

六、美国今已较前愈知特式教育之重要,尤以职业教育为甚。

七、战时军队中尝试验智识法、职业法(美军渡海入法助战时国中教育家虑其失学特设法派遣教员在军营教授,其在本国操练者亦同此法。见本报前第一期)所得之经验,愈知普通教育法之重要。

八、美国自此次战事后,始知从前轻视乡村教育之弊,虽国中有大部分进步甚速,然无益于隐僻之区域也。

九、美国因战务故,始深知训练教员之重要,从前修养师范之法尚不适宜。

门罗博士对于战务影响本国教育之意见大概如此,余乘机缘,询以他种问题,其问答之词概要如下:

一、问:尊意美国之经验,以何者为最有益于中国?

答:美国经验所得之法,最有益于中国者。厥为地方操持教育权,中国宜用全力振兴地方教育制,而政府以补助金鼓舞之。

二、问:中学卒业生徒多有无人雇用者,何法可以消去此弊?

答:今有两法:其一,中学毕业期限多加一年,专习严密之学科带有职业性质者。其二,普通社会中多设经理人,融化众人之意见,使雇用中学生。

三、问:中学与职业校中间之关系,以何者为最美?

答:常例普通中学与职业学校须分立不连,因两校之理想法制皆甚歧异,然鄙意以为苟两学之课程状况可以并合同作者,则两校合一,必甚有效。

**士德利耶博士之言:**

一、此次欧战教我美国使知国家之实力全恃公众教育法制之适宜,英国国会曾因菲沙尔议案 Fisher Bill(该议案为菲沙尔所提,故称菲沙尔案)辩论剧烈。而后通过,闻人言英国之命运全以教育而定。

二、我美加入战役,得一极大之教益,即宜注重减少不识字之人,当征集军队时,查得二十一岁至三十岁之国民,竟有百分二十不识字,我美全国为之骇然。

三、美国刻下深知前定强逼十四岁以下之儿童入校之制尚未满足。必须更定法制,凡童丁十四至十八岁之间,宜养成国民资格,强逼初级教育制,只准备儿童将来修养国民资格之用。十四岁小学毕业后,更宜强逼补习教育制,每礼拜最少于雇工之时内,抽出八点钟上日课。现查得青年人晚间入补习学,常致身体不康健,晚间补习学只宜于年纪长成之人,年幼者不合,美国倡议短时补习教育制之性质,含有数种益处:甲、修养更高深之技巧;乙、能为理论思想备广大之根基;丙、直接教养国民资性;丁、得闲暇时之教育。

四、美国现深知凡私立校及教会管治校并宜归公众统治,庶思想理论可以齐一。英文必须为美国学校之通用方言,惟天主教徒偏反抗此议,盖欲彼教之学校不为普通法所治也(美国南部旧为法国属地,其人多法兰西天主教徒,笃守教义,校制多守旧规,故博士特举此条)。

五、修养教员及教员俸金两问题,经战务后,始知宜认真改良,普通论,美国教员俸金宜较前加增一倍,国中有数省如纽约等,已定奉行例,着地方上职员加增教员俸金,大抵省政府宜强逼地方长吏,依此律改良优给教俸,俸给优美则教员可处于此生活高度之时代不至匮乏,而又可以吸引才干之士乐充教员,大抵才能之人,皆乐于教授,而卒弃去者,因酬劳之辛资不能与别种职务相比也。

六、国中体育与卫生法宜力加改良,盖二十一岁至三十岁之壮丁竟有三分一因不康健故不能任兵役,其数太大也。据医生言,此等孱弱之体魄,可以体育法补救,凡体魄康健者与社会甚有关系,宜尽力改良,并悬此为目的以求进取,凡疾病及薄弱之体魄,宜视为恶弊,设法革除。

七、欧战教训我国宜多用民政主义(即德谟克拉西)治理教育。全国教育会今正重新组织,扩大改良美国全国教育之责任,学校教员宜合力制定学校法规,实行之任则委之管学职员,不加干涉,学校职员为地方教务局,如此,立法行法超然,各不相系属,而后可以互求进步,此民主政治之法也。

(原载于《新教育》1919年第2卷第1期、第2期)

# 郭秉文博士报告调查战后欧美教育

今日报告战后欧美教育状况不过言其大概,若详细报告容俟异日。此次欧美各国战后教育之新趋向可得而言者凡九端。

## 一 对于教育特别注重

欧美各国在战后重视教育之精神实不可几及。凡杂志报章所载委员会所发表者无不注意于教育一端,即在战争最剧烈之时教育之进行未尝一日停顿。此次战后各国于教育上,无论关于全国的地方的都有一种改革计划。举其改革之要点:(一)普及教育。在承平时代吾人咸认欧美各国教育久已普及,岂知战争之后发见从前调查及设学之犹未精密。今则谋划普及益力。(二)延长义务教育。各国都主张延长义务教育及补习教育之年限至十八岁。法国且主张延长至二十岁。(三)优待教员。凡教员奉给较前增加益厚,一以战后生活程度愈高,一以社会对于教员愈较前看重。(四)扩充教育经费。如美国马萨诸塞州战后教育实增加五百万元。本雪文尼州增多三倍。其他各省无一不增。欧洲如英国亦较前加增。若法若意战后经济枯竭独对于教育实则有增无减。可见欧美各国于教育事业断不肯因战争之影响稍懈。其设施盖事之可缓者则缓之。事之不可一日无者,必勉力为之。彼固视教育之重要无异于人之第二生命也。

## 二 教育事业渐含有共和之精神

各国自经此次大战,向来阶级思想为之破除。凡上流社会所入之学校,今则均改变其习惯。大学之学习课程亦注意于改良。在教育行政方面向来由少数人主持者,今则出于多数人之公意。在学校行政方面亦取决于校中多数职员。留伦敦时尝询教育总长,以此次教育上大改革之要点何在。总长谓最重要之改革不在当局者之主动,而在大多数人民之同意主张,此实最可注意之一点也。

### 三　学校事业之范围渐见扩充

战后各国学校无论教师、学生于服务事项之扩大不期然而然。盖缘战争之际，疗治伤兵之应用器物以及普通兵士之所用什物多由学校内制作供给。他如公债之提倡、舆论之鼓吹多得力于学校中人。因此社会之对于学校基本的观念为之改变。在学校虽一时学业上不无受其影响，然为战争尽职、为国家社会服务所得，足以偿所失，而有余焉。吾国中等以上各学校自经学潮发生，对此问题似亦极有研究之价值。

### 四　训育、知育上特重自动

大战之结果始知以英美人与德人战，以一抵一，德人每至失败何也？英美人之教育向主自动。故其个人之能力与其敏活实胜于德人之机械的行动。也又据此次与战之军人，言平日学校内认为优良之学生一入战场，往往不甚得力，而平日活动较甚者在战争上能力极富。教育者对此亦可思得其故矣。

### 五　体育与卫生之注意

向来对于欧美人之体育以为非常发达。岂意经此战争检查入伍者之结果发见体格不合格者极多。因此各国咸觉悟体育上之犹未注意。又调查此次大战军官及兵士之失败者，不在军事知识之缺乏，实在普通知识及体育上基本的练习不足之故。因此教育上对于体育与卫生益加注意。

### 六　职业教育之发达

职业教育在欧战上极有关系，战后之职业教育愈形发达，原因有二：(一)当战争开始时，搜罗军事上之工程家及技师极感缺乏，为一时救急计，不得不多设职业科养成应用之人才。(二)因战后伤兵累累，谋所以安插之法，咸使受职业教育俾资谋生。有此二因，今日欧美各国之职业教育益见发达矣。

至于职业教育与中学校之关系，就美国一国言之，有两种主张：(一)职业教育与中学校分离唯商业科中学可以增设主张。此说者以为职业学校之性质及其办法与中学校自有不同之点，故定分设。(二)中央教育委员会之主张中学校可设职业科。

而在国内一般人之主张则以为普通教育愈延长愈佳。又有司奈腾氏之主张职业教育当用分业制,不宜办普通职业教育。譬如商业学校不宜授普通的商业教育。仅就商业一门更当分类。各别研究如工业、如农业,乃至其他各职业皆然尽。盖以为分工愈细,则事业愈精。此种主张大可以供吾人之研究也。

## 七　科学之研究愈进

此次欧战吾人可觉悟者二。一系科学的战争;二科学非世界的。战争时发明种种杀人利器,此皆科学发达有以致之。然此种科学的发明品如毒气颜料等,至今仍严守秘密,他人无由窥其秘奥。因此各国无论商界、工届以及大学校都注意于科学之研究,如意大利本年以三百万佛郎为设备理化之用。美国康奈尔大学以一百五十万元设理化研究科,工科则添设路政学,研究筑路之经济及不伤行车之方法,咸注重于应用科学方面。

## 八　教育团体愈结合能力愈增

各国教育之新趋向即组织教育团体极多是也。美国教育界近组织全国教育总机关,对内定教育上改革之计划,对外为外交之建议。最近各国组织国际教育团,日本亦派员加入,而吾国乃无一人,即教育上亦缺乏一种外交手段,殊可慨也。

## 九　国家思想之发达

今日盖唱世界主义时代,吾人以为在欧美各国之国家思想必渐以消失。讵知战争之后,各国人民之国家思想愈形发达。此其故:(一)由于战争期内,国民专恃本国之生产力维持其生活与对外之战争。(二)由于国民对国家无不尽其实际上之义务。(三)由于教育家之鼓吹。有此三端,国家思想遂自然发达于无形。或疑今日国家思想发达,如此恐不免引起将来第二次之大战所虑诚是。但就教育上言之,提倡国家思想但须不损本国之主权而无害他国之利益,不相冲突断不至于发生争端耳。此又战后各国教育上发见之一种新趋向,足供教育者之注意者也。

(摘自《寰球中国学生会周刊》1919年第9期第四版)

# 郭秉文陶履恭调查日本教育报告

秉文履恭等于十三日来东京,假此二三日之时光,见此邦教育家及主持教育者数人,询以此邦之教育,颇有可为吾人取资者,爰述一二,报告读者诸君。

到文部省,先至教育调查会。此会于大战起后即设立,专搜集此次大战与教育之材料,出有报告二十一本,已寄送新教育共进社,以备采择。大约吾国教育部已有此种报告矣。在教育调查会,见其嘱托(即吾国聘任之意)文学士由宫允君,后又由山宫君绍介秘书科之石黑觉太郎,及文部省督学官野田义夫与乘杉嘉寿雨君。(乘杉君新自欧美考察教育归来,现方从事著作,拟以其所考察之报告,成一著作)。兹记其所谈要点如下。

近日日本教育改革进步之要点有四:(一)初等中等教育之科学教授,大加进步。去年中央政府拨日币 200 000(二十万)元,添置中小学校理化仪器诸物,为学生实习之用。各系所筹者,尚不在此内。计(去年)各系及中央所发关于理科教授之费,凡日币 1 800 000 元。现各系得规定科学教授细目,以应其他地方之状况。(二)体育加意请求。瑞典式体操有数种已用于师范及中学。近二年来,更推广及于小学。(三)女子教育之增高。向来高等女学校(即与男子中等程度相若)只有四年,得延长至五年。新教育法案现规定,自来会计年度起,女高以五年为标准,非有特别情形,不得改为四年,并得设高等科三年。(四)推广职业补习教育。日本各地方,向有青年会之设,(非基督教青年会,乃与童子军相类之团体)会员已有 3 000 000 人。政府拟利用此机关,更推广职业补习教育,设关于农工业等科目于此青年会。

此外,关于教育上之改革进步,约有六端可举。(一)扩充高等教育。议会内有一议案,拟陆续增加高等教育专门学校三十三所,更派遣海外留学生六百人,赴欧美中国诸处。预算经费 40 000 000 元,内 10 000 000 元,已定由皇室经费中提出捐助。此案已由众议院通过,现正贵族院讨论。会期只有两星期,即将闭会,大约可望通过。考高等教育须扩张之原因,据云现卒中学拟入高等专门者,每年约 12 000 人。而每年高等专门所容纳之数,不过 2 000 人,故须多设高等教育机关,以补此缺。(二)国库补助中小学校教员薪俸。自去年起,国库补助全国小学教员薪俸之数,凡 10 000 000 元,此数约估教员薪俸全数七分之一,此所谓教员之加俸。中等学校教员之加俸问题,现正在讨论中拟增现薪俸三分之一,由国库出之。(现中等学校教员薪俸平均约每月 60 元)(三)改订教授细目。小学教授细目,即已分年,逐渐改订,教科书亦每年有所改正。至女高师范中学之教授细目,则自明治十四年订正后,迄未修改。现已时局有变,旧设学科,多不适用,文部省议拟组织委员会,从事修正,以期与实用相结合。(四)学制改革。日本学制中学五年,乃能应高等专门学校之试验。现订在中学四年,即可应高等专门之入学试验。自四月起,即可施行。中学得设高等科之年,共七年,与法之 Lycee 及德之 Gymnasium 相同,即为独立之高等中学校,非专为升学而设。故现在日本中等教育,可分为三类:1.旧有之中学校五年;2.旧有之高等学校三年;3.新合并之高等中学。中学科四年,高等科三年。(五)延长义务教育。日本一般之舆论,皆主张延长义务教育二年。此说甚盛,然尚未见诸事实。(六)文部省督学官乘杉君新自外国归来,谓日本与中国之教育与欧美之教育相比较,有一大通弊,即东方之教育,皆偏于文字书本及理论。(too academc and bookish)欧美之教育,则重在实用。此后东方之教育,对于此点,应特别注意,以救此弊。

到东京高等师范学校见校长嘉纳治五郎君所议如下:(一)大学制之改革。a. 课程。日本大学向来取学年制,现拟仿美国取选科制(elective system)。将课程分为若干单位,以便生徒从性之所好。于所认为适当之范围内,自由选择,如此则学科不至流于机械的固定的组织。b. 大学学位授予之权。授予学位之权现由各大学自定。唯须得文部大臣之许可。(二)高等师范程度之增高。日本高等学校之教员,向为大学之毕业生,大学毕业生虽于学理颇能胜任。而往往非教育家,不明教育原理,不能陶铸人格。此后高等学校教员,亦应由高等师范造就。方为正法,故高等师范,现方计划增高程度。于本科四年毕业后,更设专攻科二年。现东京高师,已设伦理教育专攻科,此后拟更添设其他各专攻科。但专修科本科或专攻科毕业后,皆得设研究科一年或二年。(三)欧战与日本教育之影响。此次俟欧洲平和会议之结果,乃能知其影响若何? 但有可知之一点,即此后和平之竞争,必须盛为准备,此后学术上工商业上之竞争。较以前必更为激烈,不为准备,则必立于失败之地位。(四)日本一般教育者。主张尊重日本固有之制度,与世界潮流不冲突者,皆当保守。(五)日本教育制度之优点缺点。a. 优点:除皇族以外,凡人皆受同类之教育,无阶级之差别,虽英德皆不发之。b. 缺点:视学之机关不完,故有能力者,亦无进步之机会。而无能力者,独得滥竽于教育界。秉文等在日,时间甚促。而所晤诸人,亦皆极忙迫。故只能作拉杂之记录,不详不尽,尚祈谅之。日本曾设有教育会议,筹划二年,有种种之报告(惜皆未曾宣布),此后之教育方针,殆皆依据其所报告,此深可注意者也。

(摘自《教育潮》1919 年第 1 卷第 1 期,85—90 页)

# 第三辑
| 郭秉文博士之演说 |

# 郭秉文博士之演说

本会于十二月廿七日敦请南京国立高等师范校长郭秉文博士演讲"欧战终了后各国之状况",经主席朱少屏君介绍旋请郭博士讲演郭博士谓余此次出洋经过。美国、法国、意国、瑞士及英国等处,唯瑞士为中立国,故不赘述。专讲其余诸国情形,美国近年进步异常迅速,今特分述如下:(一)美国现在有一种新精神,其名曰"改造",此"改造"问题虽吾国亦有人提倡,终不如美国之甚。美国国家社会教育农工商等各机关无一人脑筋中不有改造思想,亦无一人不日夕讨论这"改造"问题。美国政府因此特又组织国防局于一九一七年设"改造"研究股,研究中央政府对于"改造"上进行之方法,各省亦随之研求,研究有得再交省会讨论。迩闻已有多数新事业发生,其最要者计有两端:1.赴欧战争各军队回国后之方法,美国政府现设有机关一千八百余所,专备各军人介绍事业,其未得职业,以前并授以各种学术,以增进其知识。2.当美国初加入战团时,国内所有应用工厂多为国家收用,今欧战告终,该工厂亦渐恢复原状。现时美国朝野都注意于"改造"一事亟要,造成新国家新社会。余在美国一乡村所见各新闻纸亦多作此论调,其所注目者如建筑新家庭、改良学校、改良道路、改良国民教育、改良农业、改良房屋田产、改良教堂、改良商业汇兑及出产销货等计划,无人不振作精神讨论其事。此次欧战,美国损失亦颇不少,据统计家云,在此二年内,美国所损失的金钱平均一点钟计算需金洋一百万元,总数约有二万二千兆美金,抵协约各国所费战事总数的八分之一。虽然美国现状仍无些微影响,开纽约一城,有备汽车者五十万人,可见其富饶不减于战前,美人均拥厚资,掌百万千万财产之人不可胜数,有一千户之城,计算得百万或千万之资财者有百人,似觉胜于未战之前所以然者。在一九一四年,美国未宣战前,全国注意扩充各种工商实业,所以获利甚巨。其次,为日本所得利权亦甚大,中国对外贸易向无整备,故此次欧战获利不多。美国近又推广农业各埠学校,学生极尽义务,政府得农部及教育部报告谓各地研究种植畜牧,日见发达。每一种事业各设有俱乐部,其中以小学生居多,年龄自十岁至十八岁,人数约计二百万,一年出产较平时溢出三千万元。现在会员渐多,其出产亦必增加,遍观各处,工商实业无一不发达。政府又提倡节俭方法,如饮食、乘车、请客、宴会等,事咸无不节省,社会上又彼此相约。一星期内,每天必轮流戒除一种费用,如不乘汽车、不生煤炉、不食鱼肉等类。每年节省所得指不胜算,大抵以余金购公债票,或存储蓄银行,或助慈善事业,职是之故,国家因之富强,经济能力亦大增扩充也。(二)美国军事少能力人多议论之,不知近几年来努力进行非常迅速,在欧战期内,竟练就战士四百八十余万,一年半中,赴欧洲前敌助战者有二百五十万,未战前枪不过六十万支。一年以后,各工厂从而制造得有一百五十万支,大小炮造至去年计有二十三万尊。海军亦大见扩充,去年有军舰一百四十四只,计九十三万吨,海军能力可推为世界第二。查日本军舰只二百三十六艘,其吨数共五十七万,抵美国三分之二。美国海军进步一日千里,将与英国并驾齐驱。此外,又有天空战争之利器,美国现有飞艇一万二千二百二十二只,皆可作战斗之用。凡关于军事上各事,大非昔比,且各处学校夙昔注重体育,所有国民个个皆健全分子,曾开军界中人云,美国各地平民只须有六个月之训练都可荷戈执锐,充当前敌所有工厂。平时虽不制造军械,一经战事发生俱可改作兵工厂,此在国民于平日研究,有得整备完善,乃有如此佳果,洵不易也。

次述法国情形,谓如此次战争,唯法国所损元气为最大,而人数死伤亦居多数,统计战死之士有一百三十万,受伤而残疾者七十万,因战事而少生育者一百万,共少三百万人。余在法所见青年之人甚少,大半都是年老及妇女,辈思之,不无有感金钱上之损失亦甚大,于未战前国债只有三万兆,每人担负一百六十元,战后增至七万兆,每人须担负二百五十元。商业上损失尤多,如出口货甚少,转运不灵,原料缺乏,本向国外输入者政府又禁止进口,盖进口货多,则金钱外溢,亦多在战争时固不得不禁止入口也,又汇兑阻滞,各厂应用燃料日减,工人多停业,充当军队,生活程度极高,工人又欲增加工资,缩短工作时间,迨各种出品制就又不易运销出口,此中损失实难计算,余往前敌战地参观沿途所见,村镇房屋毁去,殆尽田间有极大之洞,知为炮弹所陷,两旁树木枝叶皆被击落,约计因战事而被损失者有六万四千五百兆元之巨。法国根底极优实力上,能力亦甚伟大,此次难受极大痛苦,而表面上仍依然如旧,似未经过战争之状。法人自信心甚大,有一处地近德界,而法人于开战后即建筑一图书院,内陈极大之战胜图意,意谓法人必能战胜德人,今果如所愿。近来,法国于改造事业问题亦无不注意,即开放女子一事,法国进步最速,现开政府已许男女平权,女子亦得参与政治,国会提议时以三百二十五人对九十五人通过。盖此次大战,法国男子都服役军队,余事皆由女充任,其结果女子能力不减于男子。经此次实验可以证明,女子之能力不弱,故得多数赞同也。

次述意大利,谓意国始负而后胜,其战胜之力,系利用全国工厂。而得查意国工厂有二千一百七十九处,次年增至二千八百四十九处。近来,又有增加。各厂制造军械利器外,而又制造各种物品甚夥。盖意自脱离德奥后,即抵制德奥货物,其协约

# 第三辑

| 郭秉文博士之演说 |

各国所需各品,亦由意国运所销,得利颇丰。闻意国北部海口有一工厂名杏沙度,在此几十年内,意国与德奥联盟后,德国屡思侵夺意国之利益,其工厂主人一意拒绝德国投资入股,并往法国觅得制造枪炮等精图。归国自制,外间绝然无闻。迨战争既开,意国以缺乏枪炮,故屡次退步,意政府遂向杏沙度工厂制造炮二千尊,订期交货。岂知第二日即得复音可以如数缴清。意政府欢欣鼓舞、赞叹不止,由是继续作战,竟至战胜德奥而止,该工厂之功绩殊为不小。意国生活程度日渐高增,各物皆甚昂贵,唯有节省,一法以补其缺。全国对于改造一事无不极诚提倡,迩闻意政府特设委员会研究其事:(一)农业;(二)职业教育;(三)工业。按意国有天然能力甚大,其瀑布水力有六百万匹马力,足以引动机器制造物品,如利用之获利匪浅。至言改造方法亦定有数种:(一)人种;(二)金钱(意国金钱殊缺乏,因出口货逊于进口货之故);(三)原料。查中国运往意国各货有三千六百万元,而意国运至中国之货不过三百万元,出入相抵亦颇大,意国近有人拟设立中意轮船公司,此时正在筹备中。

次述英国,谓英国近来最注意改造一事,政府特组改造部所研究者:(一)关于战后各事;(二)遣散军队,恢复原状;(三)改良各种事业。其组织之法分十五股,又分五十七个委员会,专任其务,凡农工商教育等咸分门别类,逐事研究,一俟讨论完善,即建议于政府,鉴定实行。改良教育一项,英国现拟用推广补习教育,现以十六岁为限,将来尚要延至十八岁止。其议案已经通过施行有日矣,英相劳合乔治云:欲造头等内阁,须头等国民来造之。至言工业问题,将来商战剧烈,胜负未知。查英国之优点在于燃料充足,工人优良,工厂遍布全国,船只甚夥,运输极便。其缺点为原料一种。论制造,法尚不及美德二国之精美。国工价,较英国为多。故英国工人近有增加工资、缩短时间要求。英政府现预计建筑一百万宅房屋,专备工人住家之用。有某英人谓美人,近来商业上极形注意,此次欧战终后,美国有多数军队在莱茵河江驻守,其实非军人,皆系有力之商人,时为侦察德国商业工业而来,可知此后之商战必日烈一日,宜早为之备也。余谓中国天产甚富,各地都有原料。言工业则吾国力有未逮。若运原料出口,必然易为。譬如养鸡一法已足增进利益不少。罔论其他,愿吾国人注意及之。现在各国皆以改造为目的,意在建设一新世界、新国家、新社会出来,唯吾中国,一步不行,依然如故。此时亟宜乘世界潮流共同改造,实为至要云云。词毕,又经朱少屏君道谢,引合座听者齐向郭博士致敬而散。

(选自《寰球中国学生会周刊》1920年第14期,3页)

# 万国教育会议之我见

译者按:此文系本年六月二十八日郭博士在美国旧金山万国教育会议对于主席欢迎之答词。兹承博士以原稿见赐,亟为移译,以饷读者。

沈振声

  此次会议目的,据美国全国教育会之宣言,盖欲国际间互有更彻底之了解,各以善意相待,无相侵犯,教育权利更为广被,保持永久和平之观念更为发达。质言之,则此次会议之主要目的,在如何以教育增进世界和平而已。是以此次会议,实具唯一之性质,而世界史上空前之盛举也。近数十年来,国际大会,日见增多,如在日内瓦、海牙,以及世界其他各处所举行之集会,或为政治性质,或为商业性质,或为教育性质,或为宗教性质,惟据吾人所知者观之,则教育上有世界大会以求国际间之了解与善意之方法者,此为第一次焉。

  为应美国全国教育会之召集,又感其召集动机之纯正,故远近各国代表,联袂而来,参与讨论。吾辈既已应此重务,则凡种族之差别,宗教之不同,肤色之异相,国风之悬殊,无不一概忘怀,有以往之仇恨者,亦且置之不理,而胸中独占最高位置者,唯有共同之来源,共同之命运,与夫人类根本之单元而已。吾辈各负差遣之命而来,以求彼此友谊关系之增进,盖即和平之专使。故吾辈共同唯一之目的,当在如何能以教育使敌国为友,友国更友。而此次会议之精神与主旨,亦当为友谊的合作。

  美国全国教育会之召集此次会议,及各国派遣代表赴会之不肯轻忽从事,皆为吾人所应牢记者。夫万国联合,在昔之君主、政治家、哲学家,早已具此观念。人类之宜友谊相待,亦复久已有此高见,以规范世界政治宗教之思想。凡此观念,实为各种文明之所必趋。然此种观念之实现,极为困难。虽以从前保障国际和平之正直者多方努力,虽以十九世纪之基督教徒竭力训诲,而人类仍不免于世界空前之恶战。吾辈对于目前之事一默思之。苟欲求国际和平,则吾辈必须先知国际之间所有商务上、肤色上、条约上、种族上,种种不平等之界限,须力求铲除,愈速愈妙。吾辈必使世界各国共知一国之尊荣伟大,不在其国土之广,不在其兵力之强,不在其资财之富,而在其对于他国之一体同仁,勿存私见,吾辈必借教育或其他有效之方法,泯除

# 第三辑
| 万国教育会议之我见 |

国际间一切私心、骄夸、恶恨、报复,而代以善意、同情、互赖之精神。是皆兹事中含有之问题也。顾吾辈于此究有何把握乎?曰:古格言之所谓"有志者事竟成"而已矣。世界数千百万之教育家,果能大悟战争之祸害与和平之必要,且肯尽力于此事,则吾敢信其必能各以能力所及之教育机关,而做极大之贡献。其最大之事务,当然为培养一般对于国际关系具有正当观念之新国民。

吾人苟知此重大之责任,非恃一人之力以为之,则其成功当更可信。综计种种集社团体,专为增进国际友谊而组织者,为数不下四百,均已进行不懈,且其成效昭然可信,殊有利于前途。今日对于世界教育家,亦且有此号召,使教育界、宗教界、新闻界,以及其他各界,互相携手,以鼓此运动,俾得早见永无战争之一日。

美国对于此新事业,在许多世界运动之中,当负领袖之责任。其国地位特高,在近世保障平民政治之中,亦为最有力者之一。当其加入欧战之时,曾宣言于世界,谓美国无自私自利之目的,不过为民治而求世界之安宁耳。况美国又以平民教育为世界倡,俾人人可以享教育之权利。美国此时盖已成为世界之教师。其大学校及其他科学的机关发达之快,与夫各种专门学者崛起之多,颇足引起世界各国之注意,因此南美洲之诸共和国、亚洲之中国、日本,以及欧洲各国,均有求学于其国者,为数不减万五千人,遂于艺术上,科学上,教育理论上,实际上,均能渐为世界之领袖。不宁惟是,美国近来国际行为之足以表示其领袖责任者,正复不少。退还中国庚子赔款;退还日本下关赔款;数百万慈善者之博施,以济其颠连无告之穷乏;个人或国家之帮助,以救俄国及中国之灾难,凡此种种,具足见其对于世界患难之国,大公无我,富于同情,此特举其高尚行为之一斑耳。

吾人既有望于美国之为领袖,则无论国之大小,凡出席代表于此会者,皆须有所尽力。中国为余所代表之国家,亦思所以为助。一国而有四百兆人民,为人类三分之一之代表,则其对于此一问题之态度,自必为此运动中之重要分子。余甚愿奉告诸君,中国于此运动,纯以"真心"相见,"精神"相参。吾人向为爱和平之民族,其事至著。吾数千年前之圣哲,曾为天下一家,又尝教人恶战争而贱兵士。此种精神,正为今日教育制度所注重,所提倡,是亦未始非有趣事也。吾辈之参与此会,固具此种精神,亦即所以爱此和平也。

总之,吾深信万国教育会议,苟能继续进行已经着手之事业;所有促进国际了解与友谊之种种机关,苟能力求相互之联络;在美国领袖之下参与此次会议之国家,苟能真实忠诚而肯努力;则国际和平,将不致永成梦幻。易言之,吾人苟具充分之眼光,则将见国际间所有一切争执,无不服从国际法庭之公断,而武装亦将一概解除,盖武装至于此时,已不复有用故耳。吾人亦可预料将来所有商业上、种族上、条约上之种种障碍,以及国际间之侵害、仇怨、报复、怀恨、忌妒等等,必有完全消除之日,而另有善意、和睦、互相了解与信任以代之。斯时乃为地球上之真正和平与人类之真正好意,而和平之神,遂从此永远主宰世界矣。

(摘自郭秉文《教育与人生》1923年第1期第4页)

# 第三辑

美国费城博览会中国教育展览第三次报告

# 美国费城博览会中国教育展览第三次报告

（专件）

华美协进社郭秉文先生致中华教育改进社陶知行先生函

费城博览会教育展览第一次分组审查经过情形，业已于第二次报告，详述一切。惟该会为慎重将事起见，又于十一月初旬开会，复加审查。敝社秘书寿君、景伟承邀担任该会第二次审查委员会委员，主持高等段复查事宜。该委员会复加审查后，议决将中国教育展览改给大奖。又照章凡在该会主办教育展览各机关之成绩优异者，亦得酌给奖章，该委员会以中国教育展览各项陈列，极合科学方法，复以敝社主持一切陈列事宜，故除将中国参加展览各学校、各重要团体，列入大奖章外，议决以特等荣誉奖章，给予敝社，此十一月中旬事也。最近该会召集教育出品及商业出品合组审查委员会，敝社寿君又被聘为合组审查委员会审查委员，按该博览会审查规程：第一等为大奖章，每类仅一；第二等为特等荣誉奖章；第三等为金牌奖；第四等为银牌奖；第五等为铜牌奖；第六等为名誉奖词。现在审查结果，业已正式发表。秉文已于日前电告，谅已早荷鉴洽，并转告各重要教育机关及参加各学校矣。此次教育展览，计共支出美金五千五百元，除已收到教育部美金一千五百元，江南赴赛出品筹备会美金一千元外，尚不敷美金三千元之谱，现在正在赶办一切结束事宜，所有不敷之数，务祈鼎力设法，早日汇寄，至诚！至荷！此次我国教育展览，承贵处鼎力提倡，热诚维持，得免陨越；惟就经验所得，则我将来遇有此类国际教育展览，于下列各点，似宜加以注意：

一、国内教育出品之征集或编制，宜由统一机关主持其事。此次筹备时期过短，故各项出品，均由各出品人远寄费城，寄到时期，先后不一，各种布置，至为困难，惟此项原属一时万不得已之举，此后凡遇有国际教育展览，则自以及早筹备为第一要义。

二、各项教育出品，国内审查之时，宜精密选择，统以贵精不贵多为主旨。

三、各校出品宜由统一机关，加以整理，使成为一有系统之组织；且到会场后，即可作展览之用，不必再事修改或补充。

四、我国新教育之成绩，故宜表彰；旧文化之精神及其特点，更宜多方设法，力加阐扬。

五、各项教育出品，均宜附有简要之英文说明，俾参观者，一目了然。又宜多备鲜明标示，以唤起其注意。

六、教育统计，宜力求详备、正确，模型及图表等类，并宜力求适合科学方法。

是否有当，敝社卓裁为幸。

(原载于《新教育评论》1927年第3卷第9期)

# 郭秉文先生演讲德美设施职业教育之方法

(1917年)

欲研究职业教育,必考诸德美两国,盖德国职业教育之发达,为世界各国所公认,至于美国,则能集合世界各国之长处而采用之,故言职业教育者,莫不以此二国为准则焉。兹先就美国实行职业教育之概况,略为诸君子陈述之。

夫美国之教育,纯为自然的,又为自动的,故其设施职业教育,无一定系统。且书籍所载,其分类亦至不一。如欲就其实况而概括述之,似颇困难,兹姑就其最普通者言之。(除高等专门及农业家政美术外)约可分为七类。

(一) 中学校

有为手工中学,有为分科中学,有为工艺中学,手工中学与分科中学,实为预备职业学校,工艺中学,则纯然含有职业学校之性质。

(二) 艺徒学校

此类学校大概附设于工厂或商店中,生徒一面工作实习,一面兼受课业。

(三) 半时学校

此等学校为美国所独倡,其办法各州不同,而其编制方法大概分为甲乙二组,半时在工厂实习,半时在学校上课,甲乙两组轮流行之,亦有在工厂实习之时间较少,而在学校上课之时间较多者。

(四) 普通之职业学校

此等学校专授生徒以关于职业上之知识技能,其修学年限不一,有为三四月毕业者,有为三四年毕业者。

(五) 普通职业预备学校

此类学校,专为小学校毕业之生徒,授以预备职业之知识技能,有附设于中小学校者,有为独立者,其修业期限二年或三年。

## （六）夜学校

夜学校职业科之种类甚多，即以青年会所设之夜学而论其课目多至百数十种，在美国此等学校甚为发达。

## （七）函授学校

美国此类学校亦属不详，其毕业期限无一定，生徒甚为发达，有一面授学校，其生徒多至一百三十万。

由上各项学校观之，美国之施行职业教育似颇发达，然与世界各国相比较，尚觉幼稚，前德人至圣路易赛会，顺便调查工艺，归而报告于政府，谓美国之天然品，虽甚发达，而其工业则甚为幼稚，且其设施职业教育，毫无一定系统，又无全部规划，此非德人过夸之言，实际上本如是也，试观美国各工厂中所出物品，往往有冒用德人之商标者，由此可知美国亦深自悉其工艺之不如德远甚也。

然德国工艺何以有如是之发达，此亦不过近数十年来，竭力振兴工业教育。有以使之然耳。兹再就德国设施职业教育之情形，略为陈述之。

## （一）高等专门学校

此等学校专为造就专门人才而设，其程度亦甚高。

## （二）中等专门学校

此类学校之生徒，专收工业商业界中已有经验之人，故其成绩甚佳，为世界各国所无。

## （三）全日学校及补习学校

此类学校，其种类甚多，或补习普通学科，或补习关于职业上之知识技能，其所收生徒，为强迫的，其年龄在十八岁以下，不入者罚其父母。

要之美国之制度，为自由的，活动而无系统，德国则整齐划一，且须强迫子弟入学，视此补习教育为义务教育之一，故其工业之发达，自有一日千里之势，且不独此也，其于养成师资一端，亦有关系，美国之养成师资，重知识而轻技能，故其所作物品均不如工厂，德国则知识与技能并重，且为教员时，必须兼事工厂以补救之。所招生徒，又多遴选工厂之工人成绩优良者，授以教育学及教授方法，故此等教师，于实习上无不足之虞也。又次为专门学校，生徒修业完毕后，必须再入工厂实习六月或一年，然后可出外任事，故此等人才，其于高深理论既甚充足，而于实习经验，亦甚丰富，则其程度之远胜于一般工人可想见矣。

此外又有不同之点，如德国工人大抵自徒弟养成，而美国以徒弟制度不适用于今日，故废者已久，德国能利用其长处，设法改良，如为徒弟之教师，必须有相当之资格，且徒弟每日须利用余暇，受补习教育，故在实际上颇能收相当之效果。

美国近亦知此等之缺点，故近三十年来，注意改良，不遗余力，而其设施之方法，大约不外数端：(一)为调查社会状况；(二)为注重职业引导，一方面调查社会状况及父兄职业，一方面调查儿童心理；(三)为小学校中注重职业陶冶；(四)为推广职业补习教育；(五)为普通职业学校及实业学校均注重技能，凡此皆有鉴于前此之缺点及德国进步之迅速而变之然也。

（原载于《教育与职业》1917年第2期）

**APPENDIX**

附 錄

# 附录一

## 郭秉文

宋 晞

郭秉文(一八八〇——一九六九),字鸿声,江苏江浦人。清光绪六年(一八八〇)二月十六日诞生于上海,一九六九年八月二十九日病逝于华盛顿,葬于林肯堡墓园。享年八十有九。为我国著名教育家。

### 一、国内外求学

郭氏有昆仲和姊妹各三人,秉文居第三。父亲是医师,也是长老会教堂的长老。他于光绪二十二年(一八九六)毕业于上海清心书院,毕业后任母校教员一年。其后,先后在上海、嘉兴、杭州等处海关、邮务及浙东产金局等处任职。

光绪三十二年(一九〇六)赴美,初在渥海渥州乌斯特大学(Wooster College, Wooster, Ohio)预备学校补习,一年后升入大学。求学期间,曾历任留美学生会会长、中国耶教学生总会总干事、学生会月报主笔、乌斯特大学月刊编辑等职。于宣统三年(一九一一)获理学士学位。即转往纽约市,进哥伦比亚大学师范学院继续深造,民国元年(一九一二)获硕士学位。三年(一九一四)获教育博士学位。其博士论文为《中国教育制度沿革史》(*The Chinese System of Public Education*),溯本探原,引证详明,足供教育界之参考,翌年由哥大师院出版,为我国在哥大师院获得博士学位之第一人。在学期间被选入费倍太迦巴(Phi Beta Kappa)及费迪太迦巴(Phi Dalta Kappa)两荣誉学会为会员,并获李温司东教育奖学金(The Livingstone Fellowship in Education)。

### 二、担任南高教务主任、校长、东南大学校长

郭氏学成迨将回国,江苏省政府委任其为欧美教育调查员,遍历各国考察教育,事竣于民国三年(一九一四)返国,初在上海商务印书馆任编辑。民国四年(一九一五)初应江谦校长之聘,担任南京高等师范学校教务主任。按南高之筹备经过,有云:

"自民国三年八月,江苏巡按使委任江谦为南京高等师范学校校长,命就前两江优级师范学堂校舍,察勘筹设开校,江校长为组织、经费、人事诸问题,与有关各方洽

商,时经数月,始有端倪。迄本年一月十七日,遂聘定郭秉文博士为教务主任,陈容为学监主任,并请前教育部视学袁希涛、江苏省教育会副会长黄炎培、总干事沈恩孚,就前省议会商榷进行事项,推请袁希涛常川驻宁,主持筹备事宜,是日就旧有校舍,设筹备处,开始办事。

七月十日,详请江苏巡按使咨请安徽、江西、浙江及邻近各省保送合格学生,到校考试。八月十一日举行入学考试,录取各科学生一百二十六人,九月十日开始授课。"(注一)

南高相继设国文史地部、理化数学部、体育、工艺、农业、商业、英文及教育等专修科。郭氏于民国六年(一九一七)赴日本、菲律宾等国考察教育。七年(一九一八),全国教育会联合会在上海举行第四次会议,为江苏省代表之一,并在闭幕典礼上发表演说。(注二)八年(一九一九),赴欧美考察战后教育。按江谦校长于七年三月辞职,由郭氏代理校务。八年九月回国,升任校长。同时,外交部长亦邀请郭氏担任清华学校校长,坚辞不赴,专心改良校务。民国九年(一九二〇)秋季开学,将筹备已久之选课学分制付诸实施。

同年十二月十五日东南大学筹备处成立。翌年七月教育部核准组织大纲,九月国立东南大学正式成立。在南京设文、理、教育、农工四科,上海设商科。并就江苏省承认之十八万三千元,定为东大该年度之预算。(注三)氏遂以南京高等师范学校校长兼东南大学第一任校长,及分设上海商科大学校长。(注四)南京高师继续办理,但停招新生。所负职务虽繁,然仍竭力注意于教育之改进。教育部批准东南大学校董会,并委任蔡元培、王正廷、张謇等十八人为校董。郭氏为谋经济之保障、规模之扩充,及与各方面联系与谋求发展,会同江苏省教育会沈恩孚等建议增设校董,并保举若干人,拟聘为校董,至十一年(一九二二)得政府批准。

民国十一年被举为中华民国道路建设协会正会长,翌年任满,又被举为该会名誉正会长,且复担任中华教育改进社及商务印书馆董事等职。郭氏长于译学,并通数国文字,商务印书馆编辑韦伯司大字典时,氏实总其事。又于新教育研究最深,故全国教育界多愿以教育事业就商之。江苏省督军齐燮元钦其名,乃于民国七年聘之为名誉顾问。

美国教育学会发起于民国十二年(一九二三)六月二十八日至七月六日在旧金山召开世界教育会议,先期邀约各国派遣代表与会,共商组织事宜。郭氏率领我国代表团十余人如汤茂如(兼秘书)、邓萃英、陈时、林立龄、孟寿椿等。当时程其保在美哥大师院攻读博士学位,亦被邀为出席代表之一。郭等抵达旧金山后,曾对新闻记者发表简短谈话,有云:"民国成立十二年以来,中国教育有显著长足的进展,大专

# 附 录

## 附录一

学校由二十所激增至一二五所,即其一例。"(注五)闭幕典礼中,各国代表公推郭氏致辞,内容精辟,演讲要点有云:

"这次会议的基本任务在商讨如何以教育促进世界和平,各国代表不啻为敦睦邦交促进和平的使节,因此其唯一的使命在研拟通过教育和平的方案,不仅须使国家之关系为敌者化为友人,原为友者更增强其友好关系,更须使各国充分认识一国之伟大不在其领土广袤、军备之扩充或财力之充沛,而在其能以正义无私对待他国;更须透过教育及其他有效方法化除国家间之自私、骄傲、仇恨和报复心理,并从而建立友好、同情与互信之新精神。个人深信如全世界五百万教师与教育工作者充分体认战争之罪恶与和平为世界所必需,并悬为目标在本身岗位悉心全力以赴,则全世界下一代的人民必具有在国际关系上通力合作的美德。(注六)"

郭氏在七月三日太平洋区域会议演讲中更强调教育对于促进世界和平的重要性,最具体的莫如在国际政治、经济金融上众说纷纭莫衷一是之际,各国教育家已携手共认"真理是具有世界性的",他认为高等教育学府如能发扬世界精神,可增进国际了解与友谊。所谓世界精神应包括仁爱、容忍、信义与平等,而在大学中须从思想自由、言论自由入手,世界精神才能根深蒂固滋长起来,他并具体提出各国大学间合作的途径,交换教师、交换学生、交换访问、交换出版品,建立联合的教育事业,开设有关外国文化与国际问题的课程,培育世界精神,组织国际大学联盟。这些宝贵的意见不仅为参加会议的各国代表所重,也很受到美国新闻界的注意。各大报纸曾将他演讲的全文刊出,也曾将他所提倡的世界精神列为标题。

当大会选举职员时,郭氏遂被举为世界教育会副会长,主持亚洲部会务,以后连任了三届。而是年夏,上海圣约翰大学并赠以名誉法学博士学位,以示崇敬。

是年秋,郭氏对校务有所改革,经与各方商定,以各院院长、系主任及有资望之教授中选聘行政委员,设置行政委员会,以取代原有之评议会与教授会。

同年十一月二十四日,副校长刘伯明病故,郭氏感伤愈恒。于刘氏安葬时,曾偕教职员生多人前往执绋。十二月十三日上午全校师生在大会堂为刘伯明举行追悼会,郭氏主持,并致悼词。所撰《刘伯明事略》有云:

"(民国)十年,改南京高等师范学校为东南大学,言于部,设校长办公处,以君副秉文,擘画措注,君力益勤。秉文之异国,则君摄秉文职,归则视君所负之责,一如秉文之所欲出也。君于校务,自办公处外,兼任文理科主任、行政委员会主任、介绍部主任、哲学教授,庶务填委,而讲学不倦。东南大师奉为魁宿,而孰意君竟一病不起耶!"(注七)可见郭氏对刘氏之倚重。

郭氏对校舍扩建曾手订蓝图,除了以两江师范在四牌楼的原址为校本部外,又以丁家桥以北前南洋劝业会原址建充农科校舍,北极阁作为天文气象台的建基,玄武湖划为鱼类改良试验繁殖的渊薮。十二年十二月十一日夜半,校本部口字房失火,该房建于光绪二十八年(一九〇二)当两江师范开办之时。二层建筑,上下共有百余间。图书馆、教务处、实验室、陈列室皆在其中,学校精华,毁损一空。郭氏在场,即宣告大众,重建校舍。火灾后停课三天,商讨善后事宜。政府当时财政困难,因向美国洛氏基金会申请捐助科学馆有关费用,经派专家调查结果,捐助二十万美元作为科学馆的建筑经费。科学馆落成后,洛氏基金会又陆续捐助仪器设备费十万美元。

东南大学图书馆的兴建,民国十年冬,由当时江苏督军齐燮元以其父亲齐孟芳名义捐助建筑经费十五万元。还由军、政、商、学各界捐款一万七千余元,捐赠图书二六一二种,计二九七四四册。图书馆于民国十三年(一九二四)落成。当时图书馆的建筑费无着,端赖多方捐助,尤以移酬应款项作教育用途,用意良善,未可厚非。

延揽师资方面,极一时之盛,文科有刘伯明(经庶)、汤用彤、陈衡哲、杨杏佛(铨)、王伯沆、柳诒徵、顾实、钱基博、吴梅、陆钟凡、楼光来、梅光迪、吴宓等,理科有任鸿隽、胡刚复、竺可桢、孙洪芬、熊庆来、张准、王琎等,教育科有陶知行(后名行知)、陈鹤琴、郑宗海、廖世承、孟宪承、程其保等,农科有邹秉文、秉志、胡先骕、陈桢等,工科有茅以升、涂羽卿、沈祖玮等,商科有李道南、胡明复、陈长桐、孙本文等。此外,常请国内外著名学者来校演讲,国内如梁启超、张君劢、江亢虎等,国外如美国之杜威(John Dewey)、孟禄(Pall Monroe)、英国罗素(Bertrand Russell)、德国杜里舒(Hans Driesch)、印度泰戈尔(Rabindranath Tagore)等。燕京大学故校长司徒雷登在其《在中国五十年》一书中,对郭氏在南高、东大办学成绩备加赞誉,曾说:"他延揽了五十位留学生,每一位都精通他自己所教的学科。"

民国十三年六月,东大首届毕业生一五六名,包括文史地部二十二人,数理化部二十八人,教育专修科二十七人,英文专修科十四人,体育专修科十三人,农业专修科二十五人,工业专修科六人,商业专修科二十一人。由北京教育部通咨各省区各中学校延聘执教。[注八]

同年七月八日,中华教育改进社在南京举行第二次学术会议,通过反对日本、英国等所采退还庚款之方式,由范源濂、郭秉文等说明后通过议案。[注九]九月,因美国退还庚款余额而组成中华教育文化基金董事会(以下简称"中基会"),郭氏被派为十五位董事之一。

郭氏任东大校长已四年,连代理南高校长在内,已历八年。经其辛勤擘划,已使东大成为当时国人自办之一新兴著名大学,并受国际间之重视。郭氏办学的开风气

# 附　录

|附录一|

之先,即招收女生,开国立大学男女同校的先河,吴俊升与倪亮伉俪,即为东大同班同学。办学的艰辛,除前述者外,学校虽为国立,但经费须向江苏省在国税款项下提取。当时省财政厅对经费常有拖欠情事,郭氏多方筹度,主要由江苏省教育界之声援与地方军政首长有较好联系,使经费支领经常在当时全国各大学中最能维持稳定发展。

十四年(一九二五)元年六日,教育部代部长马叙伦,不满江苏省教育会对东南大学的影响,突下令免郭氏职,委大同学院院长胡敦复为校长。郭氏即向校董会请辞。以后教育部派他出国考察教育。后来东大师生反对胡氏接长,至是年夏,教育部委蒋维乔代理东大校长,风潮始息。

### 三、赴美讲学并创办华美协进社

郭氏于民国十四年暑期向东南大学董事会辞去校长职务,应聘前往美国,担任芝加哥大学哈里斯基金会(The Harris Foundation)第二届讲座。该项讲座设置的目的在研讨国际问题,增强国与国之间的了解,以促进世界和平。计分两组,一为"远东问题之西方观",一为"远东问题之东方观",应邀出席第二组演讲者共五人,郭氏为其中之一,其余四人与我国较有关者为曾任日本上议院议员添岛道正,及英文北京天津时报与中国年鉴主笔活核(H. G. W. Woodhead)。当时我国对外问题最堪注意者莫如恢复国权,取消不平等条约。而国内上海"五卅惨案",广州"沙基惨案"相继发生,是诚国家多难之秋,任何人得有机会在海外讨论远东问题,自必顾及国家立场,作适当之叙述与解释。因此郭氏对此次演讲极为重视,妥为准备。(注一〇)他以"中国与美国"(China and the United States)为题,讲稿内容分为:(一)现代中国政治经济与社会发展的趋势,(二)中国在远东的地位,(三)中美关系。芝加哥大学于当年十二月汇印为《东方人心目中之远东问题》(Oriental Interpretations of the Far Eastern Problem)一书。(注一一)

郭氏于讲学结束后,七月中旬前往英国爱丁堡参加世界教育会议年会,他在闭幕典礼中代表中国代表团致辞,略谓透过国际教育合作来促进国际友谊与世界和平,乃是这会议的主要目标。而中国哲人早就提倡天下一家的。(注一二)会后原拟在欧洲大陆考察教育的,不料当时美国各界领袖一百人发起的中美关系研讨会,定九月十七日至二十日在巴铁摩尔的约翰霍布金斯大学举行,电邀他回美出席,他即回到美国。在会中发表演说,题为"中国现状的国际观"(International Aspects of the China Situation),该讲词全文收入该大学印行的《中美关系》一书内。(注一三)会议期间且为与会国人之发言人,无论是在会内会外,都很忙碌。

参加研讨会的美国人士,返回各地以后,纷纷邀请郭氏作有关中国的演讲,在百忙中撰文在报刊上发表,如亚洲杂志(Asia)第二十五卷(一九二五年十二月)刊有他的《一个中国人所见的中国问题》(A Chinese Statement of the Chinese Case)一文,杂志编者在引言中赞誉他在研讨会中的成就,说他在各方交相批评中国的情形下,他不恃机智雄辩,但以亲善的精神和丰富的幽默感,却始终能赢得与他的观点相左的人们之支持。(注一四)

他到美国各地去讲演,听众中也有不少我国留学生。他在讲演中固然体认到一般美国人渴望了解中国和他的现状,同时,我国留学生也纷纷拿他们切身的学业和其他问题向他请教。此时中基会第二届年会于民国十五年(一九二六)二月在北京举行,孟禄博士和郭氏都是董事,孟禄博士正准备赴华出席年会,郭氏因有约定讲演和留学生的服务工作,不克返国开会。当他与孟禄博士晤谈后,孟禄博士除了同意他留美继续工作外,还鼓励他建立一永久性组织,使工作正常化,以免白费精力。郭氏基于:(一)介绍我国文化及国情,使美国朝野得有正确的认识;(二)由国民外交入手,促进中美邦交;(三)联系留学生,并予适当的辅导等三方面的需要,着手草拟建立华美协进社的计划,由孟氏带往以便在中基会年会上提出。年会讨论时,不但通过了经费预算,且选定郭氏为首任社长。

华美协进社(China Institute in America, Inc.)于十五年五月二十五日在纽约市西四十五街二号成立,以后迁至西五十七街一一九号。在创办该社期间,同年十月四日至九日代表中华教育改进社与教育部,参加在大西洋城举行的美国图书馆学会第四十八届年会,在第三次大会中以"中国图书馆的演进及其与中国文化的关系"(The Evolution of the Chinese Library and Its Relation to Chinese Culture)为题发表演说。(注一五)中基会于翌年九月年会中决议停发该社经费,郭氏便不得不谋求自给自足的办法。一面组织董事会向纽约州政府办理立案手续,一面要筹募经费维持一切。民国十七年(一九二八)六月他回国出席中基会第四届年会时,即席说明一切,又将辅助费恢复,自此华美协进社基础奠定。当时社内工作人员除寿景伟是秘书外,尚有孟治、沈有乾、潘光廻与杜威之子等。(注一六)

华美协进社创办之初,值得追忆的有两件大事:第一,为庆祝美国开国一百五十周年,在费城展出我国五千年教育文化的发展图片展览,由留学生帮忙布置,参观者众,展出很成功,并获优等奖。第二,民国十九年(一九三〇),协助梅兰芳在美演出,平剧轰动一时。梅兰芳一行在美七十天,美国加州波摩那学院(Pomona College)与南加州大学均授予梅氏以名誉博士学位。(注一七)

郭氏于民国十九年返国,华美协进社社长一职由孟治继任。但此后对华美协进

# 附 录

| 附录一 |

社的发展仍甚关切。如在抗战期间他曾应教育部之聘,担任留美中国学生学术计划委员会主任委员,迄至三十五年(一九四六)元月结束为止。三十二年(一九四三)率团到美国出席世界粮农会议时,途径纽约,华美协进社董事会特为其举行一次午餐会,郭氏因该社无一永久社址,即主张由董事会设法募捐。复经多方努力,亨利鲁斯捐出纽约市西六十五街一二五号大厦,命名为"中国大厦",即今日华美协进社所在地。(注一八)

### 四、回国担任政府职务并创办国际问题研究会

民国十九年郭氏回国,初任上海信托公司总经理。二十一年(一九三二)春,孙科任行政院长,黄汉梁任财政部长,曾延揽郭氏担任关务署署长。二十三年(一九三四)美国派经济调查团来华,前一阶段由郭氏接洽,调查团抵华后,则由中国银行总经理张嘉璈接办,访问了十七省,当时潘光廻任执行秘书。(注一九)二十五年(一九三六)郭氏担任中国赴美币制代表团团员,团长是陈光甫,另一团员为顾翊群。当代表团由驻美大使施肇基陪同晋谒罗斯福总统及与美方讨论问题时,顾氏回忆云:

"郭先生于谈话中自罗总统喜饮之中国菜,提及罗氏外祖之早岁从事东方贸易。罗氏因畅谈其先人逸事,兼论及中美未来邦交之重要性。在美财部会议时,美方专家如怀特氏等与我方讨论问题,有时难获结论,亦赖郭先生以片语解纷,团长陈光甫先生深为倚重。"(注二〇)同年,郭氏出任实业部国际贸易局局长,佐孔祥熙部长扩展国际贸易,以通商惠工为职志。

民国二十一年五月下旬在上海创办中国国际关系研究会(The China Institute of International Relations),适值"九一八事变"之后,许多国际问题有待研究,所以该会获得各界之支持,创办人尚有上海商业储蓄银行总经理陈光甫、先任中国银行总经理后任铁道部长的张嘉璈、沪江大学校长刘湛恩等。当初的名誉董事有王正廷、颜惠庆、顾维钧与黄郛等人,后来增加孙科、宋子文、孔祥熙、吴铁城、黄汉梁等人。戴葆鎏担任执行秘书。该会经常举行专题讨论会、演讲会,与中外相关机构合作,交换刊物与意见,出版中英期刊与专刊,其中以《中国季刊》(The China Quarterly)达五年之久,最具价值。(注二一)二十四年(一九三五)张群出掌外交部,为推行国民外交,为获致社会贤达之协助与谅解起见,成立一外交问题讨论会,邀请沪上名宿如郭氏等时到南京参加。这是郭氏于公务之余的贡献。(注二二)

### 五、抗战前期对国家的贡献

当民国二十六年(一九三七)七月七日抗日战争爆发之际,我国在外交上,并非

得道多助;在经济与财政上也颇脆弱;在军事方面很难与日本一争短长。抗战之初,我国必须动员国家所有的资源与争取友邦的支持。关于后者,有赖借款来购置军火与战争用品;而维持国内财政的稳定,包括债务清偿与币值稳定,亦同样重要。政府有见及此,郭氏于民国二十五年已奉派赴欧洲致力中欧间的贸易活动。二十六年六月以中国全国商会联合会副会长身份代表中国,自英伦前往德国柏林出席国际商会第九届委员大会。是年下半年在巴黎组成商务协会（Société Générale de Commerce）,郭氏任会长,副会长是法人杜纳（Donet）,旨在促进中国与法、比等国的商业关系。按欧战于民国二十八年（一九三九）九月一日爆发,在此以前的三年中,事实上郭氏是中国在欧洲的无任所大使,代表国家负有特殊的使命。要与欧洲各国政府及工业界联系,采购军用补给品、快艇及我国的产品输出等。此一任务相当艰巨。当时的输出品有蚕丝、茶叶、桐油、皮革与锑、钨矿砂等。

郭氏于二十七年（一九三八）开始向英国进行借款交涉,因之与英国政府要员如财长、银行团负责人、工业联盟等重要官员切取联系。他受命在伦敦组织中英贸易协会（Chinese Government Trading Commission）,会员包括中英高级人士:中方有驻英大使郭泰祺、中国银行伦敦分行经理李德燏等;英方有英格兰银行总经理白纳德（D. G. M. Bernard）、伦敦银行家金乃斯（A. R. Guinness）等。英国第一笔借款最初同意是三百万英镑,但到二十八年三月八日英方宣布,同年八月十八日签字,是二百八十五万九千英镑。其余十四万一千英镑用在支付购买汽车的价款,这批交易在签约前已经生效者。[注二三]

中华民国政府为稳定汇市,于民国二十七年五月一日发行金公债,其中英金一千万镑,拟请英国政府担保推销。这与英方继续借款有关。郭氏与英财部人员洽商结果,欲我方提出方案,以凭选择。方案如下:

（一）由英方承受最近发行之金公债全部或一部。

（二）一九〇八年英法借款今年可全部还清,拟照原合同条件续借五百万镑或增为一千万镑。

（三）根据去年与汇丰银行商议之币制借款二千万镑案,请英方承受抵押或垫借。

（四）切实商定货物信用款一千万镑案。[注二四]

孔祥熙于二十七年五月二十六日自汉口致电驻英大使郭泰祺,希望对上述方案"或选择商榷或同时进行,总以能得结果为要"。根据方案第二项,郭氏奉命与英方洽商,续借五百万英镑,主要以钨砂作抵押。这笔五百万镑借款于民国三十年（一九四一）六月五日下午三时在英伦外交部签字。艾登外长接见郭秉文与陈氏,在非常

# 附 录

## 附录一

友好气氛下完成签约。按郭氏于抗战初期常驻英国,是中华民国驻伦敦贸易委员会委员,也是我驻英大使馆财务参事。到民国三十年(一九四一)三月下旬被任命为财政部常务次长。

第三笔借款五千万英镑,在洽商期间,颇费周折。自民国三十年十二月八日珍珠港事变以后,西方各强国对我国的援助较为热心。英国以美国愿借我五亿美元,亦愿借我五千万英镑,且屡言借款条件与美国一样,但事实不然。经多次磋商,双方于民国三十三年(一九四四)五月二日签字。另一军事租借法案(军火及军用物品)亦于同日签字。(注二五)

再说向美国的借款。抗战初期向美国的借款,由陈光甫主其事,迄至民国三十年四月,先后有五笔,以桐油、滇锡、钨砂等为抵押品,合计一亿二千万美元,另有平准基金货款五千万美元。(注二六)自珍珠港事变发生,美国援华较前为热心。美国国会于民国三十一年二月七日通过法案(Public Law No. 442),授权财长在总统许可下,可借给中国五亿美元。

在中国若干战略据点失去后,军需品的运输发生困难,因此将要求盟邦的援助来稳定币值与控制物价的计划送达美国,拟以其中二亿美元购买金块来中国,在国内市场抛售,来收回通货。这一计划之提出,美方表示怀疑,郭氏代表中国政府与美国高级官员,包括罗斯福总统、叶莱士副总统、国务卿赫尔、财长毛根韬等,商谈多次,最后获得结论。按民国三十二年(一九四三)七月八日孔祥熙部长致郭次长转席局长密电,特别强调购运黄金以收缩大量通货的重要。郭氏将孔部长的要求二亿美元的黄金计划提出,毛财长已允考虑。七月十四日,毛氏日记第二卷第八九六页云:"上午十一时,在财长办公室,参加者财长毛根韬、怀特、郭秉文与席德懋。"

抗战中期美国的五亿元与英国的五千万磅的借款,对中国的士气有很大的鼓励。但英国的借款由于中英间的摩擦,来得很慢,最后只拿到八百万磅。至美国借款的使用,由于双方的过失,有二亿美元不能使用。杨格顾问的著作中称,美国财长非常感激怀特封锁运金至中国的时间,因此二亿美元的借款被延搁。

关于购买军用物资与军火,抗战初期向法国购买士乃德七·五野炮,士乃德十五丁农炮,向荷兰购买快艇,均经由郭氏办理。民国二十九年年初,兵工署需用紫铜管与黄铜板甚急,由财政部孔部长电郭氏迅速起运。同年初我国钨砂存放在海防有三一七一吨,被法国所扣留。我政府为顾全各国友谊及履行易货信用计,经提议七七一吨售法,五〇〇吨售英,四〇〇吨运俄,一五〇〇吨运美。但法国要求一七七一吨,未免太苛。因此,我财政部电请郭氏商请英国当局转洽法方,迅予改良。(注二七)

滇缅路为我西南基地对外交通的要道，工程进行之前，若干国际问题有待解决。如英国的财政援助，缅甸政府在经济利益上的考虑，中缅未定界的问题，以及法国政府对中国西南地区利害的关切等。郭氏以交通部顾问与中华民国驻伦敦贸易委员会委员的身份，在伦敦与巴黎间作艰苦的交涉，最后是英、美两国协议由美国以租借方式来支助。昆明、曲靖段于民国三十年三月首先通车，而后完成了滇缅路。

此外，郭氏以财政部常务次长身份，出席英国科学协会于一九四一年九月下旬在伦敦举行的年会，讨论"科学与世界秩序"问题。他在"科学与政府"问题会议中致词，曾说："科学的使命乃创造，而非破坏；乃提高人类幸福，而非增加人类痛苦。富于服务精神的中国科学家，已准备与他国科学家合作，创造一新世界，使各民族均获科学最大之利益。"(注二八)中外报纸竞相刊载。

### 六、抗战后期在国际会议上与国际机构中的表现

第二次世界大战结束以前，联合国的各国政府已经在商量成立若干新的国际组织，以加强世界的和平与公正，并促进全世界人民的经济进步。在美国罗斯福总统的领导下，一系列的国际会议计划完成，旨在测知战后国际关系的各方面，以便决定组织那些合作机构。

（一）联合国粮食与农业会议（The United Nations Conference on Food and Agriculture），简称国际粮农会议，为联合国筹划解决战后国际经济问题之第一次会议。参加者四十五国，于民国三十二年五月十八日至六月三日在弗吉尼亚州的温泉（The Homestead, Hot Springs）举行。

我国政府于民国三十二年三月十日接到美国发出的邀请书，立即作准备。四月五日特派郭秉文（财政部常务次长）、席德懋（中央银行总经理）、邹秉文（粮食部高级顾问）、刘瑞恒（卫生所副所长）、杨锡志（粮食部总务司长）、赵连芳（农林部代表）、沈宗瀚（农林部中央农业实验所副所长）、李榦（驻美商务参事）、尹国镛（经济部代表）、朱章赓（卫生署中央卫生实验院院长）等十人为代表。并指定郭次长为首席代表。聘出席国劳大会代表寿景伟为我国代表团秘书长。

本会议主旨为研究改进战后粮食及其他农产品之生产、消费及分配之政策。会议以各国首席代表组成执行委员会，下设常务委员会，设委员十一人，郭氏被推选为委员之一。闭幕典礼由美国首席代表琼斯（Marvin Jones）主持，他致辞中声明两点：(1)战后之救济问题，应由其他专门会议讨论；(2)本会议之任务，只在对各种问题搜集事实及向各国政府提出建议，并无商订条约及使各国政府负担任何义务之权力。

# 附 录

## 附录一

各国代表公推我国首席代表郭秉文致答辞,他说:

"近代文明进步之后,人类衣食住等之基本需要,愈趋复杂,涉及生产、消费及分配等种种问题。为求此等问题之解决,国际的行动与合作,实属必要。中国以农立国,对于此次会议,极为重视。(中略)相信在此次会议对下列三点,定能获得相当之结果:(1)各国相互交换意见,以求增进彼此之了解,并协助各国政策之规划。(2)确定战后粮食及农业政策之基本原则,以建议于各国政府。(3)拟定将来设立国际组织之计划,以继续执行本会议之工作。以上三项目标如能达到,则对世界之永久和平已有一重要贡献,同时对于将来之人类福利亦已奠定一不朽基石矣。"(注二九)

郭氏致辞毕,全体热烈鼓掌,表示赞同。会议设四位副会长,由中、英、俄、巴西四国首席代表担任之。分四组进行,即(1)关于消费水平及消费需要问题,主席为中国郭秉文,下设三委员会,邹秉文为第一委员会副主席。(2)关于扩大生产及适当消费需要问题,主席苏俄 Krutikov。(3)关于分配之便利及改善问题,主席巴西 Muniz。(4)关于本会议工作之继续推进问题,主席英国 Law。

五月二十五日我代表团发表宣言,提出筹设一国际永久之组织的建议,各国亦有相关提案。美国表示先组粮农临时委员会。最后决定暂设一"粮农组织计划起草委员会"。

(二)联合国货币与财政会议(The United Nations Monetary and Financial Conference)。民国三十三年七月在美国纽罕姆泻州(新罕布什尔州)的卜莱顿(布雷顿)森林(Bretton Woods)举行。这一会议的结果,设立了国际货币基金(International Monetary Fund)与国际开发银行(International Bank for Reconstruction & Development)。由于郭氏长期与各国财政领袖所建立的友谊关系,他被指派为参加这一会议的中国代表团代表之一,首席代表为财政部部长孔祥熙。郭氏于民国三十三年六月二十九日在华府发表专文,响应此一会议。他说,本会议之召开,旨在设立国际货币基金与国际开发银行。前者是国际货币合作的非常实际的方法,后者在求达到战后世界的繁荣。中国一向热心于国际合作,尤其是经济与财政方面。(注三〇)会议的结果,我国为五强之一,成为上述各机构的执行理事。但后来因政治形势的演变,中国的执行理事席位为西德所取代。

(三)联合国救济总署(The United Nations Relief and Rehabilitation Administration)的起源可以追溯到民国二十九年(一九四〇)八月,丘吉尔对欧洲人民称,自纳粹暴政下解放出来者,应给予粮食、自由与和平。英国政府成立一剩余物资委员会,致力于大英帝国境内的救济工作。且于民国三十年九月在伦敦召开一次会议,参加者有英、加、澳、俄、南非、比利时、捷克、希腊、卢森堡、荷兰、挪威、波兰与南斯拉夫等。各国代表均赞成战后复兴的工作。郭氏以观察员身份参加该会议。当美国参战后,对国际合作积极参与。民国三十一年(一九四二),罗斯福总统设外国救济复兴局(Office of Foreign Relief and Rehabilitation Operations),以前纽约州长李曼(Herbert Lehman)为局长,首先以突尼斯(Tunisia)为救助对象。[注三一]

当民国三十二年五月底在美国举行粮农会议时,俄、法等国代表提议,增加生产并预先购储粮食,以供救济及复兴沦陷区域之用。五月二十一日美国国务卿艾奇逊(Acheson)到会,邀郭氏个别谈话,密告联合国救济复兴会议已筹备就绪,待此会议结束后即行召集等语。这与李曼在伦敦与郭氏所谈各节相同。同年夏,中、美、英、俄四国代表磋商结果,草拟联合国善后救济机构之协定,分送各国征询意见。同年十一月九日在白宫签署该协定,参加者四十四国。联合国善后救济总署于焉诞生。[注三二]

总署署长由美国李曼担任,郭氏被我国政府指定出任副署长。该署以全体代表大会为最高决策单位,按规定每年举行会议两次。共举行过六次,第一次在美国大西洋城,第二次在加拿大的蒙特娄,第三次在英国伦敦。经常业务由中央委员会(由中、美、英、俄四国代表及署长组成)处理,郭氏并兼中央委员会秘书长。下设两区域委员会,即欧洲委员会,由英国代表任主席,苏俄、挪威副之;远东委员会,由中国代表任主席,荷兰、澳洲副之。另尚有各种技术委员会,如农业、工业、卫生、福利、财务控制等。用于救济之物资与行政、业务两项费用,由各国(包括未受侵略或受侵略)捐输。总署自成立以来迄至民国三十六年底为止,救济物资运送各国达二四一〇六六九一吨,价值二九〇三四一二〇〇〇美元。[注三三]

中国于二次世界大战期间损失最为惨重。当民国三十二年五月国际粮农会议举行期间,郭氏即建议政府对我国战区及后方各省与沦陷区域所需救济及善后复兴各项物资之种类与数量,似应迅为估计。[注三四]中国政府为调查战后救济与复兴的需要,成立专案小组,由总署推荐三位美籍专家与中国专家一人组成。初步估计要求进口一千万吨救济物资,百分之三十七来自总署。民国三十五年七月予以重估,中央委员会通过以价值五亿三千五百万美元物资救助中国。后来又减少为五一七五三八〇〇〇美元。根据联合国善后救济总署中国分署(署长是蒋廷黻)于民国三十六年十月三十一日报告显示,百分之九十八点三的物资已付船运,百分之九十七点五物资已到达中国。

## 七、晚年仍热心中美文化交流工作

民国三十六年(一九四七)联合国救济总署结束,郭氏在华盛顿特区定居,他对

# 附 录

| 附录一 |

教育文化事业仍极感兴趣,他曾草拟国际大学(或称联合国大学)计划,但未能实现。自三十六年起在华盛顿组成中美社会科学协会,担任总干事。

郭夫人夏瑜女士是上海商务印书馆创办人夏粹芳的次女公子,上海中西女校的高材生,弹得一手好钢琴。于民国二十四年十月十二日在杭州与郭氏结婚。对郭氏的一生帮助很大。她在美国邮务部工作多年,现已退休。也一直是华盛顿国际妇女会的会员。郭氏为人谦冲淡泊,持常执中,恪守隐恶扬善之箴;处事则实事求是,不容许有半分夸张。晚年息影华盛顿康州大道,每日起居散步有定时,博得附近居民之尊敬,以"中国哲人"称之。

郭氏一生,除办学外,对促进中外文化交流,推展国民外交,不遗余力;而抗日战争期间在财政方面的贡献亦多。


**注释**

注一:"国史馆"编:中华民国史事纪要——民国四年(一九八一年六月出版),元月十七日条引自南京高等师范一览,页三三。

注二:全国教育联合会第四次会议于民国七年十月十日开幕,到十八省区及荷属中华教育总会代表三十三人,于二十五日下午闭幕。详见史事纪要——民国七年(一九八二年六月出版),十月十日条引自《教育》杂志第十卷第十一号(民国七年十一月),页二三至二六。

注三:中华民国史事纪要——民国十年(一九八二年六月出版),九月二十四日"南京筹设之东南大学正式成立"条引自国立中央大学沿革史,页一二。

注四:清光绪三十二年(一九〇六)江督端方创办暨南学堂,宣统末停办。民国六年,北京政府教育部派员筹备规复。七年春成立,改名暨南学校,设师范、商业两科。十年九月二十三日,国立东南大学校长郭秉文、暨南学校校长柯成楙呈准二学校合设上海商科大学。

注五:朱耀祖:《郭秉文先生与国际文教合作》,《郭秉文先生纪念集》中文部分,页七〇。

注六:《郭秉文先生纪念集》中文部分,页七一。

注七:郭秉文:《刘伯明事略》,见学衡第二十六期(民国十三年二月),附录,页一。

注八:中华民国史事纪要——民国十三年(一九八三年十月出版)。

注九:《教育》杂志第十六卷第八号(民国十三年八月),页四一—五。

注一〇:谭绍华,《追悼郭鸿声先生》,见《郭秉文先生纪念集》中文部分,页三三至三四。

注一一:该讲稿已收入《郭秉文先生纪念集》英文部分,页四三至一四六。

注一二:致辞全文见《郭秉文先生纪念集》英文部分,页一三至二〇。

注一三:演讲词全文亦见《郭秉文先生纪念集》英文部分,页二一至四一。

注一四:见朱耀祖,前引文,《郭秉文先生纪念集》中文部分,页七四;《一个中国人所见的中国问题》一文见《郭秉文先生纪念集》英文部分,页一四七至一七五。

  注一五:演讲词全文刊于一九二六年十月美国图书馆学会会刊第二十卷第十期,亦收入《郭秉文先生纪念集》英文部分,页一七六至一九二。

  注一六:一九七九年五月底笔者在香港与潘光廻先生谈话记录。

  注一七:郭廷以:《中华民国史事日志》,第二册,页五八五。

  注一八:朱耀祖,前引文,《郭秉文先生纪念集》中文部分,页七五至七六。

  注一九:一九七九年五月底笔者在香港与潘光廻先生谈话记录。

  注二〇:顾翊群:《敬悼郭秉文先生》,《郭秉文先生纪念集》中文部分,页二六。

  注二一:详见民国二十五年印行的说明书。

  注二二:谭绍华:《郭秉文先生纪念集》中文部分,页三四。

  注二三:详见戴葆鎏《郭秉文博士与战时外交》(Dr. P. W. Kuo and Wartime Diplomacy),Chinese Culture,Vol. XII,No. 4,(December,1971),P. 4.

  注二四:见孔祥熙民国二十七年五月二十六日自汉口致驻英大使郭泰祺电文。

  注二五:详见宋晞:《郭秉文先生于抗战时期(一九三七——一九四五)对国家的贡献》。

  注二六:详见吴相湘:《抗战期间两"过河卒子"——胡适之与陈光甫》,《传记文学》第十七卷第三期(一九七〇年十一月),页六至一四。

  注二七:见孔祥熙民国二十九年一月二十四日自重庆致郭秉文电。

  注二八:见民国三十年九月二十六日伦敦中央社电文。

  注二九:见《中国出席国际粮食会议代表团报告书》(油印本),页一七至一八。

  注三〇:见 P. W. Kuo,"Response given at the United Nations Monetary and Financial Conference"《郭秉文先生纪念集》英文部分,页二一二至二一六。

  注三一:见 P. W. Kuo,"UNRRA and International Cooperation,"《郭秉文先生纪念集》英文部分,页二四〇至二四一。

  注三二:《郭秉文先生纪念集》英文部分,页二四一至二四二。

  注三三:戴葆鎏,前引文,页一四转引一九四八年四月联合国善后救济总署长的报告。

  注三四:详见郭秉文民国三十二年五月二十一日电文。

[原载于《中华民国名人传》(第三册),P262-289,有删改]

# 附 录

附录一

# 南高及东大时代

## 南京高等师范筹备之经过

民国三年八月,江苏巡按使韩国钧委任校长江谦就前两江师范学堂校舍勘察筹备开校,四年一月,聘郭秉文为教务主任,陈容为学监主任,请袁希涛、黄炎培、沈恩孚等会商进行事宜,设筹备处于前省议会,由袁希涛常川驻宁,主任筹备事宜。先是校舍驻有军队,至五六月间,驻兵始次第迁让,乃开始修理建筑,八月工竣。十一日举行入学试验,先招国文,理化两部预科各一级,国文专修科一级,共录取学生126人。九月十日,举行开校式,并开始授课,南京高等师范是至乃正式成立。

## 民九以前校务志略

五年四月十三日接收旧宁属师范校舍为高师附属小学校舍。十四日举行体育专修科新生入校开学式。七月六日至八日举行工艺专修科及国文部,理化部预科新生入学试验。六年二月十七日附属小学举行开校式。六月呈请江苏省公署拨款建筑附属中学校舍。七月九日举行农业,工艺,商业,英文各专修科新生入学试验。九月二十四日附属中学正式开校。七年三月江校长因病请假,由教务主任郭秉文代理校长职务。八年春,扩充范围,行政组织,设总务处直隶于校长,分八部任事,此外更分教务,齐务,庶务三处,各设主任,各分若干部任事,改国文部为文史地部,理化部为数理化部。二月二十六日,呈准江苏督军署划分小营西北隅地,扩充为农场。九月十四日,江校长因病辞职,由代理校长郭秉文正式继任。十一月一日,学监主任陈容辞职,改聘刘伯明继任。九年一月十三日,变更学校组织系统,设校长办公处,以刘伯明为副主任。取消学监处,改庶务处为事务处。同年夏,因鉴于国内女子教育之缺乏,添招女生,以英文教员李玛琍为女生指导员,是为南高开放女禁之嚆矢。同时因社会人士之请求,开办暑期学校,学生达一千零四十人,内有女生七十余人,学程共十九,九年秋,实行选科制及学分制。总计民国四年度教职员三十余人,学生九十四人,经费五万三千二百六十元,开设学程三十八;五年度教职员五十余人,学生二百零四人,毕业生二十六人,经费十二万三千四百二十九元,开设学程一百零一;六年度教职员五十余人,学生二百八十二人,毕业生三十二人,经费十九万七千五百七十八元,开设学程一百三十四;七年度教职员九十余人,学生三百五十三人,毕业生八十人,经费二十五万一千八百八十二元,开设学程二百零三;八年度教职员一百二十余人,学生三百九十九人,毕业生一百四十五人,经费二十一万九千三百五十九元,开设学程一百六十八;九年度教职员一百三十余人,学生五百四十一人,毕业生一百一十人,经费三十五万零八百六十六元,开设学程二百二十九。校舍面积连中小学农场在内,约计三百七十五亩,计大小房屋二百十余间(中小学在外),此南高民九以前之大略情形也。

### 东南大学筹备之经过

初,中华民国临时政府成立,曾有筹设国立四大学之创议,而南京实居其一,终以绌于经费,未能实行;及九年四月九日,高师开校务会议,提出筹备国立大学议案,一致赞成,遂另组委员会讨论进行事宜;九月二十五日张謇、蔡元培、江谦、王正廷、袁希涛、穆湘玥、蒋梦麟、沈恩孚、黄炎培会同郭校长拟具大要计划,赴北京向教育部正式陈请;及十一月,教育部复张謇等议,以高等师范之教育,农、工、商四专修科改归大学,高师各本科仍赓续办理。十二月六日,教育部委任郭秉文兼充国立东南大学筹备员,设立筹备处,积极筹备。七月,国务会议核准,于高师临时费内划出八万一千元,拨充东南大学筹备费。十年二月,议决商科设于上海,与暨南合办,租定上海尚贤堂房屋为校舍,在沪别组筹备处;于是筹备事务,略具端倪。三月二十八日,教育部函聘张謇、蔡元培、王正廷、袁希涛、聂其杰、穆湘玥、陈辉德、余日章、严家炽、钱永铭、荣宗锦、江谦、沈恩孚、黄炎培、蒋梦麟为国立东南大学校董,并委派司长任鸿隽为校董会教育部代表。五月十四日,与崇德公司订立合同,建筑大学宿舍。六月六日,开校董成立会;八月二十四日至二十六日,招考大学预科学生及高师新生。九月教育部委任郭秉文兼任东南大学校长;由国务会议核准,就江苏省承认之数,记十八万三千元,定为东南大学十年度预算。是月正式上课,久经酝酿之大学,至是遂植基于南高而产生。

### 民九以后校务志略

十年七月一日重组行政委员会,执行一切进行事宜。二十日评议会亦正式成立,凡校中一切要务,悉由评议会议决,再由行政委员会执行。同年十月二十五日,教授会成立,议决章程及议事细则;此外运动、卫生、筹赈、图书馆各委员会亦均先后组织成立。同年,由齐孟芳捐私资十五万元,建筑图书馆,期年工成,颜曰孟芳图书馆。十一年夏,招考新生,仅招大学预科而不招高师新生。于是高师合并东大之趋势,日见显明。是年秋,体育馆、中二院均由校款建筑,先后竣工;同时美国洛氏基金中国医药部代表孟禄博士来校讲演,允拨洛氏基金十四万美金与高师合筑科学馆;

# 附 录

## 附录一

嗣因江浙战后，省库告竭，延至十五年夏，始克完工。总计十年度教职员二百十余人，学生九百三十人，经费三十八万一千三百九十元（南高缺二三四月东大缺四五六月），开设学程二百五十六；十一年度教职员二百四十余人，学生一千一百四十四人，毕业生一百二十二人，经费三十五万一千一百二十九元，开设学程四百十六。

### 南京高师与东南大学之合并

十一年十二月二十日及十二年一月三日，评议会教授会联席会议决定，将南京高等师范并入东南大学，先后议定合并办法五条，及高师毕业生入东大辅修学程办法四条，陈请于教育部，未得批复。同年六月一日，行毕业典礼时，郭校长遂正式宣布高师之归并东南大学及其理由，虽未经部批，实际上已成事实。于是南高之名撤销。

### 民十二以后东大校务志略

自东大成立以来，一切组织，颇多变更；属于学校行政者，民国十二年，校长总辖全校；此外有校董会为校中最高评议机关；有教授，议事，行政三部，分承校务；其属于教授事项者，又有教授会，以资研究。

民国十四年，除校董会外，有行政委员会，规划公共行政并审查行政；此外事务方面，更分教务，事务，会计，交际，图书，体育，群育，出版，女生指导，医药卫生等部；校长办公室并设副主任，各部各设主任一人，系与科亦各设主任一人。

属于科系者，以国文，英文，西洋文学，哲学，历史，地学，政法经济，数学，物理，化学，心理，生物十二系属于文理科。嗣以政法经济系困于人材，暂改为政治经济系，十三年度起，合并西洋文学系，英语系及德文，法文，日文各学程改组为外国语文系，十五年度文，理二科分立，聘卢晋侯为文科主任，孙洪芬为理科主任；政治经济系改入文科，分为政治系与经济系。

教育，体育及心理三系属于教育科，十五年度起，添设乡村教育系。

农艺，园艺，畜牧，病虫害，农业化学，蚕桑及生物七系属于农科，十五年度起，生物系分为动物系与植物系。

机械工程系属于工科，嗣因江浙战争以后，省库告竭，校中经费，裁减什一，工科于十三年夏无法维持，宣告停办。

会计，银行，工商管理三系属于商科，初与暨南合办，至十一年七月，改由东大独办。

总计十二年度教职员二百四十余人，学生一千二百二十二人，毕业生二百零五人,经费五十六万九千一百三十二元,开设学程四百七十八;十三年度教职员二百九十余人,学生一千四百零八人,毕业生二百七十一人,经费十五万八千六百二十二元,开设学程四百四十五;十四年度教职员二百七十余人,学生一千四百八十三人,毕业生二百十三人,经费四十一万零二十三元(内科学馆建筑费一万元),开设学程四百七十五;十五年度教职员二百三十余人,学生九百七十三人,毕业生二百三十三人,半年经费二十二万九千二百七十八元(内科学馆建筑费一万元),开设学程二百五十九。校中地址,计大学一百九十九亩,附中七十三亩,附小三十三亩,此外农科另有田地三千八百二十四亩;图书,仪器,用具价值约十万元。十六年春,革命军抵京,校务停顿,中三院为军队借驻,不戒于火,致被焚毁,后由财部给偿本校损失银一万元。此东大自民国十二年以来之大略情形也。

南高东大,为中央大学之前身,故中大成立后,就原有校舍分别定名,名一字房曰南高院,名中一院曰东南院,既就其地点之方位而名之,且以资纪念也。

此外更有三大事,在东大校史上有重大关系者,特分述之:

### 刘伯明先生之逝世

刘先生貌清癯,长不逾中人,而意态伟岸,吐词有节;以植身行己,树立节操,不肯同流合污为的;学者化其人格,多诚心悦服;其关于学校行政组织,致力尤多。十二年十一月二十四日卒于五台山病院,全校师生,咸感怆悼,下午停课致哀,十二月十三日开会追悼;迄中大成立,以南高院之大会堂改名为伯明堂,用志不忘。犹记追悼刘先生时,某教授曾谓刘先生之死,与口字房之焚毁,为学校两大损失;然物质上之损失,尚可弥补,精神上之损失,遗憾无穷;当时之推重先生,自可想见;呜呼!墓草已宿,去思不衰,缅怀先贤,不胜人琴之感矣!

### 口字房之焚毁

口字房本为前两江师范校产,计房屋六十幢,民国四年筹备南京高等师范,时值兵燹之后,几经修理,方能应用;追高师成立,分配为教务部办公室,各科系办公室及教室实验室,大部分之旧存书籍,亦贮藏在内;十二年十二月十二日晚十二时,西南面楼上走电,致遭焚如,不及三时,全部俱尽,图书仪器同付一炬,损失约在三十万左右。

### 成吴二烈士之死义

成烈,吴光田二烈士,均为东大学生,效忠吾党,奔走革命,因遭军阀之忌,于十

# 附 录

## 附录一

六年三月十七日,被害于本京小营,从容就义,视死如归,逮我军克复金陵,湖南,松江二同乡会以烈士为党国牺牲之精神,实估本校历史可敬可哀之一页,特醵资立碑于校园梅庵,以彰先烈而昭激劝;十八年十一月三日,举行落成典礼,济济一堂,气象极形悲壮。兹录碑文于后:

【民国十六年之春 国军北阀,将抵金陵,成吴二烈士组织党部,密谋响应,为逆军所侦悉,以十六年三月十四日晨,被捕于前东南大学之宿舍,十七日下午三时同遇害于小营。临死不屈,贻书于同学同志,慷慨劝告,可谓壮矣!乃燕继长斯校,得闻遗事,而其同学之籍隶三湘及云间者,咸以同乡会名义,募捐纪念:爰勒贞珉,以扬英烈。成烈士名律,字辛六,湖南甯乡人,前东南大学农科生,被害时年二十六;吴烈士名光田,字心葵,江苏松江人,前东南大学文科生,被害时年二十一。中华民国十八年五月,国立中央大学校长张乃燕,敬志并书。】

(节选自 秘书处编纂组编印《国立中央大学沿革史》一九三〇年九月)

# 附录二：南京高等师范学校——
# 国立东南大学初期

（1915—1920年）

## 江谦关于南京高等师范学校筹备成立情形报告

（1915年1月6日）

为详报事。民国三年九月二日奉

钧署第二四〇六号饬：委任谦为南京高等师范学校校长，就两江优级师范校舍详加察勘，能否修葺一部分，勉应目前之用，抑尚须另借他项公屋开办，察酌情形，妥定办法，详候核夺，务尽本学期年内筹备完竣，以便定期开校等因。本年一月八日又奉

钧署第六二号饬开，据财政厅长详奉饬开：南京高等师范学校定期四年八月开校，先期设立筹办事务所，现距下学年始期仅仅七月。现经饬科拟具开办计划六则，逐年学生人数、班数表、开办费概算书，按照规定计划，本年度仅需要开办费五万余元。其第一年所需经常费为数亦不甚钜，合抄开办年划六则，开办支出概算一份，饬仰遵照，并先详覆备案等因。查高等师范学校为全省教育根本，既使署规定开办计划，饬将三年度预算所列该校经费十万元，暂照减半数目支给，自不能不事先筹维，分期核放。除此项开办费五万元，由厅勉力筹措，于四年二、四、六三个月分期拨放应用外，合将遵办情形，先行详覆等情前来。合行饬知该校长遵照前饬，迅速来省筹备一切等因。先后奉此，遵于本月十七日到宁，并约同留学美国教育博士郭秉文，留学美国教育学士陈容，前教育部视学袁希涛，偕同来宁，就前省议会内商榷一切进行事项，并值省教育会副会长黄炎培，省教育会会长沈恩孚，因河海工程专门学校事来宁规划，一并约同筹议，以期集思广益。当于十八日偕同进谒，祗承指示，旋经察勘前两江师范校舍，除已毁去宿舍一部分外，各室窗户十毁八九，地板楼板破坏亦多，祗东南角音乐手工教室，现借设雷电所，略经修理至校门内，居中大楼及西首教员室等处房屋亦半损坏。现尚驻有陆军第十九师七十四团之兵队，如果早日全行移让，尚可择要修葺，勉资应用因，先择校内东首旧时教室修葺数间，作为筹备处，业于二十八日工竣，二十九日迁入办事，现更约定袁前视学希涛、常川来宁，协同筹备。

# 附 录

| 附录二 |

除所有一切进行事项俟后续行详陈外,合先将筹备处成立情形,备文具报,统祈察核施行。再,此详借用省立第四师范学校钤记合并声明。谨详。

江苏巡按使齐

校长江谦

中华民国四年二月三日发

(南京高等师范学校章)

## 南京高等师范学校简章

(1915年6月)

### 第一章 宗 旨

**第一条** 本校以养成师范学校、中学校职教员为宗旨。

### 第二章 组 织

**第二条** 本校除设预科、本科、研究科外,增设专修科及选科,并附设中学校及小学校。

### 第三章 学 科

**第三条** 预科科目为伦理学、国文、英文、数学、论理学、图画、乐歌、体操。

**第四条** 本科共分六部:曰国文部、英文部、历史地理部、数学物理部、物理化学部、博物部。

各科主要科目如下:

国文部:伦理学、心理学及教育学、国文及国文学、英文、历史、美学、古语学、体操。

英文部:伦理学、心理学及教育学、英文及英文学、国文及国文学、历史、哲学、美学、言语学、体操。

历史地理部:伦理学、心理学及教育学、历史、地理、法制经济、国文、英文、考古学、人类学、体操。

数学物理部:伦理学、心理学及教育学、数学、物理学、化学、天文学、气象学、英文、国画、手工、体操。

物理化学部:伦理学、心理学及教育学、物理学、化学、数学、天文学、气象学、英文、图画、手工、体操。

博物部:伦理学、心理学及教育学、植物学、动物学、生理学及卫生学、矿物学及地质学、农学、化学、英文、图画、体操。

各部随意科目为德文、世界语、乐歌、英文部可加授法文。

**第五条**　研究科于本科各部中择二三科目研究之。

**第六条**　专修科科目另定之。

**第七条**　选科除习伦理学及心理学、教育学外可任选本科专修科中一科目或数科目习之。

### 第四章　学额及修业期限

**第八条**　本校共设六部，每部预科一班、本科三班。每班学生自20人至40人。研究科、专修科、选科学生无定额。

**第九条**　修业期限预科一年、本科三年、研究科一年或二年、专修科、选科二年或三年。

### 第五章　学年学期及休业日

**第十条**　一学年分为三学期。

**第十一条**　元月1日起至3月31日为一学期，4月1日起至7月31日为一学期，8月1日起至12月31日为一学期。

**第十二条**　暑假、年假、寒假、春假、夏节、秋节、冬节、孔子诞日、民国纪念日、本校纪念日、日曜日均为修业日。

### 第六章　入学退学休学及惩戒

**第十三条**　各科入学资格如下：

预科学生，须身体健全，品行端正，在中学校毕业或与有同等学力者，由省行政长官（或中等以上学校校长）保送来校试验。于考取入校时，由家长（或监护人）具保证书，并缴保证金10元（所存之保证金俟毕业后发还）。其试验科目为国文、英文、数学、地理、历史、理化、博物等科。本科学生即由预科毕业学生升入。

研究科学生由校长在本科及专修科毕业学生中志愿研究者选取之，专修科学生与选科学生之资格另定之。

**第十四条**　学生有身体羸弱、品行不良、学力劣等者、校长得命其退学，预科学生学年试验不及格者亦如之。

学生不得中途申请退学。

学生违背校规斥退或中途退学者，应偿还本校所给各项费用（每月学费3元，膳宿费5元），但校长得酌量情形或免一部或全免之。

**第十五条**　学生因疾病或事故旷课过多，校长认为必须休学时、得命其休学。其期限由校长定之。

休学之学生于休学期限届满时，应使插入后一年之学级，若无相当班次，则由校

# 附 录

## 附录二

长酌量情形送入他校相当班次肄业或命其退学。

**第十六条** 学生有违背校规行为时，校长得酌量轻重施以下列之惩戒：一、劝诫，二、记过，三、斥退。

### 第七章 试验升级留级及毕业

**第十七条** 试验分为学期试验，学年试验，毕业试验。

学期试验于学期之终行之。学期成绩参照学期试验分数及本学期平时成绩于教务会议评定之。

学年试验于学年之终行之。但行学年试验时，得免去本学期试验。学年成绩，预照学年试验分数及本学期平时成绩与上二学期成绩合计之教务会议评定之。

毕业试验于毕业时行之。但行毕业试验时，得免去本学年试验。毕业成绩参照毕业试验分数及本学期平时成绩与上二学期成绩并以前学年成绩合计于教务会议评定之。

**第十八条** 学年试验成绩在60分以上或升级，在60分以下或留级。

**第十九条** 毕业试验成绩在60分以上者给予毕业证书，60分以下者留级或给予修业证书。

学生因故未与试验于试验期后请补试者，必须校长之许可。

### 第八章 学 费

**第二十条** 预科、本科、研究科及专修科选科公费生不收学费，并由本校支给膳宿费。其制服费、课业用品费及杂费等，概由自给。

预科、本科、研究科及专修科选科自费生除学费外，一切费用概由自给，应缴各费由校长定之。

### 第九章 服 务

**第二十一条** 本校各科毕业学生服务期限悉照部章。

### 第十章 附 则

**第二十二条** 本校评章及各种细则另定之。

# 南京高等师范学校招考简章

（1915年8月）

## 第一次招收

（一）学额

本校现招国文、理化两部预科各一班。国文专修科一班，每班各四十人。

（二）学科

国文、理化两部预科为：伦理学、国文、英文、数学、论理学、图画、乐歌、体操。

国文专修科为：伦理学、心理学及教育学、国文及国文学、英文、数学、哲学、论理学、社会学、图画、乐歌、体操。

（三）修业期限

国文、理化两部预科各一年。

国文专修科二年。

（四）应备费用

除学费、膳宿费均不收外，其制服费、课业用品费及杂费等均应自备。

（五）入学资格

国文、理化两部预科学生，须在中学校毕业（或与有同等学力者），国文专修科学生须在师范学校毕业（或与有同等学力者），均以身体健全品行端正者为合格，由省行政长官（或中等以上学校校长）保送来校试验，于考取入校时由家长（或监护人）保具证书并缴保证金十元。

（六）试验科目

国文、理化两部预科为：国文、英文、数学、历史、地理、理化、博物等科。

国文专修科为：教育、国文、英文、数学、历史、地理、理化、博物等科。

（七）报名

报名期限自阳历七月一日起至十一日止，报名处在本校。

报名时应交物件：（一）四寸照相；（二）履历书；（三）毕业或修业证书（均无者听）；（四）省行政长官（或中等以上学校校长）保送书；（五）报名费三元（不取者发还，取者于应缴费下照扣）。

（八）报考

投考日期自阳历八月十一日起至十四日止。

投考处在本校。

投考时应自带笔墨。

（九）开校

九月十日。

开校时应缴家长（监护人）保证书及保证金十元，俟毕业后发还。

（十）校址

南京城内北极阁下。

# 附　录

| 附录二 |

# 南京高等师范学校调查表

（1917年7月至1918年6月）

| 国立南京高等师范学校调查表 | 编制 ||||||||| 年龄 | 学费 | 寄宿或通学 | 历年毕业人数 | 校役人数 |
|---|---|---|---|---|---|---|---|---|---|---|---|---|---|---|
| | 职员 || 学生 |||||||  |  |  |  |  |
| | 职员 || 学级及人数 |||||||  |  |  |  |  |
| | 管理员 | 教员 | 国文部 | 理化部 | 体育科 | 工艺科 | 农业科 | 商业科 | 英文科 | 自十九岁至三十一岁 | 学膳费均不收 | 全体寄宿 | 上学年国文科毕业三十六人 本学年体育科毕业三十二人 | 四十二人 |
| 校址南京城内北极阁前 四年一月筹办九月开校 | 三十人 | 三十六人 | 一二年级 三十六人 | 一二年级 三十五人 | 二年级 三十二人 | 一二年级 十六人 | 一年级 二十九人 | 一年级 三十人 | 一年级 二十二人 | | | | | |
| 甲表 自六年七月起 至七年六月止 | | | 总计二百八十七人 |||||||  |  |  |  |  |

| 设备 | | | | | | | 经费 | | |
|---|---|---|---|---|---|---|---|---|---|
| 建筑 | 教室 | 操场 | 宿舍 | 图书 | 标本器械 | 校具 | 由来 | 岁入 | 岁出 |
| 新旧修建费五六三七九·一六八 | 各种教室十、特别教室四、各种实验室四 | 大运动场二、雨中操场二 | 十八斋每斋六间，共一百零八间 | 新旧购置费六二七六·二三六 | 新旧购置费二〇一九四·二五〇 | 新旧购置费一九八四七·六一九 | 由部指令江苏省库支拨 | 预算经常费一四九〇二八，实领到一四五七八，欠发三四五〇 | 本校支出一二一六一二二，中学部一六七六六，小学部七二〇〇 |

# 附 录

|附录二|

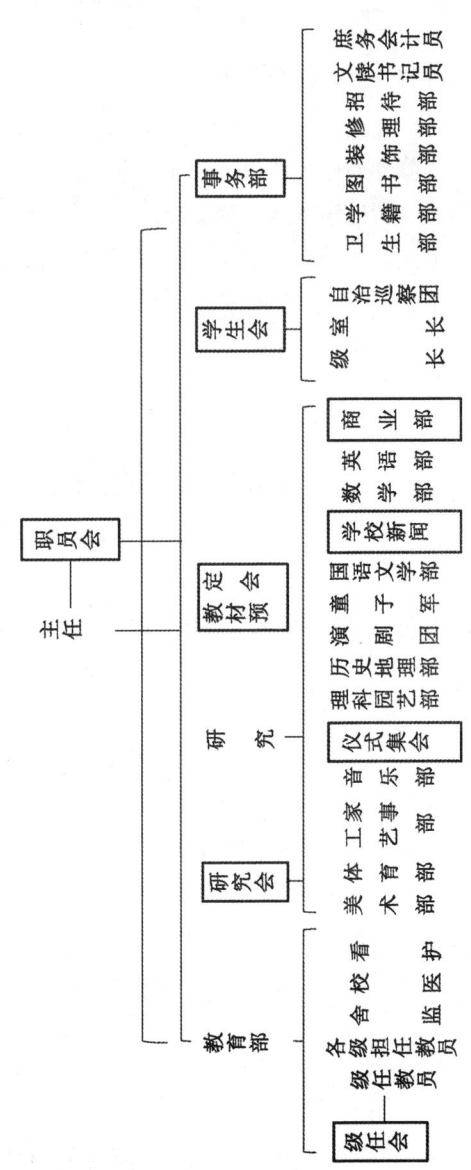

南京高等师范学校组织系统表

## 省属关于校长江谦病休令教务主任郭秉文代行职务文

(1918年3月19日)

江苏省长公署指令第4214号

令南京高等师范学校校长江谦

呈为修养病体暂请代理属祁核准由

呈悉。所称病体急待调摄，校务未可偏废，尚系实情。所有该校长职务，应准由该校教务主任郭秉文暂行代理，以资调养，仰即遵照，并仰转知。此令。

中华民国七年三月十九日

江苏省长齐耀林（印）

## 南京高等师范学校录取新生通告

(1918年7月23)

录取新生通告：商业专修科计有于怀仁、朱祖晦、李壤、施督辉、张懦荣、郭庆林、杨树丰、钱允孚、缪辰等九人。另有倍（备）取生。

南高开办以来，成绩卓著，现已改为国立（1918年），故本届各科招收新生须由各省分派。该校额定数35人，惟此次投考学生甚众，约250余人，以考商科者为最多，教育科、农科次之，体育科最少。故入学考试试验时最紧张异常，凡中学所授各种功课，无论投考何科，学生均应试验，各科试题极为深难；口试及体格检查亦极详细。故此次录取各生既具优美之学识，复具强壮之身体，后日造就大成，社会前途实资赖焉。此次考试各生程度佳者极多，照定额录取外，尚多三十余人，该校一亦录为倍（备）取，以倍（备）外省送到学生及各科缺额时递补。

（原载《申报》1918年7月23日二版）

## 校长通告

本校职教员诸君钧鉴 现定本月十六日为本校开学之期上午八时至九时在大会堂行始业式。届时务请到堂行礼。九时上课并以奉闻。

# 附 录
| 附录二 |

现定本月十六日为本校开学之期,上午八时至九时在大会堂行始业式。师范部全体学生务须到堂行礼,九时上课。

（原载于1918年9月13日《南京高等师范日刊》第二号第一版）

## 校长通告

敬启者十七日下午四时请

教育部次长袁先生 部视学陆黎两先生在大会堂训话 届时务请惠临。散会后同至梅庵茶话特此奉闻此请

全体职教员先生台鉴　郭秉文启

十七日下午四时请

教育部次长袁先生 部视学黎陆二先生在大会堂训话,届时师范中学小学各部学生务须一体到堂。

（原载于1918年9月17日《南京高等师范日刊》第五号第一版）

## 校长通告

本年全国教育会联合会于双十节日在江苏省教育会举行开会式。秉文被推为江苏省教育会代表。届时当赴沪与会。在会期中,关于本校代理校长及总务处主任职务已请陈主素先生代理其教务,主任职务请陶知行先生代理。

郭秉文谨启

（原载于1918年10月7日《南京高等师范日刊》第二十号第一版）

## 代理校长郭秉文关于本校概况报告书

（1918年10月）

### 南京高等师范学校概况
#### 一、沿革

本校成立于民国四年,于一月开始筹备,迄九月开校,定名为南京高等师范学

校。校舍位置于南京北极阁之南,地址宽广,积三百余亩。其地为前明国学遗址,年代湮远,为民间占居者实已不少。清季张文襄督江兴学,就其地建筑校舍,为开办三江师范学校,旋改为两江师范。规划宏远,设备丰富,固东南数省学校之翘楚也。迄光复时,戎马仓皇,是校因以停办。监督李瑞清竭诚保护,校内一切设备尚未有损失。及纷驻军队,毁去楼房一百九十二间,所幸存者又大都损坏,门窗几案多供炊爨,图书仪器荡为烽烟。据原校保管人员及地方人士称述,其损失之巨,约在四十万金以上。民国三年,江苏省立各校校长贾丰臻等建议,呈请教育部设立高等师范学校。今江苏省长齐公耀琳,前省长韩公国钧,先后赞助规划进行,委江谦为校长,就旧有之两江师范校舍筹备开办。当请袁希涛、沈恩孚、黄炎培三君为评议员,至筹备事宜,借助于袁君者为尤多。此本校沿革上之大略也。

## 二、设备概况

本校自四年开办迄今,各项设备列入学校资产统计者,除估计旧有校舍建造费十五万六千一百八十元外,凡修建房屋,购置图书器械标本用具,共支银十三万七千余元。兹分别列举于左(下):

(一)校舍:师范及中小学三部新建者,平房三十余间,楼房一所,余均就旧舍修葺或间有改移之处,共计有八百十间,计支银六万五千余元。

(二)器具:各项二千八百余件,计支银一万九千八百余元。

(三)图书:一项中国文参考书八百六十余部,外国文参考书七百三十余部,中西文各杂志一百余种,计支银六千二百余元。

(四)理化仪器标本零具二千三百余件,工艺机械大小工具二百六十余件(零件不计),约支银四万六千余元。

以上各项设备之外,目下正在扩充者分述于左(下):

(五)属于校舍方面者,师范工科现在之发电室,及锻工场、木工场均以旧屋迁就为之,逼窄不堪使用,且锻工、金工、翻砂各场急须布置,现已绘制详图,鸠工建筑。农科旧有农场不敷试验,请领得江苏台营官地局公地,以备扩充。商科尚须筹备商品陈列室及商业实践室。

(六)属于校具方面者,理化科、理论、化学、仪器、定量分析化学仪器、高等物理仪器、工艺精制机械等,均正在需款添购,其余图书参考品,亦待逐渐添置。

(下略)

## 四、教育概况

……

(甲)设科:本校依据智育标准,以适应社会需要,为设科主旨。但社会需要随时

# 附 录
| 附录二 |

变更,是所设之科亦因之而异。故本校开办以来,鉴于国文、理化教法之宜改良,首设国文、理化两部,并设国文专修科,期速改良之效。鉴于社会体育不振,而任体操教师者又多不明体育之原理,故于五年春季设体育专修科,以养成中等学校与地方公共体育之体育主任、教员以及管理员。鉴于人民生产力薄弱,而一般毕业学子又多乏职业之智识技能,解决之法惟有提倡职业教育。本校为预养师资起见,因于五年秋季除续招国文、理化两部外,增设工艺专修科,六年秋季又续招工艺专修科,并增设农业商业专修科,以应中等职业学校之需求。鉴于中等学校英文教师之缺乏,同时又设英文专修科,以改良英文教授法为宗旨。鉴于教育一科之缺乏专才因,于今年续招农商体育三专修科外,添设教育专修科,志在养成教育学教员及学校行政教育行政人才。近世因生物学、心理学、社会学、哲学之进步,教育已成一种专门科学。非造就此种专门人才,不足以促教育之进步,增设教育专修科之微意也。

此外,各科授业初期皆授国语,应语言统一之需要也。又拟将国文部改为国文史地部,其理化部改为数学理化部,俟现在之国文部,理化部各班毕业后行之,以期适合中等学校教科之情形。此本校适应社会需要设科之大概也。

……

(戊)实习:实习为养成应用能力之方法,与实验不同。本校实习有两种:(一)□□科之学习。所以养成各科之技能,如工有工场实习,农有农场实习、商有商社实习,平日则在校中实习,暑假则派往相当之处所实习。今年暑假期内,农科学生则派往苏、浙、皖各省农场实习;工科学生则派往沪上著名各工场实习;商科学生则派往各商店实习,总览各科报告颇多事实之谈。(二)为实地教授。为养成应用教育原理之方法。按原有章程,实地教授,统在末年第三学期举行,但一学期之实习时日究嫌短少,且所习与所教时间距离过远,学理应用联络较难,故本校略加变通,于来年之第一学期,即举行分组实地教授,教员及同级生在旁观察,课毕加以讨论,曾于体育专修科试之,颇见实效,嗣后各班均拟酌量仿行。

……

## 五、职工教员概况

(一)职务与人数

职员:校长一、教务主任一、学监主任一、庶务主任一、学监兼斋务书记一、学监一、编辑员一、工程员一、中医一、西医一、文牍员一、英文书记员一、中文书记员二、教务处书记兼编辑员一、教务处事务员二、学监处事务员二、庶务处庶务员一、会计员一、记书员二、事务员二、图书管理员三、化学仪器管理员一、讲义部事务员六、农科助手二、农场助手二、工科助手一、制造标本助手一、凡四十一人。教员:各科主任教员六、专任教员三十八(内有二人送美留学)、兼任教员九,凡五十三人。

(二)籍别

本国籍八十九人:江苏五十五人,浙江九人,安徽八人,广东、湖南各四人,直隶、山东、江西各二人,湖北、福建、贵州各一人。外国籍:美国三人。

(三)学业经验

有国学专修而历任教师及学校事务者二,本国专门高等毕业、肄业者十八,外国专门大学毕业、肄业者三十二人,本国中等学校毕业、肄业者十人,曾任中等以上学校事务及地方学校者二十三,艺术专家六,历在商界办事者一。

(下略)

# 省署训令郭秉文充任校长

(1919年9月3日)

江苏省长公署训令第3597号

令南京高等师范学校校长郭秉文

**案准**

教育部咨开:案查国立南京高等师范学校成立以来,已逾两载,该校职教各员,多经留学欧美,学有专长。校内一切用最新式组织,条理井然,循此精进,不难蒸蒸日上。惟校长江谦,因病离校,迄今未愈,久悬要职,殊属非宜。查教务主任郭秉文代理校长两年,主持校务具有成效,亟应正式委任,俾专责成至该校校长及教务主任,月支薪俸数目,嗣后应即改照辖专门以上学校,职员薪俸暂行规程办理,此免歧异,相应咨商查照核办可也等因。准此。查该校长江谦,因病离校,其校长职务,虽经委任教务主任郭秉文兼代,究以责任未专于校务,进行恐有窒碍。兹经正式委任郭秉文为该校校长,自系为慎重校务起见,除咨复并令江校长外,合行训令该校长遵照。所有教务主任一职,并即由该校长另行聘任,以专责成。此令。

# 中华新教育共进社成立记

(1919年10月)

一九一八年,江苏省教育会、北京大学、南京高等师范学校、暨南学校、中华职业教育社鉴于世界大势之倾向,冀合中外各教育机关及教育家共谋彻底的改造,因发起斯社,命名为"新教育共进社"。先组一编辑部出月刊一种,推蒋梦麟博士为主任,

# 附 录

| 附录二 |

从事于灌输新知识曰:《新教育》,北京高等师范学校嗣亦加入编辑。未及数月,而此区区之出版物,已普及全国教育界。

翌年一九一九年十月,天津南开大学、南京河海工程专门学校、上海高等工业专门学校、同济医工专门学校、全国青年会协会,亦加入合组。前后共十一机关各出代表,借江苏省教育会会议进行以上各项办法,成章程十条,决定进行方针。至本年一月,选举黄炎培君为本社主任,郭秉文、蒋梦麟两博士副之,沈恩孚君任会计,另聘陈鹤琴君为英文书记,沈肃文君为中文书记。并设交际部,推余日章君为主任,张伯苓君、陶履恭君、朱文渔君、阮尚介君为干事。设办事处于江苏省教育会内。此新教育共进社之发起组合于以告竣,而新教育共进社与中外各教育机关之共同进行,将于是日开始焉。

**本社各团体名单**

| 名　　称 | 地　　址 |
| --- | --- |
| 江苏省教育会 | 上海西门外 |
| 国立北京大学 | 北京后门内 |
| 国立南京高等师院学校 | 南京北极阁 |
| 暨南学校 | 南京薛家巷 |
| 中华职业教育社 | 上海西门外江苏省教育会 |
| 国立北京高等师范学校 | 北京琉璃厂厂甸 |
| 中国全国青年会协会 | 上海博物院路 |
| 交通部立上海高等工业专门学校 | 上海徐家汇 |
| 同济医工专门学校 | 吴淞炮台湾 |
| 河海工程专门学校 | 南京 |
| 南开大学 | 天津 |

（中央大学档案）

[选自《中华民国史档案资料汇编》第三辑 教育（共一册）中央大学档案]

## 郭秉文等发起组织中华新教育共进社致南京高等师范函

（1919 年 10 月 21 日）

敬启者:同人前感于教育机关联合之必要,曾有新教育共进社之组织,意在发展文化，联络进行。惟合组者，尚限于三五团体。近秉文、日章归自欧美，见夫英、法、美诸国，类皆有全国教育联合会之组织。彼邦教育界深愿与吾国各重要教育机关交通联络，每以无纵（从）接洽为苦。同人愈信对内对外均不可无一种集合机关，即合各地重要教育团体，或学校，或学会，共同组织之机关也。兹定十月二十七日下午七时，在上海江苏省教育会集议共同组织方法。请贵校推定代表一人或二人，莅会商榷，同人等当先拟具组织办法草案，届时提出付诸公论。敬候驾临。此请

南京高等师范学校公鉴。

是晚由省教育会备有便膳

余日章

蒋梦麟
郭秉文　同敬启
黄炎培

相约与会各团体如下：

北京大学、北京高等师范学校、南京高等师范学校、江苏省教育会、南京暨南学校、中华职业教育社、中国基督教青年会全国协会、上海交通工业专门学校、上海复旦大学、上海大同学院、天津南开大学、中国科学社、南京河海工程专门学校、吴淞同济医工学校。

[选自《中华民国史档案资料汇编》第三辑 教育（共一册）中央大学档案]

# 上海筹办商科大学动态

**（1920年3月28日）**

自南京暨南学校恢复以来，两年中南洋英荷美各属侨民子弟，赴该校就学者，接踵而至。该校筹办员黄君炎培、校长赵君正平，鉴于南洋华侨经济上之要求，认商业一科，关系极为重大，力求扩张商科，以造就华侨子弟，俾成商业专门人才，祗以南京一地，缺乏世界的商业，于延聘留学欧美之商科专家充当教员甚感不易。遂主将商科移沪，嗣又有巴达维亚商会会长丘燮亭君之公子心荣君回国，拟自办商业专门学校，商之黄赵诸君，以事体重大，不即着手。至去今冬，荷居华侨请愿代表韩君希琦、熊君理等回国，鉴于南洋华侨近来大规模之集资事业，先后踵兴，而应用人才殊形缺乏，亦以筹划高等商业教育机关为急务。同时韩熊诸君游南通，张季宜先生深是斯议，并任发起，遂兴暨南诸君商决筹办商科大学于上海，以教育华侨子弟为主要之宗

旨。当由赵君等草拟计划书、理由书等件，一面寄往南洋，一面向上海商学界征求同志，一面公推丘君心荣，谢君碧田赴粤征求赞助。现除南洋方面，由各代表担任前往接洽外，上海商务总会，江苏省教育会，均已加入发起。广州军政府，则已由政务会议通过拨款5万元，赞助开办。发起诸君，以兹事急欲积极进行，特于二十六日正午邀集发起人于青年会食堂，到者黄宣龡君、章行历君、王恭宽君、郭秉文君、涂开兴君、史量才君、沈倍卿君、倏德□君等人。首由黄、丘、赵诸君报告宗旨及经过情形，继即提议组织筹备处，通过筹备处大纲，推出筹备董事十五人，并决定假江苏省教育会为筹备处，现定星期一继开筹备会，商议一切进行云云。

（原载《申报》1920年3月28日第十版）

## 上海商科大学筹备会议继续进行

（1920年3月31日）

二十八日，商科大学筹备董事黄任之君史量才君等十余人，继续在青年会食堂进行讨论，决定三事。

① 此项商科大学须得教育华侨子弟为主要宗旨，又以广集内外人才为入手之方法，则中国与南洋间之同志，不可无一共同之组织，以为大学中心且兼谋其他教育实业等一切事业之发展，遂公决联合同志，共同发起一中国与南洋间之协会，当推赵厚生郭鸿声丘心荣等草拟协会大纲。

② 照商科大学筹备处大纲，应有筹备处主任一人、干事一人，推黄为主任，丘为副主任，赵为干事。

③ 筹备处的款项由黄丘两君承认筹垫，主张此项商科大学，应注重义务方面之学科之技能。将来自第二年或第三年起，尽可采取一半学科一半实行服务方法，得成东方最新式之大学云云，众皆一致赞成之。

（原载《申报》1920年3月31日）

## 郭秉文致为筹议请改南高为东南大学委员会（附名单）函

（1920年4月10日）

敬启者：秉文为发展吾国文化及本校前进起见拟陈请 教育部改本校为东南大

学,曾于本月 7 日提付校务会议讨论,当以兹事体大,决议先组委员会,妥为筹议,兹特推

  台端为筹议请改本校为东南大学委员会

  敬希

  惠诺,共策进行 此致

  先生 台鉴           郭秉文谨启 4 月 10 日

  附名单一纸:

  筹议请改本校为东南大学委员会委员

  张子高主任 刘伯明 邹秉文

  柳翼谋 杨杏佛 孙洪芬 王伯秋

  陶知行 胡步曾 张士一 涂羽卿

  迳启者:筹议请改本校为东南大学委员会,定于明日上午九时集校长办公处会议室开会,讨论进行事宜,届时务请

  拨冗惠临此请

  先生鉴             张准谨启

                  4 月 19 日

# 杨杏佛辞商科主任致郭秉文函

(1920 年 5 月 27 日)

鸿声先生道席:铨性不善管理事业,自主任商科以来,于内容无裨万一。秋间将实行选科制,添聘教员,整理课程,非得长才不能胜任。窃念商科开办已经三载,课程庞杂,无一定之宗旨。教员人少不敷分配,往往有课无人,有人无课。凡此种种,皆铨不能胜任所致。往者不可追,来者犹可及。今当修改合同之期,不敢更自误误人。谨辞下年商科主任之职,乞早日另觅贤者,主持添聘教员与暑假实习诸事。铨暑假前当如旧供职。专泐敬颂

公安

                  杨 铨再拜

                  五月廿七日

# 附录

| 附录二 |

## 郭秉文挽留杨杏佛主任函

(1920年5月29日)

杏佛先生教席：接诵手示，敬颂一是。本校事业现在积极进行之际，先生长才硕学，正资借重，凡事务望勉为其难、勿遽灰心，至各种困难问题，当设法徐为解决。弟得书后，本拟约台端面谈，藉罄所怀，适急有沪江之行，未获如愿，返宁时当再约商一切也。先此布悃。顺颂

公安

弟郭秉文启<br>九、五、廿九

## 介绍部启事

本部规定除星期日外每日下午四时至五时间办理介绍事宜凡毕业诸同学如欲托本部介绍者务望于上开时间内至校长办公室本部接洽为要。

郭秉文启

(原载于1920年5月31日《南京高师日刊》第一百五十九号第一版)

# 附录三：东南大学及其分设上海商科大学时期

（1920—1925 年）

## 张子高报告事

（1920 年 4 月 21 日）

丙、筹议请改本校为东南大学委员会报告

张君子高报告谓，本校现设国文史地、数学理化二部，农业工艺商业各科，已有大学文理农工商科之基础；又教育体育二科已有大学师范科之基础。以现在情形论之，自可改为大学。惟兹事体大，进行须极慎重。本委员会以逖拟每星期讨论一次。本星期当与各科讨论进行。

（第十一次校务会议）

## 郭秉文关于商科大学计划书致杨杏佛函

（1920 年 4 月 23 日）

杏佛先生鉴敬启者：

暨华侨创设商科大学宣言书及计划书均已抄到，兹特送请台阅。阅后请即交还，以便转交张君子高为盼。此颂

台安

弟郭秉文启

四月二十三日

附商科大学宣言书及计划书各一件

## 附录

|附录三|

## 杨杏佛复郭秉文函

(1920年4月23日)

秉文先生鉴：

赐来筹办商科大学宣言及办法大要，已经阅过。兹即奉璧，请詧收。专此。即请

铎安

杏佛启

四月二十三日

## 郭秉文关于商科大学计划书致张子高函

(1920年4月24日)

子高先生鉴：

迳启者华侨筹办商科大学宣言书、计划书业已抄到。兹特送上，备筹改本校为东南大学之参考之用。用毕望交还办公处，以便归卷。杨杏佛先生昨已阅过。一并奉阅。顺颂

公安

弟郭秉文启

四月二十四日

## 国立暨南学校校长赵正平关于商科大学计划书函

(1920年5月8日)

鸿声先生鉴：

七日手书奉悉。商科大学计划书本仓率拟成，其中缺点必多。倘得尊处阅后赐以意见，□任欢迎也。任之约明日可返沪，专此奉复。顺颂

大安

正平

五月八日

计划书已托暨校缮清送来

## 杨杏佛关于商科大学计划书函

(1920年5月17日)

鸿声先生左右:

兹送上拙拟商科大学计划书,聊供参考之用。惟现无存稿,如赵君(即赵正平——编者注)借阅,乞阅后掷还为感。此稿拟即存尊处,商科如需用当函索也。此。即颂

公安

杨铨再
五月十七日

## 南京高等师范学校招收特别生办法

(1920年6月2日)

(民国九年六月二日校务会议通过)

一、宗旨:本校为便利补习高深教育起见,各科各学程有缺额时,得收男女特别生。

二、资格:甲、学校教职员及办学人员,经学校及教育机关保送者。

乙、对于选习学程素有研究,经本校教员认可者。

三、学费:每学期10元,用品费、实验费另定。

四、膳宿:由学生自理,但寄宿地点须经学校认可。

五、甄别:半学年后,如成绩不佳,得令退学。

六、证书:凡所习学程成绩及格者,给予修业证书。

## 改南高为东南大学计划及预算书

(1920年)

### 第一 大纲

东南大学拟先设六科:(一)文科就南高之文史地部及英文专修科归并而扩充之;(二)理科就南高之数理化部扩充之;(三)教育科就南高之教育专修科、体育专修科及附属中小学归并而扩充之;(四)农科就南高之农业专修科扩充之;(五)工程科就南高之工艺专修科扩充之;(六)商科就南高之商业专修科扩充之。

# 附 录

| 附录三 |

## 第二　进行顺序

进行层序可分三层：(一)南高自民国十年度起不另招新生，所有旧生十六班仍照南高学课修学；(二)东南大学自民国十年度起招取预科生约三百人；(三)大学本部文理科先设文学、哲学、史学、心理学、物理学、化学、数学各系，专门科先设教育、农、工程、商各科，均应于两年内物色及预备相当人材。

## 第三　定名

东南大学与南京高等师范并存，俟南高旧有学生全体毕业后，即将南高名称取消。

## 第四　地址

以南高校地及南洋劝业会场地址为根本，就两处范围逐年扩充之。商科大学因人材与环境关系，拟在上海择地建设。

## 第五　组织

甲　　校长及教职员

(一) 东南大学设校长一人，同中央政府任命之；

(二) 各科及附属中小学各设主任一人及教职员若干人，由校长聘任之；

(三) 设理事会，对于校务负辅助指导之责，以下列各种人组织之。

1. 教育部代表
2. 南高原有评议员
3. 曾捐巨款于本校者
4. 教育界素有声望而对于本校曾尽力者
5. 曾在本校尽力有年者

校内组织系统表

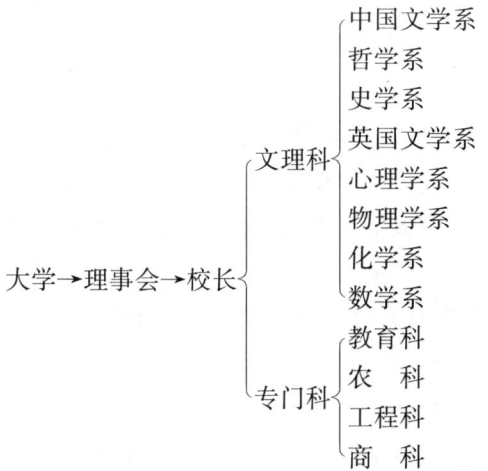

### 第六　学程

一，预科:修业年限约二年,本科修业年限约三年,用单位制,以各科所定之单位学习满数为毕业。

二，在预科毕业者得受该科毕业证书;在本科毕业者得受该科毕业证书及学士学位;在预科或本科未毕业而他去者,得受所修习及格之学程证明书。

三，各科之研究科及硕士博士之给授办法,俟各科成立时再订。

### 第七　经费

甲,经费之来源可分为三:

一，国帑:请就南高预算稍增加之;

二，机关或私人捐助:近来海内外人士捐助学者实不乏人;是在主事者振作有为,勤慎将事不负捐助者之望,则将来此项来源正无穷耳;

三，学费:此项收入甚微;为广播学术起见,定费似不宜过高,拟依北大规定数目行之。

乙,经费之支配可分为二

一，南京高师维持之经费;

二，东南大学进行之经费。

上两项支配之实行,另制预算表呈核。至东南大学筹备处经费不在此例。

### 第八　预算

甲,维持南高之预算

一，南高九年预算经常费合计三十五万〇四百八十二元,临时费合计十四万八千九百二十七元,总计四十九万九千四百〇九元,维持南高经费即依此,预算暂不增加。

乙,东南大学预科之预算

一，预科学生以三百人计,约添教员二十四人,每人年俸二千五百元,共计每年六万元;

二，助教及助理十八人,每人平均月薪六十元,共一万二千九百六十元;

三，文牍二人,书记五人,事务员八人,注册管理员一人,会计员一人,仪器管理员一人,庶务员一人,共二十人[1],平均每人每月薪水六十元,共计每年一万四千四百元;

四，校工约二十人,每人每月平均工食七元,每年共计一千六百八十元;

五，教室实验一座　计三万元;

---

[1]　此处共计十九人,然点数为二十,推测1人职务不详。

# 附录

| 附录三 |

六、学生寄宿舍一座　计三万元；

七、教员宿舍一座　计一万元；

八、购置家具　计六千元；

九、购置书籍　计七千元；

十、购置仪器　计二万元；

十一、筹备处　计一万四千元；

总计预算贰十万陆千零肆拾元。

## 筹建东南大学之经过

（1920年10月3日）

民国成立，教育部公议于南方创设第二国立大学（注），其地点规定南京。1919年1月，黄君炎培，因暨南学校开办，赴南洋接洽侨商。其时教育部以南京城北南洋劝业会场地址共六百亩，荒弃可惜，就其间建设大学，最为宏敞适宜。乃函托黄君乘便赴苏门答腊唔商该地主张君步青，将地捐助。张君首肯，草具捐地呈文，托黄君携带回国，惟要以必俟大学实行开办，乃许投递。适值五四学潮以后，凡百纷乱，教育行政乏人主持，无从提起。而华侨回国诸君与国内实业家之热心建设者，各鉴于外洋商业之亟待扩张，高等专门人才非常缺乏。历次提议就沪开设商科大学。南高、暨南学校各因设有商科，深违其议。本届暑假后，各校新生之报名投考入学者，其数大增。咸以不能容纳为苦。高等教育机关尤甚，乃益悟此事之万难再缓。适范君源濂重长教育部，宣言将扩充高等教育，乃由张謇、黄炎培诸君共同斟酌，草就为请南京建设国立大学理由书、计划及预算书，于九月二十五日，由蒋君郭君黄君等带入都，偕同蔡君元培于二十七日谒见范总长，而递各摺。范君极为许可，次长王君章祜及重要部员，均经接洽，深以为然，即拟实行。闻其计划大纲，拟办文理及专门科两种，文理科内，暂设中国文学系、哲学系、史学系、英文学系、心理学系、物理学系、化学系、数学系，所以教授高等基本学术；专门科内，暂设教育科、农科、工科、商科，所以教授专门应用知识。如此时，筹款为难，可就南高一部分改设。其经费即从高师项下划拨，但须另筹相当之开办费，其地址以高师与南洋劝业会场为基础，而商科大学，因人才、环境关系，宜在上海择地建设云。

（原载《申报》1920年10月3日十版）

注：拟办之第二国立大学，即后来之东南大学。

# 南京高等师范学校校务会议章程

(1920年10月20日)

**第一条** 校务会议为本校议事机关,以校长各处各部各科中小学代表组织之。

各处部科中小学代表各二人,一人以主任充任之,一人由各教职员分别选举之,但校长办公处副主任与校长同为当然代表,其代表除主任副主任外,应再选一人充任之。

任期一年于每学年始改选之中途缺额补选之。

**第二条** 议事范围列举于下:

(1) 本校教育方针;

(2) 全部及局部之计划;

(3) 关于经济之建议事项;

(4) 重要之建筑及设备;

(5) 部科之增减及课程编制之基本更动;

(6) 招考毕业及进退学生;

(7) 卫生;

(8) 其他重要事件。

**第三条** 会议时由校长主席,如校长因事不能到会,由校长委托会员一人为主席。

**第四条** 代表之外有提案者,由主席通知提议者出席陈述意见。

**第五条** 会议书记由校长委托之。

**第六条** 议案提出之手续:

(1) 各处部科中小学提议之案,于会期前三日交由书记列入议事工程。

(2) 个人提议之案,除校长外,凡提议者,均须于会议前三日以议案送至校长办公处。校长认为应行提议时,交书记列入议事日程。

**第七条** 会议之时期:

(1) 常会:每月二次,第一、三星期之星期三日下午四时至六时。

(2) 临时会:遇必要时由校长召集,或会员五人以上之同意请校长召集之。

**第八条** 有全体会员三分之二出席方始开议,得出席人数四分之三之表决方为决议。

**第九条** 议决案如遇有不能执行时,由校长交复议或否决之。

**第十条** 本简章如有未尽事宜,须经五人以上之提议、四分之三以上之决议修正之。

# 附 录
| 附录三 |

## 教育部任鸿隽致郭秉文黄任之函

（1920 年 10 月 27 日）

秉文　任之两先生：

奉廿二日手教，敬悉一一。设立南京大学为东南文化机关，部中自范公以下无不亟表赞同。特以□□□专门司长汤□理君在病假中，致未以办理。弟到司后，即提出部分会议，结果南高以学制关系，仍主保存，□□均照原议。窃谓公等之意在以南高易大学，而部意则主两存，求一得二当无□然。复又须与普通司会核，故须时日，特先布陈请释注念。

华侨张君捐地求勋，问经国务会议，以为未可。范公嘱为转达并祈鉴及。

以弟庸学忝长专门司，覆悚之惧无时或已。唯亲见此司乏人主持，不得不勉为其难，期为国中高等教育有所尽力，苟使绵薄。所及一方一事，稍有进步，即为精神上之慰藉，不敢言高远计划也。承示诲言，实获我心，敢不□嘉。余不一一。复此。敬请道安

鸿隽再拜
十月廿七日

## 蒋梦麟致郭秉文函

（1920 年 11 月 11 日）

秉文兄：

北高内部发生大变化，一时不易收拾。故现在瑞弟不主张（主素亦同此意）兄来。已向范先生述及此意。范先生亦以为然、南大预算，范先生在国务会议已提出一次，而阁员多所议论，范先生见势不佳，即将提案撤回。现在直接行文财政部，一面与财长疏通，未知结果如何。此范先生亲口告我者也。范先生对于此事，十分注意。又有叔永从中帮忙，凡能为力处，二公必为力。惟恐北京教育界生大变化，累及南大耳。北京教育界因部款欠发五个月，人心惶惶，恐不免闹成乱子也。

梦麟
十一月十一日

## 关于暨南学校规划的商科大学问题

（1920年）

……

其第二之顿挫，则商科大学问题是也。商科者，应用至宏大之学科也。当兹经济战争时代，商科专门人才之价值实甚重大。若银行事业，若保险事业，若国际贸易事业，若海陆运送事业，若其他公司事业，若国家之关税管理，若驻外之领事人选，何一非恃商业宏深之修养与经验。而此种修养与经验之价值，向为我国学者社会所忽视。近年新商业尚未勃兴也，然经营者需要商业人才日众，已感供给不足之苦，其在南侨商场，闻尤显著。据回国调查银行商业之侨商言："近年南侨于银行及国货公司两事业蒸蒸日上，所缺乏者，非资本而为应用资本之人才。"夫国内外之期望商业人才，如此迫切，而一观教育界之所以训练此种人才者，何如？求之北方，所谓北京北洋等各大学商科阙如焉；求之江浙间，所谓六大学无一设商科焉，若求诸大学以外，则全国商业专门学校名实相副者又无一焉。夫商科重要如彼而阙乏若此。此何以故。则以开办商科之艰难远过普通文科故，艰难何在，其一，普通文科需要实习者少，而商科非多行实习于学校与市场，以历练其技能才识不可。故设置商科之地点必须在国际贸易活泼繁盛之区，此地点之限制也。其二，普通文科之延聘教员只须求其学术上有精深之研究，而商科教员不但须学术丰富必须兼具规画商业之实际才能，然此种优秀人才大率皆能在商场占重要位置，教育事业非其所热中，即热中矣亦乏时间以兼营，此人才之限制也；因此两难，办学者遂视商科为畏途。虽然暨校对于国内外经济前途负有非常责任，不宜困难而却步也。若银行若运输若进出贸易若一切新商业之组织其急需商才不待言矣，只就南洋各属商业学校需要商业教员论，已足使我暨校陷于困苦之地位。若新加坡中学需聘商业教员函托于一年以前而不能得也，迨其校长涂君躬亲回国遍访京津沪汉诸地亦不能得也，菲律宾之怡朗岛函电纷来托聘一乙种商业学校教员而物色半载又不能得也，苏门答腊日里埠之商业学校托聘一甲种商业教员幸乃得之而不三月间教员托故归矣。凡此困难，予黄君炎培等关心南侨问题之同人共历之而无法以救济也。再四筹议计非扩张一大规模之商科以养成多数专门商才不可，此意之发动本在民国八年夏秋之交，时适巴达维亚侨商丘君心荣鉴于南侨需用商才之急以筹办商业学校之志愿回国；不久暹罗请愿代表冯君裕芳（为中暹立约通商以便设置领事事），荷属请愿代表韩君希琦熊君理（为修改中荷领事条约事），星洲中学校长涂君开兴相继回国，亦均主张商科急应扩张。于是

# 附 录

|附录三|

集上述诸同人会商四五次，有在沪筹办商科大学之拟议，其计划书理书即予草拟，南通张君謇上海总商会及江苏省教育会均驰书赞同发起，分途进行。行有日矣，会发起人中有人建议南侨子弟多闽粤籍，均在南方军政府范围，暨校名义既归北京教育部，则此次筹设商科大学宜加入军政府补助金。以示教育事业超然独立无分南北之精神。予于此说认为适切，亦主张焉。于是进行第一步，即为对于军政府之要求补助。予与丘君心荣谢君碧田遂于去年正月携计划书赴粤竭商岑伍两总裁及陆唐两总裁代表，结果得彼一致赞同，岑总裁尤热忱主张。遂于二月九日之政务会议提出讨议，正式通过先行拨款五万元，以为提倡。丘君等遂即北回着手于第二步之进行，乃变出非常，粤中以驻粤滇军之争而滇桂异趋，而唐君继尧先撤消其总裁之代表。而伍君廷芳相继携关于款项以行，而军府遂呈分裂之形，而补助金五万元竟至无款可提。韩熊丘诸君虽在沪函商章伍两君（时章君士钊为西南大学筹办员兼军府代表），章君复函照拨而款存伍君手，卒不能提，于是商科大学第一步之进行受阻，而第一步计划亦从而顿挫矣。

（原载《中国与南洋》1921年第二卷第一号赵正平著《我人对南文化运动之回顾》）

## 黄炎培、郭秉文关于改正东南大学计划书致教育部函

（1920年11月18日）

致教育部专门司任叔永寄商改正东南大学计划书
叔永先生大鉴：

  敬启者：南大事承鼎力赞助，感佩无似。计划书刻已照部意修改。经费方面较前拟预算尤为轻而易举。兹特将改正计划并致教部函，一通寄奉左右，即请詧阅。如以为妥，烦即代递。

  倘尊意以为尚有可商之处，敬请拨冗示知，弟等于数日内尚拟到京一行，届时当共定领教益也。专此祗颂

公安

黄炎培　同敬启
郭秉文
十一月十八日

# 教育部关于南京建立国立大学计划书复函

(1920年)

启者接奉：

来函关于南京添设大学一案暨计划书各件均悉。查建设南京大学，本部早有此议，惟限于经费未克实行。今承荩筹拟就南京高等师范学校校址，及南洋劝业会场旧址，建设南京大学，以宏造就，本部极表赞同。唯查所拟进行计划，自十年度起，南高即停止招生，俟旧有学生全体毕业后，即将南高名称取消。是目前虽大学与高师名目并存，而实际无异停办高师，专办大学。此与本部原定之学校统系不无出入。查南京高师原设有教育、农、工、商各专修科，程度较高，范围较大，如将以上各科改归大学，而留南高各本科照旧赓续办理，既可谋大学之速现，复与现行学校统系不相抵触，似较妥善。即希诸公分别商订办法，再行送部酌夺，是为至荷。专此布复。顺颂
时祉

教育部启

# 南京建设国立大学计划

一、大纲

本大学拟先设教育、农、工、商四科，即以南京高等师范学校之教育、农业、工艺、商业各专修科分别归并扩充之。

二、进行顺序

进行顺序自民国十年度起，南京高等师范学校各专修科停止招收新生，改招大学预科生三百人，至南京高等师范学校各本科照常进行。

三、名称

本大学定名为国立东南大学。

四、地址

以南京高等师范学校校址之一部及南洋劝业会场地址为根基，就两处范围逐年扩充之。商科大学因人材与环境关系，拟在上海择地建设。

（下略）

# 附 录

附录三

## 教育部委派郭秉文为东南大学筹备员令

（1920年12月6日）

教育部令第一三三号

兹派郭秉文兼充国立东南大学筹备员。

此令。

教育总长　范源濂<br>中华民国九年十二月六日

## 筹备东南大学之经过

（郭秉文报告冯泽芳记录）

（1920年12月15日）

（上略）

大学之筹备可分为两个时期：（一）为酝酿时期，（二）为实接洽时期。而以本年四月七日为分界。大学一事酝酿已非一日，抱此意者非只一人。今日欲追源当时起意，于何时动议，于何人之口，殊求而不可得。民国初年，教育部划分大学区域，分全国为四学区或六学区。南京总为大学地点之一。其后，以国家多事，未能施行，而南京地方以历史上地理上东南学子之需求上种种关系，尤为当务之急，以事实上亦以南京高师为基础，以改建大学为最简单而易行之法，此则人人同此心理也。

本年四月七日以后，为实行研究及接洽时期，在此时期以前，虽亦曾与教育部总次长，部视学及其他教育界要人谈论及南京建设国立大学之事，然非正式之接洽也。四月七日校务会议提出筹备国立大学议案，出席者全体一致赞同。以偌大问题，而以极短时间内通过，可见大家心理注意已久，从此即组织东南大学筹备委员会，具体的讨论此事。此项委员会于上学期开过两次会，本学期开过两次会，拟具大要计划，然此仅在校内研究，尚未与东南士大夫正式接洽也。本学期开学之日，鄙人到上海与各方面接洽，一星期内之结果，大家都极赞同，并得九位先生为本校发起人。此九位先生即：张季直先生，蔡孑民先生，王儒堂先生，蒋梦麟先生，穆藕初先生，沈信卿先生，黄任之先生，江易园先生，袁观澜先生。此九位先生连同鄙人共十人，正式与教育当局为正式之表示。

此外，尚有两大原因足以促成大学之成立者：（一）为南洋劝业会地址问题，

(二)为现任教育总长范静生先生之提倡高等教育。范先生就职之宣言,以提倡高等教育为己任,人人知之.毋庸再述。南洋劝业会地点问题,恐尚有未明了者,故约略报告之。

当南洋劝业会开办时——前清宣统年间——以经费不足,乃商诸华侨张步青之尊翁,将此地皮买去,价银二十万元;此外,又报效于政府十万元。张老先生正即然应允,将地价二十万交清,报效之款亦已交二万,尚有八万未交,政府迭次向张先生催索,并以如不付即将此地皮没收为恐吓。张老先生大愤、愈不愿将款交付,而政府不敢将地没收。至民国七年,教育部拟为调停办法,劝张将此地捐出,以为开办大学之基础,而政府亦不再向张催索余款。时适黄任之先生有南洋之行,因即托黄任之先生接洽此事。黄先生到南洋与张步青先生商榷,张亦应允,惟以自己应请政府颁给勋位,其父亲立铜象,其母亲付史馆立传,其兄弟亦得相当之勋章等为交换条件。黄先生说勋位勋章等件,我回国去与政府商酌,至于铜象,则政府从无为国民立铜象之例,只要你除地皮以外再有经济上之赞助,则大学可以为你父亲立铜象。张步青先生亦首肯。黄任之先生又调查得张步青之叔父在南洋极有声望,亦请其对于大学为经济上之赞助,叔侄并美,同可以得政府之勋章。张先生之叔父亦允许。及黄任之先生回国,适国家有事——按即五四学潮——不能进行,此事搁在一边,今教育总长范先生欲对此事作一结果。

因以上两个促成之原因,同人认为特别机会,时不可失,即由鄙人偕黄任之、蒋梦麟两先生于九月底进京,至京约诸蔡子民先生共四人往教育部见范静生总长,范总长甚表赞同。次日,又访教育部次长、司长、参事等等,经讨论之后,发生三个困难:

1. 学制问题——即高等师范是否存在,将高师改为大学,或高师之外另办大学。

2. 地址问题——即政府是否肯颁给勋位。

3. 经费问题——大学经费甚巨,国务会议席上恐不易通过。

当时同人这样回答:大学急须(需)开办,不能迟疑的。以上三个问题,能解决固是好,即不能解决,大学仍旧可以开办,有左(下)列三个解释:

1. 学制——如俟学制解决,不知等到何年何月,而且全国高等师范有五所,专门学校更多,即使可以改为大学,政府亦何来许多经费同时举办。何妨将南京高师一面改办起来,仍将高师名义保存。

2. 经费——即使大学预算不通过,只要将高师九年度新预算通过,第一年就可以筹备。

# 附 录
| 附录三 |

3. 地点——即不得劝业会地方,高师校址有地四百亩,现时可以推广,左右空地尚多,将来亦可以推广,如此不名一钱可以改办大学,政府何乐而不为呢。

鄙人在京三日,因新教育共进社在上海开年会,即匆促南下,后在上海接到北京消息。

1. 政府不能颁给勋位。因现内阁主张颁给勋位须极慎重,即如陈嘉庚先生捐款一千四百万兴学,政府有颁给勋位之意,然所以授勋之故,以其在教育界上所做之事业,非仅为其捐钱也。

2. 对于学制。高师各本科仍须(需)保存,各专修科可改为大学,而大学中设文理科与否可酌量支配,不加干涉。

3. 经费。教育提议案于国务会议,而以经费增加太大之故,议论纷纷,范总长见风势不佳,当时即将议案撤回,一方面备公文向财政部说明理由。

不料于三星期以前,校中接教部公文,谓财部以今年增加太大,碍难照准,咨复。真是好事多磨,一番筹备精力,几将失望。然同人深信设立大学之重要,财部所以驳回,是因为不明了内部情形之故。因即由鄙人进京,将建设大学之重要,高师所以增加预算之理由,一一向出席国务会议各总长前说明。各总长皆赞同,财政(部)周总长说:"从前因为不明了内容的缘故,现在我已经了解,我一定赞成。"当时鄙人在京等候,遂于十二月七日国务会议席上,全体通过,并定名为国立东南大学,于是政府方面正式承认。东南大学正式产生。统计自本校校务会议通过组织东南大学筹备委员会,研究筹备以来,至国务会议决设立东南大学,前后适为八个整月。

现在东南大学之名义已产生,而且教育部已有正式公文到校,令筹备大学事宜。校中将于明日起(十二月十六日),正式组织东南大学筹备处,分左(下)列八股,分别筹备,期三个月内办就大纲。

1. 组织系统股
2. 经济股
3. 校地推广股
4. 建筑股
5. 校章编订股
6. 公布股
7. 招考学生股
8. 购置股

今晚开此大会有两个意思:(一)报告经过情形;(二)望同事及同学各以赞助,如筹备处各股事务,须(需)请全校各职教员分别担任,而诸同学有所见及,如高师毕业后如何升入大学,或中学生对于大学预科如何组织等等,均可写条交筹备处。

办大学有两个大难题:一为人才,一为经济。本校以他人言之,似为人才济济,然自己甚觉人才不够,故以后应一方面物色专才,一方面培养专才,即送本校毕业生往外国留学,学成回校充当教授。今年开学日,鄙人曾言穆藕[初]先生愿捐银五万两,送本校毕(业)生往外国留学。现大学既成立,穆藕初先生五万两银子不能不拿出来了。

二为经济,北京大学仅文理法三科,每年需经费八十万。本校分科更多,且有农工等科,需费更属浩大,而政府又财政困难,此项经费不得不除国库以外,尚多赖海内外同胞加以资助。总之,对于大学事宜,以后总赖全校同事先生、同学诸君及社会上群策群力,共图东南大学为发达与进步。

## 国立东南大学筹备处成立

教育部决议:就南京高等师范之一部扩充建设东南大学,并委任南高校长郭秉文博士兼任东南大学筹备员,详情已见报端。兹闻博士接到部令后即着手组织筹备处,已于十五日正式成立。闻将积极进行,期于三个月内筹备竣事,俾东南大学得于明年暑假期内与南京高等师范同招新生,以慰中等学校毕业生有志研究高深学术者之渴望……

## 东南大学筹备处简章

一、本处定名为国立东南大学筹备处,专司筹办东南大学一切事宜。

二、本处设主任一人,由教育部委任之筹备员充之。副主任一人,分股股员若干人,事务员若干人,书记若干人,由主任延聘之。

三、本处设在南京高等师范学校。

四、本处为办事利便起见,分设下列八股:

甲、组织系统股

乙、经济股

丙、校地推广规划股

丁、建筑计划股

戊、校章编订股

己、招生股

# 附录

## 附录三

庚、公布股

辛、购置股

五、每股股长一人,股员若干人,由主任就南京高师教职员中分任之。遇有临时需要或酌量另聘,其规约由各股另订。

六、本处一切办公人员,除临时另聘酌定薪水外,其有南京高师职务者,均尽义务。

七、关于一切筹备事项,分别缓急,拟定进行日期表,以期迅速竣事。

八、筹备日期自九年十二月十五日起至十年三月十五日止。

## 关于商科大学筹备费函

(1921年3月4日)

秉文先生:

所有商科大学筹备费暨南名下五千元,于前日已汇来,现存淮海,随时可取用。专此奉闻,顺请

近安

鄙弟高阳四

## 暨南学校商业科筹办专门部之计划

(1921年)

一、商业科筹办专门部

本校筹办商业专门部有根本上之需要二,有现状上之需要二。何谓根本上之需要,我中华民族散处海外以七百万称,其中人口密集历史深远,实业发展,资力雄厚,对祖国关系之亲切尤莫如南洋群岛之华侨。以南洋群岛数百万之华侨之资力与其商业天才,假使济以学校以学识加以训练,则祖国银行、航海及国际贸易事业与夫伟大之公司组织种种方面,何难大放光辉与外商竞胜。乃以教育幼稚,专门人才阙乏,致遇报国之时机而少所贡献,有游动之资本而无大作为。殊为可惜!今欲使海外数百万侨胞优秀之商业天才,特殊之经济地位,雄厚之资本势力不致埋没;惟有培养其商业上之专门人才以为经营百业之基础。此其一也。世界经济竞争日烈,我国应谋制胜于国际贸易,以图国家经济与国民经济之发展。夫国际贸易为举国农工各业与一切经济制度之总试验场,今我国农工业不振,经济制度不良,而欲期国际贸易之制

胜,良非易易。然近时贤哲怵于国际贸易之失败纷起而筹补救,如棉业改良、外货仿制与夫银行、航路等事之种种新企业日盛月兴,今后扩张出口货之计划实为重要。南洋群岛物力富饶,购买力强大,华侨更作其经济上之中坚,洵我良好之商场也。假使内外贯通,遍设进出口贸易之机关,自谋金融机关运输机关之独立,则原料之来国货之往,其发达繁盛自在意中,利我国家殊非浅鲜。而其枢纽一在国内外商业家之提携。今筹办商业专门部,一面为华侨造就专门人才,一面为国内青年开求学之方便,则现时同学即将来握手之始基。此其二也。何谓现状上之需要,华侨商业向多藉个人奋斗成功,至公司组织较形阙乏。然如南洋兄弟烟草公司与先施永安各公司,以及中国邮船公司,亦未尝不呈巍然大观。近年以来集资之举更加潮而起,自前三年三宝拢糖商大失败后,侨商渐凛然于金融关系之重要。迨日本台湾银行创设华南银行于三宝珑以吸收我华侨资本,又恍然于金融权之不可旁落。于是大小银行应时而起者计有新加坡千万元之华侨银行,泗水五百万盾之中华银行,余如巴达维亚三百万盾银行尚有若干起。他如国货公司或务制造或务推销,亦蜂起于上海、泗水、巴达维亚、棉兰、日里诸埠。此诚侨商界最可喜之新气象。然人才阙乏之声,所在同慨,假使不急为供给人才之计,则非独为新事业发生障碍,且为旧事业扩大之难关。此就商业观察也。华侨子弟近来回国求学者既日以多,而新加坡槟榔屿与三宝拢各埠又均设有中学,三数年后此等毕业学生势必纷纷回国求高等学科。以华侨地位所需,专门学术宜无急于商业者,顾国内不独无完备之商科大学,即以商业专门名者亦寥寥无几一科。然限于经济专门设备诸待进行,而行将毕业之商业科学生中又有急待升学之志愿。以华侨需要商业人才如彼,其急而青年之愿受商业教育如此其难,不能不迅筹补救,此就教育上观察也?综上需要,本校筹办商业专门部实甚迫切。近东南大学筹备处拟在沪筹办商科大学,以本校此项计划筹之已久,有与本校合办之提议。本校以商业人才难得,为人才经济集中计,当然赞成,遂与共同磋商办法。

(原载《中国与南洋》1921年11月第二卷第四、五号)

# 暨南学校商科学生经济视察团报告之摘录

(1921年6月21日)

### 第一节 缘起及视察前之准备

治商业学科者,不独贵具书本上之学识,尤贵具实际之常识;不徒恃他人的教育,尤重赖自动的视察。故举行含有视察性质之旅行,为商业教育之要务。日本同

# 附录

| 附录三 |

文书院在华创立十余年,而经济视察之报告,逐年翻陈出新,今已积成若干巨帙,贡献于其国人,其征验矣。此种视察经济之举,在我暨南商科为尤要。何也?既南学校者,教育华侨子弟之机关也。华侨子弟之习商者,实负有推广对外贸易之任务。负推广对外贸易之任务,而不明国内各地商业实况与夫各地特产,可乎?此其一。又,华侨子弟生长外洋,对于国内各省之民风习惯社会情形,从未接触,有如异国,较之国内商业学生,尤有特别提倡其实际视察之必要。此其二。又,华侨责任不独在经商于海外,尤贵能兴业于国内,不亲赴各省视察,何以启兴业之动机?此其三。因此之故,暨南学校三年毕业之第一期商科学生,现以中华民国十年六月三年期满,遂有经济视察团,赴北中两部视察经济之举。

## 第二节 上 海

上海在商业上之地位　上海发达之理由

欲知中国之商业,不可不首称视察上海,何以故?上海之进出口贸易额居全国第一位,为全国第一大商埠。故今试举民国七年至九年之三年间各大商埠进出口贸易额而比较之,则达一万万两以上之商埠只上海、大连、天津、汉口、广州数处,而上海常在四万万两上下。又试举全国贸易额与上海一埠相比较,则上海实占全国贸易额之四分之一以上。今列表如下:

| | 民国七年 | 八年 | 九年 |
|---|---|---|---|
| 上海 | 三二三,九〇八,五〇一 | 四一〇,七四八,七六七 | 五一一,九一五,〇三三 |
| 汉口 | 一六五,一六二,三〇八 | 二〇〇,三九八,四三一 | 一六九,九五一,五〇三 |
| 大连 | 一六五,八二四,二〇七 | 二一〇,七四八,〇三六 | 二〇三,七七三,五九九 |
| 天津 | 一五三,一三八,六四三 | 一八九,七七五,九三四 | 一七三,四八二,五四二 |
| 广州 | 一〇三,二二六,〇七八 | 一四七,九五三,一三六 | 一四〇,八一四,三一七 |
| 全国总计 | 一,三一五,六〇八,六一九 | 一,六三七,一六二,三六二 | 一,六九六,四五一,七七二 |

观上表所列上海在商业上之价值可了然矣。

上海何以具此商业上地位,则以良港湾之要素有五,而上海无一不备。所谓五要素者何:

(一)交通八达商业范围广大。

(二)港湾设备安全。

(三)当需要供给之中心为集散吞吐口。

(四)便于搜集原料而加以工作。

(五)补助机关完备。

以此五者与上海相对照,则其一上海位扬子江口,溯江西上六百里以至汉口,夏季可通吃水二十二尺之轮船,冬季亦可通十一二尺之轮船。汉口西上四百里以至宜昌,增水时可通十六七尺之轮船。减水时亦可航行五六尺之轮船。宜昌以上虽江道险恶;然小轮船可上行七百里以至叙州。此其内通大陆之大较也。更观海洋则居中国沿海中枢,南北两洋航路均起于此,且远通欧美南洋,近达日本与俄领沿海。所谓世界交通之要冲也。近自陆上铁路开通而南达杭州,而连甬绍,西达南京而连津浦,旁更有运河之利便,可贯山东河南之境。故依上海之交通而论,其商业范围则实有四川贵州湖南湖北江西安徽浙江江苏诸省,与山东福建之沿海一部。河南云南之内地一部。此其广大实全国所未有;而上述诸省又皆为富庶之区也。

其次,则上海位黄浦左岸,距吴淞十二里,虽干潮之时水深仅十二尺,各轮船俟潮出入航,欧美之大轮不能不泊吴淞口外。然今开浚黄浦东之举已设局实行,黄浦江中水深可达十七八尺,满潮时可达二十二三尺,无碍于大轮巨舶之出入。而江岸左右码头多至六十,全长一万七千尺,设备完善,南北各区足以同时泊数百艘之巨舶不受风涛之害。船坞之业又夙称发达,除日本香港而外,航行东洋之船舶无一不于此修理,此其港湾之设备无愧为世界大商埠也。

其三,则上海当长江沿海中枢,为外国航路寄泊地,进出口货接连频繁,对于长江上游各地以至汉口四川,对于北方之天津营口烟台青岛,对于南方之宁波温州福州厦门汕头,均为再出进口之中心。而附近又为棉花丝蚕主产地,为内外南北供求之交易场,其集散吞吐之多不待言也。

其四,则上海既当内外交通之要,原料品之集合自富,若煤若大机械进口亦易,附近人工又廉,故宜于加工制造而有各种工厂林立之盛况。

其五,则以交通贸易工业既极旺盛,于是银行保险货栈致电信以至电灯电话电车水道煤气一切日常生活上不可缺乏之机遇无不灿然具备。凡此皆所以使上海冠绝于全国三五十通商埠(条约埠)而为东洋唯一之世界大商埠者也。

上海在商业上之地位如此,故视察上海为至重要至繁。虽之业以我国视察之时期甚短,而欲周知上海其事尤难,然不能因难而止也。因就新兴事业与夫在国际贸易上占重要位置之工商业,若银行交易所面粉纱布丝茶保险报关轮船各业述其大概焉。

(原载《中国与南洋》1921年11月第二卷第四、五号)

# 东南大学暨南学校合立上海商科大学委员会简章

（1921年）

## 第一章 组 织

**第一条** 本委员会依据上海商科大学章程第□条之规定组织之。

## 第二章 名额及选举

**第二条** 本委员会有委员十五人，东南大学推举六人，暨南学校推举三人，两校合举六人。为发展校务起见，得由本委员会公推顾问委员无定额。

## 第三章 任 期

**第三条** 委员任期三年，每年改选五人，连举连任。但第一次委员任期一年二年三年者各五人，抽签决定之。

**第四条** 两校分举之委员在本校有职务者，其脱离校务时，在委员会即为缺额。凡在中途缺额之委员，按照本简章第二章第二选补。补选委员任期至原任委员任满之日为止。

## 第四章 职 务

**第五条** 委员会之职权如下：

一、审定商科大学之计划预算及决算（大学每年计划及预算由大学□□会商东南大学及暨南学校两校长，交由会审定之）。

二、保管私人捐助之财产。

三、推举商科大学□□。

四、协助其他关于商科大学发展之事业。

## 第五章 会 议

**第六条** 会议细则另订之。

## 第六章 附 则

**第七条** 本简章如有未尽事宜，应行修改者，可由委员三人以上之提议，经委员会四分之三通过改定之。

本校委员会委员十五人如左（下）：

| | | | |
|---|---|---|---|
| 聂云台先生 | 张公权先生 | 黄奕住先生 | 简照南先生 |
| 钱新之先生 | 穆藕初先生 | 陈光甫先生 | 史量才先生 |
| 黄任之先生 | 赵厚生先生 | 郭秉文先生 | 柯篸心先生 |

朱进之先生　　张子高先生　　高践四先生

**入学手续**

一、资格　凡有中等学校毕业资格，经考试及格者皆得入学。

二、考试　凡报考者须受下列各项考试：(一)体格检查；(二)常识测验(包括历史、地理、物理、化学、生物、卫生、社会常识)；(三)国文；(四)英文；(五)数学(代数及平面几何)；(六)口试。

三、报名　报名时应缴下列各件：(一)履历书；(二)毕业证书；(三)最近四寸半身相片(相片务必单层勿另粘纸，并于相片后面注明年岁、籍贯、通讯处，请毕业学校校长署名盖印)；(四)报名费一元取否概不退还。以上报名手续不完全者不得应试。

四、插班　插班生办法临时另订。

**学费及其他费用**

一、学费每学期三十元；

二、阅书及讲义费　每学期三元；

三、运动会费　每学期一元；

四、书籍费　每学期约二十五元；

五、膳宿及其他杂费　每学期约五十元。

**注册**

一、每学期开始，各学生须按照学校所定时日入校注册，交纳学校所需要各项表格及费用；

二、迟到者须另缴注册费，以每日一元计至五元为限；

三、新生不来校注册，一星期后即行除名。

**医药**

本校延聘校医为教员及学生诊病，诊金免收，但药费概归自理。

**寄宿舍**

本校为便利学生起见，特备寄宿舍两处，一为女生，一为男生，各在学校附近之地。如学生自愿通学，不在学校寄宿舍亦可，但其所居之地须得学校认可。

**退学**

一、学生中途因事不能或不愿继续肄业者，学校得许其退学，给与修业证明书，但所缴各费除膳费外概不退还；

二、学生如成绩太劣或品行不良，学校得令其退学，至其修业证明书之应否发给学校，可按照情形定夺。所缴各费除膳费外，亦概不退还。

# 附　录

| 附录三 |

## 学业及学位

一、学生按照本校章程将所需学程修毕，得满一百三十学分时，即得毕业；

二、本大学毕业生得受学士学位；

三、研究科学位及特别生办法另订之。

## 介绍部

本校为沟通实业与教育起见，特设介绍一部，意在使人材与事业各得相当之利。凡本校毕业生，皆可在该部报名。外间欲觅相当商业人材者，亦可函告该部代为物色。

## 课程

**预科课程表**

| 学程名 | 上学期时间 | 下学期时间 |
| --- | --- | --- |
| 国文 | 3 | 3 |
| 英文 | 6 | 6 |
| 世界近世史 | 2 | 2 |
| 商业地理 | 2 | 2 |
| 经济学大意 | 2 | 2 |
| 平三角及立体几何 | 4 | 0 |
| 高等代数 | 0 | 4 |
| 商业原理 | 2 | 2 |
| 社会学大意 | 0 | 2 |
| 珠算 | 2 | 0 |
| 共计 | 23 | 23 |

**本科一年级课程表（自第二级起分学系）**

| 学程名 | 上学期时间 | 下学期时间 |
| --- | --- | --- |
| 国文 | 3 | 3 |
| 英文 | 5 | 5 |
| 商法 | 2 | 2 |

(续表)

| 学程名 | 上学期时间 | 下学期时间 |
|---|---|---|
| 商业算术 | 2 | 2 |
| 会计学 | 5 | 5 |
| 经济学 | 3 | 3 |
| 国文商业尺牍 | 1 | 1 |
| 英文商业尺牍 | 2 | 2 |
| 共计 | 23 | 23 |

**学系分类表**

（下列各系，自第一至第五所列课目包含必修科及选科两种，详细分类另定之。惟第六系所列科目皆系必修科，其余各系科目皆可选读）

（一）银行理财及保险学系

| | | |
|---|---|---|
| 银行原理 | 近代币制改良问题 | 合租法 |
| 货币原理 | 劝业与农工银行 | 商法 |
| 银行与信用 | 公司理财 | 统计 |
| 国际汇兑 | 生命险 | 广告学 |
| 国际汇兑会计 | 水险 | 销售 |
| 银行实习 | 火险 | 商业组织 |
| 商业管理 | 代理法 | 公司法 |
| 会计学 | 银行簿记 | 微积 |
| 写字间管理法 | 保险簿记 | 财政学 |

（二）会计学系

| | | |
|---|---|---|
| 公司会计 | 官厅会计 | 会计原理 |
| 商业统计学 | 稽核学 | 解析几何 |
| 投资会计 | 会计问题 | 初等微分 |
| 银行会计 | 成本会计 | 商法 |
| 铁道会计 | 高等会计 | 公司理财 |
| 国际汇总会计 | | |

# 附 录
| 附录三 |

### （三）国际贸易及领事学系

| | | |
|---|---|---|
| 德法及他国文 | 世界经济地理 | 金融及银行学 |
| 国际汇兑 | 运输 | 中国商业地理 |
| 销售 | 广告 | 世界商业史 |
| 合组法 | 银行与信用 | 水火险 |
| 商业票据 | 银行实习 | 商法 |
| 国际公法 | | 外交史 |
| 关税问题 | 国际通商 | |

### （四）交通运输学系

| | | |
|---|---|---|
| 陆运 | 铁路管理 | 铁路会计 |
| 水运（河运海运） | 电报电话 | 轮船公司簿记 |
| 铁路问题 | 公利事业 | 写字间管理法 |
| 会计学 | 投资 | 水险火险 |
| 铁路统计 | 第二外国语 | 银行货币 |
| 商法 | 商业史 | 商业地理 |
| 营业报告解析 | | |

### （五）工商业管理学系

| | | |
|---|---|---|
| 商业道德 | 雇工问题 | 心理学 |
| 管理学 | 工厂法 | 机械学 |
| 实用化学 | 打样 | 合组法 |
| 广告 | 销售 | 投资 |
| 劳动问题 | 公利事业 | 金融机关 |
| 交易所 | 营业报告解析 | 工商业统计 |
| 资本论 | 会计学 | 成本会计 |
| 投资会计 | 写字间管理法 | |

### （六）普通商业学系

| | | |
|---|---|---|
| 商法 | 统计学 | 会计学 |

经济学　　　　　　　公司理财　　　　　　银行及货币学
工商业组织及管理

（原载《中国与南洋》1921年11月第二卷第四、五号）

## 教育部任鸿隽致郭秉文函

（1921年7月2日）

秉文先生友：

　　前日过宁，虽获参钦盛礼，未暇畅聆教言，至以为歉。东南大学大纲来文，顷方自秘书处觅出，交由专门司参事室会核办理，日内即可批出。恐阅远念，特先奉闻。又，与暨南合办上海商科大学一件，可否早日呈报，以便与东南大学大纲同付审议。匆此，
　　敬请
万安

弟鸿隽再拜
7月2日

## 东南大学设立董事会

　　东南大学筹备处成立详情已志本报。兹闻筹备处以欧美各大学为求社会之赞助起见，往往设立董事会协助校务进行。东南大学将来为东南各省学府，于东南文化之发展影响至为重大。现当创办之际，所需社会之赞助亦至大且急。本星期三日下午四时，特开全体职员会议决议，依据前日发起人呈经教育部核准之计划书，组织董事会，并订定简章，推举张謇、蔡元培、王正廷、袁希涛、聂云台、穆汀玥、陈光甫、余日章、严家炽、江谦、沈恩孚、黄炎培、蒋梦麟诸公（共十三人）为董事，不日将呈请教育部函聘。此次所举诸董事或为耆德硕学，或为教育名家，或为实业巨子，于社会事业均极热心。东南大学得此助力，其发达之速可预卜矣。

# 附 录

## 附录三

### 国立东南大学组织系统表及说明

```
                           校董会
                            │
                           校长
         ┌──────────────────┼──────────────────┐
       (议事)            (教授)              (行政)
       评议会             教授会           行政委员会
         │                  │                  │
                                        ┌──────┼──────┐
                                      教务部  文书部  图书部
                                              会计部  出版部
                                              事务部  体育部
                                                      医药卫生部
                                                      女生指导部
                                                      建筑部
                                                      介绍部
```

**农科**：农艺系、园艺系、畜牧系、农业化学系、病虫害系、生物系

**文理科**：国文系、英文系、哲学系、历史系、地学系、政治经济系、数学系、物理系、化学系、心理系、教育系

**教育科**：教育系、体育系

**工科**：机械工程系

**商科**：会计系、银行系、工商管理系

谨按表中各系与各科间之垂线，系表明某系为某科之主系，例如农科以农艺、园艺、畜牧、病虫害、农业化学、生物六系为主系，故将六系之线垂归农科。此外如国文、英文、地学、物理、化学各系，亦与农科有关，但按其性质，实为文理科之主系，故将各线垂归文理科，不再垂及农科，以清眉目。其有一系而两科并得以其为主系者，特各垂一线以表明之。如生物系之于农科、文理科，暨心理系于文理科、教育科，教育科是。余各类推之。

295

# 东南大学组织大纲

## 第一章 校长

**第一条** 校长总辖全校事务。

## 第二章 校董会

**第二条** 依据呈准设立国立东南大学计划书第五条第三项之规定,设立校董会,其简章另订立之。

## 第三章 教授

**第三条** 本校教授以学系为本位,先设下列各系:

一、国文系

二、英文系

三、哲学系

四、历史系

五、地学系

六、政法系

七、经济系

八、数学系　天文附

九、物理系

十、化学系

十一、生物系　生理、动物、植物、解剖附

十二、心理系

十三、教育系

十四、体育系

十五、农艺系　作物、土壤、农具附

十六、园艺系

十七、畜牧系

十八、病虫害系

十九、农业化学系　农产制造附

二十、机械工程系

二十一、会计系

二十二、银行系

# 附　录

|附录三|

二十三、工商管理系

**第四条**　以有关系之学系，分别性质，先行组成下列各科：

一、文理科

二、教育科

二、农科

四、工科

五、商科

**第五条**　设预科以立各本科之基础。

**第六条**　设附属中学校、附属小学校，为教育科研究之用（即以南京高等师范附属中小学兼充之）。

**第七条**　各科设主任一人，由校长延聘之。

**第八条**　各系设主任一人，由校长延聘之。

**第九条**　各系设教授若干人，由校长延聘之。

**第十条**　各系于必要时得设讲师、助教或助理，由校长延聘之。

**第十一条**　设教授会会议关于全校教授上之公共问题。

**第十二条**　教授会议校长暨各科及各系之主任及教授组织之。

**第十三条**　教授会会议时以校长或其代表人为主席。

**第十四条**　教授会之议事细则另订之。

## 第四章　行　政

**第十五条**　本校行政设下列各部：

一、教务部

二、事务部

三、会计部

四、文牍部

五、图书部

六、出版部

七、体育部

八、女生指导部

九、医药卫生部

十、建筑部

十一、介绍部

**第十六条**　各部设立主任一人，由校长延聘之。

第十七条　各部职员由校长延聘之。

第十八条　各部之办事细则另订之。

第十九条　设行政委员会，为全校行政之总枢，其委员由校长就各部、各科主任中委任若干人充之。

第二十条　行政委员会以校长或其代表人为主席。

第二十一条　附属中学校、附属小学校之行政组织，由附属中学校、附属小学校另订之。

## 第五章　议事

第二十二条　设校务会议，议决关于全校之重大事项。

第二十三条　校务会议以下列各项之人组织之：

一、校长

二、各科代表

三、各系代表

四、行政各部代表

五、附属中学校代表

六、附属小学校代表

第二十四条　各科代表以各科主任充之。

第二十五条　各系代表名额，凡每系教授有五人或不及五人者，以系主任充之；五人以上不过十人者，于主任外，再由教授互选一人；十人以上不过十五人者，于主任外，再由教授互选二人，余类推。

第二十六条　教授所任功课不止在一系者，只可于一系中有选举及被选举权。

第二十七条　行政各部代表名额，除一人由主任充任外，余由职务较重者互选若干人充之，其数视各系之比例。

第二十八条　附属中学校、附属小学校代表名额各二人，一由主任充任，余一人由附属中学校、附属小学校教职员互选之。

第二十九条　校务会议以校长或其代表人为主席。

第三十条　校务会议议事细则另订之。

## 第六章　附则

第三十一条　本组织大纲，呈请教育部核准施行，如有应行修正之处，得由校长斟酌修正，呈请教育部核定之。

# 附 录

## 附录三

# 呈教育部报合设上海商科大学鉴核备案文

(1921年7月13日)

呈为合设上海商科大学、会请鉴核备案施行事。窃秉文奉令筹备东南大学，一切进行状况，前经迭次备文呈报钧部在案。

关于筹备商科事宜，查照前奉准核计划书第四条开：因人材与环境关系，应在上海择地建设。秉文本此规定，曾叠次到沪，相机规画，顾事无基础，措手为艰。

暨南学校所设商科，亦因社会需要及人材与环境关系，已迁往上海，尚拟添办专门。顾亦以经费未充，设施不易。

秉文、成懋有此感想，爰援共同商议，以为学校之设，其最要之点，在于人材经济，苟二者之供求不能相应，则内容外表均难臻于完善。上海为吾国通商大埠，商业人材，普通者虽渐见众多，而于商科应有各科目极深研几、足膺大学专门教授之选者，现尚寥寥之可数。与其分之于两校，使一时同有才难之叹，似不如并之于一途，使各科咸得专家为愈。至于经费，东南大学与暨南学校虽同为国家设立，一切设施，未可过从简陋。然当此库款支绌，司农仰屋之时，欲求预算格外宽裕，俾得展布从容，事实恐非易之，似亦不如两校合设一科，使所有经费转可较敷分配。况两校举办商科，意在造就高等商业人材，其地点拟定上海，意在适应环境，宗旨既同，正不妨合一炉而治，以期易于产生美果；又何必在一隅之地，分道扬镳，转贻局外骈枝之诮。商议既定，复就上海商学两界负有重望者，博访周谘，征求意见。佥谓秉文、成懋所怀理想尚属可行。因由秉文代表东南大学，成懋代表暨南学校，会同上海商学两界关系素切各人，集会商榷，并公推黄奕住、史量才、聂云台、穆湘玥、钱新之、张公权、陈光甫、简照南、黄炎培、高阳四、朱进、张准、赵正平及秉文、成懋等十五人，合组上海商科大学委员会，详细讨论，决定办法，拟定名为国立东南大学、暨南学校合设上海商科大学。暂借法租界霞飞路尚贤堂房屋为校舍，于秋季招生开学，所需经费，即于两校商科预算项下移充应用，计东南大学任三之二，暨南学校任三之一。其筹画进行事宜，暂推秉文为主任，藉便总持一切。

现在大致规划已经就绪，所有东南大学与暨南学校合设上海商科大学情形，理合缮具缘由，呈请鉴核备案施行。再，此文由东南大学筹备处主稿，并借用南京高等师范学校钤记，合并声明。谨呈

署教育次长代理部务马

国立东南大学筹备员郭秉文
国立暨南学校校长柯成懋
七月十三日

## 马寅初关于上海商科大学致郭秉文、张子高函

(1921年8月3日)

秉文、子高先生有道：前上一函谅邀

鉴及，所请代印上海商科大学中西文考卷一项，务请速为付印，俾免临时不及。并盼台从早日莅沪主持一切为感。专此。

祗颂

教安

弟马寅初谨启
八月三日

再，前言暑校选课单，亦希即请教务处检寄。又及

## 马寅初关于上海商科大学致郭秉文函

(1921年8月4日)

秉文先生大鉴：近日报名者不甚踊跃，谅因天气炎热所致。弟拟请先生委派余炳君为教务课办事员，金箴为教务课书记。余君向在北大教务处帮弟办事二年，虽不懂英文，然其人诚实可靠，办事亦有条理；金君向从弟在北京明德大学办事，于抄写一层颇有经练。如蒙

俯允委派，弟当致函梦麟兄，请其准余君南下帮办一切。特此

奉恳，敬请

大安

弟寅初上
八月四日

刻奉北大函嘱弟北上，并在上海办理招考新生事宜，故弟殊形忙碌。又及

# 附 录

| 附录三 |

## 上海商科大学设立夜校

（1921 年 8 月 27 日）

东南大学与暨南大学合办之上海商科大学，有鉴于世界商战之剧烈，非予商界青年以研究学问及增加商业应用知识之机会，不足与欧美各国相竞争，特在霞飞路商科大学内添设一商科夜校，以便利商界有志求学者。凡具有中等学校毕业或相当之程度，而自量有听讲能力者，皆可报名入学。所聘教员，皆欧美大学商科博士及硕士。所定学程为从商者所不可不学者，其主要科目有银行学、货币论、信托公司、经济学、交易所、商业史、商业地理、商业管理、商业统计、进出口贸易、国外汇兑、商算、商业簿记、银行簿记、会计学、成本会计、商法、票据法、广告学、买卖论、国文商业尺牍、英文商业尺牍、财政学、公司理财、生命保险、水火保险、陆运水运、审计学、统计学、商业统计、中文速写、英文速写、打字等。学生习完一学程，经考试及格者，由上海商科大学发给该学程修业证书云。

（原载《申报》1921 年 8 月 27 日第十五版）

## 上海商科大学商科夜校招生

（1921 年 8 月 30 日）

本校注重商科，以充分发展商界青年之商业智识及能力为宗旨。所定学程有三十余种之多，皆为从商者所不可不学，凡曾在中学毕业及有相当程度，自力有听讲之能力者，均可免考入学，凡毕业一学程者经考试及格当由本学校发给学程证书，报名日期自八月二十五日起至九月十日止。

（原载《申报》1921 年 8 月 30 日第六版）

## 教育部为合设上海商科大学会请核批文

（1921 年 9 月 23 日）

教育部指令第一六七〇号
　　令国立东南大学筹备员郭秉文等
　　呈一件为合设上海商科大学会请核备由

呈悉。查所陈东南大学与暨南学校合设上海商科大学一节，情形既属特别，办法亦尚适宜，应即准予备案。此令。

教育次长代理部务马邻翼
中华民国十年九月二十三日

# 国立东南大学、暨南学校合立上海商科大学章程（夜校部分）

（1921年9月）

夜校规程

一、宗旨

本校以便利商界研究学问及增加应用知识为宗旨。

二、入学资格

凡具有中等学校毕业或相当之程度而自量有听讲能力者，皆可报名入学。

三、学程

民国十年度所有学程及其每周钟点详下列表内。担任教授为朱庭祺先生、周启帮先生、刘树梅先生、王祉伟先生、瞿季刚先生、姚仲拔先生、孟宪承先生等。

四、上海商科大学夜校课程时间表

| 星期＼时间／学程 | 七时至七时五十分 | 八时至八时五十分 | 九时至九时五十分 |
| --- | --- | --- | --- |
| 一 | 银行学<br>商业史<br>商业统计<br>广告学<br>运输学 | 银行学<br>商业史<br>商业统计<br>广告学<br>运输学 | |
| 二 | 交易所<br>商业地理<br>银行簿记<br>买卖论<br>英文速记 | 交易所<br>商业地理<br>银行簿记<br>买卖论<br>英文速记 | |

# 附 录

|附录三|

(续表)

| 星期＼学程＼时间 | 七时至七时五十分 | 八时至八时五十分 | 九时至九时五十分 |
| --- | --- | --- | --- |
| 三 | 进出口贸易<br>商业簿记<br>国文商业尺牍<br>公司理财<br>商业心理 | 进出口贸易<br>商业簿记<br>国文商业尺牍<br>公司理财<br>商业心理 | 商业簿记 |
| 四 | 商法<br>货币学<br>经济学<br>国外汇兑<br>保险学 | 商法<br>货币学<br>经济学<br>国外汇兑<br>保险学 | |
| 五 | 商业管理<br>成本会计（须学过簿记及会计学习选习之）<br>票据法<br>财政学<br>中文速记 | 商业管理<br>成本会计<br>票据法<br>财政学<br>中文速记 | |
| 六 | 商算<br>会计学（曾学过簿记者可选习之）<br>英文商业尺牍<br>审计学（曾学过簿记及会计者可选习之）<br>打字 | 商算<br>会计学<br>英文商业尺牍<br>审计学<br>打字 | 会计学 |

**五、学费**

以学程及其每周钟点计算：一学程每周一小时者每学期学费三元；二小时者六元；三小时者九元。

**六、报名手续**

报名时应缴各件如左（下）：

1. 履历住址单

（下略）

## 上海商科大学开学礼记

（1921年9月29日）

上海商科大学于1921年9月28日上午10时，行开学礼，校长郭秉文因公晋京未回，由校长办公处副主任朱进云主席，学生到者约一百五六十人，教育实业两界到者有杨瑞生、沈信卿、黄任之、赵厚生、高践四君等。首由主席朱进云报告本校经过情形，教务主任马寅初报告教授宗旨及注意各点，后由杨瑞生、沈信卿、黄任之、赵厚生四君相继演说，大致均勖学生将来注重商业道德，而黄君并述是校创办之原因，且望学生有世界眼光及吸收商业新文化云云，辞毕已十二时。闻今日为该校夜校开学期，学生有一百五六十人。至正式开学典礼，尚须定期补行云。

（原载《申报》1921年9月29日星期四第十四版）

## 柯成懋关于上海商科大学函

（1921年12月14日）

迳复者：日昨奉到商科大学成立呈部文稿二份，除一份存在敝校外，余一份加盖校章并弟印外，送还备案。即希詧入。专此，即颂

公安

柯成懋谨启<br>十二月十四日

## 上海商科大学消息

（1922年2月14日）

△ 注册日期：上商大在本学期将于二十日开学、二十一日夜校开学、二十二日一律上课

△ 新聘教授：该校新聘哥伦比亚大学硕士蔡正雅君（商业原理）、前中央银行副行长李道南君（会计）

△ 添设课程：预科添商业算术一学程，本科添商业原理一学程，夜校添会计学及欧战后列强经济学二学程，担任教员为胡明复博士、蔡正雅君硕士、李道南、詹文忠各教授

△夜校课程:商大夜校,原为便利商号研究高深之商业学问知识而设,第一学期学生即达一百八十人,此届报名者益众。其各学程钟点表如下:

7:00～9:00 星期一:银行学、商业史、商统、广告学、运输学

星期二:交易所、商业地理、银行簿记、买卖论、英文速记

星期三:进出口贸易、商业簿记、国文商业尺度、公司财理、商业心理

星期四:商业、货币论、财政学、国外汇兑、保险学

星期五:商管、成本会计、票据论、经济学、中文速记

星期六:欧战后列强经济状况、商算、会计学、英文商业尺度、审计学、打字

唯星期三9:10～10时,为商簿,星期六为会计学。

(原载《申报》1922年2月14日)

# 上商大设立上海第一商业补习学校

(1922年2月20日)

上海商科大学设立上海市第一商业补习学校,曾先后调查上海商界需要商业补习教育情况。其主要课目为英文商业簿记、商业国文、商业算术、广告学等科目。定于2月22日开始报名,3月1日开学。其主办人员,大都商业专家,所收学费又极低廉,诚商界青年补习商业教育之最好机会。

(原载《申报》1922年2月20日)

# 学制讨论委员会报告

本委员会于十一年　月　日开会讨论修改本校学制之办法,委员除郑晓沧、孙洪芬二先生因事未到外,刘伯明、俞于夷、廖茂如、陶知行皆出席讨论结果如下:

一、附属小学试办新学制。高等科三年级划归中学办理,改为初级中学一年级。

二、附属中学自一年级起试办新学制。另设高级中学三年级,以本校四年级中学生及格,收其他中学同等学校毕业生充之。

三、东南大学改为四年。第一年级以本校预科毕业生并招收其他大学预科一年级同等程度五年的中学毕业生、师范学校毕业生充之。

四、东南大学得设三年以下之专科。

五、高等师范取消(此条委员中意见不能一致)。

六、新学制自十一年秋季起实行。

上陈六条办法是否有当务请　公决

敬请刘伯明　俞于夷　廖茂如三先生阅并修正以便提出

陶知行

十一年三月一日第六次评议会常会通过

## 上海商科大学纪事

（1922年4月4日）

本埠东南上海商科大学自去岁头开办以来，学生异常发达，课学极为完美。今届春节例假，多数学生作武陵之游，藉以考察该地商业情形。队分甲、乙，甲队于本月二号上午十一点半由南站出发，乙队于三号出发，期以一星期为限云。

该校校制是采用欧美，学生全系自动，校中并不预闻。如膳食等类均有学生自治会自理，颇觉井井有条。但今年因人数增加，事愈复杂，前定章程已感不便，故重行组织，现已告竣，会分评议、执行、纠察三部分，惟执行部再分交际、值务、膳务、经济、卫生、学艺七科。会务均有各部长、科长担任云。

（原载《申报》1922年4月4日）

## 东南大学校董会关于商科大学问题会议志

（1922年4月6日）

校长郭秉文被推为主席，报告目前商大委员会开会，暨南委员赵君厚生，由该校校董会意思，须扩充中等商业教育，主张提出合办商大经费，托郭秉文代达校董会应如何处理，请公决。经众讨论，暨南因其需要，有此主张，应即由本校独办，一面呈报教部，销去合办名义，并分函各省知照；一面函达暨南及商大委员，至校名一历，可即改为东南大学分社上海商科大学，由大学另推商大委员，扶植进行，其校址即设法购定。（商科大学代理教务主任为詹文忠）

（原载《申报》1922年4月6日）

## 国立东南大学与南高师教授会章程

（1922年4月）

**第一条**　教授会以校长暨各科系主任及教授组织之。

第二条　教授会会议时,以校长或其他代表人为主席。

第三条　教授会之职权如左(下):

一、建议系与科之增设、废止或变更于评议会。

二、赠与名誉学位之决议。

三、规定学生成绩之标准。

四、关于其他教务上公共事项。

第四条　凡关于教务之公共章程或规则,概须在教授会提出通过,方为有效。

第五条　凡教务问题之涉及两系以上者,得在教授会解决之。

第六条　本校免费生或得受津贴之研究生,由教授会派定之,惟另有特别规定者,不在此例。

第七条　教授会于每学期开常会二次,惟有教授五人以上之提议,或有特别待议之事项发生,亦得召集临时会。

第八条　教授会由校长召集之。

第九条　教授会会员,皆可在教授会提出议案。

第十条　凡议案非一时可决,或认为有研究之必要者,得推定委员若干人从事审查,俟下次开会时报告大会。委员之人数及推定方法,由众公决。

第十一条　教授会必须有会员过半数之列席,方可开会。议案表决,必须有到会会员过半数之赞成方为通过。

附则:

一、教授会常会,各于开学后与寒暑假期前一月内举行。

二、每次会议议事日程,应于开会前一日分送会员。

三、凡重要议案,应先期送校长办公处油印,与议事日程一同分送,以便于开会前研究。

四、本章程如有未尽事宜,得随时提议,由多数表决变更之。

[选自《中华民国史档案资料汇编》第三辑 教育(共一册)中央大学档案]

# 呈教育部变更合设上海商科大学成案文

(1922年6月15日)

呈为变更合设上海商科大学成案,金请鉴核备案施行事。窃东南大学、暨南学校前因人材与环境关系,曾共同议定在上海法租界霞飞路合设上海商科大学,于十年七月经校长秉文及暨南前校长柯成懋合词呈报大部,核准在案。

现暨南校董会意思，以暨南商科地位有特殊关系，主张将合设商科大学经费提出，一面自办专门部，一面扩充海外商业教育，当经校长正平于上海商科大学委员会报告，校长秉文于东南大学校董会报告。均以暨南因本身需要，有此主张，特行议定：自民国十一年七月起，将两校合设上海商科大学名义取消，由东南大学独办，改名为国立东南大学分设上海商科大学；另行推举委员，扶助进行。事关变更成案，理合将始末缘由合词呈报大部鉴核备案施行。再，此文由东南大学主稿，合并声明。谨呈
教育部总长

国立东南大学校长郭秉文（盖章）<br>国立暨南学校校长赵正平（盖章）<br>中华民国十一年六月十五日

## 商科概况

国立南京高等师范学校于民国六年秋设立商业专修科，九年、十年毕业两次。九年冬，议设国立东南大学时，决定将高师商科扩充改组为商科大学，以人材与环境之关系，分设上海。迨十年夏，东南大学成立，适暨南学校亦有在上海设立商业专科之计划，爰由中南协会建议，请两校合办，藉以集中人材，节省经费，定名为东南大学暨南学校合立上海商科大学，设上海商科大学委员会，会推聂云台、张公权、黄奕住、简照南、钱新之、穆藕初、陈光甫、史量才、黄任之、赵厚生、郭秉文、柯箴心、朱进之、张子高、高践四诸先生为委员，郭秉文为校长，筹备进行，暂假尚贤堂房屋为校舍，报部备案。于十年八月十五日举行第一次入学试验，九月二十八日开校，国内有商科大学，自本校始，此本校创立之经过情形也。十一年三月议将商科大学归东南大学独立专办，旋经东南大学校董会决议认可，即定名为国立东南大学分设上海商科大学，改推方椒伯、史量才、田时霖、朱成章、任嗣达、李清泉、孙梅堂、郭标、张公权、谈丹崖、赵晋卿、韩无闷、简照南、严直方、严敬舆诸先生为委员，呈准教育部备案云。现在国内商业专门教育极感缺乏，而商业之发展日新月异，本大学之责任与事业将随之继长增高焉。

# 附 录

| 附录三 |

## 马寅初已就上海商科大学教务主任

（1922年6月28日）

上海商大教务主任原系聘定马寅初博士担任，嗣以马君有北京中国银行成约，于去年10月北上。兹该校一再敦请马君回任，顾闻马君刻亦会由北京中国银行电约为总司券职务，惟以该校敦促之殷，并鉴于国内高等商业教育之重要，不能坚拒，已于昨日（1922年6月27日）到校视事云。

（原载《申报》1922年6月28日）

## 南高校长郭秉文呈教育部请收本校并入东南大学文

呈：为请收本校并入东南大学事，案查11月2日政府公报载学校系统改革令第二十二条附注四依旧制设立之高等师范学校应于相当时期内提高程度，收受高级中学毕业生修业年限四年称为师范大学。本校为依照旧制设立高等师范学校之一，原应遂令改为师范大学，惟本校与东南大学设在一处，职员、教员由两校共同延聘，校舍设备两校共同应用，名虽两校实则一体，如强而分之不独几近骈校且于实际办事特多困难。校长就历史事实详加考虑，觉无改为私立师范大学之必要，爰于本月6日开评议会、教授会联席会议，10日请各校董开董事会。特此事郑重讨论，拟将本校现有各部科学生依其所学科目种类，照新学制并入东南大学各科，当经一段通过原有预算归并及事业并未减少，拟悉数并入东南大学。将来事业扩充，仍当视国家财力量为增加，以应需要。其归并以后，尚有应作规定事件，供将来再作呈报。本校并入东南大学，理高师立等归并缘由，备文呈请大部鉴核训示施行。谨呈

教育部总长

南京高等师范学校校长　郭秉文
1922年12月19日
即发

## 东南大学圈收校址之省令

（1923年10月27日）

东南大学成立时，除文理农工教育四科设在南京外，商科因人才环境之关系，经

奉教育部准予分设上海,暂借法租界霞飞路尚贤堂旧址为校舍,原订租约三年,迄今已愈两载,转瞬即届期满,尚无切实之校基校舍,可供迁移。屡经上海商大委员会讨论,谓宜即速物色相当地点,以为永久基础。是固急须筹划者,惟是一国之富强,要持实业为根本,而工商之发达尤须教育界与实业界互相联络,始是培养真才,应厥需要。商科虽已设在上海,工科尤在南京,因而工商两科应并设上海。

工商两科,非有适当之校址,实无以应急切之需求,曾于本年6月3日,由东大校董会上海商大委员会联席会议,详细讨论,以为工商两科将来充分发展,则如模范工厂、模范市场,均系必备之附带事业,非先筹备五百亩之基地,难供敷施。查上海县属二十八保五六七图一带,地治大西路线,幅员绵广,空气清新,又且毗连租界,交通亦属便利,甚合建筑学校之用。

(原载《申报》1923年10月27日十三版)

## 事时记:郭秉文演讲万国教育会议经过

九月二十七日晚七时,东大学生自治会,开会欢迎校长郭秉文博士于该校体育馆,主席说明开会宗旨后,郭君即登坛演说,讲毕,映放电影,十一时散会,兹将演辞录后。

余(郭君自称)此次离华赴美,抱有二种目的:(一)正目的,为代表中国,出席世界教育会议。(二)副目的,为(甲)考察美国大学办法,及(乙)调查在美中国学生状况等等。唯以限于时间,此次结果,恐不能十分满意。兹先讲副目的,然后再及正目的。(一)考察美国大学办法,我常觉吾校组织,总有未臻完美之处,故拟乘此去之便,至各大学参观,以资借鉴,惜时值假期,不能如愿,幸所得参考材料不少,将来加以研究,当提出具体改革办法于评议会,兹不多赘。(二)留学界状况,余此次游美,颇感中国留美学生于去国前无充分准备之可虑,其结果不但自身无益,即于国家之体面上,亦有至大之影响。现在在美中国学生中之无入大学之能力者,及有入大学之能力而不能卒业者,为数甚多。即清华学生,似于去国前已有准备,或可差强人意,然因年龄太轻,国学根底不深,本国需要不甚了解之故,亦不得谓为吾人理想中之留学生。据余观察,在美中国学生,约在二千以上,在欧洲日本者,当亦有三四千人,合计五六千人。每年留学经费,至少当在一千万元以上,际此国内教育经费竭蹶之时,有此巨款,以之送与外人,岂不可惜,设以此数之半,或十分之一,充国内大学经费,所得效果,必有可观,惜未实行,良可慨已。普通人总以外国大学程度比中国

# 附 录

|附录三|

为高。孰知美国有许多大学之程度,尚不及吾国,如前南高毕业生之赴美者,有能迳入毕业院者,有只须补习一年左右,即可毕业于大学者(此指芝加哥大学而言)。而美国本国大学之毕业生,往往反不能至此。此非中国大学优于美国之一例乎。余深望以后国人心理,当以得本国大学之学士博士为光荣,方为正当。至余之正目的,则为代表中国,参考万国教育会议。此会之目的,为以教育的方法,促进世界之和平。发起于美国教育联合会,而加入者则有六十余国之多,诚有史以来未有之教育大会也。我国既在被邀之列,义当加入,北京政府本拟派遣代表七人,嗣以经济关系,仅去二人。教育改进社本派八人,后以诸代表事务纷繁,不克分身,故八人中仅去余一人。湖北省政府派三人,实为特色,后来又加入数人,始凑足中国代表团。我等离沪后,即在船中讨论在开会时应取之态度,感觉在临案之后,外人轻视华人颇甚,加以此次准备,不甚充足。于开会时,深恐不能为国生色,故遂议定,在开会时,抱消极态度,但求无过,不求有功。我等既抱此态度而去,然一到美国,经演说讨论提案活动后,舆论非常恭维,恭维太过,我等自省,反觉惭愧。虽然,美人之恭维,亦有原因,要知吾国准备果不充分,而他国尤不充分,故结果中国反能在人之上也。开会中亦有使我人深感羞惭者,如 Jeliteraky Com mission 开会时,各国代表报告本国不认字人数与全人口之比较,有占百分之五者,有占百分之四者,至日本代表报告日本国民不认字人数占百分之三时,全场鼓掌,以示钦佩之意。嗣中国代表报告中国国民不认字人数,占百分之七十,众至此皆相顾惊愕,咸称我国为教育极幼稚之国家,试问诸君如当代表,处此情境,其能堪否。后该委员会通过一案,大意谓至一九三五年,全世界教育须普及。一九三五年,距今何等之近,中国处此政治紊乱财政破产之时,欲教育之普及,决不能若是之速。故事后余遂提议修改,删去"一九三五",而易以"愈速愈妙"。余之提议,居然通过,唯此系权宜办法。我人究不宜自暴自弃,常取敷衍掩饰之手段,以自欺欺人,此后宜如何谋我国教育之发展,国力之充足,责任全在诸君。此外郭君更述加拿大取缔华侨之苛酷,及在美华商因麻雀营业而受不平之待遇等等。因国势不振,受侮若此,殊令人思之心伤也。

(摘自《爱国报》1923 年第 10 期,30-33 页)

## 万万不能失信

——致郭秉文

秉文吾兄:

知行十日抵宁,一路幸叨平善,堪慰近怀。改进社社费,万万不能以千二百元了事。他校均照三社社费总数担任,本校何能独异?若因此牵动他校援例,本校岂能免于破坏改进社之责言。孟禄先生尚如此尽力,吾辈自谋,岂能后于外国之师友乎?南开一私立学校尚且如此慷慨,吾校如吝,岂能免人之窃笑乎?事关学校信用,务请嘱行政委员诸公兼筹并顾,重加考虑。且相差不过一千二百元,只需大家出点力,是不难弥补的。吾校在这个团体中,万万不能失信。吾兄以为然否?

陶知行启

十一年十一月十四日

## 东南大学校董会与商科大联席会议

(1923年11月15日)

前日下午四时,东南大学校董会与商科大学委员会,在商科大学开联席会议。校董委员之亲自出席及委托代表者为沈信卿、蒋竹庄、郭秉文及史量才等,郭秉文校长报告赴美出席世界教育会议后,复乘便考察美国高等教育,于九月十九日返国。本学期学生数,宁沪二部,速中、小学及推广部等,共三千六百二十七人。学校组织方面,因学校同人二年来之办学经验,合之在美考查所得,决定改组,设有组织大纲即请察正。校董会简章,亦拟参照美国各大学校董会扩充职权,并已另案提请公决等语。

(原载《申报》1923年11月17日)

## 东大校董商大委员会联席会记

(1924年1月4日)

午后六时至九时半,关于工商两科圈购校址案的决议如下:

郭秉文报告工商两科,诸省行县在大西路一带圈购校址进行情形。常地乡图各董群请缩小范围,业主并请求另迁地点。县署于去年十二月二十四日邀请集议,决将地价每亩增加五十元,并商请缩小范围,应如何办理之处,敬请公决施行。经众详细讨论,佥谓国家依据法律,圈购地亩,设立大学,推行高深教育,于当地人民尤多便利,断不能因阻碍而中止。当经议决,地点决不更变,至酌加价及缩小范围,可照去年十二月二十四日县署会议决案办理。

(原载《申报》1924年1月4日)

# 附录

|附录三|

## 乡民请求东大迁移圈地之又一呈

（1924年1月6日）

国立东南大学因推广校址，圈购民用五百亩，该处乡民以现时地昂费，每亩需银二千余元，该校定价五百元，嗣议增加五十元，仍与现值相去四分之三，该校有拥价牟利行为，群情反对，联名省长、县知事，请求救济迁移地段等情，迭志前报。

本市北新泾镇以西，去大西路不过数里之遥，地价较贱，至多每亩只在二百元左右，论其交通，亦无不便，尽该校二十万余之预算，购地筑路，绰绰有余，如此，则东大不蒙强制之罪名，而该处乡民亦得偿其私愿，一举两得。

（原载《申报》1921年1月6日）

## 上商大通惠同学会成立

（1924年3月）

自中法通惠工商学校商科停办后，该科学生之转入商科大学者，约二十余人。现该生等为联络感情起见，发起上海商科大学通惠同学会，于前日上午开会成立，以研究学术联络感情为宗旨云。

（原载《申报》1924年4月1日星期二第二版）

## 商大夜校消息

（1924年3月2日）

中国商人早岁入店习业，以故失学者多。上海商大学生特设平民夜校，辅助有志青年，先办商业科、普通科各两班，学费免收。开学定于1924年3月2日晚七时云。

（原载1924年3月份的《申报》）

## 商大设立平民夜校消息

（1924年4月20日）

上海商科大学现设平民夜校一所，教授由学生二十余人担任。编制计国文英文各三级,算术常识各二级,簿记公民各一级,均小学程度,上课时间每晚七时~九时,学生八十几人,最长者三十岁。

(原载《申报》1924年4月20日)

## 上海商科大学夜校之学程
### (1924年)

上海商大夜校开办已三载,先后所开学程有九种之多,本期复加意于实际应用之科学,以期补助商店执业人员学识之不足。目下各班均有余额,尚可报名入学,兹录其学程如下:1.英文;2.银行;3.经济;4.银行簿记;5.速记打字;6.商业大纲;7.中国现行商事法规;8.商业簿记;9.商用英文;10.会计。

(原载1924年3月份的《申报》)

## 南京东大灾后募捐开会记
### (1924年4月24日)

东大自上月火灾后,图谋恢复,教职员方面及分设上海商大教职员,允捐薪俸1月,在校学生及毕业生方面也决定各捐20~40元,惟恢复非巨款不办。况该校在上海分设商科正在扩展,需款亦急,故不得不乞援于社会。所以校中募捐委员会之组织,一月以来,筹备各务皆已就绪,特于本月24日晚七时,在体育馆开募捐大会。到会者约千余人,会中除郭秉文校长报告及勉励外,尚有全校募捐委员会副主任茅君唐臣之报告及职教员同学毕业生及上海商科各代表之演说。

(原载《申报》1924年4月25日)

## 东南大学与上海商科大学开联席会议
### (1924年4月27日)

昨日(二十七日)午后六时,东南大学董事常会与上海商科大会委员会常会开联席会议于四马路一枝香,校董委员之亲自出席及委托代表者,有郭秉文等二十几人,沈信卿为主席,郭校长报告校务毕,经议决各案,兹探悉如下:

① 校舍建筑设计图案、学校会征集各方捐款,兴建公共教室一所,科学馆一所。
② 审核十三年度预算案,议决定学校大政方针。

# 附 录

| 附录三 |

③ 合并两洋文系案。
④ 改组外语文系案。
⑤ 大添商业教育学,议决校舍定成后再议。
⑥ 补推校董案。议决陈光甫、江易园二君连任为第二届校董。
⑦ 修正校董会简章案。

(原载《申报》1924 年 4 月 30 日)

## 商大开始募捐

(1924 年 4 月)

上海商大以新校舍建筑在即,费用亟须筹措,加以南京东南大学本部火灾后亦急待恢复,特经东大校董会上海商大委员会联席会议,议决举行大规模之募捐,额定 50 万元,由两校教职员学生及校董委员等分别劝募,中以 30 万元作宁校建筑费,20 万元作沪校建筑费。以项募集,另定条例,至捐册等于昨日分别发交经募人经募云。

(原载《申报》1924 年 4 月)

## 东南大学校董会关于工科之决议案

(1924 年 4 月 27 日)

四月二十七日校董会常会

审核十三年度预算案。郭校长说明案由,黄校董任之报告江苏财政状况,因经议决照本校发展情形及需要方面,极应扩充预算,照公家经济能力,势须核减经费,是应先将本校大政方针决定,以为标准。文理科……,商大设在上海,以本国商业上之需要,信得社会之信仰,惟以校址校舍尚在购建,应候购建完毕,设法扩充;工科虽有良好之教授,因公家经济困难之故……万不得已,惟有暂行收束停办……

## 国立东南大学校董会简章

(奉中华民国十三年六月二十五日教育部指令修正)

### 第一章 组 织

**第一条** 本校校董会依据教育部核准之开办东南大学计划书组织。其校董除当然者外,由校董会选举(第一次之校董由筹备处推举)呈请教育总长函聘之。

## 第二章 资　格

**第二条**　校董资格分二类，如下：

（一）当然者

甲、教育总长指派之部员一人。

乙、校长。

（二）选聘者

甲、声望卓著、热心教育者。

乙、以学术经验或经济赞助本校者。

## 第三章 职　权

**第三条**　校董之职权如下：

（一）决定学校大政方针；

（二）审核学校预算决算；

（三）推选校长于教育当局；

（四）决定学校科系之增加，废止或变更；

（五）保管私人所捐之财产；

（六）议决学校其他之重要事项。

**第四条**　校董会议决事项应由校长呈请教育总长核准施行。

## 第四章 名额及任期

**第五条**　校董名额除当然校董外，定为十五人，任期五年为满，连举连任，但第一次校董任期一年、二年、三年、四年、五年者，各三人；于第一次校董会抽签决定。

各校董如有因特别事故缺额时，由校董会选补，任期至原任校董任满之日为止。

## 第五章 会　议

**第六条**　会议细则由校董会自行订定。

## 第六章 附　则

**第七条**　本简章呈报教育部核准施行，如有未尽事宜应行修改者，可由校董会提议，经校董四分之三通过修改，呈请教育部核定。

# 教育部解除郭秉文校长职务的训令

（1925年1月6日）

教育部训令第一号

令国立东南大学：

# 附录

| 附录三 |

前派东南大学校长郭秉文应即解职,另候任用,现经改聘胡敦复为国立东南大学校长,除函聘外,仰即遵照。此令。

代理部务教育次长 马叙伦

中华民国十四年一月六日

(原载《南京大学校史资料选择》)

## 东大校长郭秉文请部迅聘接替

(1925 年 1 月 8 日)

昨日京电:六日阁议,教部提将东南大学校长郭秉文免职,由部聘任。兹闻郭氏见此消息,已即电请教部,迅聘接替,以便交代。原电录下:北京教育部钧鉴:秉文自民四任南京高师教务主任,民八奉委为南高校长,民十由东南大学校董会推请大部委兼大学校长,并准兼上海商大校长,先后从事十年,深愧幹材,少所建数。年来因社会属望之殷,校务发展较速,而政局多故,公家积欠经费至二十余万元,挪借垫欠,万分困难。只因大部分及校董会托付之重,勉力维持。兹见报载六日阁议,大部提将秉文免职,改由大部聘任,如释重负,感谢莫名。应恳迅聘接替,以便交代,而免学校停顿,学子失学,至盼至祷。郭秉文叩虞。

(原载《申报》1925 年 1 月 8 日)

## 郭秉文为免职事致吴稚晖函

(1925 年 2 月 17 日)

郭秉文于日昨致吴稚晖函云:稚晖先生足下:秉文自南高而东大,办学十年,想功罪当有定论,是以此次教育部免秉文东南大学校长职,不必问其理由。顾闻诸传说,谓此举系由足下与汪君精卫、李君石曾所主张,则必自有所以主张之理由,其理由之正当与否,想社会亦有公论。秉文自维才学疏浅,少所建树,果有贤能以纯粹为教育起见,前来接替,以发扬光大,尤当竭诚欢迎。乃见报载足下致京报邵飘萍君函,始恍然知秉文所以免职之理由,然竟无一合于事实,不禁为之哑然。因知有人挟嫌造谣,意下偶为所动,亦在情理之中。秉文问心无愧,是以对于种种风说,除校董会代为声明外,秉文一未置辩,盖公道自在人心,原不必斤斤计较也。独足下所谓耳闻目击,当卢永祥出走,委徐树铮支持,郭先生竭力的在外国人方面运动制止云云,此等浮言,实为秉文所梦想不到者,何意竟为足下所目击耶? 或他人竟以目击诳足下,而足下亦得之耳闻耶? 足下亦苏人也,尚愿为苏人存是非之公道,倘或别有用意,不惜作违心之举者,则非秉文所敢知矣。汪、李二公,亦为秉文道义之交,请为转达鄙意。如或秉文所得之传闻者,亦与足下之所谓耳闻者同出无稽,则请付之一笑可也。藉颂兴居。郭秉文谨启。二月十二日。

(原载《申报》1925年2月17日)

## 上商大全体教职员学生挽留郭校长

(1925年8月1日)

昨报载北京执政府阁提议,将南京国立东南大学与上海商科大学校长郭秉文免职,另由教育部委人接替一事。而该校长已正式电请教育部派人接替。上海商科大学全体学生于昨晚七时,在该校大会堂开紧急会议。结果议决各条如下:①致电北京执政府教育部,质疑该部免职理由;②切实挽留郭校长;③通知南京东大本部开学一致行动;④要求本校校董委员及教职员一致行动;⑤致电全国各界主持正义;⑥组织临时委员会,办理一切事务。

又该校全体教职员亦于昨晚七时,在校内开联席会议,到三十余人。决定先行致电北京执政府及教育部总次长,询问究竟,并表示挽留郭校长态度。兹将原电文录下:北京段执政,教育部总次长钧鉴,本日报载六日阁议,教部提东南大学校长郭秉文免职等情,诵阅之下,疑骇交并。郭校长主持教务,已有十载,遭时多艰,维持故进,尤极苦辛。钧座爰获教育必能长资以畀使学校前途日就发展,且学校性质,与行政机关不同,全是以精神相结合,不宜多所更动。报纸传闻之说,自难书信,惟国人等爱校心切,不免过虑,敢请教部明白宣示真相,以释众疑,近切陈阁,敬祈鉴纳。国立东南大学分设上海商科大学全体教职员叩。

(原载《申报》1925年1月8日第十一版)

## 关于筹措东南大学经费问题——致郭秉文

秉文吾兄:

奉书敬悉一是。汤尔和先生处,知行今日即去奉访。顾少川先生处,拟即约期晤谈。亮畴先生近来牢骚满肚,有否面见必要,俟见少川先生后再定,或竟拖少川先生进言,亦无不可。此事有三个难关:一是汤君肯否提出阁议;二是内阁中如王、罗

# 附 录

| 附录三 |

诸公均不甚满意汤,王固不致反对东南大学提案,罗恐不能谅解,汤提案件,恐难免受其攻击。汤或预料及此竟不提出,亦未可知;三是值百抽五之关税,原为归还外债之用,彼时能否得外国债主之谅解,为又一问题。

对于第一关,知行拟向尔和先生说明东南大学提案能助其通过第三关之种种理由,及预为疏通阁员,不致反对提案。

对于第二关,拟请少川先生担任疏通罗钧任,大概财政总长如不反对,即不致有变。万一其他阁员有疏通之必要时,即请适之疏通孙汉尘先生,膺白疏通张绍曾先生,已得多数了。

对于第三关,应由我辈作有计划、有系统的宣传,向美英二使说明教育费之用途,将东南大学的成绩向国内外报告,农科、商科最有关系。因事不能再写、再谈。

陶知行
民国十一年二月

附:郭秉文致陶知行函

知行吾兄鉴:

径启者,弟本定于日内赴京,浃洽一切,刻以筹措经费,不克成行,殊为怅怅。本校本年增加预算数,拟请教部比照北京八校先例,于关税实行值百抽五以后,在增加之税入项下拨充一事,业已正式呈部,请其核准。望兄且缓回南,代弟与王亮畴、顾少川、汤尔和诸公浃洽,从速提出阁议,并将进行情形,随时报告,是为至感。呈稿抄送一份,希即察阅。

顺颂

旅安!

弟郭秉文谨启
十一年十一月卅日

# 国立东南大学教授会议事细则

**第一条** 凡议事之日,如至开会时,而到会会员尚不满在校会员之过半数,得由主席酌量展延,惟至多不得过 20 分钟,如仍不满定数,即由主席宣告散会或改为谈话会。

**第二条** 凡本会应议事件,应由本会书记将其次序及开议日时编定。议事日程于开会前一日通知各会员。

**第三条** 如有紧要事件,经主席或会员五人以上提议,得由会员公决临时加入议事日程。

第四条　凡会员在开会时间，如有因不得已事故中途退席，致不满法定人数时，本会除仍继续报告或讨论外，所有议案均不得付表决。

第五条　凡已发布之提议案，各会员对于同一问题发表意见、动议修正者，其决议顺序，修正案先于原案。

第六条　凡发言必起立。每人一次发言不得过5分钟。

第七条　凡报告或讨论均须简单明白，不得涉及议题以外，且不得有二人以上同时发言。

第八条　主席对于各议题欲自与于讨论之列，应退居会员席，而由他人代为主席。主席既与于讨论，非至该议题表决，不得复为主席。

第九条　主席确认发言之人已尽，或经会员二人以上之要求，并得多数赞成者，即宣告讨论终局。

第十条　凡表决时，应由主席先将应行取决之问题明白布告，已经主席布告后，无论何人不得再就议题发言。

第十一条　凡表决应用举手表决法，惟至少必须得到会人数过半数之赞成，方为通过。

第十二条　本会应设议事录，其应载事项如下：

一、关于会议事项，并开会散会之月日时；

二、每次会议到会会员姓名；

三、主席或委员会报告之事件；

四、临时提议之议题，并提议及附议者姓名；

五、表决可否之数。

第十三条　到会会员于开议后不得无故退席。

会员于开议后续到者，须向书记报到，然后入席。

第十四条　凡会员因有事故，不能于会议时到会者，应具函推请代表到会，并通知本会书记。

第十五条　本细则由会员五人以上之提议，经在校到会会员过半数之同意，得修正之。

# 附录四：郭秉文教育思想研究相关论著

（截至 2018 年 01 月）

唐倩：《郭秉文高校办学理念及其启示》，《文教资料》二〇一七年第二十一期。

李永，柯琪：《1917—1923 年陶行知与郭秉文的交往与合作》，《南京晓庄学院学报》二〇一七年第四期。

江苏科技报：《如何让学生更好成长发展：东南大学主办"郭秉文与现代大学教育思想研讨会"》，二〇一七年六月五日第 A03 版：要闻。

东南大学报：《郭秉文与现代大学教育思想研讨会在我校召开》，二〇一七年六月十日第二版。

刘璟洁，凤启龙，许启彬：《郭秉文教育平衡思想的后现代观照》，《学海》二〇一六年第四期。

陈祥龙：《郭秉文与民国高等教育改革》，《教育史研究》二〇一六年第四期。

张雪蓉：《职业校长的典范——试析郭秉文大学经营理念与实践》，《现代大学教育》二〇一五年第六期。

陈寒，王建梁：《熔旧铸新 敢为人先——郭秉文首开公立大学"女禁"95 周年》，《东南大学学报（哲学社会科学版）》二〇一五年第十七卷增刊。

夏豪杰：《郭秉文的师范教育思想及实践》，《教师教育论坛》二〇一五年第五期。

解巧茹，杨东静，樊永霞：《郭秉文的大学管理理念创新与实践》，《兰台世界》二〇一五年第十六期。

刘骥等编著：《郭秉文 教育家、政治家、改革先驱》，上海远东出版社，二〇一五年。

李婷：《郭秉文的高校办学思想研究》，山东师范大学硕士论文，二〇一五年。

王苏：《郭秉文高等教育国际化思想与实践研究》，南京邮电大学硕士论文，二〇一五年。

李婧：《郭秉文教育实践的现实意义》，《上海教育》二〇一五年第二期。

徐星：《哥伦比亚大学举办郭秉文纪念研讨会》，《上海教育》二〇一五年第二期。

徐芝韵：《郭秉文先生的大希望》，《上海教育》二〇一五年第二期。

李力：《"培育一种文化生活"：郭秉文时期南京高师与东南大学校园文化之形态

及育人影响》,《大学教育科学》二〇一五年第四期。

李晓晓,余雅娉:《浅析郭秉文的高等教育思想》,《求知导刊》二〇一五年第六期。

许小青:《郭秉文与民国教育界》,《教育学报》二〇一四年第五期。

周慧梅:《哥伦比亚大学师范学院时期的郭秉文——社会生活史的视角》,《教育学报》二〇一四年第五期。

郑砚秋:《郭秉文与华美协进社》,《教育学报》二〇一四年第五期。

张亚群:《郭秉文的通识教育理念及其现代价值》,《高等教育研究》二〇一四年第十一期。

周洪宇,陈竞蓉:《艰难的改革家:中国现代教育改革先驱郭秉文》,《高等教育研究》二〇一四年第十期。

储朝晖:《郭秉文与陶行知在中国教育现代化中的互动与选择》,《东南大学学报(哲学社会科学版)》二〇一四年第三期。

耿有权:《"止于至善"与郭秉文的教育理想实践》,《东南大学学报(哲学社会科学版)》二〇一四年第三期。

周洪宇,李艳莉:《郭秉文与现代中国实用主义教育学术范式的建立——基于〈中国教育制度沿革史〉及相关论著的研究》,《教育学报》二〇一四年第五期。

王悦芳,胡玉苓:《郭秉文与东南大学的学术文化交流》,《教育与教学研究》二〇一四年第一卷。

耿有权主编:《郭秉文教育思想研究》,东南大学出版社,二〇一四年。

文轩:《〈郭秉文教育思想研究〉一书出版》,《东南大学学报(哲学社会科学版)》二〇一四年第六期。

周洪宇:《专题:郭秉文研究》,《教育学报》二〇一四年第五期。

王悦芳,曹景国:《郭秉文"教育之关系生活"思想论析》,《教育与教学研究》二〇一四年第十期。

陆华:《郭秉文和平教育思想评析》,《清华大学教育研究》二〇一三年第二期。

耿有权:《平衡创新:郭秉文办学治校思想精髓》,《东南大学学报(哲学社会科学版)》二〇一三年第十五卷增刊。

陈学军:《教育意味与持中之道:郭秉文的教育管理学思想》,《大学教育科学》二〇一三年第二期。

王悦芳:《郭秉文与东南大学的工程教育》,《教育与教学研究》二〇一三年第四期。

# 附 录

| 附录四 |

韩妍:《异曲同工——郭秉文与廖世承师范教育思想比较研究》,河北师范大学硕士论文,二〇一三年。

韩妍,李阳:《郭秉文教师教育思想初探》,《中国教师》二〇一三年第十四期。

雷婷婷,张岩:《20世纪20年代郭秉文之中外教育交流探究》,《长春教育学院学报》二〇一三年第二十四期。

韩立云,张燕:《同归而殊途 一致而百虑——蔡元培与郭秉文办学理念比较》,《华南理工大学学报(社会科学版)》二〇一三年第五期。

宋业春:《论郭秉文的高等教育改革观》,《河北师范大学学报(教育科学版)》二〇一二年第十一期。

储朝晖:《民国时期党化教育的牺牲者郭秉文与东南大学》,《华中师范大学学报(人文社会科学版)》二〇一二年第六期。

王悦芳:《郭秉文"平衡"教育发展观论析》,《江苏高教》二〇一二年第一期。

宋业春:《郭秉文教育改革思想探析》,《教育评论》二〇一二年第四期。

解瑞红,陈学军:《"教育必裨实用":论郭秉文教育管理思想中的实用性》,《教育史研究》二〇一二年第三期。

何燕萍:《郭秉文"寓师范于大学"师范教育思想的产生根源》,《知识力量(教育理论与教学研究)》二〇一二年第十二期。

耿有权:《〈郭秉文与东南大学〉一书出版》,《东南大学学报(哲学社会科学版)》二〇一二年第二期。

王运来:《改良风俗 推动进步 维护正义——郭秉文的现代大学文化引领思想新探》,《文化传承创新与建设高等教育强国——2012年高等教育国际论坛论文集》二〇一二年。

王运来:《学术与事功平衡——郭秉文高等教育思想蠡测》,《南京师大学报(社会科学版)》二〇一一年第二期。

耿有权,汪琴:《郭秉文教育思想研讨会综述》,《东南大学学报(哲学社会科学版)》二〇一一年第六期。

张亚群:《"同归而殊途 一致而百虑"——郭秉文与林文庆办学理念之比较》,《东南大学学报(哲学社会科学版)》二〇一一年第六期。

东南大学高等教育研究所编:《郭秉文与东南大学》,东南大学出版社,二〇一一年。

田依白:《寓师范大学——郭秉文师范教育思想研究》,北京师范大学硕士论文,二〇一一年。

汪琴:《郭秉文教育思想对我国创办世界一流大学的启示》,《教育理论与教学研究》二〇一一年第二十期。

张宗:《"东南大学之父":郭秉文》,《金陵瞭望》二〇一一年第十五期。

奉莉:《近40年郭秉文教育思想研究综述——纪念郭秉文先生逝世40周年》,《当代教育与文化》二〇一〇年第三期。

彭小舟,周晓丽:《郭秉文——中美教育交流的先驱》,《徐州师范大学学报(哲学社会科学版)》二〇一〇年第四期。

谢长法:《郭秉文与职业教育》,《职教论坛》二〇一〇年第二十五期。

陈磊:《蔡元培与郭秉文办学思想比较》,《煤炭高等教育》二〇一〇年第三期。

上海财经大学校史研究室编:《郭秉文与上海商科大学》,上海财经大学出版社,二〇一〇年。

王悦芳:《蔡元培、郭秉文办学思想与实践的比较研究》,南京大学博士论文二〇一〇年,后出书(安徽师范大学出版社 二〇一二年)。

柯小卫:《中国现代大学的开拓者——郭秉文》,《生活教育》二〇一〇年第一期。

石猛:《郭秉文与中国高等教育近代化》,《高教探索》二〇一〇年第一期。

王悦芳:《至平至善 风范长存——纪念国立东南大学校长郭秉文逝世40周年》,《东南大学学报(哲学社会科学版)》二〇〇九年第十一卷增刊。

丰大双,于淼:《郭秉文筹资思想对当前我国高等教育经费筹措的启示》,《今日财富》二〇〇九年第十一期。

石猛:《视野与行动:郭秉文"四个平衡"的办学方针》,《英才高职论坛》二〇〇九年第一期。

张觅觅:《郭秉文与东南大学》,《教育(中旬)》二〇〇九年第二十六期。

张雪蓉,李海云:《郭秉文与现代大学校长形象》,《南京邮电大学学报(社会科学版)》二〇〇八年第二期。

石猛:《郭秉文高等教育思想研究》,西南大学硕士论文,二〇〇八年。

秦向前:《郭秉文之大学理念论略》,《重庆高教》二〇〇八年第三期。

张大良,王运来:《郭秉文"四个平衡"的大学教学思想探微》,《中国大学教学》二〇〇七年第十期。

雷婷婷:《郭秉文的平衡办学理念与实践研究》,南京师范大学硕士论文,二〇〇七年。

张善飞:《论郭秉文的筹资思想》,《江苏教育学院学报(社会科学版)》二〇〇七年第二期。

# 附 录
## 附录四

赵伟:《郭秉文:以"师"为本,志存高远的"经营"校长》,《教育与职业》二〇〇七年第二十五期。

孔颖:《"东南大学之父"——郭秉文》,《民办教育研究》二〇〇六年第三期。

陈竞蓉:《陈宝泉与郭秉文办学思想比较研究》,《沧桑》二〇〇六年第五期。

周谷平,朱绍英:《郭秉文与近代美国大学模式的导入》,《河北师范大学学报(教育科学版)》二〇〇五年第五期。

张亚群,邓岳敏:《郭秉文的大学理念及其实践探析》,《集美大学学报(教育科学版)》二〇〇五年第二期。

张洪涛,但昭彬:《郭秉文博士的办学理念》,《湖北函授大学学报》二〇〇五年第三期。

但昭彬:《"郭"立东南大学》,《湖北教育学院学报》二〇〇五年第一期。

但昭彬:《略论郭秉文"四个平衡"的办学方针》,《湖北社会科学》二〇〇四年第九期。

冒荣:《至平至善 鸿声东南 东南大学校长郭秉文》,山东教育出版社,二〇〇四年。

许士荣:《郭秉文的高等教育办学思想及其启示》,《机械工业高教研究》二〇〇二年第四期。

王运来:《略论郭秉文"四个平衡"的办学思想》,《扬州大学学报(高教研究版)》二〇〇〇年第四期。

朱斐:《郭秉文创办东南大学》,《民国春秋》一九九九年第一期。

霍益萍:《郭秉文和东南大学》,《高等师范教育研究》一九九五年第二期。

# 郭秉文学术年谱

**1880 年**

2月16日生于上海,字鸿声,祖籍江苏江浦。

**1896 年**

毕业于上海清心书院。

**1897 年**

在上海清心书院任教1年,后在海关、邮政、浙江产金局等处任职。

**1906 年**

先入伍斯特学院预备学校,后升入伍斯特学院(Wooster College)。

**1908 年**

赴美国留学,进入俄亥俄州伍斯特学院读本科。担任《中国学生月刊》总编辑,《伍斯特之声》主笔,中国留美学生会会长。

**1911 年**

获伍斯特学院理学学士学位,后入美国哥伦比亚大学师范学院学习,专业是教育学。

**1912 年**

获哥伦比亚大学师范学院教育学硕士学位,硕士学位论文选题"中国现代学校的教师"(Teachers for Modern School of China),之后攻读教育学博士学位。

**1913 年**

在哥伦比亚大学师范学院继续攻读教育学博士学位,博士学位论文选题是"中国教育制度沿革史"。

**1914 年**

获得哥伦比亚大学师范学院授予的教育学博士学位,是中国首位留美教育学博士,博士学位论文题目是"中国教育制度沿革史"(The Chinese System of Public Education)。被选为费倍太迦巴(Phi Beta Kappa)和费迪太迦巴(Phi Dalta Kappa)两个荣誉学会的会员,并获得李温司东教育奖学金(The Livingstone Fellowship in Education)。回国后,担任上海商务印书馆编辑、总编辑。

## 郭秉文学术年谱

**1915 年**

参与南京高等师范学校筹备工作,担任教务主任至 1919 年。博士学位论文英文版在哥伦比亚大学师范学院印行。发表《中国现今教育问题之一》(《东方杂志》第 12 卷第 1 号)。与陈容赴欧美各国考察高等教育。

**1916 年**

任清心书院及省立浙江学院院长。任日本及菲律宾教育考察团主任,兼欧洲考察团主任。商务印书馆出版依据郭秉文博士论文译述的《中国教育制度沿革史》。

**1917 年**

获上海圣约翰大学颁赠的法学博士学位,发表《郭秉文先生演讲德美设施职业教育之方法》(《教育与职业》1917 年第 2 期)、《美国农业推广部》(《中华教育界》1917 年第 6 卷第 5 期)。

**1918 年**

3 月 21 日,江谦因病修养,由郭秉文代理南京高等师范学校校长。

**1919 年**

9 月 1 日,教育部正式委任郭秉文为南京高等师范学校校长。在校务会议上,学校通过了《改良课程案》,南京高等师范学校正式实施选课制,废除学年制。后又兼任上海商科大学校长。在《新教育》先后发表《记欧美教育家谈话》(第 2 卷第 1、2 期)、《欧美教育资料》(第 2 卷第 2 期)、《美国全国道德教育会宣言》和《战后欧美教育近况》(第 2 卷第 4 期),另发表《郭博士报告战后欧美教育》(《教育公报》第 6 卷第 11 期)等。

**1920 年**

在南京高等师范学校基础上提议筹建国立东南大学,与陶行知等人决定"南高"自 1920 年暑期正式招收女生。

**1921 年**

国立东南大学正式建立,兼任国立东南大学校长。《新教育》杂志策划《民国十年之教育》专题,郭秉文撰写《十年度之高等教育》(第 4 卷第 2 期)、《十年之教育调查》(第 4 卷第 3 期)。

**1922 年**

被选为中华民国道路建设协会正会长。任上海商务印书馆编译所所长,编译出版《英汉双解韦氏大学字典》。

**1923 年**

6 月,"南高"正式并入东大,郭秉文继续任国立东南大学校长。作为中国首席代表出席世界教育会议,连续三次被推举为世界教育会副会长兼亚洲分会会长。中华教育改进社编撰系列丛书作为世界教育大会材料,其中有郭秉文著单行本《民国十一年之高等教育》和《中国近代教育之进步》。发表《民国十一年之高等教育》(《新教育》第 6 卷第 2 期)、《五十年来中国之高等教育》《太平洋国家的大学如何促进国际间了解与友谊》(《教育与人生》1923 年第 5 期)。

**1924 年**

参与游说美国第二次退还庚子赔款 1 250 万美元,任中华教育文化基金董事会董事长,任该职至 1929 年。

**1925 年**

教育部颁发训令,免除郭秉文国立东南大学校长职务。赴美国担任芝加哥大学哈里斯基金会(The Harris Foundation)讲座,任中华教育促进会会长。

**1926 年**

在美国费城组织"中国五千年教育文化发展"的图片展览。与孟禄在纽约创立华美协进社(China Institute in America),任首任社长,促进中西文化交流。

**1927 年**

发表《费城博览会中国展览第三次报告》(《新教育评论》第 3 卷第 9 期)。

**1928 年**

中华书局出版舒新城编《中国新教育概论》,内有郭秉文撰写的《中国之高等教育》。

**1930 年**

任中国国际研究所所长。

**1935 年**

十月十二日在杭州与夏瑜女士结婚,任《中国季刊》发行人至 1937 年。

**1936 年**

被任命为海关税务局总税务司,后又出任实业部国际贸易局局长。

**1943 年**

出席联合国世界粮食会议及联合国预备金融会议,担任中国代表团主席代表。

**1944 年**

任在美中国学生设计顾问委员会主席至 1957 年。

**1945 年**

任"教育部"在美教育文化事业顾问委员会委员。

**1968 年**

荣获台北"中华学术院"名誉哲士。

**1969 年**

在美国逝世,享年 89 岁。

# 参 考 文 献

[1] 郭秉文.中国教育制度沿革史[M].福州:福建教育出版社,2007.
[2] 郭秉文.中国教育制度沿革史[M].储朝晖,译.北京:商务印书馆,2014.
[3] 郭秉文先生纪念集[M].台北:"中华学术院",1971.
[4] 秦孝仪.中华民国名人传:第三册[M].台北:"近代中国出版社",1985.
[5] 朱斐.东南大学史(1902—1949):第一卷[M].南京:东南大学出版社,1991.
[6] 东南大学高等教育研究所.郭秉文与东南大学[M].南京:东南大学出版社,2011.
[7] 耿有权.郭秉文教育思想研究[M].南京:东南大学出版社,2014.
[8] 上海财经大学校史研究室.郭秉文与上海商科大学[M].上海:上海财经大学出版社,2010.
[9] 上海财经大学档案馆.上海财经大学校史档案资料选辑(1914年—1950年)[A].上海:上海财经大学档案馆,2003.
[10] 上海财经大学档案馆,校史研究室.为中国寻找现代之路 郭秉文校长纪念展[A].上海:上海财经大学,2011.

# 后　　记

　　郭秉文是近代中国著名教育家。20世纪二三十年代其在南京高等师范学校的基础上建立国立东南大学的创举,在中国近代高等教育史上具有划时代的意义。这所大学的创办,不仅体现了其梦寐以求的"教育救国"理想和"平"天下的儒家情怀,而且展示了其集国内外优秀人才之力举办现代综合性大学的重要成果。一百多年来,这所大学,就如同一座"钢铁铸就"的历史丰碑,任凭岁月如何洗涤,始终屹立不倒,且愈发精彩、愈发朝气。新时期的东南大学,不仅是国家重点建设的原"985"和"211"高校,而且在国家"双一流"高校建设梯队中位居前列,各项事业处于蓬勃发展之中。毫无疑问,创校校长郭秉文的教育思想发挥了"泉源意义"的奠基性作用,价值影响极其深远。

　　东南大学是一所极其重视文化传统和教育传统的著名大学,凭借其丰富的文化历史积淀和敢于塑造未来的文化自觉精神,长期以来持续推动现代大学精神的发扬光大,业已收获了重要的精神财富。面对世界一流大学建设新形势,大力弘扬创校校长的教育理念和教育精神,是其应有主题之一。为此,东南大学2011年6月举办了"郭秉文教育思想国际学术研讨会",出版了《郭秉文与东南大学》一书;2014年10月东南大学派遣代表团参加了美国哥伦比亚大学师范学院举办的"郭秉文研讨会",出版了《郭秉文教育思想研究》一书;2017年6月,东南大学于115周年校庆开场即举办了"郭秉文与现代大学教育思想研讨会"。这场重要研讨会的召开,为本书出版提供了重要契机和宝贵支持。

　　研讨会议期间,东南大学校长张广军院士、时任东南大学党委常务副书记左惟教授、东南大学党委副书记任利剑教授等校领导在大礼堂接见了郭秉文家族代表Carolyn Hsu(徐芝韵)女士一行。张广军校长为研讨会致辞。北京大学等国内30余所大学党委宣传部部长、郭秉文研究专家、在宁部分高校高等教育学专业博士研究生、硕士研究生以及学校相关部门领导、专家学者等近百人参加了研讨会。东南大学党委副书记任利剑教授长期关注和推动郭秉文研究,他精心准备并发表了主旨演讲报告;中央教育科学研究院储朝晖研究员、南京大学教育研究院院长王运来教授、厦门大学教育研究院张亚群教授、华中师范大学余子侠教授等专家领导专程参加会议并做学术报告,令研讨会高潮迭起,反响强烈。东南大学党委宣传部毛惠西部长对研讨会的筹备、召开、宣传和本书出版给予了指导和大力支持。会议前后，国内外众多报纸杂志和网络媒体发布专题新闻，积极报道此次研讨会成果和相关消息。

本书的文献搜集、翻译和出版，非常幸运地得到了郭秉文家族代表徐芝韵女士、美国华美人文学会共同主席、时任联合国中文组组长何勇博士，东南大学张乃燕校长之孙张文嘉先生等国内外专家学者、友好人士的重要支持和友情帮助。徐芝韵女士不仅特别联系协调美国哥伦比亚大学档案馆专门复印了郭秉文硕士学位论文（英文版）邮寄到国内，而且引荐毕业于哥伦比亚大学师范学院现任职于联合国教科文组织的刘骥博士做翻译指导工作，同时还与时任联合国中文组组长何勇博士一道为本书惠赠序言，使书之内涵和意义得到了极大的提升。知名收藏家张文嘉先生将个人珍藏的20世纪20年代南京高等师范学校日刊文章无私地提供给我们使用，让人有如获至宝的感受。中国高等教育史研究著名专家、厦门大学教育研究院张亚群教授应邀担任本书学术顾问，不仅亲自指导本书的"顶层设计"，而且教导其高足许露博士承担郭秉文硕士学位论文翻译任务，为本书的出版做出了巨大贡献。世上真是名师出高徒！特别要指出的是，许露博士为了高质量地完成翻译任务，秉持"信、达、雅"精神，克服种种学术和生活困难，运用其丰富的教育史专业知识，尽心尽力查找郭秉文时代诸多原始资料进行文本注释，使译文近入完美之境，其极端负责的敬业精神和深厚的学术情怀，实在令人敬佩！郭秉文研究知名专家、江苏大学教育学院王悦芳副教授发扬大爱精神，将其长期以来"寻寻觅觅"获得的郭秉文珍贵文献资料打包送我分享；南京师范大学教育科学学院陈学军副教授将个人珍藏史料送我无偿使用，令我喜出望外。《东南大学报》主编宋业春副研究员长期致力于郭秉文专题研究，始终热情指导文献资料搜集整理工作，发挥了不可或缺的重要作用。东南大学高等教育研究所前所长程明熙教授、韩樾夏博士共同审阅了序言的中英文翻译文字，眼见两位"80后"学者对着电脑屏幕，热烈研讨，字斟句酌，令人感动。东南大学高等教育研究所、学习科学研究中心硕士研究生宋雪梅、胡西子、徐胜楠、贾春平、王星星同学以及南京工业大学吕哲老师应邀承担了部分文稿初译任务和文字录入工作；东南大学生物科学与医学工程学院硕士研究生杨蕾、信疏桐、钱丹丹、刘聪、江露、王怀永以及天津大学教育学院首届研究生教育学专业硕士研究生王弘幸、席静、张琪佩等同学积极参与书稿录入和校对工作，每一个人都兢兢业业，完成了大量的"琐碎"任务。在此一并表示衷心感谢！

本书出版得到了东南大学出版社的大力支持。东南大学出版社张新建总编辑一直关心和指导郭秉文主题著作的出版工作，包括之前出版的《郭秉文与东南大学》和《郭秉文教育思想研究》，这两本书均受到了国内外学者的关注，产生了积极的社

# 后　记

会影响；东南大学出版社陈淑女士的敬业精神和编辑水平令人印象深刻，无法想象没有其专业性工作，郭秉文系列著作能如此完美地呈现在读者面前。再次表示诚挚的谢意！

鉴于水平有限，加之时间匆忙，所用部分资料又是文言文居多，有些文字因年代久远致模糊不清，识别遇到不少困难，错误在所难免，敬请读者谅解并提出意见。书中相关参考文献均已注明出处。至于文稿编辑过程中发生的错误，概由编者负责。

编　者

2018 年 3 月 18 日